CONTRADIÇÕES QUE MOVEM A HISTÓRIA DO BRASIL E DO CONTINENTE AMERICANO

Diálogos com
VITO LETIZIA

CONTRADIÇÕES QUE MOVEM A HISTÓRIA DO BRASIL E DO CONTINENTE AMERICANO

Diálogos com
VITO LETIZIA

Copyright © 2014 Vito Letizia

Grafia atualizada segundo o Acordo Ortográfico da Língua Portuguesa de 1990, que entrou em vigor no Brasil em 2009.

Edição: Joana Monteleone/Haroldo Ceravolo Sereza
Editor assistente: João Paulo Putini
Assistente acadêmica: Danuza Vallim
Projeto gráfico, capa e diagramação: João Paulo Putini
Revisão: Rafael A. Freitas

Imagem de capa: Foto de Vito Letizia por Régis Leme Gonçalves (início dos anos 1980, na antiga sede do Cemap)

CIP-BRASIL. CATALOGAÇÃO-NA-FONTE
SINDICATO NACIONAL DOS EDITORES DE LIVROS, RJ

L636c

Letizia, Vito, 1937-2012
CONTRADIÇÕES QUE MOVEM A HISTÓRIA DO BRASIL
E DO CONTINENTE AMERICANO
Vito Letizia ; [organização CEMAP/Interludium] - 1. ed.
São Paulo : Alameda, 2014.
370p. ; 23 cm.
(Diálogos com Vito Letizia ; 1)

ISBN 978-85-7939-248-1

1. Ciências sociais. 2. Ciência política. I. Título. II. Série.

14-16501		CDD: 320
		CDU: 32

ALAMEDA CASA EDITORIAL
Rua Conselheiro Ramalho, 694 – Bela Vista
CEP: 01325-000 – São Paulo, SP
Tel.: (11) 3012-2400
www.alamedaeditorial.com.br

CEMAP-INTERLUDIUM
Rua Brigadeiro Tobias, 118, sala 2727, Centro
CEP: 01032-000 – São Paulo-SP
www.interludium.com.br

SUMÁRIO

APRESENTAÇÃO – Uma construção coletiva 7

PREFÁCIO – Compromisso intransigente
com a luta dos trabalhadores, José Arbex Jr. 13

As contradições que moveram a história do continente americano 21

Ensinamentos da Revolução Francesa e da Revolução Russa 59

A social-democracia e a criação de partidos anticapitalistas de massas 77

A questão do Estado 83

Brasil: contradições e conflitos na transição
do Império para a República 91

Os governos de Getúlio Vargas 117

A revolução de 1959 foi a verdadeira independência de Cuba 125

1964 e a ditadura militar 133

Movimentos sociais no século 20 159

A recusa do PS e do PC de lutarem contra o capital:
o neoliberalismo vence 175

O movimento das Diretas-Já 183

A Constituinte sem soberania de 1988 195

O lugar do PT e da CUT   209

A questão da terra, o MST e a necessidade de as cidades se moverem   293

OSI e Liberdade e Luta   297

Perspectivas   323

ANEXO – Favelas brasileiras, um universo
heterogêneo e contraditório   357

APRESENTAÇÃO
Uma construção coletiva

O leitor tem nas mãos um livro incomum, por várias razões.

Ele é o resultado da elaboração coletiva de um conjunto relativamente heterogêneo, integrado por cerca de 20 homens e mulheres, das mais variadas origens sociais, profissões e convicções ideológicas, que compartilham o fato de ter convivido, atuado politicamente e/ou estudado com Vito Letizia, militante marxista que dedicou a vida ao combate pela transformação do mundo. Parte do grupo, a "ala jovem", é formada por ex-alunos do curso de Economia Política por ele ministrado, durante duas décadas, na Pontifícia Universidade Católica (PUC) de São Paulo, e que, sob sua orientação, reuniu-se semanalmente, nos primeiros dez anos deste século, para discutir a obra de Karl Marx. Outra parte é formada por ex-militantes da Organização Socialista Internacionalista (OSI), associada ao Comitê pela Reconstrução da 4ª Internacional (Corqui, trotskista), da qual Vito foi um dos principais dirigentes, entre 1975 e 1986.

O grupo, sabedor de que Vito fora diagnosticado com câncer do pâncreas – doença que, eventualmente, o levaria à morte, aos 74 anos, em 8 de julho de 2012 –, propôs um desafio ao velho mestre, companheiro e camarada: promover uma interlocução, por meio de entrevistas, sobre os grandes acontecimentos revolucionários, políticos, ideológicos e sociais que deram forma ao mundo e ao Brasil contemporâneos – das transformações que lançaram as bases da modernidade ao assim chamado "fim da história" –, com ênfase específica no debate sobre os rumos do marxismo, em suas mais variadas formas. O desafio, aceito por Vito, resultou em quase cem horas de entrevistas, feitas em sua casa, em Gramado (RS). Os arquivos, gravados na forma de vídeo, serão, oportunamente, disponibilizados online e foram transcritos para edição em suporte impresso. O presente livro é o primeiro resultado desse processo. Acrescentamos a ele, como anexo, o texto *Favelas Brasileiras, um Universo Heterogêneo e Contraditório*, que sintetiza as reflexões de Vito sobre a vida na periferia das grandes metrópoles do país.

A obra não tem "apenas" valor como documento ou como proposta de interpretação política e revolucionária da realidade. Para um círculo ainda mais amplo de pessoas, que engloba, além dos já mencionados, também familiares e amigos do Vito, o livro vem preencher, ainda que muito parcialmente, o vazio provocado por sua morte. Vito era uma pessoa muito querida por todos, embora não fosse dotado de uma personalidade exatamente fácil. A sua erudição era tão cativante quanto a disposição de escutar e dialogar com todos à sua volta, assim como era capaz de se entregar com grande generosidade a projetos que lhe cobravam um alto preço em termos de tempo e energia, entre os quais se incluem a produção deste livro e a dos demais que virão em seguida. Eram bastante perceptíveis a dor e os incômodos que Vito sentia enquanto era "entrevistado". Movido, unicamente, pelo desejo de contribuir, persistiu num esforço heroico, ao longo de quase dois anos após diagnosticada a doença.

O leitor notará que não se trata, em absoluto, de uma obra jornalística, em que o entrevistado pronuncia sentenças, do alto de seu saber, a entrevistadores passivos e "neutros". Ao contrário. Há uma interlocução real, até porque Vito – dotado de uma honestidade intelectual admirada até mesmo pelos seus adversários políticos – jamais aceitaria ser colocado na condição de oráculo ou guru. Os temas são tratados com profundo senso crítico, não raro com ironia e paixão. O leitor notará que "entrevistado" e "entrevistadores", eventualmente, são levados a mudar de opinião, a adotar novas perspectivas, a exercer, enfim, o sentido forte da palavra "interlocução".

Há algumas diferenças importantes entre a forma original, gravada, e a impressa. As diferenças não são, obviamente, de conteúdo: o livro é rigorosamente fiel ao exposto por Vito e às inquietações demonstradas pelo grupo. Mas há um trabalho de edição que consistiu na realização de algumas operações necessárias. Em primeiro lugar, foram eliminadas muitas perguntas e trechos inteiros repetitivos. A redundância foi inevitável, dada a maneira pela qual foram organizadas as entrevistas: o grupo montou uma espécie de "ponte aérea" entre São Paulo (onde viviam os seus integrantes) e Gramado, deslocando, a cada vez, uma pequena parte dos entrevistadores (em geral, um "subgrupo" de apenas dois ou três). Com isso, não raro, Vito era obrigado a retomar com o novo "subgrupo" que chegava algumas discussões feitas em ocasiões anteriores, até para dar uma sequência lógica e coerente à argumentação que estava sendo construída. Além disso, o próprio Vito fazia questão de introduzir, de forma reiterativa, alguns temas que ele achava da maior importância, e que por isso julgava necessário discutir com praticamente todos os "subgrupos", em vários momentos, mesmo quando relativamente fora de contexto.

Além de eliminar ao máximo as redundâncias, o trabalho de edição também "corrigiu" os excessos coloquiais e procurou dar um ordenamento sequencial lógico à exposição. No processo original, a sequência lógica ou a "linha do tempo" era muitas vezes interrompida por dúvidas que surgiam no calor do debate e que remetiam a reflexões que se afastavam muito do tema inicialmente proposto (por exemplo, a discussão sobre o papel da Igreja Católica no Brasil levou a considerações sobre as relações entre o Vaticano, o sindicato polonês Solidariedade e a CIA, mas também a outro conjunto de questões sobre o papel da Teologia da Libertação na América Latina e na construção das Comunidades Eclesiais de Base que deram origem ao Partido dos Trabalhadores). A edição procurou adotar uma forma compreensível, que implicou deslocar alguns trechos e fazer "emendas". Por essa razão, também, as perguntas são transcritas de modo anônimo: não aparecem os nomes dos "entrevistadores" porque os contextos foram editados e as questões repetidas foram descartadas.

Como já dissemos, as entrevistas percorreram, praticamente, todo o período que se convenciona chamar "mundo moderno" até o contemporâneo. Iniciamos a publicação dos livros pelo tema "Brasil", embora não tenha sido essa a ordem proposta pelo próprio Vito, que preferiu partir da gênese da Revolução Francesa de 1789 para explicar todo o processo histórico subsequente, até chegar ao Brasil atual. A opção assumida pelo grupo, de "iniciar pelo fim", atendeu ao imperativo da necessidade: os tópicos aqui abordados são da mais absoluta urgência para a esquerda brasileira. Referem-se ao caminho aberto pela empreitada colonial que resultou, cinco séculos depois, na formação do Partido dos Trabalhadores (PT) e da Central Única dos Trabalhadores (CUT) e na condução de Luiz Inácio Lula da Silva ao posto de presidente da República. Sem a menor pretensão de desmerecer, desqualificar ou diminuir a importância política das discussões propostas pelos demais volumes – muito, muito ao contrário –, acreditamos que as interpretações aqui propostas por Vito questionam e colocam sob novas perspectivas, com extraordinária lucidez, fatos da história do Brasil que, normalmente, são aceitos como óbvios, e criam, com isso, a abertura de novos caminhos de atuação para aqueles que estão comprometidos com a transformação social do país.

A narrativa adotada por Vito não é e não poderia ser "desinteressada". Ele propunha uma "volta a Karl Marx", com o objetivo de recuperar o seu conteúdo revolucionário original, não condicionado pelos "ismos" sucedâneos. Mas a proposta não pode ser confundida com uma suposta formação política a cargo de "iluminados", para quem seria tão necessário quanto suficiente fazer a exegese dos textos do Mouro. Longe disso. A própria maneira como os trabalhadores se formam por si mesmos, politicamente – "a escola dos trabalhadores é a luta" – é objeto da análise política esclarecedora, que foi a grande tarefa que Marx se atribuiu e é a proposta adotada por Vito. Até o fim de sua vida, ele se posicionou clara e firmemente pelo compromisso com uma militância que, sustentada pela teoria, deveria se voltar para a intervenção concreta na luta de classes. Aos já referidos camaradas com quem compartilhou os seus últimos anos, Vito dizia que deveríamos, mais do que simplesmente discutir textos clássicos, produzir análises sociopolíticas capazes de esclarecer e orientar a intervenção nas lutas em curso. A criação de um site – Interludium –, sugerida pelo próprio Vito, foi um primeiro e modestíssimo passo para a construção de um espaço de discussão e intervenção com base nessas linhas gerais.

Essa proposta também orienta, é claro, as quase cem horas de entrevistas e, certamente, aparece em sua plenitude no presente livro, principalmente ao criticar os esquemas "marxistas" de interpretação da luta de classes (por exemplo, o fracasso das receitas prontas que tentam enquadrar Canudos ou o tenentismo, apenas para mencionar dois acontecimentos da maior importância, no esquema geral da oposição entre burgueses e proletários). O olhar não é acadêmico, em absoluto. A erudição é subordinada ao imperativo da revolução, como, de resto, queria Marx. Se, ao final do livro, restarem ao leitor mais perguntas do que respostas, mais questionamentos e inquietações do que reafirmações do supostamente já sabido, o livro terá atingido plenamente os seus objetivos.

PREFÁCIO
Compromisso intransigente com a luta dos trabalhadores

Ao debater com os seus entrevistadores a prática do morticínio sistemático da população jovem das periferias do Rio de Janeiro, São Paulo e outras grandes cidades pela Polícia Militar e, mais recentemente, também pelas Forças Armadas, Vito Letizia evoca, de forma surpreendente e provocadora, a figura já extinta do "malandro" que reinava nos morros cariocas. Vito observa que a política de guerra às drogas, inspirada em técnicas, treino e armas fornecidos, principalmente, por agências especializadas dos Estados Unidos e Israel, acabou com a figura do traficante que, ao mesmo tempo, era sambista, organizador do "jogo do bicho" e mediador informal das relações entre o asfalto e a favela. A Unidade de Polícia Pacificadora (UPP), diretamente extraída da experiência da ocupação do Haiti por tropas brasileiras, trata a população dos morros como um contingente estrangeiro a ser controlado, domado, vigiado, domesticado. O "malandro", por força das circunstâncias, cedeu lugar ao traficante armado até os dentes, também ele um agente do terror diante da população indefesa e acuada entre fogos. O "jeitinho" e a "cordialidade" viraram coisa do passado.

"Nós temos uma guerra civil, não declarada, funcionando. A ditadura militar não foi, pode dizer o que quiser do regime militar, mas não foi uma guerra civil permanente. Não foi. Isso nós temos que deixar bem claro, temos a obrigação de denunciar esse troço", afirma Vito. "Não tiramos o pé do barro, não saímos do lugar se não começarmos a falar isso. Esse negócio é pior do que a ditadura militar. O Estado que nós temos no Brasil é um Estado de guerra civil, isso é inaceitável num regime democrático e para um povo que tenha o mínimo de dignidade. Nós temos que dizer isso, se ninguém disser isso, nós podemos ir embora, ir para casa, e encerrar com essa bobagem. É uma guerra civil inaceitável, nós temos que dizer isso."

É lícito discutir se o que está em curso é mesmo uma guerra civil. Alguns preferem falar em extermínio, outros em genocídio etnicamente orientado para a juventude negra, outros ainda, em "gentrificação" provocada pela especulação imobiliária desenfreada. O que não se coloca em questão é a magnitude da catástrofe. Ninguém que se pretenda minimamente de esquerda pode ficar indiferente a algumas das mais altas taxas de homicídio e execuções extrajudiciais do planeta. Contudo, sofremos a contínua "banalização do mal", e é isso que explica o tom exasperado de Vito: um dos efeitos mais perversos da prática contínua da violência é a sua naturalização, como se fosse "normal" o fuzilamento diário de quase 200 seres humanos (segundo dados aceitos e divulgados pela ONU) pelas mãos da polícia, de milícias e de narcotraficantes e bandidos de toda espécie.

Da mesma forma, talvez cause estranheza a afirmação de que vivemos, hoje, tempos piores do que os da ditadura. Mas, em qualquer hipótese, os brasileiros que nasceram a partir dos anos 80 do século passado já não poderão se recordar de um Brasil em que a violência desenfreada não era uma característica da vida cotidiana. Houve uma época, não tão distante assim, em que, mesmo em São Paulo e no Rio de Janeiro, era possível ao cidadão comum andar à noite pelas ruas sem o contínuo sobressalto, o temor de ser abordado por policiais ou agredido por gangues. Em que os telenoticiários não eram dominados por figuras sinistras e bizarras como Rachel Sheherazade, Marcelo Rezende e José Luiz Datena, apenas para citar alguns entre os mais conhecidos. E em que havia um grau bem maior de civilidade entre as pessoas.

"Vocês leram *O Cortiço*, de Aloísio Azevedo? Tem que ler. Brigaram com a polícia. Tinha que ter ordem judicial para entrar nas casas e a polícia achava que, porque era pobre, podia entrar. Quais eram as armas deles? A navalha e a capoeira. 'Joga fora essa navalha, que te atrapalha' – dizia o samba de Noel Rosa", lembra Vito. E continua: "O traficante que atira é uma representação ultradeformada daquilo que foi, historicamente, a favela que resiste. Hoje entrou em cena uma potência estrangeira. Então, a coisa mudou de forma. Eu não gosto de usar o termo 'traficante', pois o atacadista do comércio de drogas nem está na favela. Mas a favela continua sendo um espaço onde as pessoas não têm os direitos civis plenos. E os que dão tiro são uma representação ultradeformada daqueles que sabiam que não tinham direitos, mas que impunham respeito. Como? Com uma navalha. Empunhando a navalha e enfrentando a polícia. Era a característica bonita deles, eu acho. O livro de Aloísio Azevedo não é repulsivo, aquela favela era simpática. O malandro que tinha o baralho no bolso e a navalha no outro bolso do paletó branco, de linho, com o qual ele circulava pelas favelas, era simpático. Era o artista, o compositor. O poder do Estado conseguiu quebrar isso, mas o poder do Estado sob o comando do estrangeiro".

Claro que não existe aí nenhuma espécie de idealização do "malandro", nem de um passado supostamente idílico. *O Cortiço*, no final das contas, não fala de uma realidade rósea, muito ao contrário. Está em questão, no caso, não o desejo nostálgico de reviver relações sociais também marcadas pela exclusão, pelo racismo, pela exploração e pela brutalidade, mas sim a necessidade urgente de explicitar e compreender o surgimento de um quadro qualitativamente novo, e extremamente cruel, das relações entre o Estado e a nação. A urgência decorre do fato de que o verniz supostamente democrático que caracteriza o funcionamento das instituições contemporâneas apenas encobre, com grande eficácia, a imensa tragédia vivida diariamente pela população pobre, majoritariamente negra que abarrota os bairros mais miseráveis das grandes cidades. Trata-se de um quadro que contribui, decisivamente, para embrutecer a sociedade brasileira em seu conjunto, e assim embotar e diminuir as mais profundas aspirações à democracia, as quais implicam, necessariamente, a plena vigência do respeito aos direitos humanos. O fato de Vito recorrer, com total pertinência, à poesia de Noel Rosa e à prosa de Aloísio Azevedo para evidenciar essa nova realidade revela a sutileza e a sofisticação de sua análise, que não se deixa prender a esquemas prontos-para-o-uso.

Em outro trecho, ao comparar as trajetórias de duas figuras representativas do movimento operário brasileiro, Luís Carlos Prestes e Luiz Inácio Lula da Silva, Vito faz uma reflexão apenas possível a um intelectual capaz de combinar um conhecimento profundo da história a um tipo de sensibilidade muito fina, construída e qualificada por uma identificação total com a causa dos explorados e oprimidos. Para Vito, a história de Prestes é densa e profunda, em particular por sua vinculação ao tenentismo e a alguns dos episódios mais importantes do século 20, no Brasil; Lula, por contraste, é um líder raso e superficial, por sua recusa a ocupar o papel transformador, anticapitalista que a história reservou, em determinado momento, ao Partido dos Trabalhadores (PT). Novamente, não há aqui nenhuma idealização de Prestes. Ao contrário, Vito faz uma crítica implacável ao Partido Comunista Brasileiro (PCB), porta-voz do stalinismo no país, que soube capturar Prestes para transformá-lo em "refém" do aparelho burocrático controlado por Moscou; inversamente, não há uma condenação moral de Lula, até porque Vito chama a responsabilidade pelos rumos do PT para todos os grupos que integravam o partido e que se deixaram arrebatar pela perspectiva eleitoreira do "Lula lá", incluindo a Organização Socialista Internacionalista (OSI), da qual era dirigente.

A sensibilidade fina aparece também de forma apaixonada, por exemplo, ao falar do "Brasil profundo" que se revela na epopeia de Antônio Conselheiro. "A Guerra de Canudos foi resultado da contradição entre a burguesia comercial urbana e a burguesia agrária. Foi, realmente, uma coisa do fundo do povo nordestino, do fundo mesmo. Antônio Conselheiro foi retratado pela imprensa da época como louco, quando era superlúcido e tinha muito bom senso. Foi algo do fundo do povo, do fundo da colônia, mas que não tocou as cidades, um fenômeno que realmente explicita a natureza das relações coloniais. Aliás, só o Brasil teve um negócio desses. No Peru, teve o Tupac Amaru, mas sempre ancorado na recordação do Império Inca. Na Argentina, no Chile e na Bolívia não teve nada semelhante. No México, teve 1910. Mas no Brasil o fenômeno de Canudos é único. Por que é único? Porque cai na contradição que os outros não tinham, os excluídos do empreendimento mercantil, mas sem liderança nenhuma. Foi necessário alguém como Antônio Conselheiro para ser líder deles. Um homem pobre, sem nada, nenhuma posição acima do povo comum, não tinha nenhuma vida fora da vida do povo comum. Olha, fico tão bravo quando os historiadores dizem que é um movimento retrógrado, porque era contra a República. Aquela República que foi feita por engano. A monarquia não tinha opção, não havia mais condições de entronizar um novo imperador. Os monarquistas ficaram todos no ar: 'Então, é República'. O próprio marechal Deodoro da Fonseca, primeiro presidente, era monarquista e não foi contestado por ninguém. Era uma República muito mais autoritária que o Império. Os filhos da (*princesa*) Isabel eram abolicionistas, tinham uma imprensa abolicionista que rodava no porão do Palácio de Petrópolis. Para ter essa República, francamente, ficaria com o Império."

O argumento de Vito, à primeira vista simples, abre de fato uma ou várias avenidas para debates que demandam reavaliações bastante complexas sobre o lugar relativo do Brasil no continente americano, e sobre a formação da própria sociedade brasileira. O que torna Canudos um episódio "único", diz Vito, foi o processo de colonização que, especificamente no Brasil, criou a figura singular do sertanejo, homem do campo livre, mas pobre, completamente despossuído e que encontrou na narrativa religiosa uma forma de afirmar os seus próprios valores, em oposição ao brasileiro "europeizado" que vivia no mundo urbano do litoral. Os seguidores do Conselheiro não poderiam evocar a memória de um império como o Inca, sobre a qual projetassem a fabulação de uma glória perdida para o conquistador; não eram, tampouco, movidos por um *ethos* revolucionário, no sentido da luta em defesa de um projeto emancipatório. Mas eram, sobretudo, seres humanos "fortes", como observou Euclides da Cunha, que extraíam de suas crenças uma extraordinária capacidade de resistência, suficiente para desafiar o conjunto das Forças Armadas da época. Dado esse contexto concreto, é a nascente República, não Canudos, que merece a condenação enquanto poder elitista, reacionário e conservador. "Um movimento que vem do fundo da alma do povo brasileiro ser chamado de retrógrado por ser contra a República é um absurdo, fico tão bravo. É impressionante como depreciam Canudos", diz Vito.

Mas paixão e sensibilidade não substituem nem ocorrem em detrimento do rigor analítico. Formado na mais exigente tradição marxista, Vito se recusa a torcer os fatos para ajustá-los à teoria, método bastante praticado pelos apóstolos dos quase infinitos "ismos" propagados dentro e fora de universidades, partidos, movimentos sociais e organizações políticas. A honestidade intelectual o leva a admitir, por exemplo, que, no Brasil, a ditadura militar – em cuja prisão foi torturado, e depois confinado a 18 meses de solitária – criou 10 milhões de empregos, erradicando do horizonte possível, à época, a hipótese de vitória da luta revolucionária armada, como ocorrera em Cuba, em 1959. Também faz com que avalie criticamente sua própria incapacidade – como, de resto, demonstrada pela esquerda, em geral – de entender a natureza e o alcance das manobras estratégicas da burguesia brasileira em 1984, com o lançamento do Movimento Diretas-Já, que logrou o objetivo de aplainar o caminho para a transição controlada que conduziria, no ano seguinte, o inefável José Sarney ao cargo de presidente da República, por meio do colégio eleitoral. Não hesita quando tem que ir contra o consenso, como ao afirmar que Getúlio Vargas foi um "industrialista", mas nunca um líder nacionalista – mitologia criada pelo PCB, segundo Vito, com o objetivo de justificar a aliança com uma suposta "burguesia nacional" para acabar com o mais suposto ainda "feudalismo brasileiro".

Dado o lugar histórico, político e social ocupado pelo latifúndio na história brasileira – das sesmarias ao agronegócio, passando pela "república do café" –, Vito dá grande atenção à "questão agrária". Dialoga, especificamente, com o Movimento dos Trabalhadores Rurais Sem Terra (MST), a quem dedica grande respeito, embora não isento de críticas. E denuncia o abandono, pelo PT, da consigna de limitar a propriedade da terra a 500 hectares, reivindicação levantada, em novembro de 1961, pelo 1º Congresso Nacional dos Lavradores e Trabalhadores Agrícolas, posteriormente adotada pelos sindicatos e movimentos no campo (incluindo o MST), e pelo partido que emergiu das grandes greves do ABC. A limitação do tamanho da propriedade rural, diz Vito, daria condição ao Estado de propiciar o livre acesso à terra ao trabalhador rural, o que não se confunde com reforma agrária: "A primeira coisa é distinguir a reforma agrária do livre acesso à terra. Nos Estados Unidos não se fez reforma agrária, mas se deu livre acesso à terra. Acho que é isso que precisamos, é isso que o (*João Pedro*) Stédile fala. Acho que temos de apoiar o Stédile. A reforma agrária, há muitos anos, é um tema recorrente. Como sou um cara antigo, no tempo do João Goulart eu já lia uma multidão de autores que escreviam sobre reforma agrária. (...) Então tinha um monte de livros sobre reforma agrária que todo mundo escrevia, aquela campanha de Jango e dos janguistas, do PCB. Era um projeto econômico e de desenvolvimento. O termo reforma agrária mistura um pouquinho a ideia de desenvolvimento econômico da nação e de acesso à terra. Todos os autores diziam: 'Não pode dar terra e abandonar, tem que dar crédito, semente...'. Aliás, dizem isso até hoje. Mas eu não quero saber se vai dar crédito ou semente, e sim se a terra é dos brasileiros. É a primeira coisa! A terra é dos brasileiros! Tem que dar um limite para a apropriação da terra brasileira. Não quero saber se, depois, os que tiverem 5 hectares vão ter sementes ou não. Quero saber, em primeiro lugar, se pode ou não ter 2 milhões de hectares. Não pode! Mesmo que seja produtivo! Porque ele é produtivo o resto está condenado a ficar olhando a produção dele? Eu também quero produzir, dá licença?"

O tema do trotskismo, finalmente, mereceu uma abordagem singular e específica, por várias razões. Primeiro, por sua importância na história da esquerda brasileira contemporânea: a OSI, um dos principais grupos trotskistas formados no Brasil sob a ditadura militar, ocupou um lugar nada secundário na construção do PT, no final dos anos 1970 e início dos 1980 e, nessa medida, teve uma parcela de responsabilidade sobre os rumos adotados pelo partido. Não por acaso, alguns dos mais destacados quadros do PT e do governo Lula tiveram a sua origem política na OSI, que também criou a Liberdade e Luta, grupo estudantil que ganhou projeção nacional na luta contra a ditadura. A crítica da atuação da OSI – com ênfase particular na demolição implacável do "entrismo", tática proposta por Leon Trotsky, nos anos 1930, na França e na Espanha, e adotada no Brasil, meio século depois – é feita, portanto, a partir de um ponto de vista privilegiado, habitualmente negado ao historiador, por pessoas que participaram ativamente do processo agora analisado sob nova perspectiva.

Claro que, novamente, estamos diante de afirmações polêmicas, como muitas ao longo do livro – algumas já mencionadas, outras o leitor descobrirá por conta própria. Não seria o Vito, se não fosse assim. Mas não são polêmicas propostas pelo mero gosto da discussão, nem *pour épater le bourgeois*. Elas traduzem uma determinada concepção da história em geral, e a do Brasil, em particular, enformada sobretudo pela defesa dos interesses e aspirações mais profundos dos trabalhadores, das nações e dos povos oprimidos. Expressam a determinação de contribuir para a elaboração de reflexões que conduzam à transformação social, ao encontro da nação com a sua própria verdade, tal como se mostrou em Canudos e em outras revoltas que tiveram e têm no povo o seu grande protagonista. Nestes tempos inglórios, em que triunfam as nulidades, uma demonstração tão qualificada e intransigente de comprometimento constitui, por si só, o mais valioso tesouro que qualquer pensador ou militante poderia oferecer aos seus leitores.

JOSÉ ARBEX JR.

Doutor em História Social pela Universidade de São Paulo (USP), jornalista e professor do Departamento de Jornalismo da Pontifícia Universidade Católica (PUC) de São Paulo. É editor especial da revista *Caros Amigos* e autor de vários livros, incluindo *Showrnalismo – A Notícia como Espetáculo* (editora Casa Amarela) e *O Século do Crime* (Boitempo Editorial, prêmio Jabuti de 1997).

AS CONTRADIÇÕES QUE MOVERAM A HISTÓRIA DO CONTINENTE AMERICANO

Quais são as peculiaridades do processo histórico da América? Essa questão é, na realidade, sobre o desenvolvimento das contradições que moveram o processo histórico na América. É possível adotar o termo América porque, de um ponto de vista bem amplo, o processo de sua colonização tem características uniformes, incluindo as colônias inglesas. Começo a resposta propondo uma reflexão sobre o método. Até por isso, quero carregar, meio que ser caricato na demonstração do método. E aqui estou levando em consideração o professor típico de Formação Econômica do Brasil, que às vezes ensina de maneira lamentável, imitando os almanaques oficiais e com uma visão muito distorcida. Aliás, é obrigatória a visão distorcida, por razões que vou esclarecer em seguida.

Em geral, os europeus têm uma visão lúcida de sua própria história. São os únicos povos a terem essa visão. Os dois países ibéricos constituem uma pequena exceção, como decorrência do mito construído com base na chamada Reconquista da Península Ibérica, que, de fato, não foi uma reconquista, mas sim a invasão de um território tradicionalmente cartaginês, na Antiguidade, e tradicionalmente arábico, na Idade Média. Um detalhe: na Espanha, é obrigatória a lenda dos godos[1] que se foram, mas eles ficaram, não foram para as

---

1 Os godos foram um povo germânico que penetrou o Império Romano tardio, no período das migrações. Eles se dividem em ostrogodos, que ocuparam a Península Itálica, e visigodos, que foram para o sul da França e depois para a Península Ibérica, onde substituíram

Astúrias, e viraram a população cristã moçarábica. Mas são lendas obrigatórias que dão certo orgulho nacional.

A América tem, obrigatoriamente, uma versão distorcida. Ela não quer reconhecer a própria face no espelho d'água da história que corre. Para entender isso, dentro da metodologia de que a história é movida por contradições de forças em conflito, ressalto que a primeira questão é identificar quais são as forças que desencadearam os processos e os conflitos. Karl Marx, em termos bem simplificados, dizia que a luta de classes é o motor da história. Ou seja, o conflito social é o motor da história. Mas, na América, houve uma particularidade única: a desproporção de força militar entre os europeus e os nativos era muito grande. Graças a isso, os europeus se deram liberdades que, em outros lugares, colonizadores nunca tiveram.

Essa é a primeira contradição: a contradição natural de um povo que chega numa terra nova, do conflito entre os que estão na terra e os que chegam. O desfecho desse conflito deu a primeira forma às colônias. E esse desfecho foi muito ruim para o processo posterior. E acredito ser uma necessidade absoluta criar essa lucidez, à qual os historiadores oficiais da América toda se negam. E por que se negam? Por causa daquela submissão ao orgulho nacional. Isso zera a visibilidade: aqui, de imediato, se deu uma vitória fácil.

Já no Caribe, em 1493, ocorreu uma batalha, na Ilha de Hispaniola, na segunda viagem de Cristóvão Colombo. É interessante como mudou o comportamento, inclusive dos colonos. Na primeira viagem de Colombo, um de seus navios encalhou – o Santa Maria – e o madeirame foi utilizado para a construção de um pequeno fortim, onde ficaram 40 homens, enquanto os demais voltaram. Nessa primeira, foi difícil achar pessoas para vir, foi necessário incluir condenados, porque ninguém queria vir para a América, a viagem de Colombo parecia excessivamente louca. Mas na segunda, em 1493, apareceu uma multidão, todo mundo queria. Colombo mentiu bastante sobre as maravilhas da América. Ao retornarem à Ilha Hispaniola, descobriram que o fortim tinha sido destruído e todos tinham sido mortos. A amizade não deu certo. Os espanhóis pretendiam ser servidos pelos índios, que eram hospitaleiros. A mesma coisa aconteceu com os índios de Buenos Aires. No início, eles os abrigaram, deram

---

o domínio romano da Hispânia, reinando de 418 até 711, ano da invasão muçulmana, que criaria o reino de Al-Andaluz.

comida, mas depois disseram: "Agora vocês vão cuidar da vida". E os espanhóis achavam que os índios tinham obrigação de alimentá-los. Mas uma coisa é você ser hospitaleiro, outra é ter obrigação de alimentá-los. Os índios destruíram Buenos Aires, que depois, foi refundada em 1580.

Então, os índios destruíram o fortim em Hispaniola e Colombo não gostou, evidentemente, ainda mais porque ele tinha uma preocupação adicional, que era fazer a colônia lucrar, e para isso os índios tinham que produzir alguma coisa valiosa. A coisa valiosa visível era o ouro, porque eles portavam umas correntes de ouro, mas o garimpo era muito fraco. Colombo quis forçar, os índios não quiseram, e terminou na guerra. Colombo foi totalmente vitorioso e começou o massacre. Os índios foram forçados a garimpar mediante tortura e execuções exemplares supercruéis para aterrorizar. Isso resultou no extermínio total da população, sem garimpo.

Eu acho curioso os historiadores que ficam discutindo quantos Colombo matou, se foram muitos ou poucos, pois em 1580 já não tinha mais índios em Hispaniola. Depois passaram para Cuba, não tem mais índios em Cuba. Porto Rico eles já entraram matando. Em suma, foi terrível. E depois ocorreu a mesma coisa no México e no Peru, só que com resultados diferentes. Como nos países andinos e no México havia populações civilizadas, conduzidas por monarquias, então havia uma classe trabalhadora. Era fácil transferir o trabalho dessa classe trabalhadora para os espanhóis, bastava acabar com a classe dominante, coisa que os espanhóis fizeram imediatamente. Mataram todos os chefes incas e astecas, incluindo os que os ajudaram (eles eram sempre ajudados por alguma facção inimiga do monarca). Mas nos lugares onde não havia essas monarquias desenvolvidas o resultado foi o extermínio.

Então, coloco assim: a primeira contradição, a contradição que deu o molde inicial, foi a que prevaleceu entre a sociedade europeia e as sociedades nativas. Essa contradição empurrou o processo para a frente. Qual era a parte ativa? Era a sociedade europeia em expansão.

Isso independe do tipo de colonização?

Não era tudo igual. Nas colônias inglesas, o objetivo era esvaziar o terreno. Promoveram a guerra para esvaziar o terreno...

E povoar a área.

E aí se criou o racismo, porque índio não era considerado gente, mas fauna. Quando a gente entra para fazer agricultura num lugar, esvazia de fauna. O que extermina a fauna do planeta não é a caça, é a agricultura. Se você precisa de terra para a agricultura, os animais que estão naquela terra têm de cair fora. Então os índios foram tratados como gente não humana. Não é uma concepção que nasce na Europa, isso que é interessante, mas sim um racismo nascido aqui. É bom deixar claro. Nascido e permanecido aqui.

Nascido a partir do contato com o índio.

Em função do conflito. Na Europa, eles não viam o índio. Os colonizadores queriam colocar os índios para produzir riquezas – no caso do espanhol e do português – ou queriam que esvaziasse o terreno – no caso dos ingleses. Esse era o objetivo que criou o conflito. E para que esse conflito funcione, do lado dos europeus, os índios têm que ser despidos do valor de seres humanos. É obrigatório. No tempo dos romanos, por exemplo, os escravos negros eram preciosos; a escravaria era germânica, celta ou eslava. Tudo branco, loiro. Raros eram os escravos negros que chegavam a Roma, tinha meia dúzia a cada dez anos. Naquela época, era quase impossível promover o comércio de escravos negros através do Saara. Eles eram raríssimos, caríssimos e tratados como príncipes nas casas dos senhores. Ninguém considerava os negros uma raça inferior. Depois, quando começou o comércio de escravos negros, na costa da África Ocidental, a partir de 1442, começou a se querer bolar uma justificativa. A justificativa, por exemplo, de que os guanches, das Ilhas Canárias, não eram gente, porque "cantavam como canários".[2] Eles tinham uma língua que se perdeu, pois foram exterminados. Era uma língua

---

2   O *Silbo Gomero* é uma linguagem assobiada característica de La Gomera, uma das Ilhas Canárias. A linguagem chegou com os primeiros povos a ocuparem a região – bérberes do norte da África, que deram origem aos guanches – e foi desenvolvida com pequenas variações em cada ilha. No século 16, depois da conquista europeia das ilhas, os guanches adaptaram o assobio ao espanhol, que suplantou sua língua original. No fim do século 20, o uso da linguagem assobiada tinha praticamente desaparecido, mas um movimento por sua recuperação em La Gomera levou o governo canário a declará-la patrimônio etnográfico de Canárias em 1999 e regulamentar sua aprendizagem nas escolas de La Gomera. Em 2009, a Unesco incluiu o *Silbo Gomero* na lista de Patrimônios Culturais Imateriais da Humanidade.

de assobios, como os canários. Eram considerados homens meio macacos, meio pássaros. Os colonizadores quiseram botar os canários para trabalhar em lavoura de cana-de-açúcar. Eles mataram os canários e não conseguiram. Aí recorreram ao tráfico que no fim da Idade Média os comerciantes árabes ofereciam na costa africana, e então começaram a dizer que os negros africanos eram gente inferior. E começou a lenda de que os negros africanos eram inferiores. Mas não antes disso. Já na Europa se supunha que os índios da América eram gente verdadeira, gentil, o bom selvagem, digamos assim. Tinha todas essas lendas. Ninguém depreciava os índios. Havia um contraste entre o pensamento da metrópole e o dos colonizadores. Tanto assim, que quando Colombo viu que não conseguia ouro, mandou um lote de 500 índios para ser vendido na Espanha. Isabel, a rainha da Espanha na época, ficou escandalizada e disse que não permitiria que se vendessem seus súditos da América como escravos. Enviou uma carta a Colombo, dizendo que "claro, também deixá-los na vadiagem não é o caso, mas meus súditos da América não são escravos".

Os índios estavam lá, não estavam na vadiagem, estavam suprindo perfeitamente a própria subsistência. E de repente se descobriu que eles eram vadios. Só que o trabalho que tinha para eles ali – porque era a sociedade mercantil que estava se expandindo, não a feudal – precisava dar lucro. Então, tinha que ser ouro, cana-de-açúcar, coisa assim. Em Hispaniola, tinha que ser ouro. Como os índios andavam com colares de ouro? Eles tinham tirado algumas pepitas minúsculas, e com o tempo tinham feito colares, eram industriosos os habitantes da ilha. Aliás, o nome original da ilha, dado pelos índios, era Caribe; depois ficou Hispaniola.

Que hoje é o Haiti e a República Dominicana.

Não conseguiram explorar os índios do Caribe, mataram todos. Isso criou um sentimento diferente, uma formação, um rumo histórico que surgiu na América, de liberdade sem limites para a exploração da força de trabalho, que não tinha na Europa. Na Europa, a exploração tinha limites. Por exemplo, nos anos posteriores à Peste Negra,[3] em meados do século 143, os servos ficaram

---

3　A Peste Negra foi uma das mais trágicas epidemias que assolaram a Europa, matando algo entre 75 milhões e 200 milhões de pessoas, praticamente a metade da população europeia,

ariscos. Não tinha mais mão de obra disponível e os que ficaram disseram: "Agora, para me fazer trabalhar, vai ter que pagar bem". Georges Duby, na parte do livro *A Europa na Idade Média* que trata da economia, diz que os donos de terra tinham que dar um bom salário, uma boa refeição e cerveja, senão os servos não iam. O salário era secundário, pois era anual naquela época, mas queriam saber já de antemão o salário assinado no contrato. E alguns senhores alegaram que não podiam pagar, que era um exagero, que estava havendo um abuso da mão de obra. Por isso os monarcas publicaram um decreto, dizendo que os servos requisitados eram obrigados a prestar serviço, caso contrário seriam presos. Só que o aparelho repressivo naquela época era minúsculo. Então, como reprimir todo o reino? Pegar servo por servo? Com os caminhos da época, com as áreas isoladas, não tinha como. Então, o decreto não foi cumprido. Os servos não saíam da terra e ninguém podia expulsá-los. Aqui, quando viram que os índios não podiam ser usados no trabalho, os europeus quiseram comprar escravos. Surgiu a lenda de que europeu não podia trabalhar, porque o clima tropical não era bom pra ele. Só que depois, quando chegaram os imigrantes italianos e alemães, trabalharam e se deram bem. E assim mesmo continuam dizendo isso. Roberto Simonsen[4] continua dizendo isso: "O clima tropical não era bom para os europeus". E diziam que os índios não eram tão aptos e resistentes quanto os africanos, que morriam de doença. Mas acontece que nos países andinos e no México teve uma multidão de índios que trabalharam e que sofreram todas as doenças, que morreram ou que sobreviveram, mas continuaram trabalhando. Isso deu aquela conformação própria da América.

---

entre 1346 e 1352. Acredita-se que a doença, também chamada de peste bubônica, é originária das estepes da Mongólia, onde pulgas hospedeiras da bactéria *Yersinia pestis* infectaram roedores que entraram em contato com zonas de habitação humana. Na Ásia, os animais de transporte e as roupas dos comerciantes serviam de abrigo para as pulgas infectadas. Nos veículos marítimos, os ratos eram os principais disseminadores da doença. O intercâmbio comercial com a Ásia explica a chegada da doença à Europa.

4   Roberto Cochrane Simonsen (1889-1948), economista e industrial. Em 1932, participou do Movimento Constitucionalista, de resistência a Getúlio Vargas. Foi um dos fundadores da Escola de Sociologia e Política de São Paulo, onde lecionou história econômica, e presidente da Confederação Nacional da Indústria (CNI) e da Federação das Indústrias do Estado de São Paulo (Fiesp).

Então, o escravismo africano aconteceu no Brasil e nas colônias inglesas do sul. Por que nas colônias do sul? Porque lá era possível cultivar uma planta semitropical, que é o tabaco, e as colônias inglesas do sul dominaram o mercado mundial de fumo – de rapé em primeiro lugar e depois de fumo. O Brasil entrou no comércio de tabaco só com a África, não com a Europa. Aqui, se usava o tabaco como meio de troca para comprar escravos. O fumo era uma parte do pagamento; tinha que dar moeda e uma série de coisas, mas fumo era obrigatório, pois era exigido pelos vendedores de escravos da África. O tabaco brasileiro não rendia dinheiro, rendia escravos.

Então, que tipo de sociedade se constituiu? Uma sociedade escravista aqui e no sul dos Estados Unidos, uma sociedade de ocupação de terras e colônia mercantil em toda parte. A explicação que se baseia sobre dois tipos de colonização, de povoamento e de exploração não funciona, é ilusória! As colônias do norte dos EUA funcionaram porque tinha colônias que exportavam fumo no sul, senão não funcionariam. Elas não funcionavam como colônias, funcionavam como gente instalada, mas aí não é mais colônia. Porque na África do Sul, por exemplo, os holandeses chegaram em 1652 para ocupar a Cidade do Cabo, queriam o porto, mas os capitães dos navios não gostavam de parar ali, porque ali tem um vento oeste constante que é muito bom e os navios pegam velocidade. Não é por acaso que os portugueses não se instalaram na Cidade do Cabo, sempre foram mais espertos em matéria de navegação, nunca foram superados. Os outros europeus não reconhecem, acham que os portugueses eram atrasados. E depois dizem que os grandes colonizadores no Oriente foram os holandeses, bobagem, foram os portugueses. Porque os holandeses imitaram os portugueses e os ingleses tentaram imitar e não conseguiram, fracassaram e expulsaram pela força os portugueses de suas áreas, pois os portugueses ganhavam de 10 a 0 deles. E dos holandeses também, porque alguns portugueses que se mantiveram na Indonésia os venciam sempre no comércio direto. Na realidade, o que os holandeses e ingleses tinham mais que os portugueses era uma esquadra mais forte e não capacidade de explorar colônias longínquas. Um indiano, que escreve um livro do ponto de vista dos indianos, contando a colonização da Índia pelos portugueses, conta tudo errado por que acha que os ingleses é que são bons, diz que os portugueses não souberam ocupar a terra. Mas alguém ocupou a terra?

Os ingleses ocuparam depois de outro jeito, ocuparam com tropas indianas e apenas 10% das tropas eram inglesas, porque desmoronou o império mongol e os ingleses entraram na fresta. O indiano mora lá e não descobre isso, porque na Índia existe a lenda de que os ingleses é que são bons.

E aqui nas Américas, a coisa funcionou assim: os europeus tentaram explorar os índios, mas só deu certo onde existia a classe trabalhadora, nas monarquias andinas e no México. Esses trabalhadores, como eram considerados uma raça inferior – era a lenda criada na América, e exclusivamente americana –, formaram o estamento inferior. Hoje, todo mundo tenta discutir o fenômeno Evo Morales como indivíduo – não digo o Hugo Chávez, pois na Venezuela não havia grandes reinos. Mas não só a Bolívia, como também a própria Colômbia está implicada nesse tipo de colonização, porque ali também tinha uma classe trabalhadora índia. E tem um estamento social inferior, que não chamo de casta porque há certa mobilidade social, embora muito pequena. Mas já é um estamento social inferior que é visível. Por exemplo, os índios lá não levantam os olhos para os brancos. No México, é assim até hoje. Um amigo me contou que uma vez sua empregada tinha esquecido uma coisa e foi buscar dentro da casa e ele ficou esperando no carro. Aí uma mulher lhe perguntou: "Mas o que é que está acontecendo?" – porque ele estava parado num lugar inconveniente com o carro. Meu amigo respondeu: "A 'señora' que estava comigo foi buscar uma coisa lá em cima". A mexicana reagiu, sabia que era a empregada dele. "Mas não é uma 'señora'. A 'chica' foi buscar, não foi uma 'señora'". Ela achou inaceitável tratar a empregada com formalidade, e reagiu instintivamente, nem pensou.

Essa é a razão pela qual ninguém consegue entender a revolução de Pancho Villa e Zapata. Eu estive com uma mexicana em Salvador, que estava fazendo uma tese sobre a Revolução Mexicana. Comentei: "Você deve estar se divertindo lendo sobre Pancho Villa, Zapata...". E a reação dela foi: "Mas eram bandidos!" Fiquei calado, não falei mais nada. O que eu vou dizer para uma mulher dessas? Só que ela estava escrevendo uma tese, não era uma "leiga". E o Adolfo Gilly, que fez um livro excelente sobre a Revolução Mexicana,[5] que recomendo, fica procurando a classe operária na revolução, que enterrou os índios, que se aliou aos repressores

---

5   Vito Letízia se refere ao livro *La Revolución Interrumpida* (*A Revolução Interrompida*, Edições Era, 2007, México).

dos índios, que era uma minoria imigrante ínfima, como a nossa classe operária. A primeira foi imigrante, depois vieram os outros: primeiro, foram os caipiras do interior, nos anos 1930, e depois os nordestinos foram para São Paulo, que é o centro industrial, e para o Rio de Janeiro também. É esse fenômeno de não enxergar o povo da terra e procurar uma classe trabalhadora peregrina, que veio de fora, que não é classe, que na realidade é gérmen de mercado de trabalho – porque nem existia mercado de trabalho na indústria no Brasil, quando chegaram os imigrantes. Toda essa cegueira precisa ser eliminada.

Então, teve uma conformação histórica: aqui, foi o escravismo obrigatório. Então, o que aconteceu nas colônias inglesas do norte? As colônias inglesas do sul prosperaram; elas forneciam alimentos e rum para o norte – fabricavam rum com a cana que recebiam do Caribe, foi aquele comércio triangular, super-próspero, e se tornaram colônias inglesas prósperas, racistas e tudo mais, mas prósperas, porque se acoplaram à economia mercantil. Imagina se os imigrantes ingleses ficassem lá isolados, plantando milho e trigo, que eles plantaram um pouco – e sobrevivendo desse jeito. Teriam virado índios, como ocorreu com o primeiro lote de imigrantes holandeses que chegaram à cidade do Cabo, em 1652. Era um lote grande, cerca de mil pessoas, com famílias. Eles ficaram isolados porque os navios não paravam.

Se lemos os livros portugueses, podemos ver o desespero deles para conseguir que Angola fornecesse escravos. O Alencastro[6] está certo ao acoplar os dois lados do Atlântico. Brasil e Angola formavam um todo único. Angola tinha que fornecer escravos, portanto não tinha cana-de-açúcar, não podia ter, e aqui tinha que ter cana-de-açúcar, e os escravos vinham de lá. As duas coisas estavam acopladas. Tanto é assim, que quando o Brasil se tornou independente, a primeira coisa que fez foi tentar se apossar de uma parte de Angola. Os ingleses proibiram, caso contrário o Brasil teria o sul de Angola nas mãos. O porto principal deles já não era mais o de Luanda, que ainda era o centro administrativo,

---

6   Luiz Felipe de Alencastro (1946-), historiador, titular da cátedra de História do Brasil na Universidade de Paris-Sorbonne e professor de Historia Econômica da Fundação Getúlio Vargas (FGV). Autor, entre outras obras, de *O Trato dos Viventes: Formação do Brasil no Atlântico Sul, séculos XVI e XVII* (Companhia das Letras, 2000). Em outubro de 2012, fez uma palestra sobre o tema a que Vito Letizia se refere na FGV, com o título *500 Anos de Geopolítica no Atlântico Sul*. A palestra pode ser vista no Youtube.

mas o de Benguela, governado pelos brasileiros. E eles quiseram se apossar de Benguela, para não assustar pegando toda a Angola, e os ingleses disseram: "Não! Brasil é Brasil, África é África". Claro, eles queriam barganhar, o que depois veio a ser a partilha da África; não queriam o Brasil no meio. Mas o Brasil escravista era Benguela também. Por isso o Alencastro tem razão, ele restabelece a unidade, dá importância às lutas que se travaram, nas várias tentativas de Portugal de se apossar do comércio, e ao fracasso final. E na tentativa de se apossar desse comércio, os portugueses destruíram o Reino do Congo. Ele dá a data da batalha, 1665, é o único que dá essas coisas. Ele se interessa, pesquisa e explica. É um pesquisador bem arrojado; vai buscar coisas que os outros não acham. Essa ideia está correta. Aqui precisava ter uma economia mercantil exportadora de produtos tropicais, como a cana-de-açúcar. Ou o tabaco, que é semitropical, no sul dos Estados Unidos. Ou como os metais preciosos, nas colônias hispânicas.

O resultado desse primeiro conflito é a forma que temos hoje. O escravismo, nos Estados Unidos, resultou numa sociedade falsamente democrática. Surgiu um racismo absurdamente exacerbado porque rejeitaram os índios, e os africanos recém-chegados foram enquadrados nisso. A repressão aos africanos foi exemplar. O candomblé foi erradicado totalmente nos Estados Unidos, graças ao fato de que os africanos eram minoria. Porque lá tinha uma grande povoação branca no norte. Já no sul, a população de brancos era razoável, mas minoritária, como em todo lugar onde tem escravismo. A força de trabalho sempre é maior do que a população dos senhores, claro, é inevitável. Mas no total da população, os escravos eram minoria, não tinham para onde fugir. Aqui não, eles tinham alternativas de fuga; formaram quilombos, porque eram mais numerosos, sabiam as quebradas e contavam com a conivência dos que não fugiam. Conseguiram conservar o candomblé. Nas colônias inglesas dos Estados Unidos o candomblé foi abolido, erradicado. Depois, houve um movimento de redenção. No século 18, o renascimento humanista, possibilitado pela Revolução Gloriosa de 1688,[7] permitiu o

---

7 A Revolução Gloriosa (1688-1689) destituiu o rei Jaime II do trono britânico, encerrando a era da dinastia absolutista dos Stuart (católica), substituída pelo protestante Guilherme, príncipe de Orange, da Holanda, e sua mulher, Maria II (respectivamente genro e filha de Jaime II). A "Revolução Pacífica" marca um momento decisivo de concentração do poder

surgimento das denominações Metodista e Batista Colonial, que catequizaram os negros e criaram igrejas mistas. Os negros, na falta do candomblé, aderiram. Depois, também essas denominações racharam, resultando na Igreja Batista Negra. Nos Estados Unidos de hoje em dia, as igrejas batistas são totalmente negras ou totalmente brancas.

Teve isso, nos Estados Unidos, essa tentativa fracassada dos batistas, mas, no total, houve uma repressão muito forte, a ponto de, quando ocorreu a revolução no Haiti, os Estados Unidos fazerem uma repressão preventiva, que é narrada pelo Robin Blackburn.[8] Naquele momento, os Estados Unidos, já independentes, inventaram que teria havido uma conspiração. Uma coisa mais ou menos como a que foi feita pelos espartanos na Antiguidade contra os hilotas. Inventaram que houve uma conspiração e era preciso reprimir os negros para assustá-los, para que não aderissem à Revolução do Haiti. E massacraram centenas. Assim, gratuitamente. Só nos Estados Unidos poderia acontecer uma coisa dessas. Isso fez com que os negros se tornassem, durante muito tempo, uma classe discriminada e excluída da política. E tinha o *apartheid*: banheiros, lugares separados nos ônibus – tinham que ir no fundo, não podiam sentar na frente. Depois, quando houve aquela revolta, em 1963,[9] houve a equiparação legal, finalmente. Mas era um fenômeno coletivo, é bom lembrar.

Os Estados Unidos são um país deformado, que tem um aleijume de nascença: essa rejeição total ao índio e um racismo exacerbado, que não aceitou os

---

político nas mãos do Parlamento em oposição ao absolutismo monárquico. Instituiu a monarquia parlamentar e consolidou um compromisso de classe entre os grandes proprietários e a burguesia inglesa. O Parlamento aprovou a Declaração de Direitos (*Bill of Rights*), que proibia a censura política e reafirmava o direito exclusivo do Parlamento de criar impostos e de organizar e manter o Exército. As reformas permitiram o florescimento da aristocracia rural e dos comerciantes burgueses, preparando o caminho para a Revolução Industrial.

8   Robin Blackburn (1932-2014), historiador socialista britânico, foi editor da revista *New Left Review* entre 1981 e 1999. É autor de vários livros e ensaios sobre políticas sociais e a história da escravidão, incluindo *A Queda do Escravismo Colonial – 1776-1848* (Editora Record, 2002).

9   Vito Letizia se refere ao movimento dos negros americanos pelos direitos civis e pelo fim da segregação, a partir de meados dos anos 1950. A campanha se aguçou em 1963, ano em que ocorreu a famosa Marcha a Washington. Em julho de 1964, o então presidente Lyndon Johnson (1963-1969) assinou a Lei dos Direitos Civis, proibindo qualquer tipo de discriminação por raça, cor, religião ou nacionalidade.

índios como seres humanos e aplicou isso aos escravos. Lá o racismo é um fenômeno coletivo, tem os casos de linchamento e a Ku Klux Klan, que se diverte enforcando os negros, tem até a música cantada pela Billie Holiday, *Strange Fruit*, que é uma música tocante dos negros pendurados nas árvores, é uma coisa americana. Depois cederam os direitos civis para os negros de maneira doentia, por isso digo aleijume, criaram compensações que diminuem os negros e os brancos, como as cotas.

Completando, então, essa primeira parte: lá nos Estados Unidos evoluiu para essa forma inicial; na América hispânica, nos países mais importantes, deu no estamento servil; e no Brasil deu no escravismo africano absoluto e nos excluídos do empreendimento mercantil, que são os descendentes dos portugueses isolados, que vieram depois, e os descendentes da fracassada tentativa de escravismo índio – os caipiras paulistas. Isso formou uma classe de escravos e ex-escravos discriminados, de certa maneira, por terem sido escravos. O candomblé foi reprimido, particularmente na Bahia, por causa da Revolta dos Malês.[10] Depois veio a Revolução de 1930, que foi um fracasso, mas que nisso foi bem-sucedida: acabou com a repressão ao candomblé, mas não acabou com a discriminação dos brancos. O caipira continua sendo discriminado, é a origem do nosso sem-terra.

Você atribui alguma importância histórica aos aldeamentos?

Os aldeamentos foram um método de destruição, significaram a erradicação dos tupinambás. Eles se revoltaram contra o aldeamento jesuítico e foram massacrados. O processo de destruição terminou em 1580, data que

---

10 A Revolta dos Malês ocorreu na cidade de Salvador (Bahia) entre os dias 25 e 27 de janeiro de 1835. Foi organizada por negros africanos islâmicos (malê vem de *imale*, que na língua iorubá significa muçulmano) libertos e escravos, mas envolveu outros grupos, incluindo não muçulmanos – o número de participantes varia de 600 a 1.500, segundo diferentes historiadores. O objetivo dos líderes do levante era claramente político: implantar uma república islâmica, libertar os escravos e confiscar os bens dos brancos e mulatos. No violento confronto com as tropas oficiais morreram 7 soldados e 70 revoltosos. Mais de 200 foram presos e levados a julgamento. Os líderes foram condenados à pena de morte. Quanto aos demais, seguindo o Código Criminal da época, a tendência foi preservar o patrimônio: os libertos foram deportados e os escravos, punidos com açoites. Depois do levante, o governo decretou leis proibindo a circulação de negros muçulmanos no período da noite e a prática de suas cerimônias religiosas.

marca o fim desse primeiro processo no Brasil. Imagina, de repente, tem que mudar de lugar, tem que ir para o lugar determinado pelos jesuítas, onde eles iam construir uma igreja. Por quê? Daí a revolta, o massacre. Houve uma tentativa de escravismo indígena com os guaranis do Paraguai, nas reduções jesuítas. Essas reduções foram criadas de maneira amigável com os chefes índios do Paraguai. Álvar Núñez Cabeza de Vaca tinha encontrado os índios da região de Assunção em guerra com o Império Inca. Aqueles coitados daqueles índios, nus de tudo, não tinham nada, uma pobreza. Fabricavam cauim, eles não tinham vasilhame, cavoucavam na terra e esmagavam o milho em cima da terra, e se embebedavam com aquilo, uma coisa fantástica. Eles fizeram uma proposta a Cabeza de Vaca: "Vocês têm arcabuzes, vamos conquistar o Império Inca". Entregaram as filhas, os parentes, para se tornarem cristãos, e assim foi possível fazer as reduções jesuíticas. Cabeza de Vaca, pessoalmente, fracassou. Mandaram gente mais atilada para lá, mas em todo caso as reduções funcionaram. Então, os bandeirantes foram buscar os escravos por lá, já que a província de São Paulo virou um deserto, por causa da revolta dos tupinambás. Aqueles índios já estavam acostumados a trabalhar nas reduções dos jesuítas, mas trabalhavam daquele jeito: não era suficiente. Imagina. Um jesuíta que esteve aqui contou de um índio que estava lavrando, sentiu fome, e resolveu matar os bois para fazer um churrasco. Olha a mentalidade. Matou os dois bois que puxavam o arado. E só comeu o filé. Eles tinham outra mentalidade, não entendiam muito bem o pastoreio, a agricultura. Imagina, esses índios tocarem uma agricultura mercantil. Mas eles obedeciam. Para isso, eles tinham uma prisãozinha, nas reduções. O índio da história do jesuíta depois foi para a cadeia, aprendeu que não podia matar o boi. Mas era assim que funcionava, precariamente. Os jesuítas não precisavam lucrar. A única coisa que eles faziam era exportar erva-mate, que os índios estavam acostumados a colher. Exportavam para as outras colônias, por exemplo, de Tucumán e Santiago del Estero. Esse comércio bastava para eles, porque o resto era subsistência. Não precisava ser lucrativo. Agora, uma economia mercantil é outra coisa. Tem que lucrar e lucrar forte, porque tudo funciona com empréstimo de banqueiro. Aí, então, o índio não servia; tinha que ser africano. O índio ficou por ali, prestando serviço para os bandeirantes, serviço doméstico, por exemplo. Para plantar cana-de-açúcar não deu. Criaram ovelha, no Rio Grande do Sul, tinha bastante pinheiro, comiam pinhão, plantavam trigo. No planalto paulista também plantavam trigo, no tempo dos bandeirantes.

Por que a ideia de que os negros africanos, e não os índios, é que poderiam plantar cana-de-açúcar?

Não é uma ideia. Os escravos africanos funcionavam. A educação coerciva nas reduções jesuíticas não era suficiente para transformar os índios em trabalhadores regulares e eficientes. Era suficiente para fazê-los obedecer. Para trabalhar regular e eficazmente tem que ser um trabalhador, então ele tem que ser de uma classe inferior numa sociedade civilizada, se não for assim ele não será eficiente. Um homem selvagem não é eficiente. É impossível transformar um selvagem em um trabalhador. É impossível. Não é uma questão de educar. Os jesuítas, com o consentimento dos caciques do Paraguai, tinham criado as reduções, nas quais os índios obedeciam. Mas não foram transformados em trabalhadores lucrativos para uma exploração mercantil. Razão pela qual eles sobreviveram, porque se quisessem transformá-los em trabalhadores aptos a fazer funcionar uma exploração mercantil, teriam o mesmo destino dos índios do planalto paulista: seriam exterminados, sem conseguir atender a essa exigência. Como foram exterminados no Caribe e em outros lugares onde essa exigência foi feita. É impossível transformar. Por isso, acho importante ressaltar e diferenciar a atividade vital espontânea do trabalho, que não aparece no *Capital*, de Karl Marx. O trabalho é uma atividade por definição penosa, diferente da atividade vital espontânea. O índio trabalha o dia todo.

Mas é uma atividade espontânea.

Mas é a atividade vital espontânea dele. Transformar isso num trabalho requer uma transformação do conjunto da sociedade em que ele vive. A experiência histórica diz que isso não tem funcionado. O trabalho é uma atividade própria do civilizado, que cria uma força de trabalho submetida aos donos dos meios de produção, e essa força de trabalho é gerada no interior de uma sociedade capitalista. Se não for uma força de trabalho assalariada, será uma força de trabalho servil, numa sociedade feudal. Ela não pode ser gerada numa sociedade primitiva, não-civilizada, não dividida em classes. E não pode ser gerada da noite para o dia. É preciso que a sociedade primitiva sofra um processo de transformações. Você bota a bateia na mão do índio caribe e diz para ele peneirar a areia, ele não entende. Eles começam a se matar. Houve suicídio em massa no Caribe. Os que não se mataram foram torturados e mortos, empalados das maneiras mais cruéis – eles eram empalados vivos e deixados gritando até morrerem. Eram caçados por cães ferozes, que os europeus importaram para persegui-los. Aí tem um historiador que conta que uma índia, quando o cachorro se dirigiu a ela, se agachou no chão, e o cachorro – o cachorro! – não teve coragem de cumprir a ordem de matá-la. Eles tiveram que matar a índia. Os índios não entendem o trabalho.

O índio teria que evoluir, transformar a sociedade dele numa que trabalha, que não tem mais atividade vital, onde ele aceitaria o trabalho penoso como uma necessidade da vida cotidiana. Aí, ele vai ser eficiente, se aceitar. Se não, vai obedecer, como fazia o índio guarani, porque o cacique mandou. Mas trabalhar ineficientemente. Para o jesuíta estava bom, porque não precisava ter uma economia lucrativa. Agora, bota um índio no eito da cana-de-açúcar. Não dá. A mesma coisa aconteceu com o pau-brasil. Os índios pegavam quatro estacas e lhes diziam: "Olha, tem que encher essas quatro estacas até o topo" – que era a medida da lenha. O índio fazia o que lhe convinha e nunca ficava cheio aquele negócio. Só que enquanto os portugueses não dominaram a terra, não podiam fazer nada, tinham que pegar aquilo ali. E o índio cobrava o preço que lhe convinha, senão não entregava. Os portugueses eram obrigados a aceitar. Mas não convinha pagar o que os índios queriam em troca daquele restinho de pau-brasil. Então, veio o conflito. O pau-brasil não valia a pena, mas a cana-de-açúcar valia. Em São Paulo, fracassou a cana-de-açúcar. E deu no Nordeste. Em São Paulo, eles tentaram com os índios. Mas, a que preço eles iam vender aquela cana, com os índios trabalhando daquele jeito? Não dava: ou matava os guaranis, ou aceitava a produtividade deles. Já o escravo africano estava acostumado a trabalhar. Ele era oriundo de sociedades em que já existiam classes sociais.

Essa questão da dinâmica do trabalho não é inerente só ao índio. Ainda existem sociedades, comunidades, ou cidades atrasadas, onde isso acontece. As pessoas vivem da atividade vital e trabalham o dia inteiro, mas se você der um trabalho assalariado, elas não rendem.

Não, isso aí é diferente. Não são comunidades primitivas, mas sim perfeitamente incluídas na sociedade brasileira, que é uma sociedade de classes. Elas são um tipo de força de trabalho excedente. São deixadas à margem, e sobrevivem como os agregados dos canaviais nordestinos, na época em que o açúcar estava em baixa, e o Brasil era pequeno exportador de açúcar – durante certo tempo, foi mais fornecedor do mercado interno do que do externo, por causa da potência da Cuba exportadora, antes da Revolução Cubana. Naquela época, os agregados levavam uma vida autônoma ou semiautônoma, faziam pequenos serviços, ganhavam algum dinheiro e levavam a vidinha. Desempregados permanentemente, por serem excedentes. Quando Cuba fez a revolução e os Estados Unidos cortaram as importações de Cuba, aí o Nordeste subiu. Botaram aquela gente toda no trabalho. Foram reconvertidos em trabalhadores, e aí deu o conflito dos que queriam ficar com a terra que cultivavam enquanto agregados. Justamente naquela época, fim dos anos 1950, começo dos anos 1960, que deu todo aquele rolo aqui, das Ligas Camponesas. Os usineiros queriam ampliar a terra cultivada, já que Cuba tinha saído do cenário, e os posseiros tinham que sair do lugar – e aí se deu a Galileia.[11]

---

11 No engenho Galileia, situado em Vitória de Santo Antão (PE), foi formada em 1954 a Sociedade Agrícola e Pecuária de Plantadores de Pernambuco (SAPPP). Lá trabalhavam 140 famílias de camponeses em regime de foro: em troca de cultivar a terra, deviam pagar uma quantidade fixa em espécie ao proprietário. A SAPPP nasceu com três fins específicos: auxiliar os camponeses com despesas funerárias, para que os falecidos não fossem despejados em covas de indigentes; obter assistência médica, jurídica e educacional; e criar uma cooperativa de crédito capaz de livrar aos poucos os camponeses do domínio do latifundiário. O proprietário do engenho quis fechar a associação, a pretexto de que ela era inspirada no movimento das Ligas Camponesas, impulsionado pelo PCB desde 1946. Os camponeses foram defendidos pelo advogado Francisco Julião, que era dirigente das Ligas. A SAPPP começou a funcionar legalmente em 1º de janeiro de 1955 e passou a ser chamada de Liga Camponesa pela imprensa. A vitória da Revolução Cubana, em 1959, deu novo impulso ao movimento das Ligas, que se espalhou por todo o Nordeste brasileiro, até 1964.

Como explicar o fato de que os Estados Unidos se desenvolveram de uma maneira diferenciada da América Latina?

Até agora, desenvolvi o sentido panorâmico geral do primeiro momento da história da América Latina. É um quadro ausente da historiografia brasileira, que deforma depois todo o processo posterior, porque não se entende a Independência, não se entende o processo que se segue. Para explicar a questão dos Estados Unidos, é preciso ir além, mas o arcabouço foi formado a partir do desenrolar do choque, da chegada dos europeus. A partir dali, desenvolveu-se o estamento servil nos principais países hispânicos – não vou dar os detalhes um por um – e o escravismo nos Estados Unidos e no Brasil. Descarto o conceito de colônia de povoamento no norte dos Estados Unidos, que nesse episódio não teve papel. O norte sobreviveu; e começou mais tarde também. É a partir de 1625 que passam a existir algumas colônias no norte.

E também no Canadá?

Não vamos discutir o Canadá, por ser um caso muito especial, já é do tempo do capitalismo. O Canadá e o norte dos Estados Unidos estão fora. Não eram colônias mercantis, que é o que conta, o que interessa, o que fez a América. As colônias do norte funcionaram apenas porque as do sul funcionaram. O arcabouço é esse: escravismo nas colônias inglesas e no Brasil. No Brasil, com um acréscimo de excluídos da terra, que não pegaram as sesmarias. E nas colônias hispânicas principais – não vamos entrar nos detalhes das que vieram depois – foi o estamento servil. Todas as outras colônias são posteriores, com as peculiaridades de seus desenvolvimentos: a época já era diferente, o desenvolvimento econômico já era outro, a acoplagem ao sistema mercantil, por exemplo, se deu de uma maneira muito particular de um lugar para outro. As que vieram de chofre foram: Caribe, México e o Império Inca. Esse foi o terreno onde se criou a colonização hispânica. Na Guatemala, por exemplo, em que o colonizador entrou muito depois, índio não é gente até hoje. É um horror o que fazem lá, apesar da Rigoberta Menchu,[12] que botaram meio que de primeira-ministra.

---

12 Rigoberta Menchú Tum (1959-), descendente do grupo Quiché-Maia, recebeu o Prêmio Nobel da Paz de 1992 por sua campanha pelos Direitos Humanos, especialmente a favor dos povos indígenas guatemaltecos.

Casualmente, esse é o país da América Central que faz continuidade com o México, é continuação de Chiapas. Então, ali é a terra dos índios que deveriam fazer parte de um estamento na Guatemala. Os brancos que estão lá, que vieram do México, não conseguiram, mas eles não desistiram até hoje e não reconhecem os índios como gente. Só que na Guatemala os índios, por sua vez, não reconhecem os brancos como casta superior, porque já é outra época, já é difícil impor o que se impôs no século 16.

Uma vez dado esse molde, que é muito importante, se deu o período da colonização propriamente dita, quando foram se desenvolvendo classes coloniais. Aqui tinha um racismo e um escravismo que não eram europeus, mas sim um escravismo mercantil. Quando uso o termo "classe escrava", no contexto que estou elaborando, estou me referindo aos escravos do eito. O termo "escravo" não é mágico. Existiram escravos que viviam melhor até do que os assalariados de hoje. Então não se pode usar o termo "escravo" com a leviandade com que os historiadores costumam usar, por exemplo, ao afirmar que na África já tinha escravo. Não, na África não tinha o escravo que teve no Brasil, para fazer aquele tipo de trabalho e ser submetido àquela condição. O escravo fazia parte da família na África. Ele trabalhava, mas fazia parte da família. Aqui, ele era espancado assim que chegava, apesar da viagem horrível, e de ele estar fraco. Ele era espancado, surrado, para amansar. Para amansar! Depois, era jogado num ambiente qualquer, para se recuperar. Aí, quando pegava um pouco de peso, era vendido. Depois, ia para as fazendas e entrava no regime do eito. Esse era o escravo. Daí saíam os domésticos, cooptados para serviços pessoais dos senhores, cooptados para serviços de confiança. Esses aí não faziam parte da classe escrava. Eram pessoas dependentes, como o valete de qualquer senhor europeu. Era um dependente que não podia sair da família do senhor, mas era um senhor também. Os outros servos da casa o viam como representante do senhor, e ele repreendia os outros. Valete era valete, lacaio era lacaio, entende? Lacaio era um sujeito que não entrava em qualquer sala. Ele entrava na cozinha. Daí não podia passar. O valete entrava no quarto do senhor, ajudava-o a se vestir, conversava com ele, era confidente. Os domésticos, aqui no Brasil, eram gente querida. Era o Brasil cordial que o Sérgio Buarque de Holanda pinta. Mas lá no eito não havia Brasil cordial.

Então, me atenho mais ao Brasil: aqui se criou essa classe mercantil, colonial propriamente dita, escravista, e essa classe era o elemento dinâmico da contradição que passou a mover a colônia. A nova contradição é a da classe mercantil e exploradora de produtos tropicais, ou semitropicais (no caso dos Estados Unidos), e a classe escrava. Era essa contradição que fazia a colônia se expandir. Os bandeirantes se expandiam por estarem acoplados ao empreendimento mercantil, indiretamente. Expandiram o Brasil com a ajuda de índios, que prestavam serviços guerreiros, além dos serviços domésticos. Quando a economia mercantil não funciona, prevalece imediatamente a cultura indígena. Logo a língua guarani passou a dominar São Paulo. Já havia certo distanciamento em relação à administração portuguesa, não circulavam moedas, os novelos de algodão eram o equivalente geral da moeda no Planalto de Piratininga. Mas os paulistas promoviam trocas, vendiam alguns índios, já tinham comércio. Alguma moeda chegava, só que era escassa. Um vestido de noiva que vinha de Portugal passava de mãe para filha, porque não tinha jeito de comprar outro. Circulavam novelos de algodão como moeda. Mas ainda havia algumas ligações com a colônia. O serviço que eles prestavam à colônia mercantilista era procurar ouro. E eles acharam minas de ouro. E quando acharam despencou totalmente a relação deles com os índios. Os bandeirantes tiveram que comprar escravos, não teve outro jeito. Ficaram na ralé das Minas Gerais porque não podiam comprar muito. Os portugueses chegavam já com 50 escravos na bagagem. E não precisava mais, porque o rei loteou, não permitiu o latifúndio nas minas, pois queria que as minas rendessem. Os bandeirantes ficaram na miséria. Acabaram entregando as minas deles, e foram plantar algodão, apostaram no comércio de São Paulo com as minas. São Paulo prosperou de outro jeito, por causa das minas.

Os escravos não podiam ser uma classe dinâmica porque a tendência deles era fugir, formar quilombos ou reinos. Quero fazer um parêntese sobre essa história do Reino de Angola, que se tentou criar no Nordeste, e que dizem que representava o atraso. Na Jamaica, igualmente, se tentou fazer um. Depois, na Bahia, teve a Revolta dos Malês, que foi uma revolução religiosa, liderada por islâmicos. Também dizem que não tinha futuro porque estava ligada ao atraso islâmico. O Reino de Angola, criado por Zumbi, não apontava para o progresso; mas se aquele reino tivesse resistido, a história do Brasil seria outra. Seria outra a relação que se criaria com a classe trabalhadora no Brasil. Não adianta querer dizer que

Palmares era "um reino atrasado". Tanto assim que os portugueses não puderam suportar o reino dos negros. Quando viram que não podiam vencer, tentaram fazer um acordo. Ganga Zumba disse sim,[13] Zumbi disse não, só que Zumbi venceu. E aí tiveram que exterminar os negros do Quilombo de Palmares. Chamaram os bandeirantes, mas os índios se recusaram a atacar o quilombo. Vocês não sabem do episódio, que, em geral, não é contado por historiadores do Brasil. Os índios das hostes bandeirantes se recusaram a atacar. Diziam: "Eles estão aí fugidos, não estão fazendo nada, não vamos massacrar". Então, seria outra relação, sou contra dizer que era atrasado o quilombo. Só que sempre se coloca o dilema: se os escravos vencessem, ou iam conseguir condições melhores, de maneira que não precisassem fugir, ou teriam que mudar toda a relação. A economia não ia mais funcionar direito. Aquele tipo de coerção era a necessidade da colônia mercantil naquele momento. A alternativa seria largar os escravos e trazer imigrantes.

No Brasil, ocorreu essa característica adicional, que surgiu durante o processo colonial: uma classe de excluídos, que eram os portugueses que vinham aqui sem sesmarias e tentavam a vida. Viraram posseiros, porque o que tinha para fazer era trabalhar no campo. As cidades coloniais portuguesas eram muito acanhadas, diferentemente do que ocorreu na América hispânica dos antigos impérios, onde a possibilidade de usar uma mão de obra gigantesca permitiu o desenvolvimento de cidades planejadas, com universidades, grandes catedrais. Aqui no Brasil era tudo acanhadinho. Era tudo prático. Aqui era uma empresa. Os escravos comprados na África eram para produzir açúcar, não para fazer obra suntuária. Então era tudo muito pobre. Os portugueses procuravam terra e recebiam direito de cultivar com relações de dependência. E eles se sujeitavam. Mas criou-se assim uma classe de excluídos que não era incomodada e que ficou à margem do processo colonial, os caipiras de São Paulo, os agregados do Nordeste. Não vamos falar dos gaúchos do sul, por representarem um processo bem mais tardio, é do século 18. Pegaram pouco da época da colônia e tiveram uma evolução diferente.

13　Em 1678, Ganga Zumba assinou a paz, rejeitada por Zumbi. Em 1685, o rei português d. Pedro II propôs um acordo, novamente descartado. Em 6 de fevereiro de 1694, Palmares caiu. Zumbi foi capturado e executado, em 20 de novembro de 1695. Seu corpo foi levado a Porto Calvo (AL), decapitado e exposto em praça pública. Sua morte é hoje lembrada como o Dia da Consciência Negra.

Então, esse é o segundo momento, em que a classe mercantil empurra a colônia para a frente, apoiada na exploração da classe escrava. Nesse estágio é que se chega à independência, à época da emancipação, que aconteceu pelo contraste dos interesses da classe mercantil com a metrópole.

Qual era a ambição da classe mercantil nos Estados Unidos? Era ter representantes no Parlamento inglês. Por quê? Porque a associação com a Inglaterra, para eles, era útil e lucrativa, nunca quiseram ser independentes. Tanto assim que se recusavam a ser chamados de americanos, eles continuavam sendo chamados de ingleses. Americanos eram os índios. E aí, no fim, eles se reuniram numa sala e adotaram o nome Estados Unidos da América. São os estadunidenses. Depois criaram a figura do Uncle Sam,[14] correspondendo às iniciais do nome do país (US) – esse negócio apareceu no jornal durante a guerra de 1812. Finalmente, aceitaram ser chamados de americanos, por ser uma designação a eles atribuída pelos europeus. Mas nos Estados Unidos essa classe queria assento no Parlamento inglês, não conseguiu, e recebeu acréscimo de tributos. Aí os do norte se revoltaram, mas não os do sul. Observem um detalhe: a liderança foi do sul. George Washington, um escravista, não podia ser do norte. Era o empreendimento mercantil que tinha de comandar a revolta, senão não ia funcionar.

E a burguesia industrial?

Toda do norte.

Sim, mas ela já estava configurada enquanto burguesia industrial e já havia uma produção industrial nos Estados Unidos.

E daí? Eles não tinham ambições de exportação?

---

14 Uncle Sam (Tio Sam) é o personagem símbolo dos Estados Unidos. O nome foi usado pela primeira vez durante a guerra anglo-americana de 1812, mas a figura – um senhor de cabelos brancos e cavanhaque ou barbicha – só foi desenhada em 1852. Diz o folclore que Tio Sam foi criado por soldados estadunidenses no norte de Nova York que recebiam barris de carne com as iniciais U.S. (de United States) estampadas. Os soldados, brincando, diziam que as iniciais se referiam a Uncle Sam, o dono da companhia fornecedora da carne, Samuel Wilson. Em 1961, o Congresso reconheceu Wilson como inspirador da figura do Tio Sam.

E quanto ao mercado interno?

Não importava, porque eles eram o estaleiro da Inglaterra. A indústria naval da Inglaterra estava lá. A Inglaterra tinha a maior frota mercante do mundo. Note bem como era conveniente fabricar navio para a Inglaterra. Eles estavam loucos de contentes.

Ou seja, era um pedaço da Inglaterra transplantado para a América.

Eles estavam loucos de contentes. Até hoje aquilo se chama Nova Inglaterra. Eles fabricavam navios para a Inglaterra, onde não havia mais madeira. Se quisessem, tinham que comprar na Escandinávia. Só que na América era mais barato, porque estavam lá e a floresta era deles, já tinham expulsado os índios.

Por que o modelo e as conquistas da Revolução Americana não são incorporados nas análises da luta pela democracia e por liberdades?

Acho um pouco falsa essa ideia da Revolução Americana. Uma revolução significa a inversão das relações de poder entre as classes. A classe dominante deixa de ser dominante para ser substituída por outra. Se consideramos a independência como apenas a emancipação em relação à metrópole, então teve revolução em toda a América. Nos Estados Unidos, supostamente, teria havido uma insurreição popular de grande envergadura. Isso efetivamente ocorreu, mas aconteceu também na Bahia. Casualmente na Bahia, em Salvador especificamente, tanto assim que a independência deles data de 1823, não de 1822, porque Salvador era importante para a navegação dos portugueses e para a relação com Angola, e os portugueses resolveram resistir em Salvador. Ali se criaram tropas de mestiços e negros alforriados para enfrentar as tropas do Madeira [o tenente-coronel português Inácio Luís Madeira de Melo], numa luta que durou até julho de 1823. Tem uma data da independência de Salvador que é diferente do 7 de setembro, com participação popular, contra as tropas portuguesas. Salvador era o porto marítimo do Atlântico, além de Angola. Para não pegar calmaria, os veleiros tinham que fazer rotas próximas à costa brasileira, aliás, o que fez com que os portugueses conhecessem o Brasil desde muito antes de Colombo. Salvador era o porto ideal para os veleiros. Eles tinham que passar pela costa brasileira, paravam por lá, que é um porto excelente, e seguiam a rota para o sul, para dobrar, na latitude dos 35 graus sul, o Cabo da Boa Esperança, que tem vento oeste permanente. Eles resistiram em Salvador, houve combate, mas as relações entre as classes se mantiveram. Os fazendeiros dos canaviais continuaram dominando a Bahia, ficou tudo igual. O povo miúdo foi colocado em seu lugar, os negros foram alforriados, o que depois deu margem para a Revolta dos Malês, mas mesmo assim não mudou nada.

Nos Estados Unidos também. O que teve de diferente? Teria havido diferença com o alçamento das colônias de povoamento ao nível de participação no comando nacional da federação. Só que foi um alçamento muito relativo, porque as Constituições das 13 colônias continuaram em vigor. Não houve uma inversão. O escravismo, não por acaso, continuou. O Partido Democrata era quase o único que governava o país. Aliás, veja como o povoamento do norte era capenga: 60% da receita em divisas, nos Estados Unidos, eram ganhos por estados do sul, o resto era exportação de milho, que era de baixa rentabilidade. Tinha os navios, mas depois da guerra de 1812 a Inglaterra começou a regular a importação de embarcações dos Estados Unidos. Então os estados do norte ficaram reduzidos ao mercado interno, mais dependentes economicamente do sul do que antes. 60% da economia que contava era do sul – não de subsistência, que não conta, subsistência é coisa de índio. Portanto, ficou uma situação de dependência maior e o sul continuou no poder. Então, não houve inversão de grupos sociais no poder. O termo revolução americana é um pouco forçado. Agora, numa certa medida, o norte não contava para nada e de repente virou parte de uma grande nação, e além do mais realizou as tarefas da independência, mas isso não é uma revolução. Foram entregar terras ao povo, no norte, depois no sul entregaram alguma coisa, mas não funcionou muito bem. O estado do Mississipi foi criado em 1821, um estado escravista, onde não houve muita distribuição de terras. Estado escravista significa fazenda e não são aqueles 160 acres.[15] Foi lá em Ohio, em Kentucky, naqueles estados do norte que houve grandes distribuições, não no sul. Eu só questiono isso.

---

15 Em 1862, o presidente Abraham Lincoln assinou a Lei da Propriedade Rural (*Homestead Act*) que cedia lotes de 160 acres a colonos, com a condição de que morassem na terra e a cultivassem por pelo menos 5 anos. O sucesso da iniciativa levou o governo estadunidense a abrir novas áreas para exploração e estabelecer um sistema de distribuição inusitado: todos

O poder central, nos Estados Unidos, não tinha dinheiro, mas depois da guerra de 1861 acabaram as concessões estaduais, teve que todo mundo se subordinar ao governo federal e realmente a federação começou a funcionar. E aí sacanearam os negros. Era para os negros libertados das fazendas receberem 40 acres[16] e uma mula, mas não deram. Os negros se viraram, pegaram terra, foram montar as suas propriedades e produzir. Eles sabiam plantar e tentaram vender. Só que se limitaram, porque a agricultura capitalista precisa de crédito. Não tem como querer fazer uma agricultura capitalista juntando tostão por tostão. O ex-escravo não tinha dinheiro para contratar mão de obra, para comprar semente. Chegava no banco, que dizia que estava apertado, não estava fazendo empréstimo no momento, mas para os brancos ele emprestava. Não havia mercado de trabalho para mão de obra só temporária. E mesmo se houvesse, eles não tinham dinheiro para pagar. Durante certo tempo, eles conseguiram se manter. Conseguiram até produzir arte. Teve um compositor negro que criou a ópera *Treemonisha*, baseada no ritmo *ragtime*.[17] Para quem estuda história, este é um

---

os candidatos às terras eram reunidos às margens da nova região demarcada e, a um sinal da autoridade presente, corriam, a pé, ou a cavalo, ou com carroças, para disputar os lotes disponíveis. As corridas pela terra (*land rush*) atraíram grandes levas de imigrantes europeus e foram um fator determinante para a política de conquista do oeste. Até o final do século 19, cerca de 600 mil fazendeiros haviam recebido mais de 800 milhões de acres.

16 Nos meses finais da Guerra da Secessão (1861-1865), as tropas do general William Sherman atravessaram a Georgia, libertando milhares de escravos, que passaram a segui-las. Em janeiro de 1865, Sherman reuniu-se com Edwin Stanton, secretário de Guerra de Lincoln, e 20 ministros batistas e metodistas negros. Do encontro saiu a decisão de distribuir terras para esse grupo de ex-escravos, aproveitando que o Congresso declarara "abandonadas" as propriedades dos confederados. Sherman editou a ordem de campo especial n. 15, que determinava a entrega de 40 acres de terra arável para cada família de libertos da região. Também distribuiu muitas mulas de que não precisava mais. Estima-se que 40 mil ex-escravos receberam lotes de terra. Com o assassinato de Lincoln, em abril de 1865, Andrew Johnson tornou-se presidente. Em maio, ele assinou lei que concedia anistia para sulistas que jurassem fidelidade aos Estados Unidos e devolvia as terras confiscadas. Os ex-escravos foram despejados – a maioria passou a trabalhar nas mesmas terras que tinham sido suas por uns meses, como assalariados ou arrendatários.

17 A ópera *Treemonisha* foi composta em 1910 pelo músico negro Scott Joplin, conhecido como o "rei do *ragtime*", ritmo originário das comunidades negras dos Estados Unidos, do final do século 19. A ópera, reconhecida pela crítica como um ponto alto da produção lírica estadunidense, tem como tema central a possibilidade de salvação dos negros por meio da educação e da cultura, personificadas pela heroína Treemonisha.

dado fundamental: *Treemonisha* era um exemplar daquele esforço dos negros de ascender à cultura, mas como pessoas diferentes. Eu ouvi essa ópera, é bonita. Só que não puderam prosseguir. Os negros foram excluídos da produção agrícola. Excluídos, porque nenhum banco dava dinheiro para eles. E ninguém dizia que era porque eram negros. Isso arruinou a agricultura deles e impediu que a nação estadunidense fosse também de negros. Agora surgem as políticas afirmativas. Os estadunidenses não leem a história deles. Aliás, vi uma foto em uma revista, há um ou dois anos atrás, de uma passeata de negros que queriam crédito, negros negociantes com pequeno comércio, coisa assim. Fizeram uma passeata pedindo empréstimo, porque eles não tinham mais nada, carregando mulas, lembrando da lei dos 40 acres e uma mula.

Nós teríamos uma sociedade com agricultores negros e brancos, gente que faz parte da sociedade econômica. É assim que eles foram empurrados e não precisou nenhuma lei. O racismo, o aleijume natural da sociedade, proporcionou também outras coisas, como a Ku Klux Klan, que ninguém reprimiu. Todo mundo sabia quem era a Ku Klux Klan, pelo amor de Deus. Eram os fazendeiros, os filhos dos fazendeiros, todo mundo sabia e ninguém reprimiu. Eles próprios, os nortistas, quando chegaram naquelas municipalidades do sul, nomearam os negros mais mansos para serem vereadores. Fizeram as negociatas deles, tomaram terras com a anuência dos vereadores, não fizeram eleições corretas, criaram alianças artificiais e dizendo que estavam emancipando os negros, com toda essa boçalidade. O aleijume original se tornou uma segunda natureza dos estadunidenses. É uma sociedade aleijada, é uma falsa democracia onde o dinheiro é que decide as leis e é assim que funciona, está resolvido. A ideia da Revolução Americana desenvolve uma inversão: é parcialmente verdadeiro o fato de que os do norte, que não eram nada, foram alçados a copartícipes do poder. Os donos do poder continuaram sendo os do sul.

Enquanto na Inglaterra houve uma Revolução Industrial, nos países ibéricos ela não ocorreu. Isso gerou uma diferenciação, não apenas na relação metrópole-colônia, mas na própria colônia. Se há uma diferenciação entre os Estados Unidos e o resto da América, ela está aí.

Os do norte se revoltaram por causa dos tributos. Eram industriais, sempre ficavam atentos à tributação. Mas tiveram que aceitar a liderança do sul. Agora, aqui e na América hispânica foi diferente. Eu não vou falar na América hispânica, porque é muito complicado, por causa de Fernando VII, que fez negociações com Napoleão. Aceitou a dominação francesa, inclusive nas Américas e teve revolta na América por causa dessa aceitação. É muito complicado, vou deixar meio de lado a discussão nesse episódio da emancipação.[18]

Mas o Brasil dá para abordar, porque aqui o problema era justamente o comércio. E o comércio, com Portugal, era muito acanhado, sufocado pelas marinhas holandesa e inglesa. Tudo tinha que passar por Portugal, e a classe mercantil daqui queria fazer negócios, e Portugal para eles era um entrave. [O marquês de] Pombal criou a Companhia Geral de Comércio do Grão-Pará e Maranhão e a Companhia Geral de Comércio de Pernambuco e Paraíba [em 1755 e 1756], mas o problema é que tudo tinha que passar por Portugal, e estas companhias não prosperaram. Por isso, queriam a abertura dos portos às nações amigas, que foi a primeira coisa que d. João VI fez quando veio para cá. E eles estavam contentes com o Reino Unido de Portugal, Brasil e Algarve – como se dizia. O horizonte deles ia só até aí. Mas quando d. João VI voltou a Portugal, queria de novo a sujeição antiga. O seu filho, um liberal, um homem de visão, achou que não dava para fazer a roda da história andar para trás e resolveu patrocinar a independência. A classe mercantil daqui o apoiou integralmente. Em 1822, já tinham terminado as guerras napoleônicas, mas o comércio de Portugal não tinha prosperado. Não teve jeito, acabou na independência. E aqui a emancipação foi feita por essa classe mercantil. Mas, como promover o comércio? O único comércio possível era o inglês. Até esse primeiro momento, todas as facções dessa classe estavam unidas. Quando veio a independência, vieram as ideias da Revolução Francesa, que coincidiam com as de emancipação e tiveram certa tradução aqui no Brasil.

---

18   Fernando VII (1784-1833) foi coroado rei da Espanha em 19 de março de 1808, após a abdicação de seu pai, Carlos IV (pai de Carlota Joaquina e avô de d. Pedro I). Com ajuda de Napoleão Bonaparte, Carlos voltou brevemente ao poder, apenas para ser forçado a abdicar, por imposição do próprio Bonaparte, que nomeou seu irmão José como rei. Com a deposição de José, resultado da Guerra da Independência, Fernando VII foi reconduzido ao trono em 1814. Ele impôs a volta ao absolutismo e restaurou privilégios do clero e da nobreza que tinham sido abolidos. Sentindo-se prejudicada, a burguesia espanhola iniciou uma revolta em Cádiz, em 1823. A revolta foi sufocada, mas aprofundou a crise do império espanhol e estimulou os movimentos de independência das colônias na América.

Evidentemente, a classe mercantil achou que Liberdade era a liberdade de comércio, Igualdade era igualdade entre as nações e Fraternidade era fraternidade entre os partícipes do empreendimento Brasil.

Fraternidade entre os comerciantes.

Entre os comerciantes, os fazendeiros e todas as pessoas que participavam: todos agora eram brasileiros. Claro, escravo era outra história, mas todos os livres eram brasileiros, tinham direitos iguais. Só que não se devia mexer nas relações sociais, elas deviam permanecer as mesmas, cada um no seu lugar. E os posseiros continuariam posseiros. Claro que os posseiros disseram: "Sim, mas eternamente?". E lhes responderam: "Não, tem que pensar numa lei de terra". Naquele momento, não tiveram cara para dizer que a terra era toda deles. Por quê? Porque a terra era uma concessão do rei, que a havia concedido a eles, não aos posseiros. Os posseiros disseram: "Bom, agora não tem rei, a terra é nossa". E obtiveram como resposta: "Não! Espera! Vai ter que ter uma lei de terra. Enquanto isso, nós somos irmãos".

A fraternidade deles era essa. E eles continuaram irmãos. Eles não eram a parte dinâmica do processo. Onde se deu o conflito posterior à independência? A independência fez desabrochar as contradições internas da classe mercantil. A classe urbana, que era o comércio, entrou em contradição com a classe rural, que era muito mais acanhada e estava limitada à produção dos seus artigos. A classe comerciante queria comerciar tudo, uma abertura maior, o desenvolvimento comercial com a criação de bancos. Em suma, queria um investimento capitalista, que depois de 1815 já estava na ordem do dia. E os outros queriam as relações escravistas. Embora ninguém aqui no Brasil fosse antiescravista, os comerciantes tinham interesses próprios. Por exemplo, eles tinham dívidas a cobrar dos fazendeiros, que foi um ponto em que se quebrou a aliança.

Como era no tempo de Portugal? Comerciante não podia cobrar dívidas ou pedir a falência do agricultor. Foi a razão pela qual os brasileiros se revoltaram contra os holandeses no Nordeste. Em 1635, tinham aceitado os holandeses. Em 1640 não aceitaram mais, porque os banqueiros, naquela época, eram em grande parte holandeses, de Amsterdã, e diziam: "Aquelas dívidas que vocês têm conosco, vocês vão ter que pagar um dia. A gente vai parcelar, mas vocês vão ter que pagar". Os fazendeiros se revoltaram, pois não estavam acostumados a pagar dívidas, e expulsaram os holandeses. E quando veio a independência, veio logo a mesma chorumela. Pede dinheiro emprestado para o plantio, para comprar escravo, e aí depois para pagar? O trem de vida deles era bom, e não baixava. Mas pagar dívida era o segundo item, que eles não estavam acostumados a encarar com seriedade. Aliás, até hoje.

Surgiram essas contradições. O Partido Liberal e o Conservador se formaram. Era um conflito muito abafado, mas era um conflito, por cima da classe escrava, por cima dos posseiros que não receberam terra. Mas esse contraste foi suficiente para aquelas revoltas da Regência e do início do 2º Reinado. De qualquer maneira, a saída que se deu a isso foi o acordo: os posseiros continuaram posseiros e fizeram um acordo em cima do escravismo.

Nos Estados Unidos, só com uma guerra civil isso foi possível. É impreciso dizer que nos Estados Unidos os do norte não eram escravistas. Sabe *A Cabana do Pai Tomás*? A Harriet Beecher Stowe, que escreveu o livro, tinha escravos na casa dela, mas eram domésticos. Não eram verdadeiros escravos. Os escravos eram os que estavam lá no sul. E o que aconteceu? Como os estados do sul mandavam, tentaram, em 1850, estender o escravismo para todo o país, por meio de uma decisão da Suprema Corte dos Estados Unidos. Aí, Lincoln liderou a revolta, e deu no que deu, numa guerra civil.

Aqui demorou mais, não teve guerra civil, e se fez a abolição daquela maneira mansa. Mas antes da abolição, no fim das convulsões posteriores à independência, o destino já estava traçado, que era o de não construir nações soberanas. Não porque não tivesse indústria aqui, tinha desde 1830. Teve uma indústria têxtil na Bahia que foi florescente nos anos 1830, e foi depois superada pela do Rio de Janeiro, nos anos 1840, e a do Rio de Janeiro foi superada pela de São Paulo, nos anos 1870. Havia uma indústria têxtil, uma de produtos alimentícios, uma de velas, que era muito importante, uma de chapéus, que também era muito importante, porque todo mundo usava chapéu. Em suma, estava havendo uma industrialização. Só que a industrialização era mirrada por causa do problema da mão de obra. Quando acabou o tráfico negreiro, os europeus que vinham eram obrigados a ir para as fazendas de café. Mas, quando veio a abolição da escravatura, em 1888, a classe fabril aqui no Brasil se beneficiou muito com a possibilidade de se expandir. Antes disso, por exemplo, o [visconde de] Mauá conseguiu a inimizade da classe dominante brasileira, porque, como não havia mão de obra livre, foi obrigado a comprar escravos para trabalhar na fundição de Porto Mauá. Aí disseram: "Como, acabou o tráfico e esse cara compra escravo, com o dinheiro que ele tem, dinheiro forte, porque ele é banqueiro. Como pode? A gente precisando de escravo e esse cara vem comprar para a indústria, imagina que bobagem". Então a indústria ficou mirrada. Depois da abolição é que se abriu o caminho para a indústria capitalista aqui.

Então esse foi o processo, a contradição estabilizada por meio de acordo, que desembocou na subserviência ao imperialismo britânico. Quer dizer, vamos depender da Inglaterra, não vamos mobilizar o povo e constituir uma nação. Por quê? Porque o povo tem que estar submetido. É necessário mobilizá-lo para criar uma nação, e aqui não se criou nação porque o povo foi domado, dentro daquele arcabouço que se construiu.

Como o povo traduziu as ideias da Revolução Francesa? Também não foram exatamente as ideias de Liberdade, Igualdade e Fraternidade da França. Aqui foi: Liberdade como fim da dependência em relação aos senhores, o que significava, de imediato, o acesso à terra, à propriedade da terra. A reivindicação de livre acesso à terra, que o dirigente do MST [Movimento dos Sem-Terra] João Pedro Stédile levanta até hoje, está correta, só que fora de época. Mas é o que legitima o sem-terra do Brasil. Não existe a figura do sem-terra em outras partes: trata-se de uma classe que tinha direito à liberdade, e que ficou livre, só que não ganhou a terra. Essa classe traduzia liberdade como terra, Igualdade como tratamento igual ao dado aos senhores – portanto, não podia ser sacaneada pelo sistema judiciário como era, devia ter acesso à justiça e a todas as coisas que só o senhor tinha, porque naquela época não podia denunciar o senhor. E Fraternidade, bom, aí sim, fraternidade entre os iguais. Para o brasileiro, a abolição da escravatura era uma coisa óbvia. Ele aspirava à cidadania de todo mundo por igual. Só que funcionava num nível nacional, não era concebida a fraternidade universal da Revolução Francesa, não funcionava assim. Mas a terra era a bandeira emancipatória que veio da Revolução Francesa. Esse impulso foi sufocado durante todo o processo, inclusive por causa da derrota de Napoleão. O desfecho desse conflito no Brasil foi igual ao dos países ibéricos. O mesmo conflito, de certa maneira, foi falseado nos Estados Unidos, por causa do racismo. Porque os Estados Unidos tiveram uma coisa peculiar: teve a guerra civil, derrotaram os escravistas, mas não cumpriram o programa de Lincoln. O assassinato de Lincoln não foi desvendado até hoje; e o vice-presidente era contra as ideias dele. Então saiu de lá uma nação aleijada, mas de qualquer maneira uma nação soberana.

Aqui não saiu nação nenhuma, por quê? Porque o povo foi sufocado, como em todas as partes da América Ibérica. Esse é o Brasil que nós temos, e esses são os países que os hispânicos têm. Eles têm um estamento inferior. E agora vem a esquerda, como por exemplo, o Evo Morales, que deu privilégios aos índios em matéria de uma justiça que os beneficia, mas na realidade é um paliativo. O Evo não é índio. Ele tenta se colocar numa posição intermediária, tanto que ele reprime o plantio de coca, só que de maneira muito branda, o que faz com que o plantio de coca continue. Mas precisa entender que está sendo oferecido um paliativo à necessidade de emancipação do povo boliviano. Os índios têm que se tornar iguais aos brancos, e os brancos não estão aceitando. E a esquerda acha que os índios são retrógrados. É só ler na internet as mensagens da esquerda, da extrema-esquerda, comentando medidas do Evo às avessas, ou seja, como se fossem concessões aos índios e não tomadas sob pressão. O Evo sofre pressão. Hugo Chávez é diferente, na Venezuela não existe essa pressão. Não é a mesma coisa que a Colômbia, que está debaixo de uma guerra civil que se prolonga até hoje.

Precisa entender que existe um estamento servil que ainda não conseguiu se emancipar. Essa gente tem que assumir o comando da nação, pois são a maioria. Não são os mineiros, a classe trabalhadora. Não. Tem uma coisa que está mais embaixo, que tem que abrir o caminho para a revolução proletária. É como discutimos na história da Revolução Russa. Não pode sufocar o camponês e fazer a revolução proletária. Não vai funcionar! Querem deixar o índio na situação que está e fazer a revolução proletária na Bolívia, que é o que os trotskistas querem fazer quando acompanham Trotsky, que também não viu os camponeses na Rússia. Essa discussão é vital. É uma tarefa que sobrou. E aqui no Brasil tem os sem-terra. Os sem-terra reivindicam o livre acesso à terra para todo mundo e hoje em dia significam outra coisa. Nós temos que respeitar. Por quê? Porque eles representam essa herança. E essa herança é legítima. Foi o que eu lhes disse, durante um curso de formação do MST. Eles me aplaudiram, foi a única vez que eu fui aplaudido numa sala de aula.

Os Estados Unidos, com o processo emancipatório deflagrado pela chamada Revolução Americana, ficaram resolvidos em termos de constituição de uma nação. Uma nação aleijada, com escravismo, que levou a uma guerra civil para resolver o aguçamento da contradição entre os latifundiários e os fabricantes e comerciantes do norte. Durante todo o período, até a guerra civil, os dominantes foram os do sul, que empurraram o processo econômico. No tempo de Engels, por exemplo, os Estados Unidos eram classificados ainda como país colonial, em termos econômicos. Quer dizer, era um país que exportava matérias-primas e comprava produtos industriais. Só que os fabricantes do norte pretendiam produzir tudo, localmente, e importar o menos possível, mas não pretendiam exportar. Não concorriam com a Inglaterra no mercado mundial de produtos industriais. Eles se serviam da libra, que foi a moeda internacional deles até 1920, a moeda que fechava o câmbio nas exportações e importações. Os negócios de importação e exportação estadunidenses eram fechados em Londres. Então, aconteceu a guerra civil, a guerra mais pesada que os Estados Unidos tiveram até hoje. E como aconteceu? Com um racha no Partido Democrata, que era o partido do sul. O Partido Republicano é um racha do Democrata. Os democratas quiseram impor o escravismo a todo o país. Eles tinham um poder muito forte. Até que um cidadão da periferia da política estadunidense, que era o Lincoln – um homem não dado à política –, se insurgiu e o sentimento de indignação foi muito forte na população.

A abolição do escravismo foi uma coisa popular nos Estados Unidos. Por exemplo, o livro da Harriet Beecher Stowe, *A Cabana do Pai Tomás*, vendeu milhões de exemplares. Não foi como no Brasil. O Partido Republicano teve um berço honroso: Lincoln contra o escravismo do sul. E deu na guerra civil. Essa guerra não eliminou o aleijume do racismo, mas resolveu essa contradição entre o norte e o sul. Mas o norte não tinha pretensões de entrar no mercado mundial de produtos industriais, nem de transformar a moeda deles numa divisa internacional. Aliás, para transformar a moeda numa divisa internacional tem que deixar de ser um país de economia colonial, coisa em que eles não tinham interesse. E o próprio Partido Republicano era muito afeiçoado à moeda deles, que era o dólar de prata, uma moeda interna. E o povo também estava muito afeiçoado ao dólar de prata, razão pela qual só entraram no padrão ouro quando este já estava se extinguindo. O padrão ouro de 1920 era bichado, não era mais aquele pelo qual alguém podia trocar papel-moeda por ouro no guichê do banco. Por conseguinte, já não existia mais.

Os Estados Unidos evoluíram diretamente para o imperialismo, enquanto nação, a partir de 1898. O imperialismo estadunidense não é de 1823, quando o presidente James Monroe pronunciou aquela frase, "a América para os americanos".[19] Aquilo é bobagem, foi um pio desejo. Os Estados Unidos não estavam posicionados para isso. Eles tiveram que expulsar os espanhóis do Caribe e das Filipinas para poder entrar. E, diga-se de passagem, com grandes massacres, porque os filipinos resistiram e os americanos mataram mais de cem mil pessoas lá. Foram lá querendo tomar posse de cada centímetro quadrado, como fizeram na América, sem contemplação, razão pela qual os filipinos não gostavam dos americanos. Bom, isso aí é entre parênteses.

Em que medida o protagonismo do povo é essencial para a formação de uma nação?

No resto da América, não haviam sido construídas nações independentes porque o povo não entrou, é tão simples assim – e é preciso que o povo entre. E nos Estados Unidos o povo todo entrou na guerra contra os ingleses, primeiramente, com todo o aleijume deles, mas de qualquer maneira eles entraram. Teve uma divisão – para vocês verem como era importante para os estadunidenses do norte a continuidade da colonização: não digo a metade, mas uma parte significativa não

---

19 A Doutrina Monroe foi anunciada pelo presidente James Monroe (1817-1825) em sua mensagem ao Congresso de 2 de dezembro de 1823. Basicamente, Monroe exortava as potências europeias a não instalarem novas colônias na América e a adotarem uma postura de não interferência na vida doméstica das nações americanas. Em troca, os Estados Unidos se comprometiam a não intervir nas relações das potências europeias com suas colônias em outras partes do planeta. O arquiteto da Doutrina Monroe foi seu então secretário de Estado, o futuro presidente John Quincy Adams. A doutrina orientou a estratégia nacional de ampliação das fronteiras dos EUA na direção do oeste, anexando territórios mexicanos e dizimando as tribos indígenas que lá habitavam. A expansão, a partir dos anos 1840, teve como pressuposto a ideologia do Destino Manifesto, que atribuía aos Estados Unidos missão, supostamente outorgada por Deus, de ser a primeira entre as nações.

aceitou, e preferiram se mandar para o Canadá superior [do norte]. No Canadá inferior [Quebec] estavam os franceses. Foram para o Canadá superior porque não aceitavam a independência da Inglaterra, que era uma comunidade fantástica – a maior marinha mercante do mundo, o maior fornecedor de produtos industriais, que eles não tinham, e que eram vendidos baratíssimo. E uma comunidade que consumia os produtos agrícolas deles. Então, os que não aceitaram criaram o Canadá e foram xaropear os franceses. Se não fosse esse fenômeno, o Canadá talvez fosse predominantemente francês.

De qualquer maneira os Estados Unidos se constituíram como nação, e dentro de um regime que foi chamado de democrático. Na realidade, a origem da democracia deles são pequenas teocracias calvinistas criadas no norte e que deram o modelo da participação popular no governo. Os Estados Unidos consistiam num governo central sem poder. A maior parte dos tributos ficava nos municípios. Um pouquinho mais ficava nas ex-colônias, nos Estados. E o poder central praticamente não tinha dinheiro. Não tinha uma tropa, por exemplo. Quando o governo central precisou de tropas, na guerra de 1812 contra os ingleses, ele teve que implorar aos Estados para que mandassem tropas. Alguns Estados responderam: "Podemos mandar uns 200, 300 homens, e deu. A gente não quer mandar porque o povo daqui não quer se meter em guerra". Felizmente para eles, a guerra de 1812 foi mais marítima. E os estadunidenses, que eram os construtores navais dos ingleses, construíram os melhores navios de guerra para eles mesmos. Mas não teve muita guerra, os ingleses não deram muita bola. Teve aquela famosa batalha entre dois navios, o Constitution e um navio inglês [o *Guerriere*], que os estadunidenses venceram, e que ficou como vitória simbólica deles, e aí os ingleses desistiram, fizeram a paz. Mas digamos assim, foi uma nação que enfrentou a maior potência marítima do mundo, o orgulho por essa vitória tinha razão de ser. O Constitution está conservado até hoje.

O protagonismo ou não do povo é também consequência do tipo de processo de colonização? A formação do Estado-nação está relacionada a esse processo?

Tem gente que se ilude e pensa que, porque as colônias do norte dos Estados Unidos eram de povoamento, o processo de independência foi bem-sucedido e o país se tornou uma democracia. Não foi. Aquilo lá eram pequenas teocracias, superautoritárias, porque eram em igrejas. Era religioso o negócio. O adultério era punido com a pena de morte, tinha os pastores calvinistas que mandavam mesmo. Tinha que assistir à missa, a escolinha dominical. Eram pequenas teocracias. Mas teocracias protestantes, com certa participação popular, davam palpite na igreja. Mas dar palpite na igreja não é a mesma coisa que dar palpite na sociedade. São as limitações das igrejas. Tem a Assembleia de Deus, aqui no Brasil – que, aliás, veio da Inglaterra – e que é democrática, então em vez de o padre dar sermão, todo mundo fala. Mas isso não é democracia.

Mas na colônia de povoamento tinha mais distribuição de terras, existiam o pequeno agricultor, o pequeno comerciante, ao passo que na colônia de exploração o que prevaleceu foi o trabalho escravo.

Sim, mas não funciona. É muito bom, é mais democrático, porque não tem latifundiário, mas economicamente não funciona. Quem empurrou o processo foi o sul dos Estados Unidos. E foi a Inglaterra, porque a Inglaterra não era Portugal. A Inglaterra foi, a partir de 1763, a principal potência do mundo, o país se tornou um grande construtor naval, um grande comprador de produtos rurais, um grande fornecedor de artigos para o Caribe, por meio das colônias de povoamento. As colônias de povoamento foram beneficiadas por processos totalmente exteriores a elas. Elas estavam lá apenas sobrevivendo. A pequena propriedade é o seguinte: se você tem uma família e está jogada numa terra vasta – isso é um princípio elementar de economia –, a terra vasta fica baldia. O que vai ser cultivado pela família? Aquilo que as forças dela permitem. Vão fazer uma roça de milho, de mandioca e criar uns porcos. Acabou. O que eles vão fazer, com um arado e uma junta de boi? Não têm como fugir do esquema de pequena propriedade, pois não têm escravo, não têm empregado. Então é a sobrevivência. Essa sobrevivência é a pobreza permanente, por séculos a fio. Se tiver índio, os colonos vão se fundir com eles, porque os índios sabem sobreviver muito melhor do que eles. Como aconteceu na África. Isso não tem futuro. A colônia de povoamento força a pequena propriedade, porque é impossível fazer dela uma grande propriedade. Mas como era regulada a pequena propriedade? Pelas pequenas teocracias. Criaram certos princípios de apropriação da terra, também o princípio da inimizade figadal com os índios. Eles queriam a terra dos índios, porque queriam tomar dos índios o comércio de peles, na região norte. Os índios eram os detentores do monopólio do comércio de peles. Então eles disseram: "Nós queremos pegar as peles para nós", para fazer o comércio que faltava para saírem da miséria do povoamento. E entrou o rum do Caribe – que eram eles que fabricavam, o rum é estadunidense, não é caribenho. É uma cachaça malfeita que meteram em barril de carvalho, então ficou vermelha. Foi isso que aconteceu. Agora, é claro, se tem uma multidão de pequenos proprietários, a igualdade já está estabelecida *ipso facto*, uma democracia que, segundo [o filósofo Jean-Jacques] Rousseau, depende de uma certa igualdade para funcionar. A igualdade estava dada pela própria pobreza geral, estava estabelecida previamente. Então, não tem como fugir. E o que eles fizeram? O município! Somos nós que temos que ficar com a maior parte da verba da arrecadação de impostos. O estado fica com uma pequena parte e o presidente da República fica com o salário dele e mais os de um pequeno grupo de funcionários para cuidar da Casa Branca. Quando a coisa mudou? Mudou, em primeiro lugar, na guerra de 1848, com o México – por causa do Texas. Nesta guerra, eles estavam cobertos de razão, porque aquele demente do general Antonio López de Santa Anna, do México... Marx teve razão ao apoiar os Estados Unidos.

Isso nos leva à questão dos regimes políticos. A própria pobreza original criou certa igualdade básica, que fez com que a participação do povo na vida política do país se tornasse igual. Já que todo mundo é mais ou menos igual, então a participação é igual. Isso é democracia. Agora, quando aparecem os contrastes de riqueza, quer dizer, tem meia dúzia que é dona da terra, como era no México – onde os índios estavam confinados em seus aldeamentos, e tudo era resolvido no palácio, por meia dúzia de potentados –, a ditadura já estava colocada no próprio funcionamento original básico, não tem como fugir. Os regimes ditatoriais eram naturais. Mas, atenção, os estadunidenses escolheram um sistema monárquico, que é o presidencialista. Eles criaram um monarca sem poderes, originalmente. Na Europa não fizeram isso. Esse sistema foi imitado por toda a América do Sul, que deu poderes extraordinários ao presidente. O presidente do México é um monarca até hoje. A aura de sacralidade que cerca o presidente do México é uma coisa incrível.

Mas mesmo nos Estados Unidos a figura do presidente é reverenciada...

Não, o presidente é amado nos Estados Unidos, por causa do patriotismo deles, mas no México não é por causa do patriotismo. É uma coisa fabricada pela oligarquia dominante, todo esse cerimonial que cerca o presidente do México. Nos Estados Unidos, não, tem certa simplicidade no presidente, nos seus costumes, no seu relacionamento com o povo, que faz parte daquela democracia original. Não é assim que funciona na maioria das sociedades, o povo não está na política. [Nicolau] Maquiavel diz que o povo nunca vai estar inteiro na política. Sempre tem uma parte que se ocupa da própria vida e os outros que vão fazer política, mais ou menos profissionalmente. Justamente o problema é esta parte que se ocupa da própria vida – qual a parte que lhe cabe dos recursos naturais do país? Isso é decisivo. Se ela não tem nada, são párias, não têm como decidir as coisas.

Dentro do processo de desenvolvimento capitalista, os países da América Latina, em geral, tiveram certo desenvolvimento industrial espontâneo, que já mencionei aqui. Espontâneo e muito bom. Bom por quê? Porque a Inglaterra, que era a potência exportadora de produtos industriais, passou a depender, desde 1840 e em particular a partir de 1860, muito mais da finança do que da exportação de produtos industriais para a América. Então, era mais negócio emprestar dinheiro para os latino-americanos e viver de juros do que ficar exportando produtos industriais. Em 1850, já tinha sido abolido o tráfico negreiro, que era um objetivo da Inglaterra – só que os ingleses foram supersacanas nessa história, porque acabaram com o tráfico negreiro e começaram com o tráfico de indianos, encheram o Caribe de indianos, a salários de miséria. Para mim, os ingleses foram traficantes pós-tráfico. É uma história que precisa ser contada um dia, mas, em todo caso, se alguém fizesse uma investigação veria a sacanagem que foi a tal da abolição do tráfico dos ingleses, que ficaram pressionando os brasileiros para parar. Uma vez encerrado o tráfico, os países latino-americanos foram compelidos a importar imigrantes para substituir os africanos. E a partir daí os imigrantes, com suas capacidades técnicas, foram desenvolvendo pequenas atividades industriais. O Brasil já era autossuficiente em cerveja, desde 1890. Era autossuficiente em velas. Em outras coisas não era autossuficiente. Uma delas, até uma bobagem, era o fósforo. Sabe por quê? Por causa do palito. Transformar um tronco de árvore em milhões de palitos à mão é uma tarefa absolutamente absurda e impossível. Os ingleses usavam uma máquina que pegava um tronco e transformava em palito. Como a máquina era muito cara, tinha que comprar palito da Inglaterra.

Mas, enfim, tinha um processo de desenvolvimento espontâneo que a Inglaterra não inibiu. Fico irritado com esse negócio da esquerda, de que a Inglaterra oprimiu, que cobrou empréstimos da independência e não sei o quê. Bobagem. A Inglaterra não impediu a industrialização do Brasil, pois preferia muito mais emprestar dinheiro para d. Pedro II e receber os juros. Então o Brasil foi se desenvolvendo. Quem impediu a industrialização foram os cafeicultores, que exigiram a proteção do café, criaram um mercado protegido, preços sustentados artificialmente e permissão indefinida de ampliação das fazendas, porque os fazendeiros queriam legar para os filhos mais fazendas. E assim por diante.

ENSINAMENTOS DA REVOLUÇÃO FRANCESA
E DA REVOLUÇÃO RUSSA

Os processos revolucionários da França (1789) e da Rússia (1917) guardam semelhanças entre si: liquidação política das direções, esgotamento do ímpeto revolucionário das massas, queda de produtividade, concentração do poder político nos representantes do povo, reinvenção do Estado e suas instituições, combinando elementos do antigo e do novo regime e burocratização. Esse processo, em não sendo inexorável, pode ser combatido?

Qual era o grau de desenvolvimento possível no processo revolucionário, na França, em 1789? Era a abolição das relações feudais, a apropriação da terra pelos camponeses e a substituição das relações de dependência pessoal pelo assalariamento. Diga-se, de passagem, que não tinha ninguém que contestasse isso. É muito significativo na Revolução Francesa, quando, um pouco antes da queda da Bastilha, aconteceu uma rebelião em duas fábricas de papéis pintados para parede, alguma coisa assim, e os trabalhadores tomaram conta das fábricas. Morreu uma quantidade grande de operários na repressão desencadeada pela tropa que foi chamada para reprimir. O povo francês não ligou, não estava atento para as relações de trabalho capitalistas, porque aquilo ali eram fábricas. O povo miúdo que fez a revolução não era assalariado industrial, então não entendia muito bem as relações de trabalho capitalistas e achava que trabalhador assalariado tem que trabalhar e receber salário, não achava nada de mais que houvesse um conflito

DIÁLOGOS COM VITO LETIZIA

de interesses entre os dois, e o fato de os trabalhadores tomarem a fábrica não parecia uma coisa boa em si. Essa era a massa que fez a Revolução Francesa, então isso dava os seus limites. A burguesia tinha que acabar com aquelas relações de dependência, as corporações de ofício que bloqueavam a expansão industrial, porque tinha que ter licença e algumas características que a burguesia jogou fora. Por exemplo: a fiscalização por uma corporação de fabricantes da qualidade dos produtos; é uma coisa que nos faz falta até hoje. Antigamente, um chapéu de feltro tinha que ser bem feito, a própria corporação de fabricantes aferia a espessura do feltro, a feitura etc. Depois, a burguesia adotou o sistema de baratear cada vez mais as mercadorias, baixando a qualidade junto. Até hoje somos vitimados, principalmente com alimentação, por perda de qualidade em função de não ter nenhuma regra que os próprios fabricantes se impõem. Mas, claro, as corporações de ofício estavam carregadas de privilégios reais. Eram um atraso, tinham outras coisas que não eram benéficas como isso que mencionei. As corporações de ofício teriam que ser eliminadas para dar a liberdade de iniciativa de empreendimentos industriais e criar a sociedade salarial. E tinha gente da burguesia que era a favor dos trabalhadores. O revolucionário mais avançado da época era o conde Destutt de Tracy.[1] O livro dele é meio maçante, mas vale a pena, porque no meio tem muitas descrições sobre o progresso da humanidade e aquelas coisas que eles gostavam de mencionar e hoje em dia não têm muita utilidade para nós. Li letrinha por letrinha, pacientemente, e ele diz coisas assim: a igualdade está dada, é só não privilegiar ninguém. Então o capitalista tem que começar com o dinheiro dele, mas todo mundo tem que ter os conhecimentos que todos os capitalistas têm para abrir seus próprios negócios, todo mundo tem que ter acesso ao crédito igual, e a igualdade entre os homens que reclama Rousseau, para que haja um sistema democrático. Rousseau diz: a democracia só funciona se não houver muita desigualdade. Esses eram os limites da revolução, dados por essas concepções das pessoas mais avançadas e do povo miúdo, que não ligava para massacre de trabalhador

---

1   O conde Antoine Louis Claude Destutt de Tracy (1754-1836), de família riquíssima, lutou nas barricadas pela revolução. Criou o termo ideologia, em 1801. Seus ideais republicanos, expostos no livro *Elementos da Ideologia* (*Eléments d'Idéologie*, 1801-1815), incorreram na ira de Napoleão Bonaparte, graças a quem o termo ideologia, usado para descrever uma ciência das ideias, passou a ter conotação pejorativa, sinônimo de mistificação e perda de tempo.

operário porque não era operário, não sabia o que era ser operário. A revolução permanente podia ir até onde? Até o alçamento do povo miúdo.

Quando Marx fala dos novos patamares que poderiam ser atingidos pela revolução, fala de uma classe operária já constituída. A classe de trabalhadores fabris, que poderiam fazer a revolução na qual fossem a última força social, a mais explorada, a mais baixa, que ascenderia quando se esgotasse o potencial de transformação social daquelas que entrassem em primeiro lugar. A Revolução Francesa foi isso: primeiro, entraram os membros do Parlamento, que foram chamados de pais da pátria pelo povo; depois, os constitucionalistas monarquistas; depois, os constitucionalistas republicanos; depois, os democratas radicais, que fizeram a Constituição de 1793, que era o povo miúdo de Paris, mas que não era trabalhador de fábrica. Então, na medida em que os de cima vão travando, eles chegam num certo patamar, ou seja, os constitucionalistas monarquistas quiseram conservar o rei, que estava bloqueando tudo, além de conspirar contra a revolução com os estrangeiros. Depois, os de baixo começaram a conspirar, porque acharam que a revolução tinha que parar, pois tinha aquelas coisas que atendiam ao povo: sistema do preço máximo, controle dos preços do trigo, para o povo que estava passando fome em Paris. Mas economicamente não funcionava, e a burguesia queria se livrar disso, só que a burguesia, ao mesmo tempo, estava arruinando a guerra de defesa contra o exterior. Os generais estavam desertando, então o povo se insurgiu e teve o 10 de agosto, que foi o que resolveu a Revolução Francesa. Para ir além do 10 de agosto, que foi a prisão do rei, a Constituição de 1793, não tinha material humano, não tinha força social. Então se esgota onde? Na última camada social.

No tempo de Marx, ele achava que os trabalhadores já eram a última camada social, podiam ascender ao poder nesse processo de revolução e permanência. Permanência significa: ascende a última camada social e espalha a revolução para toda a Europa. Europa, não para a Ásia e para a América. Nesse ponto ele foi mais prudente que Lenin. Se a Europa fizesse a revolução europeia, estaria resolvendo o problema do mundo, porque o resto seguiria. Não teria como não seguir, porque o capitalismo, que impunha o regime econômico na América e na Ásia, estava todo dividido. Engels viu, em 1885, a Conferência de Berlim

62   DIÁLOGOS COM VITO LETIZIA

dividir a África, que era o que restava dividir. Engels morreu em 1895, só que ele tinha umas ideias distorcidas sobre imperialismo.

Então, essa é a dinâmica da revolução permanente. Na Revolução Russa se suporia que a última camada social que ascenderia ao primeiro plano da cena política seria a dos camponeses. Tanto assim que Lenin formulou o programa da revolução democrática operária e camponesa. Os camponeses, que eram os mais oprimidos e explorados, e a classe operária, que era de origem camponesa. Mas, de repente, não: tinha que reprimir os camponeses, aí bichou tudo. Mas não é que o processo foi natural. Não foi natural. Os bolcheviques controlaram as cidades e passaram a reprimir os camponeses. Dizem que reprimiram por causa da guerra, o que não é verdade. Começaram a reprimir em dezembro de 1917, o pequeno comércio dos camponeses. A guerra civil estourou em 25 de maio de 1918, com a revolta da Legião Tcheca.[2] Antes disso, teve até alguma convulsão, mas coisa menor, que se dissolveu quase que por si. Mas a Revolta da Legião Tcheca e o Movimento de Kolchak foram muito perigosos. Na realidade, a revolução permanente foi bloqueada pelo Partido Bolchevique. Não dá para falar em processo natural. Supõe-se – já que agora não se pode afirmar nada, como o fato histórico é aquele, não há outro – que para que o processo natural se desenvolva, basta que não exista, que não se crie uma gigantesca força repressiva. Se o Estado cria uma gigantesca força repressiva, deixa de entrar naquele processo de perecimento previsto por Marx. Para reprimir os camponeses, maioria esmagadora da população, foi necessário criar uma força repressiva muito grande que, a favor da guerra civil, foi fácil construir. A Cheka panrussa se desenvolveu de uma maneira extraordinária, passou a se servir dos arquivos

---

2   A Legião Tcheca era formada por 50 mil soldados que lutaram contra os alemães enquanto a Rússia participou da 1ª Guerra Mundial. A paz com a Alemanha foi sacramentada em março de 1918, com a assinatura do Tratado de Brest-Litovsk, mas os tchecos permaneceram em solo russo, concentrados na Sibéria Ocidental. Quando os bolcheviques tentaram desarmá-los, eles se rebelaram, em 25 de maio, e acabaram se transformando em um perigoso instrumento militar contra o recém-criado regime soviético. A Legião Tcheca apoiou, durante um certo tempo, o almirante Alexander Kolchak, um dos chefes militares do Exército Branco (antibolchevique). Kolchak conseguiu imprimir algumas derrotas sérias ao Exército Vermelho no começo da guerra civil, incluindo a tomada do controle da Ferrovia Transiberiana. Foi capturado e fuzilado pelos bolcheviques em Irkutsk, em fevereiro de 1920.

da Okhrana[3] para fazer a repressão dos anarquistas. Um aparelho de Estado ultradimensionado – foi o que se acabou construindo por causa da repressão aos camponeses, e depois a repressão aos comitês de camponeses pobres exigiu mais reforço do aparelho de Estado.

É bom que se esclareçam ao máximo as dúvidas sobre esse ponto da revolução permanente, porque isso é recorrente depois. Não podemos afirmar como seria o processo natural, porque não ocorreu. Mas a ideia de Marx não foi negada pelo fato de os bolcheviques terem se insurgido contra os camponeses. A explicação é histórica: a formação do Partido Bolchevique foi fruto de uma *intelligentsia* separada, havia um hiato entre essa camada social que criou o partido e o povo russo. Isso é um fenômeno da história russa, da Rússia tartárica, a Rússia que era quintal dos mongóis, e criou uma dicotomia cidade-campo que era um abismo. Os próprios socialistas revolucionários não entendiam os camponeses, eram contra os camponeses, apesar de fazerem a discussão com Marx sobre a potencialidade do campesinato russo. Eles não sabiam o que estavam falando. A explicação que temos não é uma explicação pessoal: Lenin foi genial, mas a revolução permanente na Rússia foi bloqueada, não se sabe como seria natural porque não deixaram que acontecesse e pronto, é o que temos como bagagem histórica da humanidade em matéria de revolução proletária. Então, estamos aí parados.

A resposta ao bloqueio do processo natural de revolução permanente seria, então, a de não reforçar elementos repressivos do aparelho de Estado? Se a Revolução Russa tivesse avançado sem esse bloqueio, o aparelho repressivo poderia ter sido armado para combater os agressores do Estado soviético e não o campesinato e a própria classe operária? Como se colocaria a questão do esgotamento das forças revolucionárias, no caso do desenvolvimento natural da revolução permanente?

Marx coloca o perecimento gradual do Estado como sendo um processo natural porque, na medida em que não há mais divisão da sociedade em classes opostas, o aparelho de Estado não precisa impor a submissão de uma classe a

---

3   Cheka, nome formado pelas iniciais de *Chrezvichainaia Komissiia* (Comissão Extraordinária), foi o primeiro serviço de informação e contraespionagem da União Soviética, antecessor da KGB. A Okhrana era a polícia política do czar.

outra. O que existe nos sistemas capitalista e feudal? Existe a sociedade dividida em uma classe exploradora e uma classe explorada. Qual é a função principal do Estado? Manter essas relações de exploração e impedir que os explorados se revoltem e destruam essas relações. Marx presume que, uma vez não havendo divisão da sociedade em classes, não será preciso uma vigilância que mantenha a classe explorada no seu lugar.

Na Rússia, houve a pretensão de manter a classe camponesa numa situação de fornecedora de alimentos de maneira mais ou menos forçada, e não por meio da vontade dos camponeses de produzir para ganhar algum dinheiro e melhorar de vida. Se deixassem os camponeses desenvolverem a revolução deles, não precisaria reprimir. Eles próprios tinham decidido que não seria permitido o assalariamento no campo, logo estava descartada a possibilidade de nascer o capitalismo. Então, por que se incomodar com os camponeses? Não precisaria sequer um bolchevique para vigiá-los. Os camponeses são revolucionários, está resolvido o problema. Eles estavam vigiando para que não houvesse assalariamento no campo, quer coisa melhor que isso? Estava no programa modelo deles. Mas não, precisava desenvolver o aparelho de Estado, que era justamente o aparelho repressivo, porque se tratava de manter os camponeses no seu lugar de fornecedores forçados de todo o excedente! O camponês queria comer melhor do que comia no tempo do czarismo. Requisitar todo o excedente é deixar o trabalhador na miséria. O camponês vai querer comer melhor, no mínimo, vai querer ver o filho bem alimentado e não mirrado como eram os filhos dos mujiques. Que é o que todo mundo quer.

Mas tem outra coisa que está implicada na pergunta, que é o tal do esgotamento. O povo não quer ficar permanentemente na rua fazendo passeata, todo mundo quer cuidar da vida, o campônio quer cuidar da roça dele. Ele aceita o programa com o qual ele tomou a terra, que não vai ter assalariamento no campo, isso já é uma salvaguarda para que o capitalismo não retorne. Depois, quem realmente se ocupará da política será uma quantidade cada vez menor de pessoas, Maquiavel já havia dito isso. Mas não é problema, se a tarefa dessas pessoas não for manter relações de exploração e opressão. O papel delas, nesse caso, não será contrarrevolucionário, de retrocesso, será o de simplesmente resolver problemas de conflitos entre iguais. Não será necessário manter uma força repressiva gigantesca. O aparelho de Estado, como supunha Marx, naturalmente vai perecer. Mas, para Marx, isso tudo ainda é o capitalismo, não o capitalismo enquanto sistema econômico, mas a sociedade capitalista tal qual saiu da economia capitalista, pessoas que querem se manter em relações de mercado, usar dinheiro, fazer transações que não serão necessárias no comunismo.

Portanto, durante certo período, as pessoas querem ter as suas propriedades privadas. Mas o ideal da propriedade fundiária é que não seja absoluta. Por exemplo, uma pessoa que quer se mudar de São Paulo para Porto Alegre, não precisa conservar a casa e botar no mercado imobiliário. Ela cede para a comunidade municipal de São Paulo – para comunidade, não para o prefeito. Em uma sociedade mais avançada, a comunidade de São Paulo se ocupa dos imóveis desocupados e pergunta quem tem mais necessidade de moradia. Imóvel não é meio de produção, não precisa criar um mercado imobiliário, acumular propriedade. Isso resolve o problema da herança, que é uma discussão imbecil. A questão é o problema da propriedade imobiliária. O relógio de ouro que o cara tem, deixa dispor para o filho dele tranquilamente, ninguém vai brigar por causa de uma bobagem dessas. O problema na realidade é a propriedade fundiária, que não precisa ser do jeito que é no capitalismo, propriedade absoluta. Não tem que discutir se terá direito de herança ou não. Deixa o povo resolver, que é a maneira mais racional possível.

E certamente não terá violência, porque não terá aparelho repressivo para fazer violência. Só precisa desenvolver aparelho repressivo se quiser vigiar, ou seja, colocar a polícia para saber quem sonegou, quem escondeu a herança, quem tem uma propriedade que não registrou, se fez um negócio de boca a boca para a municipalidade não ficar sabendo, se fez contratos paralelos que não são registrados em cartórios de imóveis para os vigilantes não saberem. Enfim, cria-se todo um sistema clandestino que, então, terá que reprimir com a polícia. Melhor evitar a criação de uma polícia.

Todo o problema da revolução é esse: evitar tomar medidas que exijam polícia. Quando toda a sociedade perceber que uma pessoa não precisa de três, quatro imóveis, o problema da herança está resolvido. Mas isso é um processo evolutivo. Esse processo, segundo Marx, é natural. Eu acredito que sim. É a preocupação dos marxistas: evitar ao máximo toda medida que exija a construção de um aparelho repressivo, que é a essência do Estado. Agora, claro, vai precisar de um aparelho administrativo. Denis Collin[4] diz: "Mas e o cara que chega com um revólver na mão e te pede a carteira, precisa de um Estado para te proteger disso". Não sei se precisa de um Estado para isso. Começa que se houver uma equalização das fortunas, se não houver propriedade dos meios de produção privada, esse cara com a pistola já será meio raro. Não terá aquela diferenciação de renda. Supõe-se que com a revolução vai melhorar e um monte de assaltantes não precisará mais assaltar. Em segundo lugar, a polícia não precisará ser uma força sem controle. Um serviço de segurança pode ser feito por auxiliares, como na Idade Média, que nesse ponto era muito mais progressista do que o capitalismo. Tinha um xerife escolhido pelo povo e ele nomeava alguns auxiliares. Era assim na Inglaterra.

Em 1917, em um determinado momento do processo histórico, as massas se identificaram com os bolcheviques?

O que aconteceu se define em poucas palavras. Porque todos os camponeses já comiam mal; além das distorções normais que faziam com que comessem mal, passaram a ter que dar a parte maior de sua produção para enviar para o *front*, que não poderia deixar de ser alimentado, porque guerra é guerra. A miséria estava se aprofundando no campo. Os soldados eram filhos de camponeses, se correspondiam com as famílias, e não suportavam mais a guerra, porque pensavam nas famílias que passavam fome mesmo, no interior, e que eram 80% da população. Eles ali, no meio da lama e das fezes que se acumulavam nas trincheiras, aquele horror que era a 1ª Guerra Mundial, e numa situação em que estavam perdendo. Então eles diziam: paz, paz agora. E o que aconteceu? O Partido Bolchevique foi o único que disse: "Paz agora, a Rússia que se dane, ela tem que ser é derrotada e não vencer esta guerra". Um partido que teve a coragem de dizer isso entrou no coração das massas.

Esse é o Partido Bolchevique.

Ele não era majoritário. Era bolchevique – o que significa majoritário em russo – porque foi a fração do partido liderada por Lenin que ganhou esse nome

---

4   Denis Collin (1952-), cientista político francês, autor do livro *Compreender Marx* (Editora Vozes, 2008).

CONTRADIÇÕES QUE MOVEM A HISTÓRIA   **67**

num congresso que, momentaneamente, lhe deu a maioria.[5] Eles ficaram arrotando que eram bolcheviques. Eram nada, eram uma ínfima minoria dos social-democratas russos e do movimento de massas. Nem tinha movimento de massas no Estado antidemocrático da Rússia, era um movimento muito pequeno, eles eram a minoria de um movimento pequeno. Só que, de repente, fizeram passar essa palavra de ordem para a Rússia, em 1915, naquele congresso de Zimmerwald,[6] na Suíça. Isso entrou no coração dos camponeses e de todo mundo. Esse era o partido. O partido de repente virou um partido importante. É assim que funciona. E depois, quando chegou a hora de tomar as terras, o Partido Bolchevique foi o único que disse: "Tomem as terras agora". Pronto, acabou. Só que Lenin voltou atrás, em 26 de outubro de 1917.[7] Os camponeses tinham que esperar a Constituinte, e aí começou a guerra com os camponeses.

Foi toda a desgraça da União Soviética. É assim que a coisa funciona, não tem outro jeito de funcionar. Na hora que acontece é que temos que nos colar ao movimento. E não precisa ser esperto, basta ter coração, como se diz no linguajar literário, basta sentir o que os caras estão sentindo. Quem eram os bolcheviques?

---

5   O 2º Congresso do Partido Operário Social-Democrata Russo (POSDR) começou em 17 de julho de 1903, em Bruxelas, mas foi transferido para Londres, por razões de segurança. Compareceram 43 delegados, representando 26 organizações. As tarefas fundamentais do congresso eram aprovar um programa e elaborar um estatuto. Os delegados se dividiram em várias facções. Uma delas, liderada por Lenin, defendia concepções que o próprio Lenin havia exposto em vários artigos escritos para a revista *Iskra* (*Centelha*) e sintetizados no livro *Que Fazer?*, de 1902 (Editora Expressão Popular, 2010; pode ser baixado em formato eletrônico em www.dominiopublico. gov.br). A fração leninista tinha a maioria dos delegados e por isso recebeu a denominação bolchevique; a fração minoritária passou a denominar-se menchevique.

6   A Conferência de Zimmerwald reuniu representantes de partidos socialistas que queriam o fim imediato da 1ª Guerra Mundial. Foi realizada entre 5 e 8 setembro de 1915, na cidade de Zimmerwald (Suíça), com a presença de 37 delegados de Alemanha, França, Itália, Rússia, Holanda, Suécia, Noruega, Suíça, Polônia, Romênia e Bulgária. A conferência aprovou um manifesto redigido por Leon Trotsky, encerrado com o seguinte apelo: "Operários e operárias, pais e mães, viúvas e órfãos, feridos e mutilados, todos que estão sofrendo da guerra e pela guerra, nós lhes afirmamos: para além das fronteiras, para além dos palcos de batalha, para além dos campos e das cidades devastadas pela guerra. Proletários de todos os países, uni-vos!"

7   Vito Letizia se refere ao Decreto sobre a Terra, promulgado por Lenin durante o 2º Congresso dos Sovietes de Deputados Operários e Soldados de Toda a Rússia. No seu artigo 4, o decreto atribuía à Assembleia Constituinte a tarefa de "realizar as grandes transformações agrárias".

Era gente que não tinha laços com a intelectualidade. Eram intelectuais, todos, mas de terceira categoria, e não tinha nenhum famoso. Trotsky era famoso, não teve coragem de ser bolchevique[8] até 1917, e todos os famosos estavam do outro lado. E estes tinham laços com a burguesia, com a intelectualidade famosa que não era nem uma coisa nem outra. Na realidade, todo mundo era meio de esquerda na Rússia, mas nem todo mundo era social-democrata. Havia os tolstoianos,[9] aquela gente que não se sabia muito bem anarquista, era isso o caldo cultural. E os bolcheviques eram a rabeira da rabeira desse troço. Gente absolutamente desconhecida, cujo único laço que tinham era com gente comum, mas a partir daí puderam saber melhor qual era o sentimento da gente comum. Lenin não teve dificuldade de fazer passar na Rússia o derrotismo.

Pare um pouquinho para pensar: derrotismo. O país estava em guerra e ele era derrotista. Isso era difícil de colar, porque na própria Rússia, em 1914, quando foi declarada a guerra à Alemanha, houve uma chama patriótica. Só que eles sentiram o que era a guerra, a fome e tudo mais. E todo mundo começou a dizer: "Chega, agora é paz" na trincheira e no campo, e os bolcheviques foram capazes de ouvir isso, e tiveram coração para se irmanar. E o que aconteceu? Lenin travou uma briga de foice no escuro, como se diz aqui no Rio Grande do Sul, com aqueles social-democratas lá em Zimmerwald e Kienthal,[10] que diziam: "É um absurdo, nós não vamos ser derrotistas na Alemanha". Claro, porque na Alemanha era impossível, na França também, mas na Rússia era possível. E quando foi transmitido por carta, para os delegados bolcheviques da Rússia, que a decisão dos bolcheviques em Zimmerwald e Kienthal era o derrotismo, ninguém vacilou, ali não teve choro, não teve reclamação. Era isso. Cortou o coração mesmo, eles conversaram com as pessoas, eles sabiam com quem estavam

---

8   Até fevereiro de 1917, Trotsky se manteve numa posição de independência, lutando pela reunificação das frações bolchevique e menchevique do Partido Operário Social-Democrata Russo.

9   Leon Tolstoi é um dos grandes autores da literatura russa, ao lado de Fiodor Dostoievsky, Ivan Turgenev e Máximo Gorki. Suas ideias de uma vida simples, ligada à natureza e, no final da vida, aos valores cristãos, conquistaram muitos adeptos na Rússia.

10   A Conferência Socialista de Kienthal (Suíça) foi realizada entre 24 e 30 de abril de 1916, na sequência da reunião de Zimmerwald. Compareceram 43 delegados de 10 países, entre os quais três representantes do comitê central do Partido Operário Social-Democrata Russo, liderados por Lenin.

conversando. E os mencheviques não, pois estavam naquele meio intelectual e tinham todas aquelas ponderações prudentes.

E isso recoloca o problema da vanguarda.

Quem era vanguarda ali? A vanguarda estava em Kienthal, em Zimmerwald, nos campos russos. E, de repente, o intelectual, porque conversou com eles, entrou em contato, fez o contato direto.

Mas não teria sido mérito da vanguarda levantar a bandeira certa naquela hora?

Sim, não há como negar. Porque isso é um elemento essencial da genialidade política de Lenin, esse tipo de sensibilidade, a coragem de agarrar isso, como um molosso agarra sua presa, aqueles cachorros pastores, pegadores de gado. Pegou com a mandíbula, porque sentiu que ia pegar no povo. E cravou com a mandíbula. Esse foi o lampejo que deu na mente dele e ele foi coerente. Só que, em outubro de 1917, vacilou.

Atualmente, como seria a análise da afirmação: "A crise histórica da humanidade reduz-se à crise da direção revolucionária. A crise de direção do proletariado, que se tornou a crise da civilização humana, somente pode ser resolvida pela 4ª Internacional"?

Discordo dessa afirmação de Trotsky, de que a crise da humanidade está na crise de direção. Era, no tempo dele, uma crise que se manifestava como crise de direção, se manifestava assim na superfície. Mas, na realidade, era uma crise decorrente de uma derrota da Revolução Russa, coisa que Trotsky nunca quis admitir. A revolução camponesa, que se deu concomitantemente à revolução proletária russa, foi esmagada pelo Partido Bolchevique, e isso significou uma derrota gigantesca para a Revolução Russa. E a direção do proletariado mundial ficou atada à direção leninista, que apresentava essa derrota como um grande triunfo. Foi o que Trotsky continuou afirmando, que a Revolução Russa foi um sucesso, uma revolução que não foi derrotada. Aliás, toda a tese da revolução política vem daí: se a revolução social não foi derrotada, então só falta fazer a revolução política. Não, a revolução social foi derrotada porque 80% da

70 DIÁLOGOS COM VITO LETIZIA

população foi esmagada pela repressão organizada pelo Partido Bolchevique. Foi uma derrota da Revolução Russa e a direção que se construiu foi uma direção ligada a uma falsa vitória. Não houve crise da humanidade, mas um grande equívoco da humanidade, defendido por Trotsky.

Nos escritos de 1923, que fundam a Oposição de Esquerda, Trotsky defendia a democratização do Partido Bolchevique e não a democratização da sociedade russa. Isso, para Marx, seria absolutamente inconcebível, incompreensível. Como Marx iria propor que a sociedade vivesse sob a ditadura de um partido e esse partido pudesse se classificar como partido democrático? Como construir a democracia em um partido que exerce uma ditadura? Não tem como, as relações sociais estão presentes no interior do partido. Como o partido vai deixar de expressar as forças sociais que pretende representar? Se for democrático, vai expressar isso. A democracia proposta por Trotsky é simplesmente inviável. Lenin propunha que os camponeses cultivassem aquilo que o partido determinasse.[11] Os camponeses disseram não: "Plantamos o que queremos. Vão nos obrigar a plantar o que não queremos? Vão colocar um fuzil nas nossas costas e declarar que somos escravos do Estado? Mas, se somos camponeses livres, vamos plantar, e a terra supostamente é nossa. E vamos trabalhar as horas que quisermos. Tudo bem, se quiserem escravizar, vocês têm poder para escravizar. E vão ter que dizer que somos escravos e que estão decretando a escravidão na Rússia". Esses dados vinham das anotações estenográficas, foi assim que os camponeses reagiram. E Lenin não teve coragem de prosseguir nesse caminho. Como? Decretou a NEP.[12]

---

11 Vito Letizia se refere ao período do comunismo de guerra na União Soviética (URSS), estratégia adotada durante a guerra civil (1917-1921) que partia da premissa de que todos as forças produtivas deveriam ser mobilizadas e disciplinadas segundo uma lógica militar, com o objetivo de derrotar o inimigo. Vito fala disso em artigo sobre palestras feitas em 1946 por Mário Pedrosa, que pode ser lido em interludium.com.br/2011/10/17/realidade-e-opiniao-sobre-a-urss-por-vito-letizia/.

12 Em março de 1921, no 10º Congresso do Partido Bolchevique, Lenin propôs a adoção da Nova Política Econômica (NEP), que consistia num conjunto de medidas que de certa maneira reintroduziam o capitalismo no campo, além de oferecer concessões e autorizações ao grande capital industrial internacional. As medidas tinham como objetivo recapitalizar o setor agrícola e artesanal e reativar o setor fabril, permitindo a acumulação de capitais necessária à industrialização e, assim, garantindo o funcionamento da economia soviética, devastada pelos

A NEP foi um retrocesso?

Mas como não falar em retrocesso numa situação dessas? A economia tinha parado de funcionar. Qual era o retrocesso? Escravizar os camponeses ou dar liberdade para os camponeses? A escolha era do chefe de Estado, que precisava escolher uma das duas, não tinha três. Os russos iam passar fome se os camponeses ficassem deitados na cama. Então, a alternativa à NEP era escravizar. Mas o chefe de Estado podia escolher isso. Houve episódios em que chefes de brigadas se demitiram, por não terem estômago para impor as ordens de requisição dos alimentos.

Não tinham uma proposta democrática de gestão de propriedades rurais. Não seria a mesma discussão que temos hoje sobre algumas reivindicações do MST?

O Estado brasileiro tem múltiplas alternativas em relação aos sem-terra, pois se trata de um segmento social marginal em relação à economia brasileira. Depende mais do clima político, o que convém mais nas relações políticas do momento: se o governo tem poder político para impor o que gostaria ou não, se será muito desgastante fazer muitas concessões em relação ao resto da sociedade brasileira. Podemos estabelecer alguns paralelos, mas são paralelos muito frágeis. Na União Soviética não, era uma questão de vida ou morte. A população da cidade precisava se alimentar e a resposta precisava ser clara e tinha que resolver.

Há algum paralelo com a Revolução Chinesa ou são caminhos completamente diferentes? E a questão da direção nos dois casos?

Na China não houve exatamente uma revolução. Os camponeses, que são a massa principal do processo revolucionário chinês, formavam um corpo social enquadrado pelo Exército. O que mudou foi a revolta, em 1947, de dois corpos do Exército contra Chiang Kai-shek, sob a liderança do PCCh, que estava organizado nos moldes stalinistas. E em moldes autoritários, porque Mao Tsé-tung era da zona rural. Em Xangai, os moldes eram um pouco mais democráticos,

---

anos de guerra civil e pelo boicote comercial internacional. Lenin classificou a NEP como "um passo atrás para dar dois passos à frente".

mas lá houve a revolução esmagada por Chiang Kai-shek. Mas os moldes da revolução que fizeram no campo continha aquela tradição dos movimentos camponeses taoistas, historicamente comunitários.[13] O PCCh dizia que a propriedade privada tinha que ser abolida, como era reivindicado desde 300 a. C. A revolução comunista de 1949, desse ponto de vista, foi uma continuação do taoismo. Mas não era bem assim: os comunistas eram, na verdade, o aparelho construído nos moldes do Partido Comunista russo stalinizado. Os camponeses, enquanto movimento autêntico taoista, não tinham voz nesse processo. E quem tomava conta da cidade? Era o Exército, não a assembleia de camponeses.

Então foi uma revolução militar?

Não foi um processo profundo. O camponês representaria um movimento profundo se fosse uma continuação do movimento Taiping.[14] Só que Marx viu o movimento Taiping e disse que na China o lema seria: Liberdade, Igualdade e Fraternidade. Ele sabia que os limites seriam os da Revolução Francesa, não os da sociedade comunista. Mas seria também comunista, por causa do caráter

---

13 Para uma discussão detalhada sobre o impacto do taoismo no processo histórico e revolucionário chinês ver a *A Pesada Herança Histórica da China Moderna*, em *A Grande Crise Rastejante*, de Vito Letizia (Editora Caros Amigos, 2012), ou em interludium.com. br/2011/10/17/a-pesada-heranca-historica-da-china-moderna/).

14 A Rebelião Taiping (1851-1864) opôs as forças da China imperial, no período da dinastia Qing, ao Reino Celestial da Grande Paz. Em 1849, Hong Xiuquan (1814-1864) criou a Sociedade dos Adoradores de Deus. A repressão do governo imperial levou a seita à rebelião, que começou oficialmente em 1851, quando Hong tomou a cidade de Jintian e fundou o Reino Celestial da Grande Paz, de onde deriva o nome da revolta: Taiping (Grande Paz). Seu programa era típico dos camponeses da China tradicional: igualitarismo (propriedade comum da terra) e feminismo (direitos iguais para as mulheres). A rebelião atraiu vasta rede urbana de artesãos e pequenos comerciantes e em seu ápice, em 1860, chegou a ter 3 milhões de soldados. Em 1853, Hong tomou Nanjing (Nanquim), que se tornou seu centro político. Nos anos seguintes, seu exército ocupou boa parte do sul da China e avançou para o norte, onde tentou atacar Beijing (Pequim), sem sucesso. Em 1860, vitoriosos na 2ª Guerra do Ópio, Reino Unido, França e Rússia arrancaram concessões da dinastia Qing e passaram a emprestar oficiais ao seu exército. Isso mudou o rumo do conflito. A rebelião sofreu uma derrota em 1862, ao atacar Xangai, e em 1864 as tropas imperiais tomaram Nanjing, onde Hong morreu. Foi o fim do Reino Celestial, mas grupos de milhares de rebeldes continuaram a luta em outras regiões e apenas em 1871 o último foi aniquilado pelas forças imperiais. A Rebelião Taiping foi um dos conflitos mais sangrentos da História, com estimativa de 20 milhões de mortos, entre soldados e civis.

igualitário dos movimentos taoistas – como o próprio Taiping e os que o antecederam –, algo que Marx desconhecia.

Como lidar com a herança do fracasso do socialismo real?

Bom, já chegamos à conclusão de que tem que ser muito prudente nestas coisas e não dar veredictos definitivos sobre o processo histórico. Precisamos tomar cuidado. O stalinismo, na realidade, é o fracasso do socialismo real, e o stalinismo saiu de cena. O fracasso do socialismo real não foi dado por nada do que tenha acontecido no Ocidente, foi dado pelo comportamento das massas nos Estados que viveram o socialismo real. E terminaram adotando uma atitude bastante apolítica, uma recusa de fazer política e uma adesão muito forte ao capitalismo. Na Hungria, por exemplo, tem o esquema de todo mundo ir para a construção civil, os desempregados recebem salário da construção civil. Ninguém paga seguro-desemprego para ninguém, a não ser que esteja doente ou tenha mais de 65 anos. Agora é assim, porque ninguém deve ser sustentado pelo Estado, todo mundo tem que trabalhar. O Estado existe para sustentar o capital. Na Inglaterra, se o trabalhador desempregado recusar três ofertas, sejam quais forem, perde o seguro-desemprego.

Concluindo, não nos interessa ficar fazendo longas críticas sobre o socialismo real, denegrir Lenin e dizer que o culpado de tudo foi ele. Não vamos insistir em discutir o passado, a não ser que tenha interesse, mas vamos esclarecer, fazer debates, grupos de discussão política e vamos multiplicando tais grupos. Propomos uma discussão sobre a Revolução Russa e então esclarecemos, fazemos seminários. Que, aliás, é a proposta do nosso sítio: promover atividades culturais, de esclarecimento. Também não precisamos ter todos a mesma opinião, mas organizamos esses debates e vamos clarificando o terreno. Assim, no dia a dia com a massa, não vamos ser os denegridores das lideranças da Revolução Russa. Não vamos personificar essas coisas.

E tem a história do próprio socialismo real, por exemplo, o debate sobre se era capitalismo de Estado ou se era um Estado burocrático deformado ou se era um Estado burocrático decadente. Cada adjetivo é uma seita. Podemos até fazer esse debate. Eu acho que, por exemplo, na questão do capitalismo de Estado, teria que fazer no âmbito de uma discussão de economistas que estudaram Marx.

É uma discussão de economistas. E quem faz, geralmente, não é economista. Tem que ser economista para fazer esta discussão.

Quando Trotsky iniciou a construção da 4ª Internacional, ela era artificial de alguma forma, porque não fazia um balanço do erro do comunismo de guerra ou dos processos contra a primeira oposição operária. E, de alguma maneira, fazer um balanço do programa democrático popular, apontar uma necessidade em aberto do programa socialista, serão determinados pelo movimento.

Eu só queria lembrar que Trotsky se deparava com uma sociedade em convulsão violenta. Principalmente a partir de 1936. Ali era urgente fazer um balanço para poder lançar a 4ª Internacional. Mas ele não tinha o direito de dizer que a bandeira dele era sem mácula. Ele tinha que fazer o balanço.

Será que Trotsky optou por não fazer esse balanço exatamente porque seria trazer à tona uma discussão que as massas não teriam condição de assimilar no momento?

Não, mas aí não dá. Isso não dá para conceber. Se ele fizesse esse balanço, teria que ter dito que a aliança que fez com Lenin contra os camponeses estava errada e naquele momento falar contra Lenin era muito arriscado. Lenin tinha um prestígio incomensurável. De Stalin você podia falar mal, mas de Lenin era complicado. Trotsky tentou evitar o isolamento. Mas isso não lhe dava o direito, o balanço naquele momento ainda estava bloqueado. E se o balanço ainda estava bloqueado ele não podia construir, não podia lançar a 4ª Internacional. Não se pode fundar uma nova Internacional em cima de uma ficção.

Mas a terceira não foi criada assim, em cima da segunda?

Não, a terceira[15] foi um ultimato baseado no prestígio da Revolução Russa.

---

15 A 3ª Internacional, ou Internacional Comunista (IC), foi criada em março de 1919, no bojo da Revolução Russa de 1917. Agregava os Partidos Comunistas do mundo inteiro. Em 1920, por pressão de Lenin, aprovou um programa mínimo de 21 pontos, cuja aceitação era obrigatória para os partidos que quisessem integrá-la. No caso dos que já eram membros, a

Sobre a questão da superação do programa democrático popular, evidentemente, é a criação de um conjunto de bandeiras anticapitalistas. E podemos chamar de programa socialista, mas o termo socialista não é muito favorável a conseguir amplas adesões. A esquerda continua com o fetiche do socialismo, mas as grandes multidões não. Será um programa com a perspectiva de superação do capital, do poder da finança e das relações capitalistas de produção. O alvo da luta revolucionária é derrubar e tomar o aparelho de Estado burguês. Esse é o alvo. Agora, isso não é o programa socialista. É possível tomar de assalto o poder de Estado com vários programas. Fetiche é levantar o socialismo como sendo uma bandeira em que está escrito: "Contra o capitalismo, pelo socialismo". Capitalismo, sabemos o que é. Socialismo, quem é que sabe? É um fetiche porque se acha que a palavra socialismo em si já define uma sociedade superior ao capitalismo. Isso pode ser verdade para muita gente que teve uma experiência de partido comunista, de partido trotskista, mas não é uma coisa óbvia para a grande maioria da população, que não teve essa experiência. A palavra socialismo funciona como uma espécie de ícone que desperta visões do paraíso para certas pessoas, mas não para todo mundo. Pelo contrário. Para muitos, desperta anseios de rejeição. Na Europa do Leste, foram subjugados pela União Soviética e acham que voltar ao socialismo seria aquilo de novo. Com os chineses é a mesma coisa. Uma parte muito importante do mundo vê isso negativamente.

---

discordância levaria à expulsão. O objetivo, segundo a IC, era combater o oportunismo e o adesismo sem princípios.

A SOCIAL-DEMOCRACIA E A CRIAÇÃO DE PARTIDOS ANTICAPITALISTAS DE MASSAS

A história da social-democracia no século 19 ainda pode servir de paradigma para a esquerda?

Isso é importante. Acho bom termos isso presente, o século 19, o século de Marx e Engels, foi o único momento em que os trabalhadores constituíram partidos de massa anticapitalistas, antissistema de assalariamento. Eram partidos antagônicos ao Estado burguês, não pediam nada do Estado burguês. Ninguém pedia saúde, educação. Tanto assim que Marx critica a ajuda que os lassalianos pedem para o Estado no Programa de Gotha.[1] Engels dizia que a seguridade social deveria ser administrada pelos trabalhadores e não pelo Estado. Reivindicava que os trabalhadores administrassem o dinheiro que fosse arrecadado deles. E não o Estado posar de Estado previdenciário, como aconteceu no século 20, como se estivesse distribuindo seu próprio dinheiro. E depois diz que tem rombo porque o Estado gastou em outras coisas. Os trabalhadores não

---

1   O Programa de Gotha foi adotado em maio de 1875, no congresso de fundação do Partido Social-Democrata da Alemanha, realizado na cidade de Gotha. O partido foi formado a partir da unificação entre o grupo de Eisenach, de quem Marx e Engels eram próximos, e os partidários de Ferdinand de Lassalle (1825-1864), considerado por Marx como um mero oportunista. A pedido do grupo de Eisenach, Marx endereçou uma carta com observações sobre o programa do novo partido. O documento passou à história como *Crítica do Programa de Gotha* (Boitempo Editorial, 2012), que pode ser baixado em formato eletrônico em www. dominiopublico.gov.br).

têm o poder de decidir em que vai ser gasto o dinheiro que entregam para suas pensões e aposentadorias. Isso era um espírito muito forte naquela época.

No caso do Estado soviético, o paradigma que se tem é o do stalinismo, que não chegou a montar um Estado que funcionasse. A imagem que se tem de Lenin é a do comunismo de guerra. Foi um desastre. Stalin tentou criar um Estado burguês, mas com tudo estatizado. Isso não resolve. Que Estado é este que estatiza tudo e dá emprego para todo mundo? É o nosso? O stalinismo fez um acordo de convivência com a burguesia. Um acordo tácito de convivência com o capital. Então surgiram os diversos programas – inclusive trotskistas –, se colocando como interlocutores do Estado. Exatamente o que faziam os lassalianos e que Marx considerava inaceitável. Mas aceitou o Programa de Gotha porque os trabalhadores sabiam que estavam se unindo contra os patrões e contra o Estado. Tanto assim que todo mundo fez greve sem procurar o Programa de Gotha. O importante é que naquele momento aconteceu isso e foi colocado no papel, no programa. Depois o Programa de Erfurt[2] e o programa da social-democracia francesa, que, aliás, é de 1880, antes da morte de Marx, falam de seguridade social, de como os trabalhadores têm que encarar a seguridade social no Estado.

Foi Marx que redigiu o programa socialista francês?

A partir do rascunho de Marx, fizeram o programa. Que outro modelo de Estado temos? O comunismo de guerra de Lenin não serve, evidentemente. O de Stalin então, nem se fala. O da social-democracia europeia? O Estado burguês não é colocado como inimigo por nenhum partido operário da atualidade. A esta altura é indiferente que seja Lula [Luiz Inácio Lula da Silva] ou qualquer outro. Enquanto gestor do Estado burguês, é obrigado a defender os interesses do capital, não da burguesia em particular, mas do capital enquanto modo de gestão econômica. O próprio capitalista está a serviço do capital, tem que fazer o capital render e ponto final. Inclusive Marx diz, no livro três do *Capital*, que, na realidade, é uma função horrível esta do patrão, de ter que fazer o capital render. Tanto assim que a

---

2   O Partido da Social-Democracia Alemã aprovou o Programa de Erfurt em outubro de 1891, no congresso na cidade de Erfurt, em substituição ao Programa de Gotha. Sua elaboração e aprovação devem-se ao esforço de Karl Kautsky, Eduard Bernstein e August Bebel.

verdadeira conquista do capital é delegar estas funções a um gerente profissional. O dono da fábrica fica, simplesmente, aferindo a renda: é a verdadeira glória do capital. É o capital que organiza o sistema produtivo. Pode ser de esquerda e, aliás, é o que tem acontecido modernamente. Os governos de esquerda têm a função de manter a sociedade nas suas relações sociais estratificadas, necessárias para que o modo de gestão da economia pelo capital funcione.

Outra questão diz respeito à seguridade social. No tempo de Marx, estava nascendo e, evidentemente, a batalha para a unificação dos trabalhadores era presente. Esta batalha não está tão ausente assim hoje; por exemplo, na França, os trabalhadores não permitiram que se instalasse o Estado previdenciário. Claro, resistiram por meio dos sindicatos, que terminaram entregando tudo para a burguesia, mas também por meio deles se conseguiu que os trabalhadores dessem uma opinião sobre a gestão de seus fundos. Pois se trata do dinheiro que os trabalhadores depositam para garantir as aposentadorias futuras, atendimento de saúde etc. Quando a burguesia dissolveu as Caixas de Socorro Mútuo,[3] não foi sem segundas intenções, foi para ter nas mãos este dinheiro. Como naquela época a moeda era estável, dava para fazer pilhas de notas de mil libras esterlinas e colocar em um cofre, em um baú, que era o que as Caixas de Socorro Mútuo faziam e nem passavam pelos bancos. A burguesia considerava um desperdício o dinheiro que ficava lá parado, sem poder usar, pois, se estivesse no banco, poderia ser emprestado para as empresas. Então, Walras[4] propôs

---

3   As Caixas de Socorro Mútuo foram abolidas na França em 1884, com a Lei Waldeck Rousseau, que substituiu e regularizou as relações do Estado com as organizações de trabalhadores, em particular as sindicais. Essa lei foi criada como meio de conter a agitação operária, impondo-lhe um organismo institucional relativamente controlado, após a insurreição da Comuna de Paris (1871). A questão dividiu os sindicalistas entre os que defendiam o mutualismo, ou seja, a criação de associações próprias encarregadas de socorrer os associados em casos de infortúnios gerados pelo capitalismo (desemprego, fome etc.), e os que se opunham à ideia. A Confederação Geral dos Trabalhadores (CGT) francesa, por exemplo, foi fundada em 1895 já com posições contrárias ao mutualismo. Vito Letizia discute as diferenças entre partido e sindicato no artigo "Marx, os marxistas e a relação sindicato-partido-socialismo: seu passado e seu futuro". Disponível em: interludium.com.br/2011/12/17/marx-os-marxistas-e-a-relacao-sindicato-partido-socialismo-seu-passado-e-seu-futuro-por-vito-letizia/.

4. Marie-Esprit-Léon Walras (1834-1910), economista francês, autor de *Compêndio dos Elementos de Economia Política Pura* (Editora Nova Cultural, 1996), no qual, mediante um complexo procedimento matemático elaborou um modelo econômico geral para demonstrar

que os trabalhadores colocassem diretamente em um cofre ao qual o patrão tivesse acesso, para que a firma tivesse maior capacidade de resolver problemas de urgência e, claro, o patrão pagaria juros para eles.

O dinheiro que os trabalhadores entregam para sua seguridade social tem que ser controlado pelos trabalhadores. Por exemplo, dizem que tem um rombo na Previdência brasileira, mostram minuciosamente, com estatísticas, que tinha dinheiro, só que ele não foi realocado na saúde pública, foi realocado para outra coisa. Portanto, não adianta criar um imposto exclusivo para a saúde. O dinheiro alocado agora no orçamento também não é gasto inteiramente na saúde. O problema também não é só esse. Quando alocam dinheiro para a saúde, também dão para as empresas privadas de saúde. A única maneira de impedir que desviem os recursos é que os trabalhadores tenham poder para vigiar o destino do dinheiro que é recolhido deles.

O programa da Social-Democracia Alemã que existia com Marx ainda vivo tinha um conteúdo e um sentido distintos do adotado depois pelo partido.

Em primeiro lugar, eram partidos nacionais. Na época do Programa de Gotha, em 1875, não houve uma revolução social, mas um movimento forte dos trabalhadores. A Social-Democracia Alemã era anticapital e anti-Estado burguês. Em 1914, os social-democratas votaram favoravelmente à concessão de créditos de guerra, o que permitiu a entrada da Alemanha na 1ª Guerra Mundial. Lenin disse, então, que a Social-Democracia Alemã traiu. Mas um partido daquela envergadura, com aquelas raízes no movimento operário, um partido que se recusava a votar o orçamento do Estado burguês, passa da noite para o dia para o outro lado? Precisamos ter um pouquinho de cuidado para colocar rótulo nas coisas. Claro que começou uma transição que dilacerou a

---

que, num regime de concorrência perfeitamente livre, os fatores produtivos, os produtos e os preços se equilibram automaticamente. Essa obra o situa como um dos criadores da teoria marginalista que fundamenta o valor de um bem econômico em sua utilidade e abundância. Em 1895 publicou *Études d'Économie Appliquée* (*Estudos de Economia Aplicada*), em que defende reformas para aumentar a eficácia de livre empresa, entre as quais a nacionalização de terras pelo Estado, a abolição da tributação, e a modificação do padrão ouro. Foi professor de economia da Universidade de Lausanne (Suíça) entre 1870 e 1892, ainda que não tivesse a formação acadêmica requerida pelo cargo, obtido pelo alcance e impacto de suas ideias.

social-democracia, que se concluiu em 1938. No caso do partido alemão, ele foi destruído e nem entrou neste processo, a partir de março de 1933, com a condução de Adolf Hitler ao poder. Perdeu todo mundo. Mas os outros partidos tiveram um longo processo, durante o qual combateram o Estado burguês, combateram a burguesia, por causa da depressão que se instalou na Europa a partir de 1919. E os líderes dos trabalhadores disseram: "Quem está nos empurrando para baixo é a burguesia". O que era verdade. John Maynard Keynes[5] disse isso, em 1925: "Vocês estão impondo um sofrimento desnecessário aos trabalhadores para fazer a libra voltar ao patamar de poder de compra de 1914. Nós não precisamos disso, nós podemos viver com uma libra menos forte". Só que a libra era credora de países do mundo inteiro e os banqueiros ingleses queriam receber integralmente o crédito deles. Do lado de quem ficou o Estado britânico? Do lado dos banqueiros. Acho muito bonito, da parte de Keynes, que era um aristocrata, dizer que estavam impondo sacrifícios desnecessários aos trabalhadores ingleses. E ele escreveu em 1930 um livro sobre a moeda. Que é um livro polêmico, muito mais do que o livro publicado depois de 1934, que é o seu livro básico. A social-democracia, colocada nesse entorno, foi esmagada pelo interesse dos banqueiros, não conseguiu impor os interesses dos trabalhadores. Dá para dizer nestes termos: não conseguiu!

Em 1926, os social-democratas viveram um curto período de frente única com o PC e outras organizações de trabalhadores. Depois de 1928 voltaram ao sectarismo e, em 1936, adotaram novamente a política de união, com a formação de frentes populares. É a história toda que Trotsky conta. Depois do esmagamento final se acomodaram e, derrotado o hitlerismo, fizeram a parceria social com a burguesia, que não dá para criticar: ali nasceu um Estado de bem-estar. Mas era parceria com o Estado burguês e teve as consequências que conhecemos. É preciso distinguir, porque a submissão ao Estado burguês e ao capital, que a social-democracia aceitou disfarçadamente – e o stalinismo

---

5   John Maynard Keynes (1883-1946), economista britânico que defendia a intervenção do Estado na economia, por meio de medidas fiscais e monetárias, para mitigar os efeitos adversos dos ciclos econômicos, como recessões, depressões e booms. Sua obra mais importante, *Teoria Geral do Emprego, do Juro e da Moeda* (Editora Saraiva, 2012), foi publicada em 1936. O outro livro a que Vito Letizia se refere é *Tratado sobre a Moeda*, publicado em 1930.

também –, foi uma submissão em troca de algo. Depois dos anos 1980, os partidos social-democratas e socialistas que se submeteram ao Estado burguês, se submeteram em troca de nada.

Os partidos socialistas se submeteram ao populismo puro, para poder gerir a máquina...

Nos anos 1980? Não, eram parceiros sociais. Eles achavam que podiam salvar o Estado de bem-estar. Isso é o que acontecia e vem acontecendo. Diante da União Soviética desabando, que alternativa tinham? Abolir o sistema capitalista e cair no sistema soviético? Optaram por fazer um sacrifício, a velha história: fazer um sacrifício e tentar recuperar mais tarde o que perdemos. Mais um sacrifício. E estão dizendo isso para os gregos. Mas teriam que dizer: "Tudo bem, é mais um sacrifício, mas nós vamos gerir este dinheiro e vamos ver se precisa disso".

A QUESTÃO DO ESTADO

Existem vários graus de liberdade parlamentar, desde a farsa absoluta que foi o Reichstag no caso de Hitler, até uma situação de confronto de poder, que é o caso dos Estados Unidos. Em que medida é possível, é legítimo uma organização de massas participar de um Parlamento que sofre restrições à sua liberdade? A única coisa que preside a escolha é a oportunidade política ou é uma questão de princípios?

Acho que não é oportunidade política. É um método de organização e de unificação da classe operária em torno da colocação de um alvo necessário, que é o poder de Estado. Se formos examinar o que realmente aconteceu na Alemanha a partir dos anos 1870, principalmente a partir de 1875, quando teve a fusão entre lassalianos e eisenachianos, quando o Partido Socialista estava na ilegalidade, não tinha direito de falar em nome do socialismo e o chanceler não era responsável ante o Parlamento, mas apenas ante o kaiser. A rigor, era um Poder Legislativo sem poderes. Só que na Alemanha, o kaiser, desde antes de Guilherme II, respeitava a tradição de que o Parlamento devia ser ouvido. Era praxe, não era lei. Estava descartado que os socialistas fossem ouvidos. Como o kaiser era arredio aos partidos políticos, à organização coletiva da burguesia – a burguesia tinha seu partido, mas o kaiser não queria promover a organização partidária burguesa –, então os candidatos se apresentavam como candidatos individuais, mas todo mundo sabia quem eles eram. E os trabalhadores também lançavam candidatos individuais que não fossem questionados por nenhuma lei que os impedisse de se candidatar. Cidadãos que não tinham cometido nenhum crime, que não eram perseguidos pela polícia, tinham o direito de se candidatar. Claro, eles tinham que financiar a própria campanha e tinham que se virar para se fazer conhecer e eleger. Como eles tinham um Partido Socialista por trás, tinham as verbas das cotizações e a campanha da militância, eles se elegiam. Funcionava assim. Marx achava que era certo funcionar assim e também acho que é certo. Acho que Marx tinha razão, porque temos que ter como objetivo um alvo, que é o poder de Estado. E lançar candidatos ao Poder Legislativo coloca esse poder de Estado como alvo do processo político do movimento operário. Vale a pena, se soubermos o que queremos.

Como se coloca a questão da especificidade do político em relação ao Estado? Existe uma esfera autônoma da atividade política, como discutida por Giorgio Agamben?[1]

O Estado aparece a partir de uma cisão entre exploradores e explorados. Isso faz aparecer o Estado. E é esta cisão que faz com que o Estado apareça como representante da sociedade inteira. Porque ele não representa nem o explorado nem o explorador. Ele representa o sustentáculo da sociedade cindida. Por definição, tem uma intenção neutra. Mas neutra em relação à sociedade cindida. Aí se baseia o mito da neutralidade do Estado. Só que a sociedade cindida implica exploração. O Estado não pode ser tomado, não pode ser analisado em termos de fundamento da instituição sem levar em conta do que ele é fruto, é resultado. Quando se levanta a questão da especificidade do político, não se pode omitir que a especificidade do político aparece como resultado. Na realidade, é a política que gira em torno da gestão do Estado. Isso faz, isso é a política. Toda discussão política é centralizada em torno da gestão do Estado. E o especificamente político aparece quando ocorre a cisão da sociedade, que faz com que o especificamente político se torne necessário. Porque antes dessa cisão, em uma sociedade não cindida, não aparece o especificamente político separado do especificamente econômico. Uma sociedade comunista primitiva não tem esta separação do econômico e do político. Na

---

1   Giorgio Agamben (1942-), filósofo italiano, autor, entre outras obras de *O Poder Soberano e a Vida Nua* (Editora UFMG, 2010), *Estado de Exceção* (Boitempo Editorial, 2007), *O Reino e a Glória* (Boitempo, 2011) e *O que É o Contemporâneo e outros Ensaios* (Editora Argos, 2009).

sociedade cindida, na sociedade civilizada, que está dividida em classe explorada e classe exploradora, aparece o especificamente político. Mas isso faz com que o Estado seja necessariamente perecível, e não porque seja a incorporação do mal. Porque se há algo de que não se pode acusar Marx é de que ele dê ao Estado um caráter de mal essencial. Marx é neutro. Ele diz assim: as instituições da sociedade capitalista não são boas nem más, elas são necessárias. Mas o Estado aparece para os trabalhadores como sendo o mal no momento em que se levantam contra o capital. Porque aí o Estado incorpora a defesa da cisão social. Esta definição do Estado como sendo algo necessário, na medida em que a sociedade não superou a cisão – num primeiro momento da revolução, o mercado não é abolido e a propriedade privada ainda não está totalmente extinta – vão existir formas de intercâmbio que não são ainda a sociedade superior ao capitalismo, mas a sociedade tal qual saiu do modo de produção capitalista e que não pode ser suprimida pela violência. A partir do momento em que o proletariado toma o poder, a violência só pode ser exercida em um sentido: contra a resistência da burguesia ao poder dos trabalhadores. E de nenhum outro modo. Se a violência for exercida contra os trabalhadores, o processo revolucionário fica ancorado naquele ponto e não avança mais. Foi o que aconteceu na Revolução Russa. Houve um desligamento do pensamento revolucionário, do pensamento marxista em relação ao papel do Estado no desenvolvimento da sociedade através do processo revolucionário e pós-revolucionário.

Nós temos que, desde o primeiro momento, dar limites. Não somos anarquistas, mas também sabemos que o Estado é um instrumento de defesa para os trabalhadores. E se for mais do que isso, estamos correndo perigo. Denis Collin diz que isso é bobagem, porque vai sempre existir o Estado. Pode até ser. Só que tem uma pequena diferença. Não será o Estado defendendo uma sociedade cindida em exploradores e explorados. Será outra sociedade, não cindida. Se quiser, pode continuar chamando de Estado. Mas não é o Estado burguês. Collin descarta a formulação de que "a administração das pessoas será substituída pela administração das coisas", considera isso uma utopia. Tudo bem, mesmo ao aceitar isso, não posso dizer que o Estado que governa uma sociedade não cindida é exatamente a mesma coisa que o Estado que governa a sociedade cindida em explorados e exploradores. É diferente. E não precisa nem deixar de ser cindida. Pode até continuar o assalariamento, se a relação de forças estiver a favor do assalariado. Se o Estado se mantiver, neste período de transição, do lado dos assalariados, o caminho estará desbloqueado para o surgimento de outro Estado e de outra sociedade. Tudo é decidido pela relação de forças. Agora, Collin levanta a necessidade de continuar a existir um Estado sem levar em conta as relações de força. Será um Estado que defenda o assalariamento? Que tipo de assalariamento? Com os trabalhadores decidindo qual é o salário e qual é o tempo de trabalho na fábrica? Isso é que define tudo.

Eu proponho que tenhamos isso sempre presente. E a pergunta é oportuna para lembrar essa necessidade. O que faz com que não fiquemos reivindicando que o Estado tem que dar emprego, saúde e educação. O que os trabalhadores pagam pelas suas conquistas – se têm que pagar alguma coisa –, eles têm que ter, no mínimo, direito de olhar como se gasta esse dinheiro. E não entregar na mão do Estado, para que o Estado "dê" – como se diz – saúde, educação e emprego. Nós somos contra o Estado previdenciário. Somos contra o Estado como garantidor das conquistas sociais. Claro, não vamos nos opor aos trabalhadores que lutam por emprego, saúde e educação. Não vamos comprar um choque desnecessário com os trabalhadores que têm ilusões no Estado burguês. Sabemos que o Estado não vai resolver porque é um Estado burguês. E é bom ter presente uma boa definição do Estado e do que ele significa enquanto resultado de uma sociedade cindida em exploradores e explorados. O Giorgio Agamben é muito útil, porque isso está sempre presente nas suas proposições, naquela sua linguagem cifrada de filósofo.

Agamben não fala nem em função, fala em estrutura originária. Quando você fala em função do Estado, já leva em conta o caráter genético, a cisão. Quando ele chama de estrutura originária, considera o Estado como o signo daquilo que a gente ainda não conseguiu superar e que seria, em uma sociedade não cindida em classes, o poder soberano.

Do arcano soberano que necessita de um "segredo" no terreno do qual se alimenta a corrupção, que faz parte da natureza da instituição Estado. Norberto Bobbio[2] levanta esta discussão do Agamben também, só que numa perspectiva jurídica.

---

2   Norberto Bobbio (1909-2004), cientista político e jurista italiano. Autor, entre outras obras, de *Teoria Geral da Política* e *A Era dos Direitos* (Editora Campus Elsevier, respectivamente

Agamben diz que o segredo de Estado é o lugar onde se delimita a necessidade de viabilizar a vida prática dos poderosos por meio da obscuridade que o abrigo estatal lhes fornece.

Não é tão mesquinho assim. O segredo do poder soberano assegurado ao chefe de Estado está ligado ao fato de ele não ter interesse colado nem nos exploradores nem nos explorados. Tem autonomia em relação a eles, tem interesses que são do aparelho de Estado mesmo. E estes aparelhos não podem ser comungados nem com a burguesia. O Estado se ergue como uma força autônoma sobre a sociedade cindida. Não se trata de um mero segredinho de meliante. É aquilo que representa a totalidade da sociedade. É o universal, como diz Hegel. O Estado, por definição, representa o universal, e a sociedade civil, o particular. Isso significa que o Estado não só está acima da burguesia e dos trabalhadores, ele é o universal em relação a cada um dos dois e em relação ao conjunto dos dois. Ele é humanidade. Eu digo que este é um terreno onde se envolve a corrupção. Por que eu fiz esta puxada para o lado da corrupção? Porque há uma tendência muito cômoda de fazer campanha contra a corrupção, o que a rigor nos amesquinha. A corrupção é inerente ao Estado burguês e o Estado oprime os trabalhadores. O que não podemos dizer é que o Estado é apenas isso. O Estado é resultado de uma cisão social e, enquanto resultado disso, ergue-se sobre as classes sociais como uma força autônoma. Ele não se ergue como universal. Ele é universal.

Pode-se dizer: mas quem controla o aparelho de Estado são burgueses. Só que quando entram trabalhadores no aparelho de Estado, ele não funciona diferente. Então não é o fato de ter burgueses no aparelho de Estado que faz com que o Estado seja o que é. Porque mesmo tendo trabalhadores no aparelho de Estado, ele continua sendo o que é. Trata-se de estabelecer o significado do Estado enquanto a força autônoma que surge a partir da cisão social. Neste sentido, ele é universal. Não importa se as pessoas físicas que mandam no aparelho de Estado são burgueses ricos ou pobres, ou trabalhadores qualificados ou miseráveis. Enquanto a sociedade for cindida, é assim que vai funcionar. E é

2000 e 2004), D*a Estrutura à Função – Novos Estudos de Teoria do Direito* (Editora Manole, 2006), *Teoria da Norma Jurídica* e *Teoria do Ordenamento Jurídico* (Editora Edipro, respectivamente 2012 e 2014).

evidente que esta cisão social vai sempre ser desfavorável para os trabalhadores e favorável para a burguesia.

Porque você diz que a luta contra a corrupção nos amesquinha?

Porque ela tem uma conotação inevitável de que o bom governo vem de pessoas honestas, da punição dos desonestos e da seleção dos honestos. Semeia a ilusão de que se pode corrigir algo que é inerente ao Estado. Agora, você pode discutir por que o aparelho de Estado não pode funcionar sem corrupção, sem proteger interesses que lesam a maioria da população. Aí sim, a discussão não seria mesquinha. Mas, do jeito que está posta, ela é mesquinha.

Mas, se o tema da corrupção demonstra que a neutralidade do Estado não está presente, ele pode ser usado na luta contra o capital. Vamos dizer que o Estado representa o 1% e não os 99%. Ou seja, acho que a denúncia da corrupção amesquinha no terreno do discurso fácil que há por aí, mas pode ser que em algum momento as pessoas se insurjam contra os impostos que pagam, contra as taxas e os desvios que são feitos com isso.

Mas isso, por exemplo, é uma discussão mesquinha. Achar que sem corrupção vai sobrar dinheiro para benefício social é uma ilusão. É ficção contábil. Não funciona assim.

Mas se um prefeito, em vez de construir uma escola pública, compra bens para ele, é mesquinho dizer que este cara é um ladrão e deve ser retirado da prefeitura?

Trata-se das conotações que importam, que implicam nisso. É uma ficção contábil achar que o dinheiro do orçamento circula livremente de um item para outro. Existem várias maneiras de desviar dinheiro. Algumas aparecem como corrupção e outras não. É uma discussão que não pode ser feita na base do "daria para construir 1.654 escolas com tudo aquilo que pagaram para fulano". Isso é típico de contabilidade de ficção.

O juro pago sobre a dívida não é corrupção? Quer dizer, o Banco Central, nas mãos do capital financeiro, não é uma forma de corrupção? Eu, por

exemplo, seria absolutamente a favor – se isso é pequeno-burguês, pois viva a pequena burguesia – de que se pagasse menos imposto.

Eu não falei em pequeno-burguês. Eu disse que levantar a bandeira da luta contra a corrupção amesquinha o movimento social se não for levantada junto com o fundamento da corrupção. Não vou nem falar que é uma bandeira típica de direita, em alguns momentos até pode ser de esquerda, mas não por acaso é de esquerda nos momentos em que o movimento social está em retrocesso. Se levantar a bandeira da corrupção sem levantar o fundamento da corrupção a gente fica correndo atrás do prefeito que comprou gravata em vez de construir uma escola, atrás do administrador de instituição pública que deu para a mulher um brilhante de não sei quantos milhões, em vez de gastar não sei aonde. Fica correndo atrás desses troços. E a gente se amesquinha nisso. Claro que se o povo sair às ruas e pegar o prefeito pelo pescoço vamos aplaudir, mas fazer disso um cavalo de batalha e uma bandeira, isso nos amesquinha.

BRASIL: CONTRADIÇÕES E CONFLITOS NA TRANSIÇÃO DO IMPÉRIO PARA A REPÚBLICA

Na transição do Império para a República, qual foi a importância de Canudos?

Entre 1845 e 1922 teve uma coisa que realmente foi importante: Canudos. A Guerra de Canudos foi resultado da contradição entre a burguesia comercial urbana e a burguesia agrária. Foi, realmente, uma coisa do fundo do povo nordestino, do fundo mesmo. Antônio Conselheiro foi retratado pela imprensa da época como louco, quando era superlúcido e tinha muito bom senso. Foi algo do fundo do povo, do fundo da colônia, mas que não tocou as cidades, um fenômeno que realmente explicita a natureza das relações coloniais. Aliás, só o Brasil teve um negócio desses. No Peru, teve o Tupac Amaru, mas sempre ancorado na recordação do Império Inca. Na Argentina, no Chile e na Bolívia não teve nada semelhante. No México, teve 1910.

Mas no Brasil o fenômeno de Canudos é único. Por que é único? Porque cai na contradição que os outros não tinham, os excluídos do empreendimento mercantil, mas sem liderança nenhuma. Foi necessário alguém como Antônio Conselheiro para ser líder deles. Um homem pobre, sem nada, nenhuma posição acima do povo comum, não tinha nenhuma vida fora da vida do povo comum. Olha, fico tão bravo quando os historiadores dizem que é um movimento retrógrado, porque era contra a República. Aquela República que foi feita por engano. A monarquia não tinha opção, não havia mais condições de entronizar um novo imperador. Os monarquistas ficaram todos no ar: "Então, é República". O próprio marechal Deodoro da Fonseca, primeiro presidente, era monarquista e não foi contestado por ninguém. Era uma República muito mais autoritária que o Império. Os filhos da [princesa] Isabel eram abolicionistas, tinham uma imprensa abolicionista que rodava no porão do Palácio de Petrópolis. Para ter essa República, francamente, ficaria com o Império. Um movimento que vem do fundo da alma do povo brasileiro ser chamado de retrógrado por ser contra a República é um absurdo, fico tão bravo. É impressionante como depreciam Canudos.

Industrialismo significava nacionalismo no Brasil a partir dos anos 30? A burguesia industrial era nacionalista? Como a questão do escravismo era tratada pelo movimento industrialista?

São três perguntas. Vou responder uma por uma. Durante a Primeira República, já se distinguia um movimento industrialista. Quero deixar claro este termo e a forma como se colocava no início dos anos 1930, quando esta situação entrou em debate nos grandes movimentos políticos. Nós temos documentação sobre isso, em função do fato de termos reunido um acervo com aqueles debates sobre a Oposição de Esquerda trotskista no Cemap,[1] que caracterizava a burguesia brasileira como estando dividida entre os setores agrarista e industrialista. Divisão que vai se delinear, depois, nos mesmos termos da oposição entre Eugênio Gudin,[2] autor do livro *Princípios de Economia Monetária*, e

---

1   O Centro de Documentação do Movimento Operário Mário Pedrosa (Cemap) foi criado em 1981 com o objetivo de preservar registros documentais da história do movimento operário brasileiro e das organizações de esquerda do Brasil e do exterior. Seu acervo se constituiu a partir de coleções particulares de diversos militantes históricos da esquerda brasileira, como Fúlvio Abramo, Mário Pedrosa, Plínio Melo, Raul Karacik e Lívio Xavier, e de agrupamentos políticos de diversas tendências da esquerda nacional aos quais os fundadores do Cemap estavam ligados. Vito Letizia foi um dos fundadores do Cemap e seu acervo foi incorporado ao centro após a sua morte, em 8 de julho de 2012.

2   Eugênio Gudin Filho (1886-1986), economista e professor, foi responsável pelo projeto de lei que institucionalizou o curso de economia no Brasil, em 1944. No mesmo ano, representou o país na Conferência de Bretton Woods (EUA), que criou o Fundo Monetário Internacional (FMI) e o Banco Mundial. Como ministro da Fazenda (setembro de 1954 a abril de 1955), promoveu uma política de estabilização baseada no corte das despesas públicas e na contenção da expansão monetária e do crédito, o que provocou crise na indústria. Além disso, abriu o país a investimentos estrangeiros. Foi por determinação sua que o

Roberto Simonsen. Foi um famoso debate. Quem era Roberto Simonsen? Era definido como industrialista, partidário de desenvolver a indústria nacional. Naquela época, isso fazia sentido. A resposta será um pouco longa, pois estou falando de um assunto de disciplina de formação econômica do Brasil, mas acho que precisa instruir um pouquinho quem não está familiarizado com isso.

Naquela época isso fazia sentido, porque havia uma forte corrente que dizia que a vocação do Brasil era agrária e que concentrava as energias das políticas econômicas no sentido de defender os produtos de exportação. No caso, basicamente o café. Isso entrou em colapso a partir da crise de 1929, que lançou a alternativa industrialista. Não reivindicavam o "nacionalismo", mas o industrialismo. Nacionalista era todo mundo. Ninguém achava que os latifundiários não fossem nacionalistas. Os outros também eram parte da burguesia nacional. As plantações de café eram deles, não dos estrangeiros. Mesmo a comercialização estava nas mãos de brasileiros. O processo de importação e exportação estava na mão de estrangeiros, mas não era esse o grande problema. Era possível perfeitamente jogar com isso, porque no fim dos anos 1920 havia consumidores fora do continente americano. Tudo bem a Inglaterra não tomar café, preferir chá, mas o resto da Europa se tornou grande consumidor de café e grande cliente do café brasileiro. Praticamente só o Brasil exportava café para a Europa, ninguém mais. Não tinha café colombiano na Europa, nem africano naquela época. O Brasil podia jogar com isso e criar suas próprias companhias de exportação, e não só para os estadunidenses.

Depois da 2ª Guerra Mundial, quando os partidos comunistas se desenvolveram e se criou todo aquele movimento comunista, é que se criou a ideia de aliança dos trabalhadores com a burguesia nacional contra o imperialismo. No período da Guerra Fria, o anti-imperialismo, na realidade, significava ajudar a Rússia. E se colocou o nacionalismo contra o imperialismo. Mas o objetivo da burguesia brasileira era a industrialização, não era afirmar a nação soberana. Nunca foi a missão da burguesia industrial, em nenhum momento da história nacional. Já começou em meados do século 19, quando os industrialistas, desde Mauá, não se posicionaram contra o escravismo. Como a indústria dele não tinha mercado de trabalho constituído no Brasil, ele foi obrigado a arregimentar escravos. Foi um escândalo.

Imposto de Renda sobre os salários passou a ser descontado na fonte. Seu livro *Princípios de Economia Monetária* (Editora Agir, 1979) foi lançado em 1942.

Já tinha terminado o tráfico negreiro, em 1850, e os fazendeiros precisavam de escravos, e Mauá queria escravos para trabalharem no estaleiro dele. Os fazendeiros, além de sofrer o ônus de não ter escravos, teriam ainda que perder escravos para a indústria. Mauá comprou escravos e foi torpedeado. Pegaram o banco dele e disseram: "Seu banco acabou, vai virar Banco do Brasil". O Banco do Brasil tinha acabado em 1829, queriam refundá-lo, e o barão ficaria com umas ações. Assim foi criado o novo Banco do Brasil, em 1853.[3] O Brasil ficou sem Banco Central, funcionando na base de bancos comerciais regionais, de São Paulo, Rio de Janeiro, Bahia, Pernambuco. Centralizavam a circulação financeira a serviço do capital produtivo, que circulava por meio de duplicatas. Detonaram com o Mauá. E ele disse: "Vocês fiquem com tudo, eu vou fazer outra coisa". Subiu pelas paredes de bravo. Foi o que aconteceu.

A burguesia, naquele momento, não levantou uma voz contra a escravatura. Em 1870, quando voltaram os voluntários da pátria da Guerra do Paraguai, a burguesia não abriu a boca. No fim das contas, os filhos da princesa Isabel tinham uma posição mais avançada do que o Partido Republicano fundado pelos industriais de São Paulo, que queriam a abolição da escravatura em três ou quatro anos – estavam em dúvida –, ao passo que os filhos da Isabel, que eram radicais, disseram: "Mãe, é agora, esquece esses três anos!". Verdade, isso é verdade. Isabel concedeu a abolição e a burguesia ficou furiosa. A burguesia industrial nunca teve preocupações de soberania nacional. Na realidade, ela queria tarifas protecionistas, só isso. Que até já existiam, por outras razões. Mas eles queriam só aumentar as tarifas, mantendo a escravatura. E depois, por exemplo, não se insurgiram contra o Convênio de Taubaté,[4] como deveriam ter feito para impedir que o Brasil se afundasse naquele mar de café.

---

3   O primeiro Banco do Brasil foi criado em 1808 por d. João VI e funcionava como um banco central misto, de emissão de papel-moeda, depósitos e descontos. Teve que emitir papel-moeda conversível sem o devido lastro (ouro) para custear as despesas da Corte portuguesa instalada no Brasil e, posteriormente, para pagar seu retorno a Portugal e financiar a consolidação da Independência. Foi liquidado em 1829. Em 1851, o visconde de Mauá fundou um novo Banco do Brasil. Mas em julho de 1853 o governo determinou sua fusão com o Banco Comercial do Rio de Janeiro, com exclusividade na emissão de papel-moeda.

4   O Convênio de Taubaté foi um acordo assinado em fevereiro de 1906 pelos governadores de São Paulo (Jorge Tibiriçá), Minas Gerais (Francisco Sales) e Rio de Janeiro (Nilo

Mas era por conta de ser uma burguesia enfraquecida?

Era uma burguesia subalterna dentro do cenário...

Internacional?

Era gente muito conservadora.

Mas a burguesia não dependia da poupança do café para o financiamento da indústria?

Sim. Mas, vários industriais vieram do comércio. Outros vieram do café, até houve filhos de cafeicultores que viraram industriais da área do algodão, por exemplo.

Estudamos em Economia que a poupança do café financiou...

O que você está dizendo é outra coisa. Eu estou me referindo à origem deles para entender sua atitude em relação ao café. O capital vinha do café. Mas não é isto que estou discutindo. O fato de o capital vir do café não dá um cheiro, mas o fato de a pessoa ser comerciante e não fazendeira, isso é mais importante para saber se vai ou não se opor ao cafeicultor. Se ele não é cafeicultor, se não é filho de cafeicultor, ele não vai ter nenhuma inibição em se opor. A burguesia mercantil brasileira se dividiu em duas alas: a comercial, que eram os liberais; e a agrarista, que eram os conservadores. Eram os dois partidos do Império. De quem se esperaria o movimento pela soberania nacional? Dos liberais que eram contra o agrarismo. Por isso o fato de a pessoa vir do comércio tem relevância.

Foi o segmento agrário da classe dominante que começou a bloquear a industrialização, desde o Convênio de Taubaté, de 1906, para sustentar os preços. Proteger os preços do café arruinou o nosso desenvolvimento industrial. O

Peçanha) para proteger a produção brasileira de café, que passava por um momento crítico, de preços baixos e com previsão de colheita de uma safra recorde. Estabelecia, entre outras providências, preços mínimos para a compra do excedente de produção pelo governo federal. As compras seriam financiadas por emissões lastreadas em empréstimos externos. Além disso, o governo se comprometia com a criação da Caixa de Conversão, a fim de estabilizar o câmbio, e assim, a renda dos cafeicultores em moeda doméstica. Em síntese, dinheiro público financiava diretamente os produtores de café e garantia suas margens de lucro.

Brasil virou café. Queimar café, jogar no mar para sustentar preço, isso é natural? Surgiu, a partir daí, nos países latinos da América, o movimento industrialista, que depois virou nacionalista, só porque o Partido Comunista Brasileiro[5] disse que era nacionalista. Josef Stalin já estava no poder, desde 1928, pontificando como papa, quando o PCB proclamou que o industrialismo era um movimento nacionalista. Não era. Nacionalistas eram os tenentes, o Movimento Tenentista. Mas por que o Movimento Tenentista? Por causa da opressão exercida pela oligarquia cafeeira. A oligarquia cafeeira não era tão capacho como é hoje. Quando a Belgo-Mineira quis que construíssem uma ferrovia de 40 quilômetros para poder viabilizar o empreendimento dela, os cafeicultores rejeitaram: "Por que nós vamos pagar? Vocês arranjem dinheiro e façam a ferrovia". E o Brasil hoje em dia dá tudo às empresas multinacionais, terraplenagem pronta. O capachismo de hoje não tem comparação com o daquela época, mesmo o dos cafeicultores. Eles eram patriotas brasileiros, só que: café! Isso aí deu no movimento nacionalista, que se esgotou no fim da 2ª Guerra Mundial. Por que se esgotou? Primeiro, porque não era nacionalista, era pelo industrialismo – que era corretamente chamado assim, no tempo em que os trotskistas combatiam o PCB. Temos a polêmica, nos textos da Oposição de Esquerda, aqui no Brasil, onde se registra o enfrentamento industrialistas versus agraristas. Não era nacionalista versus pró-imperialistas, como dizia o PCB – aquelas bobagens.

Os tenentes tinham um sentimento nacionalista, mas no fim terminaram protegendo os cafeicultores, que foi o que Vargas fez – queimar café e jogar no mar. E obrigou os banqueiros a perdoar as dívidas dos cafeicultores, pode? Vargas foi até melhor, porque tinha poderes que os outros não tinham. Mas fez outras coisas, sustentou a indústria, ao mesmo tempo, criou uma classe operária urbana com direitos – direitos trabalhistas, oito horas, criou o salário-mínimo em 1940. Mas não que Vargas fosse nacionalista, porque ele se acapachou aos americanos. O governo nacionalista não existiu. Foi uma invenção do PCB. O

---

5   O Partido Comunista Brasileiro (PCB) foi fundado em Niterói (RJ), por um congresso realizado entre os dias 25 e 27 de março de 1922, com a participação de nove delegados que representavam 73 militantes de cinco Estados. Os delegados eram: Abílio de Nequete (barbeiro); Astrojildo Pereira (jornalista); Cristiano Cordeiro (contador); Hermogêneo Silva (eletricista); João Jorge da Costa Pimenta (gráfico); Joaquim Barbosa (alfaiate); José Elias da Silva (funcionário público); Luís Peres (operário) e Manuel Cendón (alfaiate).

que tinha era o industrialismo e Vargas foi industrialista sem mexer nos cafeicultores. Isso aconteceu um pouco na Argentina, um pouco no México. O industrialismo termina no fim da 2ª Guerra Mundial. Por quê? Porque a Europa e os Estados Unidos resolveram industrializar o Brasil, a Argentina e o México. Aí, fechou. Não precisa mais ser industrialista. Basta ter uma classe operária obediente. E deram o golpe militar, em 1964, e fizeram a classe operária obediente. Pronto, acabou. E olha, fizeram assim bonitinho. Porque não tiraram a CLT [Consolidação das Leis do Trabalho], não rebaixaram o salário. Só trocaram os dirigentes sindicais, botaram aquela pelegada do PCB fora, que acho que foi bem feito, foi a única grande coisa boa que fez a ditadura, e botaram gente tipo Lula, da Igreja e tal, que achavam que não ia fazer nada contra eles. Não enquanto estava tudo prosperando. A partir de 1975, quando começou a não prosperar tanto quanto antes, eles começaram a se mexer.

Acho importante essa introdução para fechar aquela discussão do movimento nacionalista. A partir dos anos 1990, quando entra a finança, todo mundo adere em massa e abandona o PND [Plano Nacional de Desenvolvimento]. A primeira edição do PND foi lançada ainda no governo do general Emílio Garrastazu Médici, em 1971, com ênfase na infraestrutura e na intervenção do Estado na economia. O segundo PND foi lançado em 1974, como resposta à crise mundial do petróleo, e enfatizava a produção de insumos básicos. Foi tudo jogado na cesta de lixo. O Brasil não precisava mais ser autossuficiente, industrialmente. Bastava estar no circuito da finança. Agora está acoplado à China, e acha que a China vai sustentar a economia brasileira indefinidamente. A China exige a destruição da Amazônia e nós estamos vendendo terra virgem.

Mas não era contraditório, neste sentido, a burguesia não ser favorável ao Convênio de Taubaté?

Claro que era contraditório, mas era uma burguesia que não se colocava como candidata à gestão dos negócios nacionais. Não se colocava como candidata à disputa com as potências industriais externas pelo mercado nacional. Por exemplo, o que tipicamente aconteceu na grande luta política dos Estados Unidos? O mercado interno estadunidense tinha que ser atendido pela indústria estadunidense. E eles exigiram que até relógio fosse fabricado nos Estados Unidos e relógios suíços não entrassem. Depois desistiram. A própria burguesia industrial queria ter um relógio suíço. O resto eles impuseram. Impuseram tarifas altas para proteger a indústria. Aqui não tinha isso. A burguesia produzia porque sabia por onde passavam os caminhos do sertão, as empresas importadoras não sabiam ir até lá, e vendiam onde elas não vendiam. A burguesia ficava com o mercado interno, via atraso, enquanto o estadunidense vendia lá no Rio de Janeiro. E aí tudo bem. Isso, nos Estados Unidos era impensável: deixarem os ingleses vender em Nova York.

Não teria sido por isso que eles fizeram a independência como revolução?

Lá tinha uma ala da burguesia que lutou pela soberania nacional e a maneira como se expressou isso foi impondo o domínio do mercado interno pela indústria nacional. Isso era nacionalismo. Aqui não teve isso. Porém, graças ao colapso das potências industriais na 1ª Guerra Mundial, seguido pela crise dos anos 1920, criou-se aqui o movimento industrialista, que não era de repúdio ao imperialismo, mas pela industrialização do Brasil. O espírito de não entregar verba ao estrangeiro era difuso, mesmo entre os agraristas. Por exemplo, quando a Belgo-Mineira pediu um terreno, deram, pois terreno se podia dar fácil. Mas quando pediu para fazerem a ferrovia, os agraristas disseram não. Argumentaram que ela tinha crédito no banco e, com o lucro que teria, poderia pagar. Os agraristas não queriam se endividar para fazer uma ferrovia para ela. Este era o espírito. Nacionalista era todo mundo naquela época. Ninguém achava que era só o pessoal da indústria. Nem podia achar, porque a indústria era aquele marasmo em relação à política externa. Não dava palpite na política externa.

Depois da 2ª Guerra Mundial, quando se instalou a Guerra Fria, criou-se a ficção de que a burguesia industrialista seria a burguesia nacional à qual os trabalhadores deveriam se aliar etc. A oportunidade de ser a burguesia nacional foi jogada fora já no século 19. Uma segunda oportunidade foi jogada fora por Vargas, em 1930. Em 1950, já estava fora de cogitação por parte da massa e da burguesia. Tanto assim que ninguém hesitou em apoiar o golpe de 1964. O golpe respondeu às aspirações industrialistas da burguesia. A ditadura industrializou o Brasil, com o PND. Só que industrializou o Brasil dentro da conveniência de uma nova divisão internacional do trabalho estabelecida pelo centro capitalista.

Não é um pouco pesado falar "industrializou o Brasil"?

Industrializou o Brasil.

Industrializou determinadas regiões do Brasil.

Eu não estou falando geograficamente. O Brasil criou o seu parque industrial. Claro, não criou uma indústria homogeneamente distribuída pelo território nacional, mas criou um parque nacional que produzia a maior parte dos produtos industriais, da aviação até a automobilística, passando pelos eletrodomésticos, tudo que antes era importado.

E, por coincidência, no mesmo local onde começou a incipiente indústria após o café.

Não foi por coincidência. O Estado fez o que lhe pareceu mais conveniente. Foi a intervenção do Estado que criou as grandes empresas estatais, as refinarias, desenvolveu a Petrobras, que se tornou uma indústria de ponta com tecnologia desenvolvida no Brasil. A ditadura fez coisas que a burguesia dita nacional pelo PCB não fez. [O presidente Juscelino] Kubitschek torpedeou a indústria nacional a favor da indústria automobilística estrangeira. A ditadura não fez isso: beneficiou a indústria de autopeças, como maneira de permitir que o Brasil se beneficiasse do desenvolvimento de montadoras estrangeiras. Junto com a indústria de autopeças se criou um parque industrial muito amplo.

Desestimulou as ferrovias a favor do setor automobilístico.

Mas isto já era assim desde [o presidente] Washington Luís. Não foi necessário mexer nisso. Mas a ditadura criou um parque industrial. Não foi só a indústria automobilística. Eu estou dizendo: criou um parque industrial. Uma indústria pesada, produtora de produtos intermediários industriais. O programa democrático popular, supostamente, pretenderia promover o desenvolvimento nacional sem submetê-lo à burguesia nacional. Essa perspectiva partiu da interpretação falsa de que o desenvolvimento industrial da nação brasileira seria promovido independentemente da burguesia, ainda que dentro de relações capitalistas. Como é que se coloca a rejeição à burguesia? Se for promovido dentro do capitalismo, terá que defender os interesses da burguesia. Só tem duas maneiras de fazer isso: ou garantindo o direito dos trabalhadores – o que significaria fazer o desenvolvimento nacional da nação brasileira, porém com bem-estar social, aperfeiçoando a CLT, desenvolvendo a seguridade social, em suma, seguindo o caminho da Europa dos anos 1950 –, ou tem que deixar arrochar. Teria que ampliar o mercado interno, que já estava ocupado. Precisaria comprar uma briga com o latifúndio. A briga que Vargas comprou, muito delicadamente, nos anos 1930, foi quando deu as leis trabalhistas. Protegendo bastante a burguesia e os cafeicultores também. Mas tudo bem, pelo menos comprou uma pequena briga. O PT não sinalizou que levaria adiante aquela briga, que começou quando disse que a propriedade da terra tinha que ser limitada em 500 hectares.[6] Não sinalizou que defenderia essa posição. Se defendesse, evidentemente, colocaria no horizonte a possibilidade de guerra civil, porque a burguesia não ia abrir mão disso aí. Seria um PT combativo. Não dá para associar essa perspectiva com o caminho eleitoreiro do PT. Ou é eleitoreiro ou é de briga.

Em que medida a construção de um partido dos trabalhadores capaz de unificar as lutas contra o capital segue sendo uma tarefa histórica não realizada?

Acho um pouco óbvio, porque diz respeito à necessidade de organizar os trabalhadores e segue sendo um deficit histórico, mas o que interessa é

---

6   A reivindicação de limitar a área da propriedade rural ao máximo de 500 hectares aparece na Declaração sobre o Caráter da Reforma Agrária, aprovada ao final do 1º Congresso Nacional dos Lavradores e Trabalhadores Agrícolas, realizado em novembro de 1961. O manifesto reivindica: "(...) b) Urgente e completo levantamento cadastral de todas as propriedades de área superior a 500 hectares e de seu aproveitamento; c) Desapropriação, pelo governo federal, das terras não aproveitadas das propriedades com área superior a 500 hectares, a partir das regiões mais populosas, das proximidades dos grandes centros urbanos, das principais vias de comunicação e reservas de água; (...) h) Regulamentação da venda, concessão em usufruto ou arrendamento das terras desapropriadas aos latifundiários, levando em conta que em nenhum caso poderão ser feitas concessões cuja área seja superior a 500 hectares, nem inferior ao mínimo vital às necessidades da pequena economia camponesa". O Decreto-lei da reforma agrária, de n. 53.700, estipulava, no seu artigo 2, o limite máximo de 500 hectares para a propriedade rural. O decreto foi enviado em 13 de março de 1964 ao Congresso Nacional, mas não chegou a ser discutido. A reivindicação foi reafirmada pelo 3º Congresso dos Trabalhadores Agrícolas (Contag), em 1979, incorporada pelo MST em seu 1º Congresso Nacional, em 1985, e formalmente adotada pelo Encontro Nacional do PT de 1989.

qualificar como processo civil. Acho que todo mundo sabe que é "sim" a resposta. Acontece que teve um processo lento de formação de uma classe operária no Brasil. Durante o século 19, o escravismo impediu a formação de uma classe operária brasileira. Depois da abolição, os imigrantes passaram a constituir a força de trabalho. Os imigrantes vinham para a cidade depois de completados cinco anos, pois não queriam ficar na zona rural, que era muito atrasada na visão europeia deles, e também não podiam desenvolver os potenciais de conhecimentos técnicos que tinham naquela cultura de café. Os imigrantes transformaram São Paulo em uma cidade de tijolos, porque era uma cidade de taipa, com casas envidraçadas, porque era uma cidade com janelas de madeira. Metade da população de São Paulo, em 1900, era de italianos. Estava chegando sempre gente nova, gente que não falava português e se dava muito bem em São Paulo. Abriram restaurantes, entrou a cozinha italiana e fizeram São Paulo funcionar de outro jeito. Depois começaram a montar indústrias, mas aqueles grandes industriais já vieram com dinheiro, por exemplo Matarazzo, para fazerem negócios, para serem negociantes. Depois entraram na indústria e se deram bem.

A classe operária era de imigrantes que não vinham com dinheiro e entraram para trabalhar como operários. Não se pode falar em classe operária, nesse momento, porque classe operária implica mercado de trabalho, que ainda não estava formado. Não existia ainda uma oferta de trabalhadores suficiente. Além do mais, eram trabalhadores italianos e uma pequena parte de espanhóis. Por que os espanhóis, em geral bastante pobres, vinham para o Brasil naquela época, com tanta ex-colônia espanhola? Por causa das perseguições dos países. Depois de 1823, com a Revolta de Cádiz, tinha se desenvolvido o anarquismo de maneira bastante extensa na Espanha e os argentinos expulsavam sistematicamente os espanhóis que eles suspeitavam que fossem de tendências anarquistas. Naquela época os pobres, em geral, ou eram simpatizantes ou eram anarquistas mesmo. O pessoal em Buenos Aires foi de um comportamento policialesco exemplar. Como os italianos não tinham feito nenhuma revolução e não participavam de movimentos anarquistas, se concentraram na Argentina. A Argentina só tinha Buenos Aires e depois um deserto. Então a população italiana se tornou tão grande que chegou um certo momento em que se achou que tinha que mudar a língua para o italiano e parar de falar castelhano. Mas a classe dominante se insurgiu e resolveu o problema.

No Brasil, o mercado de trabalho ainda estava em formação e a classe operária ainda não era brasileira, mas de imigrantes italianos e espanhóis. Contudo já tinha uma central, tinha a Confederação Operária Brasileira,[7] em 1906, que foi importante, mas a classe operária que fez a COB era limitada. Era uma classe operária que estava incluída em um mercado de trabalho incipiente, que não entendia muito bem o Brasil, e que, portanto, não tinha nenhuma perspectiva a não ser a revolução socialista. Os direitos dos trabalhadores eles defenderam direito: os salários, condições de vida, jornada de 8 horas. Os têxteis de São Paulo lideraram uma greve geral[8] que arrancou, em 1917, a jornada de 8 horas, direito que depois foi se estendendo para outras fábricas. Quando Vargas concedeu a jornada de oito horas, já existia um processo parcialmente conquistado pela classe operária.

O seu desenvolvimento como classe só foi acontecer com o surto industrial, nos anos 1930, quando teve o êxodo do campo porque a cafeicultura despencou e finalmente entraram os caipiras no mercado de trabalho. Pode-se falar em classe operária brasileira justamente a partir dos anos 1930, só que já nasceu aleijada, por causa do PCB. Em vez de associar os sindicatos operários à COB, o PCB aderiu à Internacional Sindical Vermelha (ISV),[9] um erro crasso de Lenin. Dividiram a

---

7   A Confederação Operária Brasileira (COB) foi criada em 1906, no Congresso Operário Brasileiro. Inspirava-se nos moldes da CGT francesa, associada à 1ª Internacional. Sua primeira sede ficava na rua do Hospício (atual rua Buenos Aires), no centro da cidade do Rio de Janeiro, e seu secretário-geral era Ramiro Moreira Lobo. Acatava as concepções do anarcossindicalismo e criticava o "autoritarismo" e o "partidarismo", por serem "incapazes de expressar de fato os interesses da classe trabalhadora".

8   A greve geral de 1917 começou com o movimento as operárias tecelãs do Cotonifício Crespi, situado no bairro da Mooca, em São Paulo. Elas cruzaram os braços em julho, em resposta à exigência patronal de prolongamento do serviço noturno e sua negação de aumento salarial. As operárias reivindicavam também abolição das multas por erros cometidos, regulamentação do trabalho de mulheres e crianças, modificação do regime interno da empresa e supressão da contribuição pró-pátria (campanha de apoio financeiro à Itália promovida pela burguesia imigrante de São Paulo, que chegou a fazer descontos nos salários dos trabalhadores). Nos dias seguintes, a luta se alastrou, desembocando na greve geral. O movimento foi organizado pela Comissão de Defesa Proletária, com a liderança do anarquista Edgar Leuenroth.

9   A Internacional Sindical Vermelha (ISV) foi constituída em 1921, em Moscou, logo após o 3º Congresso da Internacional Comunista, e foi dissolvida por Josef Stalin em fins de 1937.

classe operária, como dividiram os partidos com o tal do ultimato dos 21 pontos, pela ingenuidade de Lenin. Ele achava que a revolução era iminente na Europa. Ao criar a ISV, Lenin dividiu a classe operária, e o PCB se achou justificado, como leninista, para rachar a COB e criar a CGT, em 1929.[10] Colocaram os piores energúmenos na direção da CGT, tinham que ser os mais ignorantes, dentro daquela linha do Stalin de que quem tinha que fazer universidade era analfabeto, da proletarização das universidades, daquelas loucuras que Stalin fez. Eram incapazes de fazer uma análise política, mas eram fiéis às diretrizes que vinham de Moscou. Eles simplesmente cumpriam ordens, era de propósito. A COB sofreu esse processo de divisão da classe operária europeia, então ficou antissoviética, antirrevolução russa e no fim se adaptou a Vargas, os que não foram perseguidos. O PCB não se adaptou a Vargas porque Stalin estava com medo da guerra que se preparava e queria ter uma base fora do continente europeu. Achava que se tivesse um regime simpático à União Soviética na América seria uma boa coisa. Pegaram o modelo de análise que faziam da China e aplicaram para o Brasil, porque eram dois países grandes. Então o Brasil ficou com uma classe operária em parte deformada, estalinizada, e a outra parte adaptada a Vargas, graças às suas concessões.

O PCB, na análise que fazia do Brasil, falava do nacionalismo, da burguesia nacional, aquelas bobagens, pois nunca houve burguesia nacional. Se na luta da emancipação a participação do povo foi bloqueada, o nacionalismo já estava descartado. O que teve foi o industrialismo posterior e o PCB inventou que era nacionalismo, para fazer alianças. Como para o PC o Brasil era a China da América Latina, tinha que fazer como fizeram com Chiang Kai-shek, esse era o esquema mental deles. Fizeram a Intentona Comunista, porque na China deram o golpe

---

Agrupava os sindicatos revolucionários dos diversos países, sob orientação dos PCs, e uma parte daqueles sob a direção dos anarcossindicalistas e sindicalistas revolucionários. Desde sua fundação, a questão da independência e neutralidade dos sindicatos frente aos partidos e à Internacional dividiu as delegações.

10 Em 1929, o PCB organizou o Congresso Sindical Nacional, que fundou a Confederação Geral dos Trabalhadores (CGT) e lançou a consigna pela formação de um "bloco operário camponês", com o lançamento do candidato operário Minervino de Oliveira à eleição presidencial de 1930. Ele obteve 131 votos de um total de 2,5 milhões de eleitores.

de Xangai,[11] então aqui tinha que fazer a mesma coisa. Xangai é China, então o golpe de Xangai brasileiro tem que acontecer. Intentona calha bem, chamar de revolução é meio ousado. Intentona é uma invenção dos militares, nem é muito de uso na língua portuguesa do Brasil, mas no fim ficou porque os analistas militares resolveram chamar de Intentona. Achei bonito, palavra que até entrou no vocabulário brasileiro. Mas por que a Intentona? O pessoal se pergunta se foi um erro. Não foi um erro. Era obrigatório, pois o Brasil era a China. Entra em um esquema desses e acabou, tem que fazer como fizeram em Xangai. Acabou esse episódio e depois da 2ª Guerra Mundial, os Estados Unidos e a Europa resolveram industrializar o Brasil. Pronto. Ficou todo mundo sossegado.

Francisco Foot Hardman[12] pesquisa o anarquismo no Brasil. Ele fala na existência de escolas, olimpíadas anarquistas, todo um mundo à parte, um mundo dessa classe trabalhadora nascente. Com a fundação do PCB, em 1922, perde-se uma espécie de organização que era micro, mas tinha como horizonte talvez uma organização muito mais parecida com a europeia da época da Social-Democracia Alemã do que com o PC estilo soviético.

Acho que você tem razão. Na realidade, essa ideia, que é mais dos anarquistas, mas da qual a social-democracia participou, em certa medida, estava ligada à recusa da sociedade capitalista. Eles não participavam de eleições para cargos

---

11 O Massacre de Xangai foi uma tragédia para a classe trabalhadora chinesa. Por determinação de Stalin, o Partido Comunista Chinês mantinha uma política de total subordinação ao Kuomintang, partido nacionalista fundado por Sun Yat Sen e, a partir de 1925, liderado por Chiang Kai-shek. A subordinação era explicada pela linha de "aliança anti-imperialista com a burguesia nacional" chinesa. Em março de 1927, mesmo quando já era evidente a aliança de Chiang Kai-shek com o imperialismo, Stalin manteve as ordens de impedir uma insurreição armada dos trabalhadores. O resultado foi o massacre de 12 de abril, quando Chiang Kai-shek enviou tropas para ocuparem a Associação Geral do Trabalho de Xangai. O PCCh convocou greve, mas já era tarde demais. Milhares foram fuzilados e integrantes do PCCh, incluindo membros de sua direção, foram presos ou assassinados.

12 Francisco Foot Hardman (1952-), historiador e professor de Teoria e História Literária da Universidade Estadual de Campinas (Unicamp). É autor, entre outras obras, de *Nem Pátria, nem Patrão!* (Editora Unesp, 2002) e *Trem-Fantasma: a Ferrovia Madeira-Mamoré e a Modernidade na Selva* (Companhia das Letras, 2005).

executivos. Isso era uma mentalidade muito forte na época da pré-Revolução Russa, depois mudou, mas acho que era válida. Como princípio de organização, era muito mais sadio do que o que veio depois, embora fosse em escala micro.

É bonito o livro dele, *Nem Pátria, nem Patrão*. Começa comparando dois tipos de comício. Uma festa anarquista com banda – quem tocava eram os próprios trabalhadores –, e compara com o comício do PT, nos anos 1980, com artista global. Ele faz esse paralelo para mostrar como a classe trabalhadora mudou e diz: vamos voltar lá para tentar entender o que aconteceu.

Mas a Social-Democracia Alemã não chegou no grau que os anarquistas quiseram fazer, tudo só deles. Não mandavam as crianças para a escola, tinha que ser escolas deles. A Social-Democracia tinha organizações culturais, mas não chegava ao ponto de não deixar os filhos irem para escolas burguesas. Era mais limitada, mas também tinha essa mentalidade de recusa da sociedade burguesa.

Qual a importância da figura de Prestes, comparativamente à de Lula, para além de seu significado propriamente político?

Prestes ocupa um lugar grande, não tem nem comparação com Lula. Lula é um anão em comparação com Prestes. Ele fez parte do Movimento Tenentista e foi uma liderança tenentista que lutou, arriscou a vida de uma maneira heroica, com a Grande Marcha.[13] O Movimento Tenentista era de cunho realmente nacionalista, o único movimento nacionalista que o Brasil teve, o qual não teve a mínima participação da burguesia. A burguesia era industrialista, mas os tenentistas queriam renovar o Brasil, acabar com o domínio dos cafeicultores. No tempo do [presidente] Artur Bernardes, que aliás era mineiro, Minas Gerais não exportava um grão de café. Café de Minas era para o mercado interno, portanto não valia

---

13 A Grande Marcha, ou Coluna Prestes, correspondeu ao auge do tenentismo, movimento político-militar iniciado em 1922 contra as instituições da Primeira República. Denunciava a pobreza e a exploração dos trabalhadores e exigia uma série de reivindicações democráticas, como o voto secreto e o ensino público e gratuito. A marcha, iniciada em 1925, partiu de Santo Ângelo (RS) e percorreu cerca de 25 mil quilômetros por vários Estados brasileiros. Foi encerrada em 1927, na fronteira com a Bolívia. Em algumas ocasiões houve enfrentamentos com tropas do Exército, em outras com jagunços e pistoleiros contratados ou seduzidos pela promessa de anistia das autoridades.

nada. O grão de exportação era de São Paulo. O Convênio de Taubaté foi rejeitado pelo [presidente] paulista Rodrigues Alves, que achou que era um privilégio que ninguém merecia: por que dar privilégio para os cafeicultores, se tem outros brasileiros querendo produzir outras coisas? Mas foi um presidente mineiro, Afonso Pena, que entrou nessa época e aceitou o Convênio de Taubaté. Contra isso se revoltaram os tenentistas. Contra essa República arbitrária. Não diria que autoritária, o povão era deixado em paz, não tinha repressão contra a população em geral, mas tinha um sistema de repressão aos políticos de alto porte. As pessoas que se metiam em política corriam o risco de serem assassinadas, pois o voto não era secreto. Era uma mixórdia, uma coisa muito mal controlada, mas tinha o controle dos que se sobressaíam. Isso sufocava a política brasileira.

Os tenentes se revoltaram e foi um movimento autêntico da nação brasileira, que queria criar um Brasil moderno. Os tenentes não tinham uma perspectiva industrialista, como tinha a burguesia, eles tinham uma perspectiva de um Brasil moderno, com um regime político justo. Foi o movimento político mais forte que o Brasil teve, pois, se fizermos um retrospecto geral da história de desenvolvimento social do Brasil, terminou em 1845 a última revolução contra a injustiça da Independência, a dos Farrapos, e em 1897 foi esmagada a revolta de Canudos. Só em 1922, com o tenentismo, é que teve outro movimento desse teor. Revolta com participação popular, depois de Farrapos e Canudos, foi essa dos tenentes. O tenentismo não foi uma coisa do fundo, do fundo do povo. Foi algo que estava inserido num processo que eles tornaram consciente. O movimento deles gerou a consciência da nação brasileira, que não foi construída em 1822.

Muitas pessoas acham difícil interpretar o tenentismo porque querem incluí-lo dentro daqueles esquemas das classes sociais: o proletariado não estava participando, logo não tinha classe operária, não tinha burguesia. A classe operária e a burguesia estavam ausentes da história, mas acontece que, se for feita uma relação com a busca de constituição de uma nação brasileira, que foi cortada em 1850 – quando fizeram uma Lei de Terras[14] que impediu o acesso à

---

14 A Lei de Terras, promulgada em 18 de setembro de 1850, estabelecia a compra como a única forma de aquisição das terras devolutas, não sendo permitidas novas concessões de sesmarias nem a ocupação por posse, com exceção das terras localizadas a dez léguas do limite do território. Eram consideradas terras devolutas aquelas que não estavam sob os cuidados do

terra aos brasileiros –, se fizermos uma retrospectiva desse processo, os tenentes são os herdeiros. É evidente que não é trabalhador. Acham que trabalhador, pelo fato de estar dentro de uma fábrica, produzindo, é classe operária, mas não é assim. Classe operária é algo que se constrói. Tem que ter mercado de trabalho e tem que ter movimento operário. Se não tem mercado de trabalho, é um movimento fragmentário. Consegue conquistar reivindicações, mas não representar a sociedade. Qual era o mercado de trabalho brasileiro? Imigrantes italianos? Estava lá na Itália o nosso mercado de trabalho, era esse? O que nós tínhamos? Os caipiras não saíam do interior. Mercado de trabalho que não falava português. Isso limitava, significava uma luta fragmentária e os trabalhadores imigrantes até foram heroicos. Aproveitaram a Revolução de 1917, o clima da revolução, e fizeram quase uma revolução no âmbito da fábrica e impuseram a jornada de 8 horas, que não tinha sido concedida na Inglaterra. Eles eram os únicos que podiam ser postos para trabalhar, não havia outros, não podiam demitir em massa e botar caipira. Os caipiras não saíam do interior nem matando. Depois, foram arrebanhar até no Nordeste, mas antes não. Tinha que se acertar com aqueles italianos que estavam ali, e os espanhóis. Como não se discute o processo interrompido na Independência, os tenentes ficam parados no ar. Não são nem classe operária nem classe burguesa, logo os tenentes não existem ou são um fenômeno difícil de explicar. Prestes levou a luta às últimas consequências. Tinha uma tropa de cavalaria, mil e poucas pessoas, quase conquistou a Bahia, o Vale do São Francisco inteiro. Foi uma coisa grandiosa.

Mas depois se esgotou, porque uma parte aderiu a Vargas, acharam que Vargas os representaria dentro daquela série de reformas que tinham sido prometidas contra a oligarquia cafeeira pelos "revolucionários" da coligação Paraíba-Rio Grande do Sul e Minas Gerais, que tinha rompido com São Paulo. Venceram, só que Vargas não era os tenentes. Uma parte dos tenentes aderiu a Vargas e arruinou o Movimento Tenentista. Os principais homens do governo Vargas, os que lhe deram prestígio,

---

poder público e aquelas que não pertenciam a nenhum particular. Dessa forma, a lei deveria dar ao Estado Imperial o controle sobre as terras devolutas que, desde o fim do regime de concessões de sesmarias, em 1822, vinham sendo incorporadas de forma livre e desordenada a patrimônios privados. Seria também uma forma de restringir as possibilidades de os despossuídos terem acesso à propriedade.

eram de origem tenentista. O mérito de Prestes foi que ele não aceitou aderir ao varguismo, mas ficou sem opção e terminou aderindo ao PCB. E o PCB o manipulou para fazer a Intentona, que o arruinou. Prestes é uma figura importante, por estar na raiz de um movimento histórico de grande envergadura. Lula não, porque ele era alheio ao processo de organização do movimento operário brasileiro. Ele era um sindicalista. Não estou discutindo como ele era visto, mas o que ele era. Prestes depois foi visto como burocrata do PC, mas não estou discutindo como foi visto, estou discutindo o que era cada um deles. Lula foi uma figura cooptada pela ditadura para substituir os pelegos[15] do PCB. Prestes representa um movimento histórico da nação brasileira. O que a opinião pública vê é outra história. Prestes, depois da Intentona, ficou prisioneiro do PCB. Ele saiu da prisão, foi para Moscou e ficou atado, não tinha outra opção a não ser a de se apresentar como o grande líder do PCB. Ele não fazia um discurso sem mencionar a União Soviética, estava refém do aparelho e foi visto como tal. Lula foi visto de outro jeito, mas, enquanto fenômeno histórico, foi um dirigente que substituiu os pelegos stalinistas que controlavam o movimento sindical brasileiro, a pelegada da CGT. Foi cooptado pela ditadura para ser um pelego sindical bem-comportado, o que ele não fez, mérito dele. A origem histórica dele é plana, não tem profundidade. Ele nasceu ali, do dia para a noite. Os militares se reuniram e disseram: vamos deixar esses dirigentes de segunda linha, cristãos etc., ocuparem o lugar, mas não mexemos na CLT, estava cômoda a situação dessa gente. Não tiveram que lutar por nenhuma conquista, as conquistas foram deixadas. A jornada de 8 horas foi deixada, tudo, até as Cipas [Comissão Interna de Prevenção de Acidentes] ficaram nas fábricas. Desde que não entrassem para a luta armada, tudo bem. Depois, quando a ditadura decaiu, Lula se revoltou e criou certa aura, mas isso é outra história.

Um resultado do impacto da Revolução Russa é a atuação e concentração de energias por parte de diversas organizações de trabalhadores na formação do Partido Comunista Brasileiro. O PCB operou como correia

---

15 Pelego, originalmente, significa capacho ou a pele de carneiro colocada sobre a montaria para suavizar o atrito entre o corpo do cavaleiro e o animal. No movimento sindical, é o dirigente sindical que faz o jogo dos patrões, em detrimento dos interesses dos trabalhadores.

de transmissão do Comintern[16] e de sua política de "convivência" com o imperialismo e de "defesa da pátria do socialismo". Isso submeteu o incipiente partido brasileiro às oscilações do golpismo nos anos 1930 e ao queremismo dos anos 1940.

Tem uma mistura de épocas aqui. O PCB como correia de transmissão do Comintern; o golpe nos anos 1930; o queremismo nos anos 1940: aqui tem uma sequência que precisamos distinguir. O PCB teve uma origem basicamente anarquista, diferentemente de outros lugares da América Latina, onde teve origem nos partidos socialistas. Mas essa origem é uma origem muito frágil, porque a classe operária brasileira ainda não estava constituída plenamente. Houve uma radicalização do movimento operário na luta por seus direitos a partir da Revolução de 1917, com algumas conquistas, inclusive a conquista parcial da jornada de 8 horas. A iniciativa de entrar no PCB foi mais de anarquistas, o que é surpreendente e dá uma ideia de certa peculiaridade dos anarquistas brasileiros. Não eram verdadeiros anarquistas, pois achavam a social-democracia autoritária (e não era nem um pouquinho autoritária, mas era a desculpa deles para não aderir; diziam que Marx era autoritário), mas Lenin eles não achavam autoritário. Eles ficaram atraídos pela grandiosidade da Revolução Russa, tal como ecoava na América Latina. Por exemplo, quando os Estados Unidos participaram da invasão da Rússia lá pelo norte, pelo Mar Branco, teve protesto nos Estados Unidos. Mas protesto de pessoas que não eram exatamente comunistas, contra o envio de estadunidenses que fossem arriscar a vida por causa do interesse das grandes potências de acabar com a Revolução Russa. Achavam que tinha que deixar a Revolução Russa correr do jeito que fosse e não tinha que arriscar vidas por lá. Esse tipo de movimento, sempre tem nos Estados Unidos certa reação assim. Como Cuba, quando Fidel Castro tomou o poder, em janeiro de 1959, teve um movimento de simpatia muito forte nos Estados Unidos.

A única coisa que aconteceu foi isso, a peculiaridade dos anarquistas. Teve certa atrapalhação do desenvolvimento do PCB recém-criado, por causa da criação da Internacional Sindical Vermelha, maioria sectária de Lenin

---

16 Comintern é a designação abreviada da Internacional Comunista. A IC foi extinta em maio de 1943, por Stalin.

que atrapalhou um pouquinho, mas mesmo assim a Confederação Operária Brasileira não rachou. Ela continuou inteira. A partir da segunda metade dos anos 1920, 1926 em particular, os stalinistas começaram a controlar a política da Internacional.[17] E induziram ao racha em 1929, com a criação da CGT, mas o PCB ainda não era uma corrente de transmissão do Comintern. O que havia era o controle da política internacional pelo Comintern via os dirigentes que já estavam nas mãos de Stalin. Mas Stalin não interferia muito naquele momento, só tinha o controle da política da Internacional. O Comintern começou a pesar negativamente a partir de 1929, quando organizou um congresso de dirigentes latino-americanos, em Buenos Aires. O delegado do PCB Octávio Brandão foi humilhado,[18] como resultado da política do Comintern de intervir na vida dos partidos nacionais. Isso era diferente do ultimatismo de Lenin, que impôs os 21 pontos como condição para qualquer partido aderir à IC. Lenin achava, então, que a revolução a qualquer momento ia estourar na Europa, como de fato aconteceram convulsões, pelo menos na Alemanha, que era a parte principal. Teve também a República dos Conselhos na Hungria, na Baviera, a Viena Vermelha, não era algo que Lenin tirava da cabeça, como qualquer visionário. Ele estava

---

17 Em 1922, o PCB enviou um representante ao 4º Congresso da IC, realizado em Moscou. Indicou o nome de Antônio Bernardo Canelas, militante brasileiro residente em Paris, com o objetivo de associar o partido à Internacional. Mas sua participação foi um desastre: Canelas foi acusado pela direção da IC de estar "impregnado de ideais anarquistas". Como resultado, a comissão responsável pelas questões latino-americanas não aceitou o PCB como membro efetivo, mas apenas como "partido simpatizante", colocado sob supervisão da Agência de Propaganda para a América do Sul da IC. O episódio provocou a expulsão de Canelas do PCB, em 1923. O PCB tornou-se membro efetivo da IC em 1924, tendo Astrojildo Pereira como secretário-geral.

18 A 1ª Conferência Comunista Latino-Americana, realizada em Buenos Aires, entre 1º e 12 de junho de 1929, teve a participação de 15 países. Os dirigentes do Comintern impuseram a tese aprovada pelo seu 6º Congresso, realizado em 1928, segundo a qual as massas oprimidas partiriam para um processo de radicalização das lutas em todo o planeta (eram as teses esquerdistas do chamado terceiro período). O dirigente do PCB Octávio Brandão, acusado de "direitista" e "menchevique" pela direção da conferência, foi obrigado a fazer uma "autocrítica" humilhante e foi destituído de suas funções no partido. Astrojildo Pereira, após viver em Moscou, entre fevereiro de 1929 e janeiro de 1930, retornou ao Brasil com a missão de impor a "proletarização" do PCB e eliminar suas "influências anarquistas". Em novembro de 1930, Astrojildo foi afastado da secretaria-geral e no ano seguinte desligou-se do PCB.

CONTRADIÇÕES QUE MOVEM A HISTÓRIA   **111**

vendo, então se sentiu na obrigação de dar o ultimato dos 21 pontos. Era diferente da ditadura do Comintern.

Quanto ao golpismo em 1930, citado na pergunta, ocorreu dentro de um processo de expansão do pensamento fascista. [O historiador] Eric Hobsbawn tem uma apreciação muito boa disso. Ele diz que o fascismo na América Latina não é a mesma coisa que aconteceu na Europa. Aqui, até tínhamos um fascismo, que eram os "galinhas verdes",[19] mas os ditadores, até quando reivindicavam o fascismo, expressavam certo movimento de orgulho nacional, de busca de desenvolvimento dirigido, dentro de uma visão de que o dirigismo econômico deveria ser associado a uma unidade política forte, que era o que acontecia na Alemanha. Um partido totalitário, no sentido de partido único, resolveria os problemas da América Latina, introduzindo certa disciplina de trabalho e coisas assim. De certa maneira, Getúlio Vargas participava dessa corrente. A Constituição Polaca, imitada de Pilsudski,[20] estava dentro desse tipo de programa, que foi tachado de programa fascista. Na realidade, não era fascista, era um programa de desenvolvimento nacional, industrial dentro daquela perspectiva industrialista, mas que era de também tomar partido nas disputas internacionais a favor do Eixo, o que foi impedido pela repulsa da maioria da população brasileira. O próprio Vargas afrouxou, rompeu com a Alemanha em 1939.

Aliás, quando eu discutia formação econômica do Brasil e dava aulas sobre essa parte na PUC [Pontifícia Universidade Católica], eu listava os prós

---

19   Apelido dado aos fascistas da Ação Integralista Brasileira, dirigida por Plínio Salgado, por causa da cor verde-oliva de seu uniforme. Em 7 de outubro de 1934, a Frente Única Antifascista, liderada pelo trotskista Fúlvio Abramo, impediu um comício nazista na Praça da Sé, que tinha como objetivo dar um impulso nacional à construção do partido de Plínio Salgado. Pelo menos dez pessoas morreram ou ficaram gravemente feridas. Os fascistas, em debandada, atiravam ao chão seus uniformes, para não serem reconhecidos. O episódio passou à história como a "revoada das galinhas verdes".

20   Josef Pilsudski (1867-1935), primeiro chefe de Estado (1918-1922) e ditador (1926-1935) da 2ª República polonesa. Outorgou uma Carta ao país, em abril de 1935, que concentrava poderes nas mãos do presidente. No Brasil, a Constituição adotada por Vargas em 1937 foi tachada de "polaca" pelo magnata da imprensa Assis Chateaubriand, com duplo sentido: autoritária, por um lado; por outro, o termo era sinônimo de prostituta desde a época do Império, quando jovens eram trazidas da Polônia para o Rio de Janeiro e São Paulo por traficantes de seres humanos.

e os contras da política de Vargas, e notava que, economicamente, a política de aliança com o Eixo era mais vantajosa para o Brasil. Era a que permitiria uma industrialização autônoma, se o Brasil quisesse realmente se industrializar. Fazem muito carnaval com a história do Vargas ter sido um ditador. Sim, teve o Departamento de Imprensa e Propaganda (DIP) e o Filinto Müller,[21] teve a repressão da Intentona, tudo bem, mas Vargas ficou de querido depois, não ficou com uma imagem de ditador. A política de alianças com a Alemanha era extremamente benéfica, do ponto de vista econômico. Não precisávamos de divisas, ganhávamos máquinas, que era o programa para nos industrializar, em troca de café, couro e óleo de amendoim. Borracha até menos, mas também. O Brasil ia se industrializar mesmo. A industrialização que promoveram depois da guerra, estavam fazendo no fim dos anos 1930, graças à aliança com a Alemanha.

Então Vargas rompeu e os Estados Unidos, em gratificação, ofereceram a Companhia Siderúrgica Nacional (CSN) de Volta Redonda, mas, no fim, o último alto-forno só foi entrar em funcionamento em 1956, quando Vargas já tinha se suicidado. E exigiram que fosse carvão coque, que o Brasil tinha que importar deles. Esse era o prêmio por romper com a Alemanha. Os estadunidenses só sacanearam o Brasil de ponta a ponta, porque o Brasil era concorrente econômico dos Estados Unidos. Os Estados Unidos só queriam o café do Brasil, o resto eles produziam. Era um país de economia colonial: produzia milho, trigo, couro; o que o Brasil tinha para exportar para eles? Nada, só tinha café. Cana-de-açúcar eles tinham de Cuba, que era capacho deles. Aliás, os empresários eram todos estadunidenses, em Cuba e Porto Rico. Eles estavam pouco ligando para o Brasil. Estavam muito mais preocupados com a Argentina do que com o Brasil. Só que, infelizmente, o fascismo levava à guerra e um desfecho pró-fascista seria um desastre para a humanidade toda. Se o fascismo não levasse à guerra, para o Brasil seria uma benção. Seria um país líder da América. Sempre ressaltei essa história. Mas o Vargas não ficou, apesar de toda aquela

---

21 Filinto Müller (1900-1973) participou do Movimento Tenentista, entre 1922 e 1924. Chefiou a polícia política da ditadura Vargas, quando foi acusado de promover prisões arbitrárias e tortura. Ganhou repercussão internacional com a prisão da judia alemã Olga Benário, militante comunista e companheira de Luís Carlos Prestes, grávida quando deportada para a Alemanha, onde foi executada em Bernburg, em 1942.

ideologia dele, da Carta del Lavoro[22] e tal. No fim, por causa da repulsa ao fascismo, que era legítima do povo brasileiro, mas principalmente dos militares que eram formados dentro do padrão estadunidense, ele não ousou ir às últimas consequências. Vargas não quis se meter na guerra. Teve o movimento da UNE [União Nacional dos Estudantes], que foi um movimento popular para que o Brasil entrasse na guerra em 1941; acabou entrando em 1942.

O resultado prático da atuação do stalinismo por estas terras pode ser medido pelo nível de desorganização política das massas no período imediatamente anterior ao golpe de 1964. Nesse sentido, qual o papel das correntes políticas que questionavam a política tradicional do PCB, fortemente influenciadas pelo castrismo (e sua variante mitológica, o internacionalismo guevarista), nos primeiros anos do regime militar, quando decidiram tomar em suas mãos a tarefa de "acelerar a revolução" e "conscientizar as massas" pela via da guerrilha?

Épocas diferentes têm que ser analisadas separadamente, porque senão vamos atropelar. Uma coisa desencadeia outra. Então: o desfecho do tenentismo, que desemboca no varguismo, deu origem ao aprisionamento de Prestes ao aparelho político do PCB. Foi uma guinada, nos anos 1930, da política brasileira. A pergunta afirma que o resultado da atuação do stalinismo por estas terras pode ser medido pelo nível de desorganização política das massas. Mas isso é o que o PCB dizia: que as massas estavam desorganizadas, o que é bobagem. As massas, naquele momento – fim do governo Jango [João Goulart] –, estavam mal organizadas, porque estavam organizadas em parte pelo PCB e em parte pelos grupos e movimentos cristãos, mas estavam mobilizadas e queriam continuar o processo de construção da nação. Da parte das massas, eram as últimas convulsões do tenentismo, sem os tenentes. Só que tudo era traduzido: isso é importante, o problema das traduções. O PCB traduzia a conjuntura

---

22 A Carta del Lavoro (Carta do Trabalho) foi elaborada em 1927 pelo Partido Nacional Fascista, de Benito Mussolini, com o objetivo de estabelecer as linhas que deveriam guiar as relações de trabalho entre o patronato, os trabalhadores e o Estado italianos, sob a tutela estatal. Este modelo, designado como corporativismo, foi reproduzido em Portugal (Estatuto do Trabalho Nacional), na Turquia de Kamal Ataturk e no Brasil, na era Vargas (CLT).

como necessidade de aliança com a burguesia para fazer a revolução, contra o suposto feudalismo, aquele negócio que eles diziam, que o país era semifeudal, aquelas bobagens. Não havia nada que expressasse aquilo que o movimento de fato era. Havia, na realidade, tentativas espontâneas de demonstração do descontentamento contra uma situação que levou ao tenentismo, aspirações a criar um Brasil moderno, independente, livre, não subjugado ao imperialismo. A burguesia só queria a industrialização, não estava pensando em independência nacional. Independência nacional é todo o povo. Só que "todo o povo" foi traduzido como a reforma agrária e as reformas de base, pelo Jango.

E tinha os radicais, mas era como no México, de certa maneira, as ideias não eram dos índios. Quem era Zapata? Um pequeno comerciante que estava lá no meio dos índios. Quando os índios reivindicavam os antigos tratados castelhanos sobre as terras deles, Zapata respondia: "Não, os castelhanos nunca nos tiraram as terras. Eles fizeram tratados conosco". Tratados impositivos, claro. Ficaram sem a terra do mesmo jeito. Mas, não sei por que – talvez por imposição do burocratismo da administração castelhana –, resolveram escrever em tratados, e os índios guardaram os pergaminhos. Índio é índio, então eles guardaram os pergaminhos e disseram: "Olha, segundo os antigos tratados castelhanos, a gente teria que ser dona das terras". Zapata foi o emissário deles, porque era pequeno comerciante, falava castelhano direito, e foi dizer ao presidente Francisco Madero que os índios estavam reivindicando o cumprimento dos tratados. Madero disse: "Não te mete nisso. Larga esses índios aí. Você não quer ser um fazendeiro? Nós te damos uma fazenda". Queriam separar, deixar os índios sozinhos, sem nenhum branco metido com eles. E ele disse não, não. Esse era Emiliano Zapata. Tudo, tudo está aí. E ele fez uma proclamação, dizendo: Madero promete uma reforma agrária, os índios estão prometendo cumprir os tratados. Vamos fazer assim: primeiro, que se cumpram os tratados; depois, que se faça a reforma e se veja o que fica para os índios e o que não fica. No norte não havia mais índios, eram os peões, índios de origem, bandoleiros naturais, saqueadores de fazendas. É o processo do México, os marxistas têm obrigação de entender, senão não são marxistas. O proletariado mexicano era incipiente, formado por meia dúzia de gatos pingados espalhados por aquelas cidades, tinham aquelas forjarias e faziam facões para cortar cana. Há longas descrições líricas sobre o proletariado mexicano que sou obrigado a ler cada vez que estudo a Revolução Mexicana, e cada vez feita por um escritor de esquerda. Descrições líricas do proletariado mexicano, mas e o México: onde está nessa história toda?

E no Brasil tinha esse movimento que atravessava o povo brasileiro desde a Independência. Saíram os tenentes de cena, o povão continuou a luta, só que foi tudo mal traduzido. O PCB traduzia como "aliança com a burguesia para acabar com o feudalismo", os restos do suposto feudalismo brasileiro. Os cristãos queriam reforma agrária com medidas econômicas. Mas o que interessava mesmo era o livre acesso à terra, que foi dito na Independência, em 1822: "A terra é de quem está em cima dela". Não foi uma invenção de esquerdistas, está escrito assim, nesses termos, "está em cima". Quem está sentado em cima da terra tem plenos direitos de continuar usando-a, mas o direito foi protelado até a promulgação da Lei de Terras de 1850. Então, não tem nada que estar discutindo como vai desenvolver a agricultura, longos tratados de discussão sobre a agricultura brasileira. Entrega a terra para o povo, para de ser xarope. Pensa chão como o povo pensa. É obrigatório pensar chão. Esse era o processo, mal traduzido, e dizem que o povo não era consciente. É o contrário. O povo era consciente de alguma coisa. Eles eram conscientes de uma baita mentira. A explicação pela direita é pior ainda: o golpe militar de 1964 foi "preventivo", contra um suposto golpe à esquerda, e vem toda aquela paranoia da direita, que podemos remontar ao Plano Cohen.[23]

Nem vou citar Marx, vou citar [o filósofo chinês] Lao-tsé: o povo não tem medo da morte. Se o povo decide mudar o monte Tai de lugar, vai mudar o monte Tai de lugar, e se precisar morrer antes de conseguir mudar o monte Tai, ele vai morrer. Acha natural morrer antes de conseguir mudar o monte Tai, qual é o problema? Qual é a angústia? Deixa o povo fazer o que quer fazer. Não precisa uma cúpula de debochados, que é o que o PCB, para ficar dizendo se o povo estava certo ou estava errado. Não é missão de ninguém ser julgador

---

23 O Plano Cohen foi um suposto complô comunista para tomar o poder, "descoberto" pelo governo federal e denunciado no programa de rádio Hora do Brasil (atual Voz do Brasil), em 30 de setembro de 1937. Foi o pretexto para que Vargas aprovasse o "estado de guerra", cancelando as eleições presidenciais convocadas para 1938, e impusesse uma nova Constituição, que lhe atribuía poderes excepcionais, a "Polaca". Começava o Estado Novo, regime ditatorial que seria encerrado com a queda de Vargas, em 1945. O nome escolhido pelos arquitetos da farsa foi emprestado do líder comunista húngaro Bela Kun (ou Cohen).

daquilo que é o movimento que vem do fundo do povo. Se vier do fundo do povo está resolvido. O povo precisa de juiz? Quem são eles para serem juízes, com o passado horrível que tinham? Qual era o mérito que tinham, qual era a revolução que tinham feito? Lenin podia dizer: "Eu acertei em pedir que a Rússia fosse derrotada na guerra". Com que credenciais? Credenciais de ter feito um curso em São Petersburgo? É essa a credencial? Não. Ele dialogava com as profundas aspirações do povo russo. Se for um movimento que vem do fundo do povo está resolvido. Tem que saber discernir, claro: se é uma facção ultrarradical, vou pensar no que fazer. Mas se sai o povo todo na rua, está resolvido, não preciso julgar. Tenho que seguir. É o meu dever, se eu sou marxista, o meu dever é seguir.

OS GOVERNOS DE GETÚLIO VARGAS

Quem foi o nosso Bonaparte?

Foi Vargas, que exerceu um poder autoritário sobre a burguesia, apesar de ter mimado a burguesia do café –, pois proibiu os bancos de cobrar as dívidas por um ano e quando os cafeicultores não puderam pagar, as prorrogou por mais um ano, comprou o café, que queimou, deu um crédito de Estado para os cafeicultores e não deu leis trabalhistas para os trabalhadores rurais, só para os urbanos. Mesmo assim, a burguesia paulista, que era dona do Brasil, se revoltou em 1932, por causa da Constituição, que no fim apareceu em 1934. Não colou muito a Revolução Constitucionalista. Foi só São Paulo, era meio sem fundamento, mas tem o feriado de 9 de julho, que ninguém entende muito bem o que é. Os tenentes estavam em outra, estavam com Vargas. Não tinha chance, essa rebeldia era vazia. Mas sabe por que teve a rebeldia? Porque teve apoio da indústria, que não gostou das concessões aos trabalhadores. Por isso, a revolução aconteceu em São Paulo, que era quem podia mobilizar a população urbana.

Mas houve uma adesão do povo paulista?

Mobilização não. Não teve guerra civil fora da cidade de São Paulo. No estado não, mobilizou a capital. A guerra ficou em São Paulo e na cidade industrial gêmea de São Paulo, Sorocaba, que era cidade têxtil, em que se fez a aliança entre industrial e cafeicultor. Onde não tinha industrial não teve nada. Os industriais odiavam Vargas. Por quê? Por causa das leis trabalhistas urbanas, eles não foram mimados. Vargas tinha que dar alguma coisa para os tenentes, que eram a verdadeira força dele, militar e política. Mas ele mimou os cafeicultores e aconteceu a revolução paulista. A partir dali foi Bonaparte, ditador a partir de 1937, deu uma Constituição relativamente liberal e depois deu várias concessões aos trabalhadores, em suma.

A legislação trabalhista, a CLT de Vargas, é fortemente calcada na lei fascista italiana?

Não, a doutrina só. A *Carta del Lavoro* está baseada numa ideologia de corporações. Giovanni Gentile, o ideólogo de Mussolini, dizia que a sociedade deve estar baseada em corporações, que devem organizar os interesses sociais face ao Estado. Qual é a corporação do trabalho? A corporação que unia patrões e empregados, como as medievais. Mas Vargas não fez isso. Os ideólogos de Vargas tentaram, até os tenentes acreditavam muito no sistema das corporações, mas Vargas fez as organizações patronais e as sindicais separadas.

Mas, historicamente, há a vinculação entre a CLT e a *Carta del Lavoro*. A CLT era fascista, o sindicalismo que nasceu atrelado ao Estado.

Não, não. Atrelado ao Estado sim, mas que não funcionou no tempo de Vargas. No tempo de Vargas eles foram combativos, não se atrelaram. Os sindicatos resistiram ao atrelamento.

E foram reprimidos por Vargas.

Mas não é a aplicação da *Carta del Lavoro*. Vargas foi obrigado a adaptar e a adaptação significou praticamente a negação da *Carta del Lavoro*. Vargas fez concessões reais, porque a jornada de 8 horas não é brincadeira em um país como o Brasil. O salário-mínimo também não é brincadeira, é contestado por todos os economistas e grandemente contestado nos Estados Unidos. Roosevelt, presidente considerado revolucionário nos Estados Unidos, instituiu o salário-mínimo.[1] Uma coisa é o proletário lutar e não ganhar, outra coisa é o operário lutar

---

1 A primeira tentativa de estabelecer um salário-mínimo nacional nos Estados Unidos ocorreu em 1933, quando foi criado um piso de 0,25 dólar por hora, pelo Decreto de Recuperação da Indústria Nacional. Ao promulgar o decreto, o então presidente Franklin Delano Roosevelt

e ganhar. Ele não teve que derrubar Vargas, Vargas era um ditador e continuou ditador, não mudou a relação de forças, mas Vargas percebeu que não podia ser contra todo mundo. Qual era o seu apoio? Eram os tenentes e uma parte, quando ele deu o golpe de Estado, os fascistas. E de repente ele se viu numa situação que teve que se desfazer dos fascistas, foi um jogo de política, porque ele mandou prender o Plínio Salgado e os galinhas verdes. O que ele faria depois disso? Brigar com os tenentes e com os trabalhadores? Ele era louco? Não. Vargas era um jogador político esperto. Então, ele deu a jornada de 8 horas e, em 1940, o salário-mínimo. E o salário-mínimo era muito bom, baseado no cálculo feito por sindicalistas, um salário para sustentar uma família de quatro pessoas.

Ele fez o jogo político. Um presidente, um ditador ainda mais, precisa se apoiar em alguma classe, em algum setor social. O que ele tinha? A indústria paulista estava contra, os cafeicultores estavam contra, apesar de terem sido mimados – pois o café tinha passado para segundo plano na economia brasileira –, e com os integralistas ele estava brigado. Os estudantes eram democráticos e contra Vargas, influenciados pelo PCB, que também era contra ele. Então, fazer o quê? Brigar com todo mundo ao mesmo tempo? Ele foi obrigado a ceder, mas não pela força dos trabalhadores. Foi um jogo político. O trabalhador não precisou tomar de assalto o Palácio do Catete, juntar multidões na rua do Ouvidor.

Mesmo porque os trabalhadores não estavam reivindicando a CLT.

Não, espera aí, eles estavam. Os sindicatos estavam. Eles queriam garantias de suas conquistas. Então foi organizada a CLT e Vargas, espertamente, fez a consolidação das concessões que tinha feito anteriormente, de forma fragmentária, e concedeu.

Ele queria ficar no poder.

Ele precisava ficar no poder, foi um jogo político. Claro que não vamos menosprezar a luta dos trabalhadores. Ele não deu totalmente de graça, nada é

---

declarou: "Nenhum comércio que, para se manter, pratica um salário inferior ao mínimo necessário à vida tem o direito de existir neste país." Em 1935, a medida foi julgada inconstitucional pela Suprema Corte, mas foi reestabelecida em 1938, pelo Decreto de Parâmetros Justos de Trabalho, no mesmo valor de 0,25 dólar a hora.

de graça no jogo político. Mas é um jogo político. É diferente dos trabalhadores arrancarem uma conquista. Como arrancaram, por exemplo, na Europa; o Estado de bem-estar social foi arrancado. A burguesia estava no chão, depois da guerra, e os trabalhadores disseram: ou vocês entregam isso, ou é o comunismo. Eles estavam com as armas, tinham expulsado os alemães da França. Era só arrancar. No Brasil, não dá para dizer que os trabalhadores arrancaram de Vargas, agora dá para dizer que eles lutaram e, diante daquela luta, Vargas escolheu conceder aos trabalhadores e aos tenentes, e deixar os paulistas, um pouco, se roerem de raiva por um tempo. E tinha que perseguir os integralistas. Entre os alemães e os estadunidenses, imagina se ele escolhesse os alemães, precisava ser vantajoso economicamente para ficar do lado dos alemães. Economicamente, perdemos nos aliando aos estadunidenses.

Mas veio o empréstimo para a Companhia Siderúrgica Nacional.

Que perdemos, também. Esse empréstimo foi sob condições prejudiciais ao Brasil. Só perdemos para os estadunidenses. Deles, nunca ganhamos nada. Todo o negócio, todo o crédito, tudo foi para perder. Mas com os alemães, ganhamos. Era uma economia complementar à nossa, exportávamos algodão, café, couro e outras coisas.

Só para deixar a ideia clara sobre Vargas: ele deu o salário-mínimo e as 8 horas, mas, por outro lado, enquadrou, engessou e subordinou os sindicatos. É uma coisa justa?

Isso é independente, fazia parte do projeto.

Como assim?

Ele não aplicou a *Carta del Lavoro*, mas os sindicatos deviam estar estatizados. Isso é independente das concessões, fazia parte do projeto da ditadura de 1937. A estatização do sindicato não significava destruí-lo – nem Hitler fez isso –, mas sim atrelá-lo ao Estado. Mussolini era a corporação, Hitler era o atrelamento ao Estado. Na verdade, atrelamento ao partido nazista: o sindicato devia estar subordinado ao partido, a direção do sindicato devia ser nazista. Hitler só tinha que nomear.

CONTRADIÇÕES QUE MOVEM A HISTÓRIA 121

Será que aqui o processo não foi parecido?

Não, aqui não foi o nazismo, espera um pouquinho. Não, Vargas não nomeou, ele obrigou, tanto assim que eles resistiram. Tinham uma ideologia contra o atrelamento ao Estado, foi uma luta, e nessa luta os operários perderam. Por quê? Porque é mais cômodo e, de repente, é inviável não aceitar. Por que é inviável? Porque na hora da negociação, o patrão não te reconhece, e você faz o quê?

Você tem a força, não precisa ser reconhecido pelo patrão para fazer greve.

Mas, então, precisa estar todo mundo na rua, ao mesmo tempo, o que complica um pouco. Conseguem? Nem sempre. Depende do sindicato, do momento, do apoio da população.

Fizeram isso no Brasil, nas greves do ABC paulista.

Claro, claro, se o sindicato tem a massa toda do lado, ele impõe. Mas isso se consegue ou não se consegue. E na hora que não se consegue?

Mas por outro lado você tem o sindicato que, sem ser reconhecido pela classe, sem ser reconhecido pelos representados, estabelece um acordo e impõe goela abaixo.

Sim, é o que aconteceu. Só que os operários conseguiram bons aumentos. A alternativa seria dizer que eu não quero um aumento, porque eu não quero o sindicato atrelado.

Mas foi o processo de detonar o sindicato. Por isso, digo que Vargas deu com uma mão e tirou com a outra.

Mas é o processo. Esse é o projeto do Estado de 1937, do Estado Novo, não tem nada a ver com as concessões. As concessões têm a ver com o jogo político posterior. Vargas, primeiro, resolveu comprar uma briga com os trabalhadores, para impor o sindicato atrelado. Depois, ele fez concessões. Evidente que combinando concessões com a estrutura, funcionou o sindicato atrelado. As duas coisas se combinaram. Mas para Vargas era questão de dependência, o Estado Novo tinha que ter sindicatos atrelados, senão não seria o Estado Novo.

Foi impositivo: tem que ser o sindicato atrelado. O que os sindicatos fizeram? Resistiram. E só aceitaram depois, porque as concessões eram reais e não conseguiam trazer os proletários para a rua, para rejeitar as concessões que o sindicato atrelado conseguia.

Nada na CLT beneficiava o campo.

Mas o sindicato atrelado vem daí e as concessões vieram nesse jogo político. As coisas evidentemente se combinaram, como não poderia deixar de ser. A história funciona assim, meio improvisadamente, atabalhoadamente, surpreendentemente, ela vai funcionando assim.

Voltando ao fio da meada, Vargas foi autoritário perante a burguesia e se apoiou nos trabalhadores, para o que precisou fazer concessões, apesar de ter que comprar uma briga para impor o sindicato atrelado. E nesse sentido foi um Bonaparte, foi um dirigente burguês de crise da burguesia, quando o Estado acentuou seu caráter original bonapartista, de órgão que se coloca acima das classes sociais, e se colocou como órgão autoritário face à própria classe dominante. Razão pela qual o PCB deixou de ser reprimido com o grau de intensidade com que era nos primeiros anos do Estado Novo. Diminuiu a repressão. Depois vem o fim da guerra e chega o momento em que Vargas tem que sair do poder, este era o fio da meada que eu queria pegar. Ele é obrigado a sair e os sindicatos se mobilizam a seu favor, não por serem atrelados, mas porque o queriam mesmo. Mal ou bem, era o homem das suas conquistas. E ele saiu, mas antes criou dois partidos: o PSD [Partido Social Democrático] e o PTB [Partido Trabalhista Brasileiro], um da burguesia e outro dos trabalhadores, assim como tinha criado duas organizações, uma patronal e outra sindical dos trabalhadores. O PSD não funcionou muito bem, porque a burguesia brasileira é fragmentada. Nas regiões urbanas e industrializadas surgiu a UDN [União Democrática Nacional], e no Nordeste, o PSD se dividiu em facções irreconciliáveis. Mas o PTB passou a ser representativo dos trabalhadores brasileiros. Por quê? Porque o PCB acatou, não houve resistência. A resistência poderia vir do PCB, mas não veio. Ficou o PTB como representativo dos trabalhadores.

No tempo em que comecei minha carreira política, no centro acadêmico, na tarefa de assessor sindical, ia discutir com os trabalhadores e perguntava:

"Vocês integram algum partido político?" Respondiam: "Não". "Vocês pretendem aderir?" "Olha, se tivéssemos que aderir, seria ao PTB". "Por quê?" "Porque o PTB é o partido dos trabalhadores", eles me respondiam naturalmente. É o partido que nos representa, era a resposta mais comum. Então, pessoas que nunca tinham feito política diziam: no tempo do Vargas só melhorou. Então o PTB era o partido deles, mas é burguês, criado por Vargas.

Aqui no Rio Grande do Sul?

Não, no Brasil inteiro. Aqui era mais forte, mas tinha presença nacional. No Nordeste era menos forte, tinha menos indústria e tinha mais autoridade dos coronéis. Em São Paulo, o PTB era muito forte e tinha uma espécie de sociedade com o PCB. O PCB era sustentado pelo PTB, em São Paulo principalmente. Então, o que aconteceu? Errei quando de minhas primeiras apreciações sobre o PT. Cheguei a dizer que o PT não tinha saída, que era um partido que a burguesia não poderia aceitar, porque tinha um fundo de autenticidade de representação dos trabalhadores. E a burguesia não poderia aceitar uma representação autêntica dos trabalhadores, só uma representação falsa. Esse rumo no qual transita o Partido dos Trabalhadores, de partido operário para partido burguês, não é o caminho da social-democracia, que faz concessões tentando salvar o Estado de bem-estar social, é o trânsito que eu dizia ser inviável. Depois, matutando, lendo a história do Brasil, pensando bem, não é tão inevitável assim, porque tem um lugar que a burguesia escolheu para o PT, o lugar do PTB. E por que ela escolheu esse lugar do PTB? Porque a burguesia não tem condições de impor diretamente aquilo que precisa aos trabalhadores. Precisa de uma representação dos trabalhadores para impor aquilo que não tem força política para impor. Que lugar é esse? É o lugar do PTB. Tem um lugar escolhido pela burguesia, é o espaço que ele está ocupando. Significa que tem um PT originário e um PT que transita. Esse PT que transita tem um lugar para se tornar um partido burguês. Eu achava que não tinha, me enganei, porque a burguesia abriu esse espaço. Hoje em dia, o PT é um partido querido pela burguesia e por uma parte importante da classe média.

A REVOLUÇÃO DE 1959 FOI A VERDADEIRA INDEPENDÊNCIA DE CUBA

Qual o impacto da Revolução Cubana no Brasil? Que transformações provocou na esquerda brasileira e como influenciou o processo político posterior ao golpe militar de 1964?

Cuba não chegou a ter uma verdadeira independência. Tem um processo histórico um pouco particular em relação ao resto da América. Eu não vou levar em conta as Pequenas Antilhas, mas Cuba, teoricamente, teve uma independência patrocinada pelos Estados Unidos, a partir da guerra de 1898 com a Espanha. Foi uma falsa independência, porque o controle estadunidense da política cubana foi total. O econômico também. Havana era o lugar onde os empresários estadunidenses passavam o fim de semana, daí o grande desenvolvimento de atividades de lazer noturno, como boates e cassinos; a música cubana se beneficiou disso, como podemos ver nesses filmes que apareceram recentemente, gente legal, muito fina. De certa maneira, a Revolução Cubana cumpriu a tarefa da independência e durante certo tempo buscou apenas fazer de Cuba um país soberano. Depois, foi um pouco acuada e teve que optar entre o bloco soviético e o capitalista. Isso é a Revolução Cubana, uma revolução profunda, que vem do processo histórico, que também é o da independência, e que foi frustrado pela independência de 1898. É uma revolução profunda que se tornou um emblema, a mesma revolução que estava faltando em todo o continente latino-americano, pela verdadeira independência.

Fidel Castro fez a verdadeira independência de Cuba. Ele pode não ter feito o socialismo, mas a verdadeira independência ele fez. Levou até as últimas consequências o processo histórico que em toda a América Latina foi cortado. Um geógrafo diz que Fidel Castro fracassou e continuaria fracassando se, casualmente, depois do naufrágio, não tivesse sido abrigado por camponeses.[1] Diz que o problema das terras não estava resolvido, era um setor em que as coisas estavam pendentes, e os guerrilheiros resolveram levar adiante a luta dos camponeses. Antes disso, os guerrilheiros não tinham relação com o movimento camponês, eram mais urbanos. A ligação com o movimento rural, com o movimento dos camponeses indignados com a injustiça territorial foi estabelecida na própria Sierra Maestra. Aí a Revolução Cubana encontrou suas raízes, aquelas da independência não feita, que são as mesmas que foram cortadas de todos os países latino-americanos. Uma revolução autêntica, profunda, uma coisa grandiosa.

Então, seja qual for o caminho, os rumos que tenha tido a Revolução Cubana, não há como diminuir essa revolução pelo fato de que, em certo momento, acuada pelo imperialismo ali em frente, tenha feito a opção de aderir ao bloco soviético. Não se deve condenar por isso. Acho que foi errado, mas não sei se as ameaças não seriam, talvez, muito grandes. O Yves Lacoste[2] acha que

---

1 Referência ao desembarque (ou naufrágio, como preferia Che Guevara) do grupo liderado por Fidel Castro na costa cubana, em 2 de dezembro de 1956. A expedição saiu do México, onde Fidel estava exilado, no iate *Granma* (gíria para avó, em inglês). O iate, velho e em mau estado, tinha capacidade para 25 pessoas, mas fez a travessia de cerca de 2 mil quilômetros com 82 guerrilheiros, 2 canhões, 35 fuzis com mira telescópica, 55 fuzis de assalto Mendoza, 3 metralhadoras Thompson, 50 pistolas e munições. O *Granma* chegou a Cuba, mas encalhou numa área de mangue, perto da praia Las Coloradas, o que obrigou o grupo a desembarcar lá mesmo. Nos dias seguintes, forças do ditador Fulgencio Batista – que já sabia da expedição – atacaram os guerrilheiros, matando ou prendendo a maioria e dispersando os demais. Só no fim do mês Fidel, Guevara e 18 companheiros conseguiram refúgio na Sierra Maestra, onde foram acolhidos por camponeses. Foi esse pequeno grupo, aumentado pela adesão de camponeses locais, que deu origem à guerrilha que derrubou Batista em 1º de janeiro de 1959.

2 Yves Lacoste (1929-), geógrafo e geopolítico francês. Lançou, em 1970, a revista *Hérodote*, dedicada a análises da geopolítica mundial. Contribuiu com obras críticas e inovadoras, como *La Géographie, Ça Sert, d'Abord, à Faire la Guerre* (*A Geografia: Isso Serve, em Primeiro Lugar, para Fazer a Guerra*, Editora Papirus, 1997).

eles poderiam se sustentar sem aderir ao bloco soviético. O René Dumont[3] acha que eles cometeram erros na agricultura, poderiam se ligar à Europa e, se não tivessem aderido ao bloco soviético, a Europa os apoiaria. No livro *Cuba Est-il Socialiste?* – todos que se interessam pelo estudo da Revolução Cubana têm que ler –, Dumont dizia que os cubanos poderiam oferecer "produits moins chers", como hortaliças, tomates, frutas de contraestação para a Europa e podiam ter o apoio europeu, mas tinham que permitir a pequena propriedade e largar mão daquela obsessão pela cana-de-açúcar. Mas foram vender cana para a União Soviética, em vez de para os Estados Unidos. Então, Cuba não saiu do lugar, a economia caracteristicamente colonial de Cuba era a cana, tinha que sair daquilo para se transformar em país soberano. Foi uma escolha que os cubanos fizeram, acharam que precisavam de uma garantia de sobrevivência e não podiam ficar neutros entre os dois campos, tendo ali em frente os Estados Unidos. Não vamos condenar. Isso levou a outra série de erros, à não diversificação da agricultura, por exemplo. Foi um prejuízo para a Revolução Cubana. Mas a gente tem que respeitar e continuar apoiando.

Agora estão introduzindo medidas de retorno ao capitalismo, pesadas mesmo: demissões de 800 mil funcionários, o que significa uma guinada mais forte. Mas, mesmo assim, é uma Cuba independente que está voltando ao capitalismo, não é aquela Cuba pré-revolução. Tem que ter isso na cabeça: vai voltar ao capitalismo? E daí? É uma lástima. Ficou provado que o caminho soviético para o socialismo não funciona e Cuba está pagando o "pedágio do retorno ao pior dos mundos". Mas é um país soberano que está pagando o pedágio e o povo cubano está sofrendo, mas é um país soberano. Eu me abstenho de falar mal de Cuba. Por mais que eu condene esse retorno. O que eu vou dizer para os cubanos? O Estado diz que não pode mais pagar os funcionários, e aí? Ele vai inventar uma economia que não existe?

---

3   René Dumont (1904-2001), engenheiro agrônomo francês, foi um dos precursores do movimento ambientalista mundial e especializado em questões de agricultura no chamado Terceiro Mundo. Produziu dois livros sobre Cuba, ambos pela editora Le Seuil: *Cuba, Socialisme et Développement*, em 1964 (*Cuba, Socialismo e Desenvolvimento*, Edusp, 1969) e *Cuba Est-il Socialiste?* (Cuba é socialista?), em 1970.

A decisão do Congresso cubano foi de não demitir. Deliberou que isso poderá ser feito daqui a 5 anos, mas não quer dizer que o fará. Os planos foram rechaçados pela população.

Sim, foram rechaçados, mas como é que funciona? É a mesma coisa da União Soviética, ninguém queria sair do sistema, mas de repente não tinha mais como. A economia estava regredindo. Tinha que pagar um salário que correspondesse a certa cesta de mercadorias, mas as mercadorias não existiam mais. E daí, faz o quê? Acontece que foi uma opção do modelo soviético, foi uma opção errada. Mas é um país soberano que está fazendo essa opção. Está enfrentando as consequências de uma escolha errada. O povo, claro, se manifesta, mas na prática ele não tem como impedir. O povo se manifesta, acho muito bom que se manifeste, isso significará que será forçado um debate em Cuba e existirá vida política, mesmo contra o beneplácito dos hierarcas do Estado. É um processo nacional, não é um processo comandado pelo império estadunidense. Temos que levar em conta isso, respeitar e apoiar o que pode ser apoiado: a manifestação do povo e todas as coisas que podem ser apoiadas, apoiaremos. Vamos ver. Apesar de sabermos que não tem como inventar o socialismo a partir da miséria, Marx seria contra, mas vamos apoiar o que o povo disser. O povo pode estar errado, mas nós vamos apoiá-lo. E o povo cubano está abrindo possibilidades de se manifestar enquanto povo cubano, que não está acapachado como o do Brasil. Não dá para dizer que temos uma democracia e que em Cuba há uma ditadura. Acho muito relativo isso. Cuba não tem o tipo de instituição de consultas eleitorais, mas relativizo isso. Claro, se tiver que escolher, acho que é melhor ter eleições do que não ter, mas lá tem, de certa maneira, de outro jeito. O problema é o partido único, não as instituições cubanas.

Vamos concluir essa parte, não está na nossa pauta a Revolução Cubana. Achei importante fazer um parêntese para explicar por que ela teve o papel que teve na América Latina. Quanto aos desenvolvimentos posteriores, o fundamental é que aquilo era inviável e, portanto, há um processo de retorno às relações econômicas capitalistas. O que digo é que tem que defender a Revolução Cubana, porque é uma revolução, a única, em que um povo latino-americano conseguiu soberania. Então tem que defender, ponto. Agora, eu não vou ser a favor do retorno ao capitalismo, mas também não vou dizer o que fazer além

CONTRADIÇÕES QUE MOVEM A HISTÓRIA **129**

do retorno ao capitalismo. Não sei, o povo cubano ainda não disse, então não vou dizer à frente do povo cubano. Não vou me adiantar ao povo cubano, vou deixar o povo dizer e vou apoiar o que ele disser. Mas enquanto isso vou defender a soberania do povo cubano, que é uma conquista que nós não tivemos, que ninguém teve na América Latina.

A União Soviética, a Rússia, voltou ao capitalismo, e agora Cuba pode voltar ao capitalismo. Essa é uma decisão do povo cubano?

Algumas relações capitalistas estão sendo estabelecidas por razões de urgência, não tem como sustentar todo aquele aparelho de benefícios que eram dados ao povo cubano, e alguns desses benefícios estão sendo retirados. Acho muito relevante o fato de que Cuba não está voltando à moda soviética, porque ali o processo foi comandado pela burocracia por cima da cabeça das massas. A revolução já estava morta na União Soviética. Não está morta em Cuba. Nós temos que ter isso presente, a revolução não está morta em Cuba. Então o retorno ao capitalismo sofre resistências, que vão gerar uma revitalização da política. Essa revitalização da política vai fazer com que o povo cubano se pronuncie.

Só um pequeno parêntese sobre a questão do partido único: não era o programa bolchevique. Quando foram dissolvidas as correntes, os partidos e a imprensa não bolchevique, Lenin disse que seria por um prazo de 15 anos. Não achava que fazia parte do programa marxista, temos que fazer essa ressalva. Mas Lenin achou que, por certo período, talvez em função da guerra, do perigo de agressão externa, cabia. Mas do ponto de vista marxista, não dá para dizer que é o modo natural de dirigir a política num Estado em transição para o socialismo, isso não podemos conceder.

O importante é isso: o que o povo cubano vai dizer como programa alternativo a essas medidas que são de retorno às relações capitalistas? Vamos ver. Não vou me adiantar, vou observar. Vou apoiar a Revolução Cubana na sua resistência ao imperialismo estadunidense e vou aguardar os acontecimentos para apoiar quando o povo se manifestar. Historicamente, uma revolução dessa grandiosidade não podia deixar de repercutir na América Latina. Como não podia deixar de repercutir a dissidência dentro dos aparelhos dos partidos stalinistas latino-americanos, que se deu de uma maneira ineficaz. Basta ver a trajetória de Guevara na Bolívia,[4] para ver a extrema ineficácia do movimento que ele tentou organizar. A Bolívia, para onde foi Guevara após deixar Havana, não era um país onde o povo estava alçado, como em Cuba. O povo estava simplesmente parado. Os pontos de apoio que ele teve foram nulos. O PC boliviano não apoiou, sumiu da área, pelo que eu li da história da trajetória do Che na Bolívia. E ele ficou com um bando de guerrilheiros ali, rodando por aquelas selvas bolivianas sem ter nenhum apoio da população. Os laços que Che Guevara estabeleceu foram com essa gente, que o abandonou, sumiu. O PC boliviano disse que tinha coisas importantes a fazer em La Paz e sumiu da área. O único representante do PC que ficou por lá foi aquela moça da Stasi, da polícia secreta alemã-oriental, que era de origem argentina, falava castelhano fluentemente e ficou lá com ele. Aquela mulher era da Stasi, que era um ramo da KGB. Ele ficou isolado. A Bolívia era muito mais pobre que o Peru, era o arrabalde do Império Inca, só podia ser mais pobre mesmo. Mas a repercussão da passagem de Guevara por lá foi enorme. O problema foi que o modelo de insurreição foi transplantado de Cuba sem as condições oferecidas pela sociedade cubana.

No Brasil, só podia virar guerrilha urbana, a guerrilha rural não funcionou, como a do PC do B no Araguaia. Em suma, nada que funcionasse. Na Argentina havia os montoneros,[5] que eram peronistas ainda por cima, e adoradores de Guevara. Então não deu certo. Mas era inevitável. Eu não julgo isso. Naquela

---

4   Em setembro de 1966, Che Guevara foi para a Bolívia com a intenção de organizar uma campanha guerrilheira. Não obteve apoio do Partido Comunista da Bolívia, que apenas permitiu que alguns de seus membros o ajudassem na preparação. Guevara iniciou as operações numa das zonas mais isoladas do país, 250 quilômetros ao sul de Santa Cruz de la Sierra, com baixo contingente populacional e nenhuma tradição de luta. Seu grupo se denominava Exército de Libertação Nacional (ELN) e no seu auge contava com 29 bolivianos e 18 cubanos. O fracasso se evidenciou a partir do pequeno apoio obtido dos camponeses, que tinham sido beneficiados com a reforma agrária promulgada durante a revolução de 1953. Isolada, a ELN combateu contra 1.500 soldados do Exército boliviano e em 8 de outubro de 1967 seus integrantes foram capturados. Guevara foi torturado e assassinado no dia seguinte por um agente da CIA agregado ao Exército boliviano.

5   Os montoneros foram um movimento anti-imperialista de guerrilha urbana, atuante na Argentina entre 1970 e 1979. Propunha a volta ao poder de Juan Domingos Perón (1895-1974) e exigia a realização de eleições democráticas. Era influenciado pela Teologia da Libertação, pela Revolução Cubana e pelo nacionalismo de esquerda. Seus integrantes foram perseguidos com ferocidade pela ditadura instalada na Argentina a partir de 1976.

época, queriam que o nosso movimento trotskista entrasse na guerrilha, e eu disse: "Não, se entrar, estou fora; eu saio, vocês me demitam da direção e vocês continuam. Vou cuidar da minha vida, vou aguardar melhores dias. Vou ser professor aqui em Porto Alegre. Vocês façam o que vocês quiserem, eu estou fora". Eu não acreditava. Transplantar a guerrilha cubana, que representava um processo social real, transportar para o Brasil, onde não teve nenhum embrião daquele processo – já estava morto aquele processo, porque estávamos em pleno desenvolvimento da industrialização sob a ditadura, que criou 12 milhões de novos empregos. Nós vamos fazer guerrilha? Isso não tinha em Cuba na época do Batista. Mas o movimento que surgiu de apoio à Revolução Cubana e de tradução disso para a organização do movimento guerrilheiro era inevitável. Essa emulação, admiração por Cuba, a vontade de querer imitar, como vamos querer frear uma juventude que se apaixona por essas coisas? Eram todas pessoas autênticas, não tinha nenhum burocrata ali. Eu conhecia a gurizada. Aliás, uns eram apelidados de "Brancaleone",[6] era uma coisa idealista. Mas ficou um negócio urbano, mirrado, facilmente desbaratado pela ditadura. Como na Argentina não teve um processo econômico tão pujante quanto o brasileiro, o movimento cresceu mais e conseguiu adeptos dentro da frustração do peronismo. E o massacre foi maior. Aqui, foi uma coisa de dimensões mais reduzidas. Mas era inevitável, vamos reconhecer. Vamos nos colocar na nossa humildade. Há fenômenos sociais que simplesmente acontecem. Eu não vou aderir à guerrilha, tudo bem. É uma opção pessoal. Mas não posso condenar os que aderiram diante do fato de ter ocorrido na América Latina um fenômeno da grandiosidade da Revolução Cubana.

Mas uma análise marxista aplicada à América Latina teria que mostrar, à época, que se a perspectiva de libertação nacional não estava colocada para as massas, não tinha por que participar da luta armada.

Você está dizendo aquilo que eu dizia na época. Eu me lembro de uma ocasião em que argumentei com o Vladimir Palmeira. Eu dizia que a Revolução Cubana provava que chegou o momento de os brasileiros se alçarem. Eu era contra a guerrilha, mas eu achava que tinha que fazer um amplo movimento de

---

6   Vito Letizia se refere ao filme *O Incrível Exército de Brancaleone*, de 1966, dirigido pelo italiano Mario Monicelli (1915-2010).

propaganda que fizesse com que o povo brasileiro se alçasse. Não a guerrilha, o foco, como eles diziam. E o Vladimir veio para mim com a resposta: "Não adianta querer chocar um ovo de pedra. As condições do Brasil não permitem que haja esse movimento. Logo, o ovo tem que ser posto por uma galinha, para que possa ser chocado. Botar uma pedra debaixo de uma galinha não adianta". Essa foi a parábola do Vladimir Palmeira. Eu dizia: "Tudo bem, as condições não estão maduras no Brasil, mas há uma reação à Revolução Cubana, vamos na crista dessa onda, vamos fazer uma propaganda de que o Brasil também tem direito de fazer uma revolução, não é só Cuba. Simplesmente isso. E retomar aquelas bandeiras. Não vamos fazer grande sucesso, talvez, mas algo vamos fazer. É a nossa obrigação, já que nos achamos marxistas e revolucionários". Então, eu dizia mais ou menos o que você diz. Só que, como as condições eram diferentes, os ritmos seriam diferentes. Vamos ter paciência e vamos acompanhar os ritmos. Simplesmente isso. Mas claro que havia uma comoção na juventude brasileira e entre alguns intelectuais. Essa comoção significava alguma coisa e não há por que não tentarmos empurrar isso para a frente, ponto. Isso bastava. Eu era de um grupo trotskista minúsculo, vou me defrontar com o grande Vladimir Palmeira, líder do Rio de Janeiro? Eu ouvi, fiquei quieto. É um debate que não dá para resolver. Bate-boca não resolve debates que são dados pelo processo social. Eu sabia que não ia convencer o Vladimir Palmeira e todos os que estavam ali presentes, a maioria era dele, não era os nossos. Então ouvi, fui voto vencido, está encerrado o assunto.

De alguma forma houve certa dispersão cultural na esquerda, ela se amplificou bastante a partir desses movimentos. O que isso representou para o stalinismo, então hegemônico entre as esquerdas?

Acho que foi um golpe no stalinismo. Cuba já foi um golpe no stalinismo, apesar de o país ter aderido ao bloco soviético. Pode se observar que Cuba não retornou ao capitalismo, acho que é parcial ainda. Mas, em todo caso, não está tomando medidas de retorno ao capitalismo da mesma maneira como fizeram na União Soviética, instaurando um capitalismo selvagem, sob o comando brutal da burocracia. Em Cuba não dá para dizer que esteja acontecendo isso.

1964 E A DITADURA MILITAR

Qual a importância da responsabilidade dos militares na gestão dos negócios de Estado, com a participação de setores da sociedade civil?

Em um país onde não há soberania nacional, as forças militares tendem a desenvolver um papel predominante para a repressão interna. Mas isso não se dá de maneira orgânica, necessariamente. Por exemplo, os Estados Unidos impuseram a criação de guardas nacionais na América Central, que eram falsos exércitos, exércitos policiais. Agora conseguiram impor no Brasil também. O fato fundamental é que, nos países que não têm soberania nacional, o Exército é tanto mais apartado do povo quanto mais está desenvolvido. Estando apartado do povo, ele adquire certa autonomia dentro do próprio aparelho de Estado. Isso é típico de países onde o povo não tem voz. Como a repressão se torna uma coisa absolutamente urgente, premente e constante, o papel do Exército se torna primordial. O Exército, ainda por cima, pelo fato de a soberania nacional ter sido negada, é escolado, formado pelas escolas dos Estados Unidos. Por exemplo, veio à minha casa, certa vez, um senhor que é técnico em eletrônica, para configurar o nosso computador, e ele disse que o pai dele não era almirante, era um posto abaixo de almirante porque não fez um curso nos Estados Unidos. Ou seja, o curso nos Estados Unidos é parte da carreira. Num assunto como a guerra, não poderia ser assim. Isso significa uma abdicação de soberania. No Império foram adotadas as regras do conde de Lippe[1] sobre disciplina militar, mas não mandaram os nossos oficiais estudarem na Alemanha, nem condicionaram promoção a ser aprovado na Alemanha. Falta de soberania total. Outro exemplo: a nossa polícia é financiada pelo governo estadunidense, sob a condição de reprimir o que eles chamam de tráfico de drogas, que na realidade é repressão às favelas.

Em qualquer virada política, em países onde não há soberania nacional, são as forças armadas que decidem. Num país como os Estados Unidos, apesar de todo o aleijume, o general MacArthur, herói da 2ª Guerra Mundial, foi demitido pelo presidente, sem que houvesse nenhuma comoção. Sem maiores incômodos. Aqui existe uma separação entre o aparelho militar e o aparelho civil, e o aparelho militar tem certa autonomia. Isso é característico dos países latino-americanos e dá origem aos *pronunciamientos,*[2] aquelas coisas que são típicas da América Latina. Faz parte da revolução que não foi feita, do movimento frustrado das independências nacionais. No Brasil, o golpe militar foi apoiado por uma parte significativa da classe média porque suas vozes, suas reivindicações eram inaudíveis para os chamados representantes do proletariado, que não representavam mesmo, e faziam uma tradução errada do movimento de massas. Se fizessem a tradução certa, poderiam ser ouvidos pela classe media, mas fizeram a tradução errada. Os tenentes fizeram uma tradução melhor e tiveram apoio popular. Mas o PCB não fez uma tradução correta daquele movimento de massas. Do ponto de vista da classe média, era baderna, não tinha como se comunicar. "Ah, o proletariado no poder... Mas como? É a Rússia?" Eles traduziram assim: "Então é a Rússia? O Brasil tem de seguir o caminho da Rússia?" É o que dizia a classe média. A Rússia

---

1 O conde Guilherme de Schaumburg-Lippe (1724-1777) foi um estrategista militar e político alemão que esteve a serviço do Exército português, o qual reorganizou e comandou durante a Guerra Fantástica (1762), contra uma coligação franco-espanhola. Lippe é conhecido por sua contribuição teórica para as ciências militares, em particular a teoria da organização e administração do Exército.

2 O *pronunciamiento* é uma forma de rebelião ou golpe militar característica dos países hispânicos no século 19. Num golpe de Estado convencional, as Forças Armadas, ou uma facção delas, assume o controle pela força das armas, num movimento repentino e organizado secretamente. Em um *pronunciamiento*, um grupo de oficiais declara publicamente sua oposição ao governo e espera que o resto das Forças Armadas se posicione. Não há luta armada. Se a rebelião não tem apoio, os organizadores perdem. Se a maior parte das Forças Armadas se declaram a favor, o governo renuncia.

fracassou e vocês estão fazendo o quê? Não tinha fracassado ainda, mas estava nos caminhos de fracasso. Já tinha aquelas reformas liberalizantes que estavam programando na União Soviética, aqueles planos malucos de Nikita Kruschev; foi salvar a economia soviética e no fim afundou mais ainda.

Portanto, houve um estranhamento de uma parte da população brasileira em relação a essa tradução. Quero deixar claro, o estranhamento por parte da população brasileira se deu em relação a essa tradução, não em relação ao movimento, porque o movimento popular, quando é autêntico, arrasta uma parte da elite. Inevitavelmente, se é autêntico, ele arrasta. A não ser que seja estritamente rural, tipo Canudos, que as cidades não entendem muito bem, que vem de um fundo muito longínquo do povo brasileiro. Mas, se é um movimento urbano, comove, é direto, todo mundo está junto, não tem como fugir. Como aconteceu nos anos 1930, estava todo mundo discutindo política. Nos anos 1950, já não mais. Tinha gente que achava que era baderna. E o PCB não tinha nada de plausível a apontar, usava um linguajar caricato, um linguajar de militante profissional. Não era a nossa revolução, era a revolução da Rússia.

A única vez em que me reuni com Lula, ele disse: "O pessoal aqui, parece que é todo mundo russo. Ficam falando de sovietes, não sei o que, mas aqui é o Brasil, é outro lugar". E ele tinha razão. Lula não é a classe média. Ele não fez isso de má-fé, porque queria pisotear os trotskistas. Ele sabia que eu era trotskista. Acredito que foi realmente uma reação espontânea dele, que não foi dirigida particularmente a mim, mas dirigida também ao [Luiz] Gushiken, que ele sabia que estava metido com os trotskistas.

No pós-guerra, o que queriam os estadunidenses e os europeus no Brasil? Eles queriam uma sociedade estável, relações de classe estáveis que permitissem investimentos de longo prazo. Eram benéficos para nossa economia. Pela primeira vez, as potências imperialistas queriam que o Brasil se industrializasse. A burguesia pulou: "É isso o que nós queremos". Eram industrialistas, nunca foram nacionalistas, nunca. Estava feito. A classe média teve esse problema de tradução. E a burguesia estava louca de contente. Não teve dissidência. Estava todo mundo querendo entrar naquele grande negócio que era proposto pelas potências imperiais do passado. Aos militares coube criar as condições necessárias para realizar o sonho de todo mundo.

E os stalinistas estavam na seguinte posição: procurar desenvolver a luta dos trabalhadores dentro de certos limites que não subvertessem a ordem capitalista, porque, naquele momento, já não tinham intenções de intentona, era outra época, era o pós-guerra e a Rússia não estava mais pressionada pela Alemanha nazista. Então, tratava-se, para o PCB, de manter as relações, ou seja, ter um proletariado pró-russo no Brasil, mas não um país socialista nas nossas costas. Já estava difícil sustentar a Revolução Cubana, imagina se meter numa guerra com os Estados Unidos. Eles queriam sossego. No limite, acalentavam a ideia de o Brasil entrar na ordem soviética, mas sabiam que isso não ia ser grátis, os estadunidenses não iam deixar. Na realidade, o PCB estava na posição conservadora de impedir que o processo popular fosse às últimas consequências. Portanto, não era um movimento populista, era um movimento de contenção do movimento popular. Quem fazia a política do Jango eram os soviéticos. Aliás, o Carlos Marighella[3] dizia isso: "Nós já estamos no poder. O verdadeiro gabinete do Jango somos nós". Eles circulavam nos corredores de Brasília com grande desenvoltura. Foi admirável o fato de Marighella, depois, ter abdicado de todos esses poderes para arriscar a vida numa guerrilha inviável. Ele rompeu com o PCB, arrastado pela força da Revolução Cubana. O PCB estava em uma posição conservadora, de não deixar o movimento popular ultrapassar certos limites. Estava acoplado ao Jango, mas Jango estava surfando em uma onda na qual ele não acreditava, tanto assim que ele não quis assumir. Quem acreditava era um provinciano como o [Leonel] Brizola, que depois, quando perdeu, foi para o Uruguai e sumiu do mapa. Nunca mais voltou

---

3   Carlos Marighella (1911-1969) foi líder do PCB desde meados dos anos 30 até 1966. Durante o período Vargas, foi preso e torturado em 1936, passou para a clandestinidade, e voltou a ser preso em 1939. Saiu da prisão em 1945, beneficiado pela anistia, e no ano seguinte elegeu-se deputado federal constituinte pelo PCB baiano. Em 1948, com nova proscrição do PCB, perdeu o mandato e voltou para a clandestinidade. Logo depois do golpe militar de 1964, Marighella passou mais um ano preso. Em 1966, optou pela luta armada contra a ditadura, escrevendo *A Crise Brasileira*, e em dezembro renunciou à direção do PCB. Em 1967, participou da I Conferência da Organização Latino-Americana de Solidariedade, em Cuba, contra a orientação do PCB, que acabou por expulsá-lo. Em Havana, redigiu *Algumas Questões sobre a Guerrilha no Brasil*, dedicado à memória de Che Guevara. Em fevereiro de 1968, Marighella fundou o grupo armado Ação Libertadora Nacional (ALN). Foi assassinado por agentes do Dops em São Paulo. Sua obra política foi reunida em livro (*Escritos de Marighella no PCB*, Instituto Caio Prado, 2013). Uma versão mais antiga pode ser baixada em www.marxists.org/portugues/marighella.

às posições anteriores. Quando ele retornou ao Brasil, em 1979, veio com outra cabeça. É outro Brizola depois da ditadura.

Um movimento populista assumiria as reivindicações populares. Na realidade, era um movimento que punha um programa na frente do movimento popular para impedir que fosse além, de contenção. Tanto no caso do Jango, como no do PCB, que antecipava esse processo todo. Não era sequer um movimento bonapartista, porque não pretendia ser árbitro da burguesia, como diziam os trotskistas da época. Na realidade, não era sequer um movimento: Jango foi o epílogo do varguismo, que era um movimento industrialista, assumido pelo Estado brasileiro. Portanto, não foi um regime bonapartista dentro daquelas análises de Marx.[4] Jango não arbitrou nada, como Napoleão III arbitrou na França. Então são análises que foram buscar em Marx; os sofistas tinham essa preocupação, dizendo: "Populismo não é um tema do marxismo, então vamos usar o bonapartismo". Mas não era sequer bonapartismo.

Por ser um epílogo do movimento industrialista, sem nenhuma consistência de conteúdo histórico da luta da burguesia brasileira pelo industrialismo – porque a essa altura já vinha de mão beijada –, não tinha mais luta necessária, não precisava mais de povo para lutar. Antes precisava do povo, depois não precisava mais. Por isso que digo que é o epílogo, e a burguesia estava longe de Jango. O esquema militar – que Jango considerava sólido e sob seu controle – resolveu dizer: "Olha, Jango, passou o tempo. Agora é cair fora", pronto. Acabou. Estava anulado. Bom, ele podia ter virado rei. Ele foi à sacada do Palácio Piratininga, em Porto Alegre, foi ver a multidão que foi apoiá-lo. Mas, se ele resistisse, seria o quê? A guerra civil. O Jango ia se meter na guerra civil em nome do quê? Do programa do Partido Comunista? De colocar o Brasil na órbita de influência soviética? Bobagem, ele não era louco. Louco era o Brizola, naquele momento. Depois fugiu para o Uruguai e aprendeu que estava fora da realidade. Mas foi bonito aquele movimento da

---

4   Vito Letizia se refere ao livro *O 18 Brumário de Luís Bonaparte* (Boitempo Editorial, 2011), sobre o processo que levou da Revolução de 1848 para o golpe de Estado de 1851 na França. Escrito por Karl Marx entre dezembro de 1851 e fevereiro de 1852, o livro desenvolve o debate sobre o papel da luta de classes como força motriz da história e aprofunda a teoria do Estado. Marx demonstra que as revoluções burguesas apenas aperfeiçoam as instituições e mecanismos de opressão e exploração de classe, não restando ao proletário outra opção senão abolir o Estado. O livro pode ser baixado em formato eletrônico em www.dominiopublico.gov.br.

legalidade do Brizola, foi romântico. Tudo bem, até fui lá saber se estavam distribuindo armas. "Estamos distribuindo armas, você quer um revólver?" Eu disse: "Não...". Eu até pegaria um revólver, mas como sou míope e nunca tinha atirado, não estava apto a ser um militar. Embora na equipe do Guevara tivesse um míope com óculos que resistiu até o fim. Ele foi escolhido, apesar de ser míope, pelo valor, mas naquela época eu não sabia dessas histórias.

É necessário ressaltar isso: só podia incumbir aos militares assumir o controle. Jango era o epílogo do varguismo industrialista, nem bonapartista nem populista. Ele era populista no seguinte sentido: na maneira de ser dele. Então os trabalhadores estavam em greve, ele saía do Palácio do Catete, quando era vice do Juscelino Kubitschek, antes de completar a construção de Brasília, e ia lá sentar no meio dos trabalhadores, nas escadarias da Candelária, e ia conversar com eles como irmão, populista nesse sentido. Se isso é populismo, então se conceda, mas não no sentido da teoria política do populismo.

Em que medida se pode afirmar que o golpe de 1964 não foi a resposta a intensas mobilizações de massas, "controladas" pelo populismo (Jânio/ Brizola/Goulart) e pelo stalinismo, mas teve um aspecto "preventivo" dentro do cenário de combate aos movimentos de massas na América, em especial após a Revolução Cubana?

Jânio Quadros quis fazer com apoio popular aquilo que a ditadura fez depois. E para ter apoio popular ele cometeu algumas loucuras, como por exemplo, condecorar o Che Guevara,[5] o que não foi considerado aceitável pelos militares. E Jânio era uma pessoa que não aceitava tutelas, porque realmente era um demagogo. Acho que o termo demagogo é muito mais apropriado do que o

---

5 Em 19 de agosto de 1961, Jânio Quadros concedeu a Ernesto Che Guevara, então ministro da Economia de Cuba em visita ao Brasil, a Grã-Cruz da Ordem do Cruzeiro do Sul, com a seguinte declaração: "Ministro Guevara: V. Exa. manifestou, em várias oportunidades, o desejo de estreitar relações econômicas e culturais com o governo e povo brasileiros. Esse é o nosso propósito também. E é a deliberação que assumimos no contato com o governo e o povo cubanos. E para manifestar a V. Exa., ao governo de Cuba e ao povo cubano nosso apreço, nosso respeito, entregamos a V. Exa. esta alta condecoração do povo e governo brasileiros." A Ordem do Cruzeiro do Sul é a mais alta condecoração brasileira atribuída a cidadãos estrangeiros.

termo populista, que é um vício de linguagem abominável que pegou a esquerda. O Jânio era um demagogo de talento.

Olha o Piñera[6] no Chile agora, que está fazendo uma política de extrema direita, mas, por exemplo, apoia a extensão da licença maternidade para seis meses. Ele intervém a favor da esquerda, esse cara é o Jânio. A burguesia fica quieta, é o Piñera no Chile. O cara está deslumbrando. Agora, na hora de aplicar a lei, é a destruição do ensino público. Mas, no dia a dia, ele vai cultivando o apoio popular com medidas de alta repercussão. Por exemplo, a aposentadoria dos idosos, que tem que ser respeitada, mas tem que ser privada ao mesmo tempo, só que o Estado tem uma participação na aposentadoria privada, como tem aqui. Então, Piñera é o Jânio. Só que era outra época, a dureza dos militares era mais acentuada, eles achavam um absurdo, diante da possibilidade de industrializar o Brasil com patrocínio dos Estados Unidos, que era o patrão deles, Jânio ficar fazendo aquela demagogia toda. Então deram um ultimato. E Jânio, que não era de aceitar, renunciou, pensando que teria o apoio do povo e os militares ficariam no seu lugar. Mas o povo não o apoiou e os militares o deixaram renunciar, e ele ficou no ar, renunciado. Mas é o tipo do demagogo, como Piñera, um demagogo de gênio, sendo que o Piñera não é nenhum inocente, é muito pior que o Jânio. O Piñera fez parte do gabinete do general Augusto Pinochet. Deixe estar, não nos interessa.

Então, não dá para dizer que as massas eram controladas pelo aparelho do PCB e, portanto, os militares podiam ficar sossegados. Tinha que ter uma classe operária sossegada para poder fazer a industrialização que a burguesia queria fazer. Para tanto, precisava ou de um presidente tipo o Jânio, que tinha apoio popular, mas era capaz de impor uma política autoritária sem demagogia de esquerda, que fosse aceitável para eles, ou era o governo militar, com a repressão que fosse necessária para acabar com a festa. Era uma necessidade para aplicar uma política de industrialização com uma classe operária domável. Portanto precisava fazer a pelegada do PCB sair dos sindicatos. Não teve nada preventivo. Era uma necessidade que eles tinham presente como sendo urgente. E não é verdade que o PCB controlava as massas. O PCB cavalgava as massas, mas não as controlava.

---

6   Sebastian Piñera (1949-), presidente do Chile entre 11 de março de 2010 e 11 de março de 2014.

Aquilo podia extravasar, como extravasou na reação das massas diante do suicídio de Vargas, quando quiseram encurralá-lo, e criou-se uma situação em que perderam o controle. Os militares tiveram que adiar o golpe. Eles queriam resolver tudo em 1955, só que pressionaram Vargas demais. Criou-se um interregno, só que a política do JK não funcionou, ela era inviável. Não por ser 50 anos em 5, ele aceitou a economia do [presidente] Café Filho, mas, ao mesmo tempo, tinha uma base de apoio no PCB. Isso significava uma moeda descontrolada. E o que a burguesia europeia queria? Queria um mercado interno brasileiro praticável. Com aquela moeda que o Kubitschek podia oferecer, isso não era factível. Sabiam que JK controlaria as massas – e controlou, efetivamente, com o apoio do PCB –, só que ele tinha que fazer concessões salariais, meio falsas, que foram cobertas com uma política monetária que deu no que deu: uma moeda muito ruim para o uso dos investimentos europeus e estadunidenses. As massas estavam controladas, não estavam preocupadas com isso, mas o capital não investiria com essa moeda. JK tinha que ter uma moeda ruim para fazer aquela demagogia que fez com o PCB. Não tinha como ter moeda boa. Precisava aplicar um arrocho, que depois foi praticado, de 1964 a 1967. Em 1967, voltou a bonança, depois que mataram o Castelo Branco,[7] porque controlar as massas é possível, mas para controlar de uma maneira viável para os investimentos de longo prazo tinha que ter um governo autoritário. Não teve nada de preventivo. Teve certa urgência, que inicialmente foi coberta por JK, mas de uma maneira insatisfatória, que teve que ser derrubada. Só podia dar numa eleição de Jango depois do JK, por causa da demagogia dele. Ele não satisfez as massas, não satisfez a burguesia, não satisfez a burguesia europeia. Era inviável, a economia funcionava com uma moeda cada vez pior. E para remeter lucros para a Europa tem que ter uma moeda minimamente funcionando, para fazer o câmbio. Depois a finança corrigiu tudo isso.

Hoje em dia temos moeda firme grudada no dólar porque eles querem transferir lucros para o exterior. Era preciso um governo que conseguisse atender aos interesses do capital portador de juros. O importante não é nem o lucro, é mais o

---

7   Marechal Humberto de Alencar Castelo Branco (1964-1967), o primeiro ditador imposto pelo golpe de 1964. Morreu em 18 de julho de 1967, logo após deixar o poder, em acidente aéreo nunca devidamente explicado. Seu sucessor, o general Artur da Costa e Silva (1967-1969), implantou o AI-5, em 13 de dezembro de 1968.

juro do que o lucro. Mas os juros precisam de uma moeda estável. É aquela contradição que discutimos na economia política: *O Capital* de Marx. Quando vem o capital portador de juros, ele se racha em duas personalidades: a do que empresta e a do que toma emprestado; um quer moeda estável, outro quer moeda instável. Marx não esmiúça isso, mas tem que entender, tem que ler direitinho, letrinha por letrinha e entender. O capital portador de juros vira duas personas, que são contraditórias entre si. O pessoal das finanças não leu *O Capital*, mas ele sabe que precisa de uma moeda estável. Ele é o lado do credor, essa é que é a história.

Isso tem que saber, não era preventivo, era uma urgência porque o governo JK não serviu. Apesar de ter feito a industrialização que estava concedida e a burguesia estar contente. Mas como economicamente JK não resolveu o problema, a inquietação das massas continuou, porque ele era um demagogo acobertado pela liberdade de atuação do PCB – porque o demagogo era obrigado a acobertar, ele se apoiava no PC – e isso desembocaria num processo imprevisível. Imagine se a burguesia europeia investiria num processo imprevisível, não era louca. Grandes capitais, a longo prazo, não investem num processo imprevisível. É assim que a coisa funciona, então não foi preventivo.

Estamos de acordo sobre o fato de que há diferenças de processos de montagem dos Estados nacionais. A questão é: tais diferenças suplantam os pontos de contato comuns aos diferentes processos históricos? Para explicar os nossos erros, da OSI[8] e do PT, precisamos de uma revisão da natureza do golpe dado no Brasil?

Não está muito certo juntar os erros da OSI e os do PT. Os erros da OSI eram erros inevitáveis. Os erros do PT eram por insuficiência, é diferente. O PT tinha raízes muito rasas e precisaria de um movimento exterior e interior que o empurrasse para frente, por isso não dá para misturar os dois erros. Agora, para

---

8   A Organização Socialista Internacionalista (OSI) foi criada no Brasil, em novembro de 1975, como resultado de um processo de unificação de várias organizações trotskistas que atuavam clandestinamente no país contra a ditadura militar. Em 1974, a Fração Bolchevique Trotskista (FBT) uniu-se ao Grupo Outubro (GO) e à Organização de Mobilização Operária (OMO), formando a Organização Marxista Brasileira (OMB). No ano seguinte, a OMB e a Organização Combate 1º de Maio somaram forças, dando origem à OSI, seção brasileira do Comitê pela Reconstrução da 4ª Internacional (Corqui).

explicar os erros, temos que fazer uma revisão da caracterização da natureza do golpe no Brasil. A revisão deveria dizer respeito ao caráter economicamente necessário do golpe. O golpe veio resolver uma necessidade de reorganização da economia acoplada à economia europeia, na qual a industrialização brasileira ocupava certo espaço, com a forte presença de investimentos estatais. Era uma ditadura que tinha um papel econômico a cumprir, e esse era benéfico do ponto de vista dos trabalhadores, que queriam emprego e salário. Os salários subiram. No texto em que Chico de Oliveira fala da crítica da razão dualista,[9] ele diz que foi promovido o salário da classe média, teve subida real e relativamente os salários dos trabalhadores aumentaram muito menos. Houve, de certa maneira, uma contenção dos salários dos trabalhadores braçais e uma expansão dos salários dos trabalhadores de classe média, os que comprariam os bens industriais duráveis – estou usando o linguajar do pessoal da história econômica. O objetivo era vender no Brasil, não era exportar automóvel. As montadoras estrangeiras vieram aqui para vender no próprio Brasil, mas isso implicava o aumento do poder aquisitivo de uma parte da população e a criação de um parque industrial. E mesmo os trabalhadores tiveram emprego numa quantidade que nunca tiveram antes, foram criados milhões de empregos e os salários não eram ruins. O próprio Lula dizia que os salários que os trabalhadores ganhavam em empresas estrangeiras deveriam ser praticados por todas as empresas do Brasil. Todo mundo que era funcionário da Volks tinha condições de comprar um fusquinha. Era algo que nunca tinha acontecido no Brasil antes.

---

9   Trata-se do texto *A Economia Brasileira: Crítica à Razão Dualista*, publicado como ensaio em 1972 e transformado em livro no ano seguinte. Foi reeditado pela Boitempo Editorial em 2003, com o acréscimo de um novo texto, *O Ornitorrinco*, e do *Prefácio com Perguntas*, de Roberto Schwarz. No livro, Chico de Oliveira (1933-) propõe uma nova forma de pensar a economia brasileira, adotando o método de Marx, enriquecido com reflexões oriundas da Teoria da Dependência, desenvolvida nos anos 1960 por Ruy Mauro Marini, Theotonio dos Santos e Vania Bambira, entre outros pensadores e economistas ligados à Comissão Econômica para a América Latina e o Caribe (Cepal). Pela Teoria da Dependência, o desenvolvimento dos países periféricos está submetido (ou limitado) pelo desenvolvimento dos países centrais e não pela condição agrário-exportadora ou pela herança pré-capitalista. Assim, o padrão de desenvolvimento capitalista do país periférico e sua inserção no capitalismo mundial são determinados pelo imperialismo. Os formuladores da tese entendiam que a superação do atraso passaria pela ruptura com a dependência do imperialismo e não pela modernização e industrialização da economia, o que poderia implicar inclusive a ruptura com o próprio capitalismo.

Não era uma ditadura, por exemplo, como na Argentina, onde houve uma sequência de golpes militares porque não conseguiram reorganizar a economia e tirar do caminho o movimento peronista, apesar do acapachamento das direções sindicais peronistas. De qualquer maneira, na Argentina a natureza dos governos militares tinha um conteúdo muito mais estritamente repressivo do que teve no Brasil. Tinham o objetivo de acabar com o peronismo, só que a Argentina não prosperou como o Brasil. Antigamente, estávamos na rabeira dos argentinos, naquele momento os ultrapassamos. Quem quisesse fazer um investimento devia ficar no Brasil e sair da Argentina. A natureza da ditadura militar argentina foi outra. A nossa não enfrentava uma oposição. Tinha um bando de guerrilheiros sem expressão social, não era a mesma coisa que o peronismo.

O problema da ditadura era eliminar a guerrilha e encerrar o assunto. E não sobrou pedra sobre pedra, porque enquanto os guerrilheiros tentavam organizar o foco, a economia prosperava, então não tinha terreno para caminhar em cima. Essa é a situação que se criou e, portanto, foi uma ditadura que teve um apoio de classe média, que teve os salários fortemente aumentados, apoio unânime da burguesia, que estava realizando o industrialismo – que era a perspectiva dela – e uma adesão de parte dos trabalhadores que estavam ganhando um salário melhor. Quando a economia entrou em crise, depois de 1975, é que a ditadura começou a "craquear", a apresentar rachaduras. Tinha que mudar o sistema e quiseram fazer o arrocho e falsear os índices do PIB [Produto Interno Bruto] – por causa dos aumentos salariais que estavam ligados ao PIB – e começou o rombo. Não sei se é a isso que a questão se está referindo, quando fala sobre a "natureza do golpe", mas acho importante ressaltar.

A burguesia nacional poderia ter conduzido um processo revolucionário, nos marcos do capitalismo?

Havia toda uma série de fantasias, lendas da burguesia nacional, da possibilidade de fazer alianças, e o PT de certa maneira estava imbuído de todas essas ilusões, que eram as ilusões do PCB. "Revolução brasileira" era o termo que se usava para designar as ilusões de que a burguesia realizaria o sonho de construir a nação brasileira, desenvolver a economia brasileira autonomamente. Isso nunca existiu. Isso foi resolvido em 1822. Nos Estados Unidos, foi resolvido em 1783 e confirmado em 1812, quando fizeram a guerra com a Inglaterra. Não foi o caminho da nossa independência. Mesmo assim, o Brasil poderia se industrializar, porque a Inglaterra dava margem para isso. O projeto não era de construção nacional, era de industrialização, que depois foi barrada pelo hiperdesenvolvimento da cafeicultura. Mas no PT havia essas ilusões: burguesia nacional, revolução brasileira, e entre os trotskistas também. Toda uma herança que veio da leitura falsa proposital desenvolvida pelo PCB. Isso limitava a possibilidade de dar respostas adequadas às aspirações das massas no momento da derrubada da ditadura, limitava a capacidade de entender o que estava acontecendo e de responder.

É a tal história: ninguém consegue explicar o Movimento Tenentista. Se não faz um retrospecto do processo que começou na Independência, não dá para entender, porque não tem proletariado, não tem nada e de repente uns tenentes se metem a loucos, assaltam o poder como Isidoro, que tomou de assalto a cidade de São Paulo, que não era pouca coisa. Chegou a tomar a cidade, depois foi bombardeado pelas tropas federais, teve que fugir de São Paulo para fazer a junção com Prestes.[10] Tenentes de quartel! Qual é o ambiente que se tem em quartel para as pessoas pensarem? E eles pensavam. É porque tinha serviço militar obrigatório, tinha gente do povo que chegava a tenente e, portanto, expressava o povo. De uma maneira indireta, distorcida, que era a maneira dos tenentes, com aquele autoritarismo deles, mas de qualquer maneira expressavam uma revolta contra o poder absoluto da cafeicultura no Brasil. E não era o proletariado. Não dá para entender com os esquemas bitolados dos pseudomarxistas.

Era isso o que estava acontecendo no Brasil, nos anos 80: a revisão da natureza da ditadura. Mas que instrumentos tinha o pessoal ali para fazer essa revisão? A OSI era uma organização condenada a não entender nada. Tinha um projetinho e naquele projetinho tinha que encaixar um planeta, baseado em uma ilusão

---

10 Em 5 de julho de 1924, tenentes paulistas amotinados, sob a liderança do general Isidoro Dias Lopes, conseguiram ocupar pontos estratégicos da capital e atacar o Palácio dos Campos Elísios, sede do governo estadual, causando a fuga de Carlos de Campos, presidente do estado. São Paulo virou um cenário de guerra e várias partes da cidade foram destruídas. Em 10 de julho, os revoltosos divulgaram um manifesto que exigia a imediata deposição do presidente Artur Bernardes e um conjunto de reformas políticas. Em 27 de julho, romperam o cerco dos Exércitos situacionistas e se dirigiram ao norte do Paraná, na fronteira entre o Paraguai e a Argentina, unindo-se depois à Coluna Gaúcha liderada por Luís Carlos Prestes.

de Trotsky de que na Rússia existiam as forças vivas, às quais ele se refere no livro *A Revolução Traída*: "A força viva da burocracia e a força viva do proletariado", mas não tinha mais isso. Nem a burocracia era uma força viva nem o proletariado era. E o Lambert[11] corrigiu: na realidade Trotsky se enganou, só tinha uma força viva.

Para fazer uma analogia: na contradição entre forma valor relativo e forma equivalente, a forma valor relativo é colocada na esquerda porque ela é dominante, a forma equivalente é passiva, o dinheiro é passivo, o dinheiro não faz questão de comprar nenhuma mercadoria em particular. Agora, a mercadoria faz questão de se vender, então a pressão para que a contradição se mova é da mercadoria, não é do dinheiro. O dinheiro pode ser guardado, o dinheiro tem a permutabilidade imediata universal, pode ficar no bolso tranquilo. A mercadoria não pode ficar na prateleira, ela precisa sair, então ela pressiona. Ela que é a parte forte. Uma contradição – em duas partes tem uma forte, mas são duas forças vivas e Trotsky achava que a burocracia, mal ou bem, era uma burocracia que garantia a forma socialista; não o socialismo, mas a forma socialista. E Lambert vem interpretar que Trotsky se enganou, que não era força viva. Ele não sabia o que é uma contradição, coitado. Contradição nos termos marxistas.

Quais são as consequências dessa caracterização de que a ditadura implantada em 1964 não era e nunca foi militar e sim cívico-militar?

Foi uma ditadura militar que teve um apoio bastante amplo na burguesia, empresários que financiaram a Oban [Operação Bandeirantes], mas não acho relevante dizer cívico-militar por causa disso. Teve um apoio até da classe média, bastante evidente em São Paulo, teve a passeata pela família, com Deus e pela liberdade, apoiando a ditadura. A esquerda não tinha soluções; fazia agitação que incomodava a sociedade e não resolvia os problemas. Não havia uma

---

11 Pierre Boussel, mais conhecido como Pierre Lambert (1920-2008), foi um dos principais dirigentes da 4ª Internacional, reproclamada em 1993. Iniciou a militância aos 14 anos, nas Juventudes Comunistas, na França, e logo aderiu ao trotskismo. Nos anos 1960, o grupo impulsionado por Lambert adotou o nome de *Organisation Communiste Internationaliste* (Organização Comunista Internacionalista – OCI). A partir de 1984, Lambert engajou-se no movimento que deu origem ao Partido dos Trabalhadores da França, participando da constituição da Corrente Comunista Internacionalista. A corrente O Trabalho é a seção brasileira da 4ª Internacional.

comunicação entre a sociedade civil e as organizações pelegas que controlavam o movimento operário, o que era, em parte, consequência de uma tática do PCB, uma tática corporativista. Diziam que os trabalhadores eram um mundo à parte. Eles insistiam um pouco nisso: os proletários tinham seus costumes, suas festas, sua vida. Isso foi desfavorável aos trabalhadores. Os trabalhadores têm que ter canais de comunicação com a sociedade civil, porque uma greve pesada, uma greve que precisa ser levada longe para quebrar a resistência numa negociação dura, precisa de apoio civil. Como na França, em 1995: os metroviários ganharam a parada porque a população toda se dispôs a andar a pé e não pegar trem, diziam que os metroviários tinham razão. A população dizia e não teve como escapar, teve que conceder. O isolamento da classe operária é nefasto e o PCB sempre fez essa separação de propósito.

O apoio da sociedade civil era prejudicado, em função de todas essas traduções da Revolução Russa feitas pelo PCB. Como a sociedade civil rejeitava a Revolução Russa, rejeitava os movimentos dos trabalhadores. O Brasil, para essas classes, não estava tão mal assim, então achavam que deviam apoiar a ditadura. Agora, isso significa que tem que chamar de ditadura cívico-militar? Não sei. De repente, se quiser, chama. Mas é uma ditadura que tem apoio popular sim. Não era o apoio popular majoritário, se fosse majoritário não precisava ter proibido eleições. A ditadura acabou, por exemplo, com as eleições estaduais porque perdeu. Eram minoria os que apoiavam, mas de qualquer maneira tinha um segmento da população que apoiava. Isso exige que se chame de cívico--militar? Eu não vou brigar por causa disso. É uma questão de terminologia.

Mas no sentido de ter outros aparelhos de repressão, além do militar, como meios de comunicação etc.

Não, eu não acho que dá para confundir. Repressão é violência, é prisão. O fato de a imprensa ser propagandística dessa violência é outra coisa. Repressão é repressão. Estou me referindo à repressão arbitrária. Repressão de um regime que não era representativo. No Brasil, até no tempo da ditadura, se dizia que era representativo. Representativo no sentido de que as pessoas participavam de eleições também, só que os candidatos eram filtrados, não se podia eleger o presidente da República, o governador. Repressão, para mim, é o aparelho

CONTRADIÇÕES QUE MOVEM A HISTÓRIA **147**

militar, ou o aparelho repressivo paramilitar, se tiver algum. No tempo da ditadura não tinha paramilitar. Tinha a polícia e o Exército. Os fuzileiros navais também participaram da repressão no Rio de Janeiro. A imprensa realmente foi conivente, mas isso não era repressão, pelo menos na terminologia que uso. Pode ser que em outra terminologia possa ser usada, mas não na que uso.

Em que medida se pode afirmar que a ditadura caiu, posto que a burguesia soube se antecipar ao processo e controlá-lo por meio da democratização?

Acho que a ditadura brasileira não foi derrubada, mas gostaria primeiro de ouvir uma justificativa da pergunta.

Naquela época repetíamos incessantemente que a queda da ditadura era iminente. Falamos isso em 1978, 1979, 1980, 1981, 1982, 1983, 1984... e caracterizávamos a existência de uma ditadura cuja queda abriria a perspectiva da revolução, porque o Estado da burguesia era a ditadura e a burguesia não tinha outro Estado. Em 1984 teve o movimento das Diretas-Já, e nós caracterizávamos como um momento de queda da ditadura, e não apenas nós, mas todo mundo. Na verdade, permaneceu tudo intacto, tudo como sempre foi, o que leva a crer que o regime instalado em 1964 não foi de fato uma ditadura militar – no sentido de que uma parcela da burguesia teria aberto mão do seu direito de governar diretamente o Estado e transferido esse poder para os militares momentaneamente. Houve um grande acerto de cúpula, como sempre na história do Brasil, e se criou um regime em que a ênfase foi dada ao governo militar. Na fase seguinte, em 1985, passou para as mãos dos civis, sem nenhuma ruptura, nenhuma transformação de qualidade. A elite brasileira convenceu a maioria de que acabou a ditadura, quando não acabou coisa nenhuma. Nós caímos num conto; essa é a origem da pergunta. A questão é que a caracterização que fazíamos naquela época estava totalmente errada.

Olha, acho que cair não caiu mesmo, nesse ponto a justificativa tem inteira razão. E foi uma grande farsa a democratização, inclusive a Constituinte cidadã, toda aquela coisa. Então, isso sim, não caiu nada, houve uma transição para um regime mais aberto. Mas teve uma ditadura, uma ditadura no sentido geral de um regime autoritário, que teve um amplo apoio da burguesia brasileira. Por que teve um apoio da burguesia brasileira? É uma questão que já levantamos quando discutimos aquela introdução geral sobre a América Latina. A burguesia brasileira nunca foi nacionalista. Havia uma corrente industrialista – e o único lugar onde encontrei isso foi justamente na análise da Oposição de Esquerda dos anos 1930, feita aqui no Brasil sem interferência de Trotsky –, quer dizer, uma parte da burguesia brasileira queria deixar de ser exportadora de produtos primários e se tornar uma potência industrial. A burguesia industrialista não era nacionalista, ela nunca se contrapôs à Inglaterra, e nunca se contrapôs aos Estados Unidos, e nunca se contrapôs ao escravismo. Mauá não era pela abolição da escravatura, tinha a corporação, que nós chamávamos de federação da indústria, mas tinha outro nome, e que era ultraconformista com o escravismo, mais do que a própria federação agrária, que era lesada pelo fim do tráfico, pois precisavam dos escravos. A burguesia industrial sustentou o Partido Republicano, que não teve nenhum papel na proclamação da República. A proposta que ele fez de abolição da escravatura foi a de um processo lento e gradual, a pedido de uma parte dos fazendeiros que estavam sendo lesados pela continuidade da escravatura com o fim do tráfico. Depois veio a república agrária de 1891, a República do Café, liderada necessariamente por São Paulo. Não era café com leite, era café com café: a burguesia paulista brigava entre si e chamava os mineiros para fazer a política paulista. Que é o que todo mundo fazia, [os presidentes] Artur Bernardes, Epitácio Pessoa, quem era e quem não era paulista. Com o Convênio de Taubaté, o café passou a ser uma cultura protegida, o que bloqueou o desenvolvimento da industrialização, que estava avançando espontaneamente.

Então, no fim dos anos 1930, essa burguesia industrialista tinha fechado butique na Europa. Deixou de ser industrialista para ser industrializada: o Brasil tinha um papel ao criar indústrias acopladas ao imperialismo, não precisava brigar com o imperialismo para ter indústria. Acabou a facção industrialista, que se fundiu, e isso fez com que a burguesia industrial no Brasil se tornasse mais reacionária do que a agrária. Por quê? Porque a burguesia industrial tinha algo a perder, e a agrária não. Podia deixar o latifúndio fazer uma pausa, como fazia tradicionalmente a do Nordeste, quando a exportação ia mal. Colocava aqueles agregados para plantar para eles, para fazer pequenos serviços, e ficava todo mundo feliz, tinha a paz social. Quando o Nordeste não exportava, tinha a paz social, quando exportava, acabava a paz social, porque queriam expulsar os posseiros para ampliar as plantações de cana. Foi o que aconteceu após a Revolução Cubana, que virou socialista, e o Brasil passou a substituir a produção cubana. Aí os posseiros começaram sofrer no Nordeste.

Acabou o industrialismo, o que o PCB chamava de nacionalismo. Só os trotskistas dos anos 1930, os "verdes" trotskistas dos bons tempos, viram o industrialismo e viram certo, e não correram atrás do PCB. Os trotskistas dos anos 1950 viram o nacionalismo que o PCB mostrava para eles, fazendo jogo de espelho. E todo mundo discutia o nacionalismo. Bom, e acabou nisso: a burguesia industrial ficou mais reacionária. A agitação dos trabalhadores brasileiros era um obstáculo para que se realizasse esse sonho da industrialização sem brigar com o imperialismo. Quer coisa mais bonita do que essa? Transferem as fábricas da Europa para cá, industrializam o Brasil, levantam o nível de vida da população, que passa a comprar automóvel que nunca comprara. Quem tinha um carro, já se sabia, tinha uma mansão também. Essa gente, o que você acha que ia fazer? Ia apoiar um regime autoritário dos militares. Então, foi uma ditadura militar aconchegada, um regime autoritário.

O que você está levantando é a hipótese de uma ditadura militar que se contrapõe à burguesia, no caso burguesia nos dizeres clássicos de Lenin e num certo momento de Marx, de que o melhor regime para a burguesia é o regime parlamentar. Sempre o regime preferido é o parlamentar, que é o mais cômodo, onde a burguesia pode defender seus interesses. Contra quem? No tempo de Marx, a aristocracia. Nunca foi o caso da burguesia brasileira. O regime parlamentar nunca foi o ideal da burguesia brasileira. O regime parlamentar da República Velha sempre funcionou mal, na base do cacique, com voto de cabresto, censitário, em suma, era o parlamentarismo que eles podiam aceitar. A grande novidade de Vargas foi querer fazer uma Constituição que criaria um regime parlamentar, isso entre 1934 e 1937. Em 1937 teve o golpe. Então, não existia essa contraposição entre burguesia e regime autoritário no Brasil. A burguesia precisava de um regime autoritário no Brasil. Se o Parlamento é compatível com o autoritarismo, a burguesia aceita. Caso contrário não, ela prefere um imperador, um caudilho, alguma coisa assim. É assim que o Brasil funcionava.

Então você quer dizer que era uma ditadura cívico-militar?

Agora, isso significa que foi uma ditadura clássica, que se contrapôs à burguesia? Não, é isso que você quer dizer. Não foi uma burguesia que se impôs contra uma ditadura, como aconteceu na Europa e em alguns países da América do Sul, por exemplo a Argentina. No Brasil, Vargas não foi aceito, por ter dado concessões reais aos operários da indústria. E ele achava que ia ser o queridinho dos agrários, para os quais concedeu favores absolutamente extraordinários. Mas os agrários queriam a República Velha, não queriam Vargas. E os industrialistas não queriam Vargas, porque este queria fazer concessões que eram exigidas pelos tenentes, que expressavam aquele velho movimento que vinha da Independência, de 1822.

Os trotskistas nunca entenderam o tenentismo, porque o movimento não cabia nos esquemas elaborados por Trotsky. Quando a esquerda começa a falar sobre coisas que não entende, é hora de procurar um escritor conservador que procure dar detalhes que a esquerda não tem interesse em contar. E você fica sabendo das coisas e pode botar a cabeça a rodar e a tentar concatenar os fatos de uma maneira diferente daquela que o conservador apresenta; aí funciona.

Apareceu o Movimento Tenentista, mas a burguesia se contrapôs, não por acaso: era a herdeira daqueles que derrotaram o pessoal de 1822, e apareceram de repente os defuntos. A burguesia achava que tinha derrotismo na cara dos tenentes. Instintivamente, reagiu contra. E Vargas pegou os tenentes e subiu ao poder. Era um fazendeiro, também, mas um fazendeiro mais esperto. Claro, não era um fazendeiro do café, evidente, era um fazendeiro diferente. Então, para essa burguesia, a ditadura militar era um regime fraterno, você tem razão nesse sentido. Mas foi um regime autoritário, sem a característica tradicional do golpe militar clássico. Mas foi um regime autoritário com a conivência total da burguesia industrial.

Não é clássico no sentido de que os militares não se contrapuseram à burguesia.

E ela precisava daquilo. Precisava em termos econômicos, o investimento só viria se o regime militar fosse implantado.

Mas o ponto é que nós continuamos sendo um regime autoritário hoje, com uma diferença. Está pior.

Esta segunda parte sim, agora está pior e está muito mais violento. Nós temos uma guerra civil, não declarada, funcionando. A ditadura militar não foi, pode dizer o que quiser do regime militar, mas não foi uma guerra civil permanente. Não foi. Isso nós temos que deixar bem claro, temos a obrigação de denunciar esse troço. Não tiramos o pé do barro, não saímos do lugar se não começarmos a falar isso. Esse negócio é pior do que a ditadura militar. O estado que nós temos no Brasil é um estado de guerra civil, isso é inaceitável num regime democrático e para um povo que tenha o mínimo de dignidade. Nós temos que dizer isso, se ninguém disser isso, nós podemos ir embora, ir para casa, e encerrar com essa bobagem. É uma guerra civil inaceitável, nós temos que dizer isso. Se nós não dissermos isso, não dá para continuar daqui para a frente, escuta, uma verdade tão elementar quanto uma guerra civil, se você fecha os olhos, tchau. Alguém tem que dizer por que o tráfico justifica necessariamente isso. Existe tráfico em toda a América Latina e em todo o mundo, mas em alguns lugares há guerra civil. Tem que explicar! Por que na América do Sul tem guerra civil no Brasil e na Colômbia? Será que não tem tráfico na Argentina? Então, tem que explicar isso.

Como é que se trata dessa questão?

Não vamos nem discutir se o tráfico é bom ou ruim, ou o que é. Nós não aceitamos que o tráfico justifique uma guerra civil contra a população dos morros.

Contra civis.

Nós não aceitamos e propomos que a população se pronuncie. Nós vamos procurar formar uma corrente de opinião que se pronuncie contra a guerra civil. Nós somos obrigados a fazer isso, se não fizermos isso não avançaremos um milímetro. Agora, não vamos discutir se tem mais legalidade agora, se agora você pode recorrer a um tribunal e antigamente não podia, isso aí é um detalhe.

É que os meios de comunicação são hegemônicos e ajudam, contribuem para essa guerra civil.

Ajudam e contribuem. Não tem como, aí é imperativo.

A burguesia só consegue manter este Estado com o concurso do PT e da Central Única dos Trabalhadores (CUT).

Do PT e da CUT, que criam uma convivência que a deixa com as mãos livres. Nós temos que erguer a voz contra isso. Não tem como.

Nós ficamos repetindo, entre 1977 e 1984 que a queda da ditadura era iminente. Como se a conjuntura não tivesse a menor importância, qualquer que fosse a conjuntura. A Libelu[12] era conhecida como os caras da queda iminente da ditadura. Por que ninguém levantou, se contrapôs e disse: há anos estamos falando que a queda da ditadura é iminente, e não caiu até agora, tem alguma coisa errada ou não?

Não, sete anos não. Não fica fazendo continha de ano. É porque tinha um sentido muito preciso na análise, significava que a ditadura ia desmoronar. E venhamos e convenhamos, era uma hipótese.

O mais difícil de tudo seria prever aquela transição via colégio eleitoral, realmente, precisaria ser muito artista para prever aquilo.

A elite brasileira foi brilhante e nós fomos ineficientes. Imagina: a queda da ditadura era iminente e abriria um processo revolucionário. Mas tudo culminou no colégio eleitoral.

Tínhamos certeza, a ditadura ia acabar. Em convivência com a burguesia, mas ia terminar. Nisso tínhamos razão. Esperávamos que terminasse desmoronando, porque a agitação popular ia encurralar as instituições autoritárias. Como esperávamos isso, ficávamos vendo sinais, até imaginando sinais de que isso se estava aproximando, mas, de repente, se verificou uma hipótese totalmente imprevista. Acho que o problema foi dizer que aquilo foi a queda da ditadura. E essa segunda parte do raciocínio, fecho junto: caiu? Não caiu nada,

---

12 A tendência Liberdade e Luta, ou Libelu, foi um agrupamento estudantil universitário impulsionado pela OSI, a partir de 1976. Notabilizou-se por ter lançado a palavra de ordem "abaixo a ditadura" no âmbito do movimento estudantil, e pela irreverência e combatividade de seus integrantes. Com o tempo, Libelu passou a designar a OSI como um todo, incluindo militantes que atuavam em outros segmentos sociais.

está tudo de pé, sim. Quando a realidade apareceu, não soubemos ver como ela era, vimos como gostaríamos que fosse.

E fazia todo o sentido o colégio eleitoral porque a burguesia tinha esse projeto. Saem os militares e enquadramos. O limite é esse: o colégio eleitoral.

O PT navegou e nós navegamos juntos.

Como explicar que o presidente da Arena virou o presidente do país em 1985, e o fato de que todas as instituições da ditadura militar permaneceram intactas, sem que ninguém fosse levado a julgamento ou sequer à execração pública?

O PMDB não pretendia substituir a Arena na direção do país. Estava a favor do processo lento e gradual. O PMDB era algo muito amplo, de certa maneira continua sendo, mas hoje em dia se acanhou um pouco. O denominador comum era se manter no processo de transição da ditadura para o sistema eleitoral tradicional, que teria que ser capitaneado pela Arena, o que, aliás, era uma exigência dos militares. Mas os militares poderiam se dobrar, mediante um acordo com o PMDB, que nem sequer lançou essa exigência. A transição lenta e gradual era isso, a transição capitaneada pela Arena. Na medida em que foi isso, o colégio eleitoral era parte desse projeto, então as instituições permaneceram intactas e a Arena continuou no poder. Agora, não nos confundamos com as aparências. Aquela Arena já estava mudando. Paulo Maluf estava virando um líder populista, um demagogo. Não gosto do termo populista. Estava virando um excelente demagogo. Ele conseguiu ter um eleitorado muito bom. E antes a tarefa dele era cortejar os militares, não era fazer demagogia. Depois, ele fez excelente demagogia. Então, estavam todos os partidos em transformação, tanto a Arena quanto o PMDB, só que a transição lenta e gradual significava o comando da Arena durante a primeira parte do processo.

A execração pública, a exigência de punição, isso só poderia estar ligado a um movimento totalmente alheio a esse grande acerto. O PT não deixou de se manifestar contra o domínio da Arena, mas não foi uma guerra sistemática, uma mobilização contra a permanência do pessoal da Arena no poder. Teve manifestações contrárias, dizendo que o processo de transição mantinha vivo, mantinha em pé, o entulho da ditadura, mas não houve uma mobilização sistemática contra o poder da Arena no processo de transição para o sistema eleitoral normal. O PT se deixou enquadrar por um processo tão limitado quando não levantou nada além do "diretas já". Expulsar depois os que votaram no colégio eleitoral, e ficar exigindo a punição de fulano e beltrano era o de menos. O Congresso disse não[13] [à emenda das diretas] e acabou, fazer o quê? Tudo bem, era fazer uma mobilização, mas fazer a mobilização seria contra aquele sistema todo. Ficou tudo como estava, o processo de transição do jeito que estava e se punia fulano e beltrano. No fim quem é que ficou de presidente da transição? Foi o Tancredo [Neves]. E o Tancredo, pelo acaso de não ter conseguido assumir a Presidência – teve aquele drama da morte dele, que foi uma verdadeira *via crucis* –, terminou virando ídolo: o Tancredo, um cara ultraconservador. Ele esteve sempre do lado da direita, em todos os movimentos políticos importantes do Brasil. Se deu muito bem com a ditadura, virou um ídolo.

O processo já estava todo enquadrado. As massas tinham um cara que não era um militar, Tancredo, então acabou a ditadura. Todos aqueles partidos – inclusive, é muito interessante que a Arena tenha se dividido em duas partes, PFL e PP, e não ficado unida como ficou o PMDB. A Arena representava uma junção de oligarquias rivais, mas que foram obrigadas a se unir sob a ditadura, porque o sistema exigia dois partidos, mas eram coisas que não se misturavam. Era herança da divisão do Nordeste em UDN e PSD, criado pelo Vargas em 1945. A UDN do Brigadeiro Eduardo Gomes e o PSD do [presidente Eurico Gaspar] Dutra. Vargas criou o PSD e o PTB. No Nordeste, o PSD dividiu a burguesia em duas partes; os trabalhadores, os pelegos, o aparelho de Estado nos sindicatos foram para o PTB. De certa maneira, a UDN era mais representativa da burguesia mercantil urbana, quer dizer, a herança da independência vinha daí, e o PSD representava os liberais conservadores do tempo do PL. Sempre a UDN foi mais urbana e o PSD foi mais rural. Depois de 1945 avacalhou, foram tomadas as siglas para representar

---

13 A emenda constitucional Dante de Oliveira, que restabelecia a eleição direta para presidente, foi derrotada no Congresso em abril de 1984. Em janeiro de 1985, o colégio eleitoral escolheu Tancredo Neves como presidente, contra Paulo Maluf. Na votação indireta, o PT orientou seus parlamentares a votar nulo, mas os deputados Bete Mendes, Airton Soares e José Eudes votaram em Tancredo e acabaram expulsos do partido. Doente, Tancredo não chegou a tomar posse, morrendo em 21 de abril. José Sarney, seu vice, assumiu a Presidência.

oligarquias rivais do Nordeste. Mas a ditadura tinha que ter oposição, então teve que catar nas universidades aquela intelectualidade e os fazendeiros que não estavam nos acordos antigos, os novos capitalistas do campo e da cidade, todos ficaram no MDB, porque precisava ter uma oposição.

Então, no fim da ditadura, esse negócio estava se reconstituindo e o PT estava entrando no meio, no lugar que antes foi do PTB. Claro, deixaram a Ivete Vargas fazer o PTB dela, o falso PTB, que é uma sigla eleitoral comerciável, mas o PT ocupou esse lugar. Que lugar era esse? Um lugar de pelego, com pretensões de disputa eleitoral. É o lugar que eles deram para o PT, já que não podiam evitar. Sabiam que a Ivete Vargas não ia ocupar esse lugar. Quem ia ocupar esse lugar seria o PT, tanto assim que cortejaram Lula. Até discutimos na OSI que a burguesia estava propulsando o Lula. Lula era vedete, estava na capa da imprensa burguesa de15 em 15 dias. Imagina se a burguesia faria isso com um líder que ela não pretendesse alçar ao poder. A burguesia tinha designado para o PT de Lula o lugar que Vargas tinha dado ao PTB quando criou o PTB, o PSD e a UDN. Quando veio a reacomodação de toda essa marmalha política, não tinha jeito, a Arena se dividiu em PFL e PP. E os trabalhadores? Tinha que ceder um lugar, o lugar em que Vargas tinha inserido o PTB. O que era o lugar do PT? Lugar de pelego. Um partido que controla o movimento sindical dentro da política do Estado de controle dos aparelhos sindicais, que é o que a CUT está fazendo hoje, colocando o aparelho sindical sob as ordens do Estado, que é o que foi feito no tempo do Vargas. Esse foi o lugar designado para o PT. E disputa eleitoral: o PTB disputava a Presidência da República, Vargas se tornou presidente pelo PTB e o Brizola, governador pelo PTB no Rio Grande do Sul. Alguém entendeu isso na OSI? Não. Alguém tinha uma noção longínqua desse processo? Ninguém sabia o que foi a independência brasileira, o que foi o processo de acomodação da burguesia do campo e da cidade nos Partidos Conservador e Liberal no tempo do Império, que herança tinha resultado disso, o que era o tenentismo. A história do Brasil, essa desconhecida. Esse é o processo que se desencadeou.

A OSI não teve nenhum papel nesse negócio. Ela era um apêndice. Poderia ter tido um papel na hora do Diretas-Já, pois o povo estava levantando, e dizer: "democracia já". Não ocupou esse lugar, não tinha mais lugar para ela. Estava no barco do PT, mas decidindo o quê? Nada. Era a quinta roda do carro do PT. O que importa é o lugar que o PT foi chamado a ocupar, que é o lugar que o estamento, o *establishment* burguês estabeleceu para o PT, retomando o projeto de Vargas. O lugar do PT é esse, controla uma CUT domada, submete isso ao poder do Estado burguês e disputa eleições. Se ganhar, muito bem, deixamos assumir a Presidência, não precisa de ditadura mesmo, tem um PT controlando a ordem pública.

Eu estou falando do processo profundo, dos lugares que passaram a ocupar os partidos burgueses e o lugar que o PT passou a ocupar. Esse é o processo de transformação que estava ocorrendo. Teve uma anistia dos exilados, dos condenados pela ditadura. Era preciso, para fazer a abertura não podia se livrar disso. Agora, punir não estava no projeto deles. Tem gente que acha que o problema é que precisava execrar e precisava punir. O problema não é esse. Até acho interessante que se puna o Pinochet, os militares torturadores, tudo bem, mas isso é a cereja do bolo. Tem que quebrar o poder deles em primeiro lugar.

Mas a impunidade dos torturadores daquela época abre margem para que o Estado brasileiro continue torturando e sendo impune.

Não. Continua torturando e massacrando porque tem todo um processo de crescimento da repressão no Brasil, a pretexto de tráfico de drogas. Isso é um fenômeno absolutamente novo propulsado pelos Estados Unidos, que comanda nossa polícia. Isso não tinha no tempo da ditadura. Hoje em dia, nossa polícia está sob o comando dos Estados Unidos. E a pretexto de tráfico estão treinando tropas especiais para guerra civil nas favelas. Não tem nada a ver isso com o fato de punirem ou não punirem os militares. Eu não vou me meter a discutir esse assunto. Tem um movimento real de pessoas indignadas com os torturadores, que quer punição. Vou dizer não? Eu vou apoiar, estou apoiando. Estou doente, não estou saindo na rua, mas até sairia na rua com eles, sem problema. Mas sei que a repressão de hoje não existe porque não puniram os militares. Não é bem assim. Está acontecendo um fenômeno novo. A nossa polícia está sob comando dos Estados Unidos, que está organizando e treinando tropas de guerra civil. Os policiais vão fazer curso nos Estados Unidos. Então não vamos misturar as coisas. Agora, tudo bem, execração pública, sou a favor.

Estava havendo um processo de transição lenta e gradual e que ninguém sabia que tinha esse conteúdo e o PT estava se enquadrando. Por que estava se enquadrando? Porque a perspectiva era Lula na Presidência, logo Lula pelego, não tem como escapar. Ele incitaria os trabalhadores a construírem sua organização anticapitalista e se candidataria à Presidência do mesmo jeito que se candidatou? Seria outra candidatura. Não seria uma candidatura apressada. Podia ser adiada. Primeiro, organizar o PT de massas anticapitalista, depois disputar a Presidência, quando ele for apto a disputar o poder com a burguesia. Tem que atingir certa estatura para fazer isso. Tem que ser uma organização forte para disputar o poder com a burguesia.

E nós, da OSI, não colocamos o PT nessa trajetória, nós queríamos eleger o Lula presidente, Lula lá, assim no ar. Mas o que dizíamos não tinha a menor importância, porque já tínhamos sido enquadrados no Diretas-Já, já tínhamos perdido o bonde da história. Dizer que tem que organizar o PT, ninguém mais iria nos entender. Como vocês foram a favor das diretas já e agora são contra a participação nas diretas? Eles iam jogar na nossa cara a contradição. Vocês foram pelas diretas já e agora não querem que o Lula participe das diretas? Estão com a cabeça onde? Falam uma coisa hoje, outra amanhã e temos que acreditar em vocês? Já tínhamos perdido o bonde, não estávamos entendendo nada do que o PT estava sendo chamado a fazer na história do Brasil, que era ocupar o lugar do PTB do Vargas.

Você acha que os militares estavam acreditando no PTB da Ivete Vargas? Imagina, ninguém estava acreditando naquilo. Eles criaram o PTB da Ivete Vargas, que era manipulada por eles, só para não deixar a sigla do PTB para o Brizola, criaram o PTB da Ivete. Ela nem era uma política, os militares que propulsaram sua vida política. Ela governava o PTB como se fosse sua família, era neta de Vargas. Mas os militares estavam pouco ligando, eles só não queriam que a sigla ficasse para o Brizola. Mal ou bem, Brizola era um burguês, mas era uma oposição real, que tinha apelo nas massas. Deu com os burros n'água quando foi contra a derrubada do Fernando Collor de Mello, ele se quebrou como liderança política brasileira e acabou. O que continuou foi um epílogo do brizolismo, ali foi o grande erro. Então quis separar isso aqui porque é importante, é de caráter histórico, não resolvido, que precisamos recuperar e qualificar, por isso aquela discussão sobre a América Latina foi necessária.

MOVIMENTOS SOCIAIS NO SÉCULO 20

Nas revoluções do século 20, vencedoras ou não, em algum momento apareceu um embrião da verdadeira direção revolucionária, mais próxima do marxismo autêntico?

Não apareceu porque o trotskismo ocupou o espaço que poderia lhe caber. O trotskismo chegou a ocupar um espaço importante na Europa, e o que não foi trotskismo foi marxismo ocidental, não propriamente militante, no sentido de disposição de organizar as massas contra o capital, foi muito mais intelectual.

Nem na Revolução Espanhola?

Na Revolução Espanhola sim, mas muito mais anarquista do que comunista. Aliás, os comunistas estavam na contrarrevolução, basta ler o autor de *1984*, o George Orwell. Mas o anarquismo tinha limites. No fim, o governo [de Francisco Largo] Caballero terminou se associando à burguesia e arruinando a Revolução Espanhola.

A que limitação do anarquismo você se refere?

O anarquismo não sai dos limites do político puro, não tem perspectiva de organização em profundidade que implique transformação econômica da sociedade, ou seja, aquela ideia de Marx da sociedade dos produtores livres associados. Ali teria a liberdade e a forma de produzir livremente, seria o nascimento de uma sociedade, o fim de um sistema de assalariamento capitalista.

E o anarquismo não se propõe a dirigir o Estado?

Casualmente, dirigiu. Esse é o problema. O governo Caballero era um governo anarquista e, quando se moveu, sustentou as relações econômicas capitalistas. De certa maneira, não era mais o Estado burguês, mas era a economia capitalista, para a qual o anarquismo não tem resposta. Não quer dizer que o governo Caballero fosse um Estado burguês, foi um governo em processo revolucionário. Trotsky disse que ali estava presente apenas a sombra da burguesia, no governo Caballero, não a burguesia propriamente dita. Então não dá para dizer que estava a serviço do Estado burguês, pois ele não tinha uma saída diferente das relações capitalistas de produção. Não era o Estado burguês, porque o Estado burguês implicava uma ordenação, uma administração baseada em uma condição social própria que regia a favor da burguesia no sistema de assalariamento e que no governo Caballero parou de funcionar. Diante dos trabalhadores com as armas na mão, o patrão não mandava nada. O Estado burguês serve para defender as relações, os contratos. Mas os contratos de trabalho eram ditados pelos trabalhadores, no chão da fábrica. Então, que raio de Estado burguês é esse que não defendia as normas da relação capitalista? No mínimo, devemos reconhecer que ele estava se omitindo, não podia deixar de se omitir, porque o povo estava em armas na rua, o exército do Caballero era aquele. Isso não é contado na história da Revolução Espanhola.

Mas, por exemplo, a Revolução dos Cravos, de 1974, em Portugal, que em um primeiro momento contestou, expropriou propriedades da burguesia, promoveu tarefas socialistas até: por que esse movimento, mais uma vez, chegou num beco sem saída?

Mas aí em outros moldes. Trotsky estava fazendo uma relação de continuidade entre a revolução do Ocidente e a revolução política da Rússia. Ele estava firmemente convicto de que a 2ª Guerra Mundial ia desembocar em uma revolução política na União Soviética, como a 1ª Guerra tinha desembocado na revolução na Rússia e em tentativas de revolução no Ocidente, que efetivamente aconteceram. Parecia que aquele cenário, em função até da destruição ter sido bem maior, se repetiria. Mas tinha um pressuposto falso, o de que a Revolução Russa estava viva. A Revolução Russa estava morta, enterrada a cem palmos de profundidade no cemitério revolucionário, no fim da 2ª Guerra, inclusive com massacres que se acrescentaram durante a guerra. Não tinha mais como reviver aquele cadáver. O pressuposto era totalmente falso e isso fazia com que os partidos trotskistas girassem a esmo, sem admitir que a tese de Trotsky estava errada, aquela de que o partido podia ser democrático sem a sociedade ser democrática. A Revolução dos Cravos estava em outro cenário, não estava no cenário da revolução anticapitalista do Ocidente, ligada à suposta revolução política na URSS. Estava ligada a um cenário particular de Portugal, que era o fim de uma longa era de dominação do povo português pelo clero, pelo Vaticano e por ditadores.

E as colônias que começaram a romper...

Era uma revolução que tinha uma tarefa particular. Foi uma revolução com a participação do povo, foi total. E a tarefa que ela se deu foi cumprida integralmente, libertou as colônias sem hesitar, e derrubou a ditadura clerical, que vinha desde os monarcas portugueses da época das grandes navegações, que insistiam em casar os herdeiros do trono com infantas de Espanha, que causaram a ruína de Portugal e a dominação espanhola em 1580. Não é por acaso que o povo português recusou a monarquia mesmo antes da Revolução dos Cravos. A monarquia foi nociva à liberdade de Portugal, com exceção dos Avis,[1] os primeiros que fizeram a verdadeira revolução portuguesa. Em suma, a Revolução dos Cravos cumpriu uma tarefa absolutamente necessária no processo histórico português e o povo inteiro participou. E Portugal mudou, teve o Estado de bem-estar social, é um Estado democrático.

Para dar um fecho: a revolução realizou determinadas tarefas, só que num determinado momento, talvez pelo isolamento (Trotsky atribuía

---

1   A Dinastia de Avis, ou Joanina, foi a segunda a reinar em Portugal, entre 1385 e 1580. Teve início no final da crise de 1383-1385, quando o Mestre da Ordem de Avis, d. João, filho natural do rei d. Pedro I, foi aclamado rei nas Cortes de Coimbra, em atenção a uma revolta popular contra a aclamação de uma rainha (Beatriz) que era mulher de um rei estrangeiro (João de Castela). Como represália, Castela enviou um exército para promover o cerco de Lisboa, mas suas tropas foram derrotadas, na Batalha do Atoleiro, pelo exército de Nunes Álvaro Pereira, financiado pela burguesia lisboeta. Em 1385 os castelhanos sofreram nova derrota, desta vez definitiva, na Batalha de Aljubarrota.

muitas derrotas ao isolamento), o próprio PS tomou a iniciativa de devolver propriedades, devolver bancos, indenizar pessoas. Não houve uma derrota popular, por isso, em Portugal?

Não. A revolução não se deu essa tarefa. As revoluções expressam uma necessidade histórica e a necessidade histórica do povo português era se livrar da dominação clerical, do atraso das velhas dominações que não podiam mais ser sustentadas pelas monarquias, que tinham perdido totalmente seu prestígio. O único monarca decente que tentou salvar o prestígio da monarquia portuguesa foi d. Pedro IV, o nosso d. Pedro I, um liberal autêntico, que fez a revolução liberal em Portugal, depois que saiu do Brasil. Foi o último, depois a monarquia portuguesa voltou ao leito de acomodação e o povo português queria se livrar desse jugo. E essa foi a tarefa que se deu e foi grandiosa. Faz parte da liberdade de Portugal como nação construída plenamente e que se afirma no cenário europeu como uma nação com direitos plenos.

Foi precoce, então, o fato de expropriarem o capital financeiro e todos os latifúndios de Portugal?

O latifúndio de Portugal tem um caráter diferente do brasileiro, não tem o poder econômico que tem o do Brasil. Portugal é um país diferente. A instituição das sesmarias em Portugal foi progressista, aqui no Brasil foi um atraso. Em Portugal, no momento em que foram promulgadas, representavam um avanço. Portugal teve um papel crucial na história do Ocidente, e simplesmente é o Ocidente que hoje domina o mundo. Em 1947, estatizaram tudo na Inglaterra, numa época em que achavam que podiam fazer algo semelhante ao sistema russo. Mas o povo não tinha feito a revolução para isso. Isso era uma fantasia que passou pela cabeça de alguns dirigentes. Quando a massa está em movimento, a vanguarda é ela. Isso é fundamental, deve ser o cartão de identidade do nosso grupo. Agora, quando as massas estão paradas, sim, precisa pensar em esclarecer as pessoas.

Uma batalha ideológica.

Uma batalha de esclarecimento. Temos um papel de estar na dianteira. Mas, se as massas desencadeiam um movimento, não podemos ser pretensiosos, pois elas sabem o que querem. Elas não desencadeariam um movimento simplesmente porque querem polidez para a vida dos seus filhos, isso não acontece. Se as massas desencadeiam um movimento é porque precisam e vão pôr em risco suas vidas e as de suas famílias. Isso é pouca coisa? Respeitamos, vamos segui-las e ver onde precisam de ajuda. É assim que tem que funcionar. Acho que isso tem que ser um traço distintivo nosso.

Acreditávamos que a hora que caísse o muro de Berlim, a revolução estaria feita. Muita gente questionava isso já com a Primavera de Praga, acho que o caminho já era um ponto de interrogação.

O final foi 1989.

A Alemanha encarnava a divisão, ela era o símbolo, e a hora que caísse o muro, pronto: aconteceria a revolução política. Mas foi o contrário. Foi o fim das ilusões.

Que virou o século. 1989 vira o século 20. 89 é o ano: 1789, 1889, outra virada e o fim da ditadura na França, e depois 1989, a queda do Muro de Berlim. Até 2089, alguma coisa muito boa vai acontecer.

Qual a avaliação do movimento Solidariedade[2] na Polônia?

O movimento Solidariedade tinha os limites no nacionalismo. Na época, se discutia muito as suas limitações, pois nasceu como um movimento sindical. Eu nunca concordei com isso, porque o movimento de construção do sindicato tem a mesma natureza do movimento do partido. O proletariado é um só, ele não se envolve diferentemente quando constrói o sindicato e quando constrói o partido. Isso foi uma experiência de Marx. Só que o sindicato tem certas limitações no seu agir, porque deve servir como um instrumento de interlocução com os exploradores da classe e tem que ser aceito como interlocutor pelos patrões.

---

2 A federação sindical polonesa Solidariedade foi fundada em 31 de agosto de 1980 nos estaleiros Lenin, em Gdańsk, sob a liderança do operário católico Lech Walesa. Foi a primeira central sindical livre da tutela do PC a ser construída na área controlada pela União Soviética. O movimento conquistou milhões de adeptos na Polônia e acelerou o processo de desintegração dos regimes comunistas nos países do Leste Europeu.

Ele é obrigado a ficar nos limites que lhe permitem. Como vai negociar, se o outro se recusa a ser interlocutor, não vai resolver o problema, só que precisa ser resolvido, já que todo mundo vai querer continuar trabalhando na fábrica, só que com um salário maior. Isso coloca um limite no agir do sindicato, mas o movimento que cria o sindicato é o mesmo que cria o partido. Como o partido não precisa estabelecer nenhum acordo sobre a repartição do valor criado com o capital, tem uma esfera de ação maior.

Mas não era isso que limitava o Solidariedade, e sim o fato de ser um movimento essencialmente nacional, tanto assim que não houve algo semelhante na Rússia. E foi católico desde o começo, devoto da Virgem Negra de Czestochowa.[3] Todo mundo carregava a imagem na lapela. O que é a Virgem de Czestochowa? É a padroeira da Polônia. Tem um santuário que serviu de inspiração da luta pela libertação da dominação russa, em 1863. A Polônia não tem outro jeito de existir como nação. A Polônia foi um país proibido de existir como nação, então não tinha como deixar de se unificar dessa maneira. Não tem nada que ver com a questão do sindicato ser ou não partido, como se discutiu na época em que eu estava na França, quando começou esse movimento. Tem a ver com a história da Polônia mesmo. E era um movimento limitado. Hoje em dia, a Polônia é governada pelos católicos, é um país onde o Vaticano e o governo estadunidense mandam, porque tem a imigração polonesa que é fortíssima nos Estados Unidos, sendo o segundo maior contingente de católicos no país, depois dos irlandeses, e tem uma influência decisiva sobre a política da Polônia. A Polônia hoje é um país ultrarreacionário, por estar enquadrada nesses limites. O processo de rompimento dos limites do desenvolvimento social da Polônia está ligado ao da queda do poder do império estadunidense, que se colocou a

---

3   Nossa Senhora de Czestochowa (Nossa Senhora do Monte Claro, em português) ou Virgem Negra é a padroeira da Polônia. Seu santuário, no mosteiro de Jasna Gora, na cidade de Czestochowa, é um centro tradicional de peregrinação. O quadro com sua imagem foi levado à cidade em 1382. Os católicos creem que a pintura foi feita por São Lucas sobre uma tábua usada pela mãe de Jesus. Dos muitos milagres atribuídos à Virgem de Czestochowa se destaca o de ter salvo o mosteiro de invasores suecos em 1655, o que a levou a ser oficialmente declarada protetora do país no ano seguinte. No século 20, peregrinações ao santuário foram uma forma comum de protesto e resistência às ocupações nazista e soviética. É dessa tradição que nasce o uso, entre Walesa e seus companheiros do Solidariedade, de um broche na lapela com a imagem da Virgem.

CONTRADIÇÕES QUE MOVEM A HISTÓRIA   **165**

favor do Solidariedade, com o Vaticano. Não foi por acaso que [Karol] Wojtyła era polonês e o elegeram papa João Paulo II. Como não é por acaso que depois elegeram um papa alemão.

Na época, tinha outro sentido para nós, o da revolução política, e fizemos um movimento a favor, mesmo que tivesse essa conotação católica, pois era um respiro contra o Estado soviético.

Estávamos baseados em uma ilusão, que foi a da revolução política. Revolução política era impossível e não sabíamos. Quando aparecia alguma coisa, achávamos que era abertura da revolução política, mas isso fracassou. Tínhamos o Edmund Baluka por lá, que era nosso cupincha, mas era politicamente uma pessoa muito fraca, como todos, como aqueles líderes que pretendíamos alçar a elite política. A revolução política era uma perspectiva falsa, mas como era a de Trotsky, era o nosso fundamento e o de toda a constelação trotskista, apesar das diferenças enormes entre os grupos. Nesse ponto todo mundo era igual, era o próprio Trotsky, não tinha como fugir. A avaliação que podemos fazer: foi um movimento nacional muito forte, um fator importante de quebra da dominação da burocracia soviética sobre a Europa do Leste. Importante, mas não no sentido que imaginávamos que poderia ser. Importante no sentido de processo histórico bem genérico. Começou em 1772, com a negação, a recusa ao direito da Polônia existir. Foi a primeira partilha da Polônia,[4] entre a Rússia, a Prússia e a Áustria, os principais países da Europa Central. Em 1939, o país voltou a ser dividido, a partir do pacto firmado entre Hitler e Stalin, que deu início à 2ª Guerra Mundial. A 1ª Internacional foi fundada com a bandeira da soberania polonesa. E os poloneses seguraram essa bandeira. Coube ao Solidariedade levantá-la de novo. É o que deveria ser entendido. Os trotskistas apenas leem a história de Marx, de 1818 em diante. A infância dele é

---

4   A partilha da Polônia foi assinada em Viena, em 19 de fevereiro de 1772, ratificando um acordo prévio entre Prússia e Rússia, celebrado em São Petersburgo, em 6 de fevereiro de 1772. No começo de agosto, tropas russas, prussianas e austríacas, simultaneamente, ocuparam as províncias acertadas entre seus governos. Os regimentos poloneses resistiram, em particular o de Tyniec (perto de Cracóvia), que aguentou até o fim de março de 1773, e o de Czestochowa. A guerra custou a vida de cerca de 100 mil homens.

mais conhecida do que a dos polacos, do povo polonês. Daí não dá. Falta fundamento para entender as coisas.

Por exemplo, soube-se bem depois, por uma entrevista dada por Zbigniew Brzezinski, ex-assessor de segurança de Jimmy Carter, que ele tinha uma linha telefônica direta com João Paulo II, no Vaticano. Eles conversavam em polonês e Lech Walesa era compadre dos dois. Era ligação direta entre o Departamento de Estado dos Estados Unidos, o Vaticano, Walesa e a cúpula do Solidariedade. O stalinismo falava isso naquela época. E não dávamos bola.

Mas a coisa não é tão simples assim. Não levávamos muito a sério porque íamos arrastados pelo entusiasmo de ver milhões se manifestando. O caráter nacional do movimento polonês era muito forte e se manifestava pela religião católica, infelizmente. Na realidade, nossa visão, nossa esperança da revolução política explica a incapacidade de ver que, pela história da Polônia, o processo não iria além do movimento nacional. Porque se tivesse ido, se existisse um processo de evolução no sentido de estouro da revolução política, os Estados burocráticos iam ruir. Se fosse real essa tendência, o movimento nacionalista faria isso explodir. Mas não fez. Foi a mesma coisa na Hungria, e lá não teve catolicismo. A Hungria sempre foi dividida entre protestantes e católicos. Ser protestante na Hungria tinha um significado particular que não havia em nenhuma outra parte da Europa. Aí tem que ver um pouco com a história da Hungria, a Revolta de 1677[5] dos protestantes. Bom, eram movimentos nacionalistas, na Hungria, na Polônia, na Tchecoslováquia. Na Tchecoslováquia foi bem mais radical, o PC rachou. O único lugar onde o PC rachou. Nos outros

---

5   Vito Letizia se refere à Guerra dos Kurutz, conflito ocorrido a partir de 1677 na região da Hungria que estava sob domínio do Império Habsburgo, onde a população protestante, sob violenta repressão religiosa, se revoltou e expulsou as tropas imperiais. Em represália, foi enviado um poderoso contingente militar para combater os revoltosos. Os protestantes húngaros, acuados, pediram apoio ao Império Otomano (que ocupava outra parte da Hungria), e com este, derrotaram militarmente os Habsburgos. Em 1683 as tropas otomanas chegariam às portas de Viena, promovendo um cerco à cidade. Foram finalmente derrotadas pelas forças da Liga Santa, formada pelo Sacro Império Romano-Germânico, a Comunidade Polaco-Lituana e a República de Veneza.

CONTRADIÇÕES QUE MOVEM A HISTÓRIA   **167**

estava o povo de um lado e o PC de outro. Mas o caráter nacionalista prevalecia. Não se pode prever como as revoluções começam, quer dizer, o processo histórico é imprevisível. Poderia começar pelo movimento nacionalista, que na Polônia necessariamente passaria pelo renascimento do catolicismo. O culto da Virgem de Czestochowa explodiu naquela época. As coisas começam de maneira imprevisível. Mas se existisse uma força motriz no sentido da revolução política, ela apareceria. Só que isso era uma invenção de Trotsky, não tinha nenhum conteúdo real.

No caso da Polônia, a nossa incapacidade de ver além do Walesa estava no sentido de que achávamos que aquele começo valia como qualquer outro. Mas não valia, ficava e morria ali. Não tinha revolução política a estourar. Não existia. Não teve na União Soviética e não teve em nenhum país da Europa do Leste. A destruição da Revolução Bolchevique não ia ser resolvida por uma revolução política. O povo russo se tornou um povo apolítico. A coisa mais difícil por lá era discutir política. Depois, havia a influência da Igreja Ortodoxa. A revolução política foi esta, a religião ortodoxa. O Mosteiro da Trindade[6] agora é um grande centro de peregrinação. Naquela época não ia ninguém, só gente da Europa Ocidental. Os católicos franceses iam fazer peregrinação. Mas agora os russos vão. Antes não tinha russos, tinha turistas. Essa foi a revolução política: o retorno à religião ortodoxa na Rússia.

E no resto foram a nação húngara, a tcheca, a polonesa. E na polonesa, hoje em dia, com aquele governo reacionário, absolutamente conservador e com uma ligação visceral com os Estados Unidos. Ainda mais, o papa João Paulo II sendo polonês, estabeleceu-se o triângulo. Então não tinha nada além e ver isso, para nós, era impossível. É como se você construísse a sua vida toda em torno de uma crença de que quando chegar certo momento o mundo vai mudar a seu favor. Você não vai acreditar que não aconteceu. Você vai dizer: "Mas isso vai acontecer mais tarde". A vida toda nossa organização foi construída em cima da revolução política. Nós não existiríamos se não acreditássemos nela. Essa é a verdade. Então como é que íamos dizer "não vai acontecer"? Não podíamos ver, não havia como.

---

6   O Mosteiro da Trindade-São Sérgio é o mais importante mosteiro russo e o centro espiritual da Igreja Ortodoxa russa. Situa-se na cidade de Serguiev Possad, cerca de 70 quilômetros a nordeste de Moscou.

O fato é que nós não levamos em consideração a ação da Igreja porque, tanto no Brasil quanto na Polônia, pelas causas que você mencionou, a Igreja era um ponto cego. No Brasil, naquela época, a Teologia da Libertação estava em evidência e a Igreja Católica tinha papel importante nos núcleos de base do PT. Daí a achar que ia ser revolucionária...

É, a Igreja foi deixada de lado, não nos ocupamos muito com ela, porque esperávamos pela revolução política, que nunca aconteceu. Na Rússia, ninguém discute política hoje em dia e eles aceitam tudo, menos voltar ao que era antes. Suportam tudo, até suportam o capitalismo selvagem, mas voltar ao que era antes, ninguém quer. Achavam que o capitalismo ia ser de abundância, como na Europa Ocidental, que viam de longe. Era o lugar onde se ia fazer compras e tinha de tudo o que faltava na Rússia. E agora estão vendo que o governo russo subsidia o consumo. O consumo popular é fortemente subsidiado. Por exemplo, se querem comprar um carro japonês, não podem, têm que comprar carro russo, que é ruim. O governo tem que subsidiar violentamente o carro russo, porque senão termina de fechar o país. E tem um monte de gente que trabalha em fábrica de carro, para não falar da indústria siderúrgica e das outras que estão ligadas a ela. Mas o pessoal quer comprar carro japonês ou coreano e tem barreiras alfandegárias absurdas para impedir. Os russos não se conformam e não veem futuro. Então essa é a situação. A Rússia vai desmoronar um dia. Economicamente o capitalismo deles é fajuto. Todo aquele pessoal que vive além do Círculo Polar Ártico e quer se mudar não pode, é proibido, tem barreiras. Se eles mudarem, vão criar problemas de moradia e de abastecimento. Não podem sair.

Existe um processo de domesticação dos movimentos sociais? Por exemplo, o movimento liderado pelo Solidariedade era construído sobre ilusões, e foi depois domesticado. É como se todos os movimentos sociais mobilizassem a população e depois descambassem para outra coisa.

Essa pergunta é feita de forma mais geral, sobre os movimentos sociais. E se refere à democracia também. A única maneira de responder é tratar de um conjunto bem maior. No caso do Solidariedade, era algo muito particular. Os operários andavam com a imagem da Virgem de Czestochowa na lapela, uma coisa muito polonesa. A domesticação dos movimentos sociais, em geral, é algo muito genérico. Diz respeito a dois temas. O primeiro é o operariado se organizar como classe – o que chegou a fazer na segunda metade do século 19 e fez conquistas sociais. O segundo é um processo histórico mais recente, pós-2ª Guerra Mundial, quando o assalariamento passou a ser uma relação de trabalho aceitável pelos trabalhadores, porque o sindicato passou a defender aquelas conquistas e passou a expressar mais fortemente o que os trabalhadores desejavam, porque lhes convinha. Eles levavam uma vida confortável, com um salário bom, e não tinham por que partir para uma invenção de uma economia dos trabalhadores livremente associados, algo que nem sabiam o que era. Ou criar uma cooperativa de produção, como no tempo de Marx, quando as fábricas eram antros de destruição da vida dos trabalhadores. Eles preferiam passar fome, ganhando pouco numa cooperativa de produção, do que se meter numa fábrica. Mas quando obtiveram conquistas importantes, pareceu-lhes uma maneira cômoda de ganhar a vida, ter um bom salário, com horários estabelecidos, direitos de seguridade social, como passaram a ter a partir dos anos 1880 na Alemanha.

Bom, isso acomoda. Então, surgiu o afastamento entre duas alas dos trabalhadores: os que queriam manter as relações de assalariamento e os que continuavam pensando em revolução. Surge a alternativa de reforma ou revolução, surge Eduard Bernstein, a partir da crítica da convicção de Marx de que o capitalismo não ia, no longo prazo, sustentar as conquistas. Bernstein, sem querer, não errava tanto, só que ele não entendeu a teoria da pauperização de Marx. Achava que Marx se referia ao fato de que os trabalhadores seriam cada vez mais pobres. Ele era muito amigo de Engels e Marx e só quando Engels morreu é que começou a falar que Marx errara, a dizer: "Onde está a pauperização? Os trabalhadores estão ganhando cada vez mais". Contudo Marx se referia à partilha do valor criado, dizia que a parte que está cabendo aos trabalhadores é cada vez menor. A mais-valia absoluta está igual, mas a mais-valia relativa está aumentando sempre, e isso funciona até hoje, através da intensidade do trabalho, que hoje em dia é uma demência. Os trabalhadores estão enlouquecendo na linha de montagem. Os proprietários precisam pegar uma parcela cada vez maior para manter a taxa de lucro. E os economistas insistem em que é uma lei de movimento. Marx dizia que isso era uma tendência.

Há, portanto, uma ala dos trabalhadores que se acomoda, se ilude de que o capitalismo manterá as conquistas no longo prazo, procura se agarrar mais à negociação sindical, que é a reforma no curto prazo. No longo prazo, abre para o conflito, tanto assim que Bernstein não traiu, ele passou para o lado de Rosa Luxemburgo quando a briga estourou, no início da 1ª Guerra Mundial.[7] No longo prazo, o que acontece é isso, eles enlouquecem o trabalhador na linha de montagem, ou então abaixam o salário, como estão fazendo na Grécia, na Irlanda. E estão fazendo em Portugal, só que de forma disfarçada, por meio daquela história do recibo verde. De repente seu recibo muda, vira verde, você não tem direito a mais nada.

O que significa o recibo verde?

É uma forma de trabalho que não dá direito a nada. O trabalhador pergunta: "Tem emprego para torneiro mecânico?" Se tem emprego, fica todo feliz, acha que vai receber um salário super bom, mas é empregado no sistema de recibo verde, não tem direito a nada.[8] De repente, o patrão baixa o salário porque diz que a fábrica está mal.

E o trabalhador tem que aceitar?

O recibo é verde. O patrão e o trabalhador que está pedindo emprego acertam entre si.

---

7   O Partido Social-Democrata da Alemanha votou favoravelmente à concessão dos créditos de guerra em 1914, o que permitiu ao país iniciar a 1ª Guerra Mundial. Mas a decisão dividiu a Social-Democracia. Edward Bernstein (1850-1932) votou a favor dos créditos, mas passou a fazer oposição à guerra meses depois, convencido de que o governo usara argumentos mentirosos para mostrar que a guerra era necessária. Rosa Luxemburgo (1871-1919) e Karl Liebknecht (1871-1919) romperam com o partido e formaram a Liga Espartaquista em 1915. Bernstein foi um dos fundadores do Partido Social-Democrata Independente da Alemanha, que uniu os opositores da guerra e ao qual a liga se aliou em abril de 1917.

8   Referência ao recibo emitido por trabalhadores autônomos em Portugal. Normalmente, o trabalhador deve se inscrever junto ao Estado, para declarar o início de uma atividade com fins lucrativos. Depois disso, requisita uma caderneta de recibos, da qual extrai um recibo cada vez que for cobrar pelos serviços prestados. Esse recibo deve conter o lucro líquido e os descontos efetuados para a Segurança Social (11%) e a Fazenda (20%). O valor do serviço prestado deve incluir o Imposto sobre Valor Agregado (IVA), de 21%. Só depois de preencher esse recibo, o profissional pode receber. Embora se chamem verdes, os recibos são brancos.

Mas o reformismo não foi um crivo na prática da esquerda?

Claro. Só que Marx nunca colocou a revolução do jeito que Rosa Luxemburgo colocou, que exagerou um pouquinho, venhamos e convenhamos. Ela achava que tinha que fazer a revolução em janeiro de 1919.[9] Marx nunca se deu prazos tão definidos assim. Ele dizia: vamos fazer a revolução, mas vamos pegar o momento oportuno. Não tem como sair e dizer "é agora, ou a nossa honra estará manchada", como ela disse. Marx não cultivava esse sentido de "lavar a honra dos trabalhadores". Só que os revolucionários, o grupo que Rosa achava que era o centro de gravidade dos trabalhadores alemães, não se mexeram. Ela tinha que ter acendido uma luzinha, posto as barbas de molho e não ter decretado o fim do capitalismo, na Alemanha, para janeiro de 1919. O erro deu aos seus assassinos todo o conforto de matar sem que lhes acontecesse nada. Ela exagerou, mas tudo bem, é uma heroína. Ela e o Karl Liebknecht. Essa foi a divisão da Social-Democracia.

Outra coisa é que um dos fundos dessa questão diz respeito à 1ª Guerra Mundial, quando Lenin disse que a Social-Democracia tinha se passado definitivamente para o campo da contrarrevolução. Acho um exagero de Lenin, porque, na realidade, a burguesia não estava aceitando que a Social-Democracia se passasse para o seu lado. Tanto assim que teve a frente popular, uma série de movimentos fortes e a Social-Democracia não teve trégua, foi combatida como um inimigo a ser destruído pela burguesia, até a 2ª Guerra Mundial. Quando o nazismo foi esmagado, a posição de forças dos trabalhadores foi tão firme, tão sólida, que a burguesia foi obrigada a associá-los à gestão do Estado capitalista. E, evidentemente, a Social-Democracia aceitou, como os stalinistas aceitaram,

---

9   Em novembro de 1918, aproveitando a convulsão social que levou ao fim da guerra e à abdicação do kaiser Wilhelm II, os espartaquistas iniciaram uma ofensiva para instituir a república dos sovietes na Alemanha. Philipp Scheidemann (1865-1939), líder do Partido Social-Democrata tomou a iniciativa de proclamar a República no dia 9, numa manobra para esvaziar o movimento. O novo governo, majoritariamente social-democrata, ficou conhecido como a República de Weimar e Scheidemann foi seu segundo chefe de Estado, depois de Friedrich Ebert (1871-1925). Em janeiro de 1919, os espartaquistas comandaram uma rebelião de trabalhadores em Berlim, duramente reprimida. Rosa Luxemburgo e Liebknecht foram presos no dia 15 e assassinados por integrantes de tropas paramilitares de extrema-direita (Freikorps). Somente em 1999 uma investigação independente do governo alemão concluiu que os assassinos haviam recebido ordens e dinheiro dos governantes social-democratas.

só que com outro linguajar. Fizeram uma dobradinha para sustentar o Estado de bem-estar social. E isso criou um vínculo forte dos trabalhadores com o sistema de assalariamento, via os partidos nos quais estavam organizados. Tinham direitos muito amplos e poder dentro da fábrica, do chão da fábrica, partilhavam o poder com o patrão. Nos segmentos em que não se partilhava foi uma briga constante, mas não nas grandes unidades fabris, como a automobilística, a siderurgia, mineração. Os mineiros se tornaram uma classe nobre dos trabalhadores europeus, foi o que motivou aquela grande briga com a Margaret Thatcher, em 1982, durante três anos, até 1985. Ela queria fechar as minas inglesas, mas os mineiros não queriam que fechassem. Thatcher quebrou a greve de 1984-1985, mas custou caro para ela. Os mineiros recebem até hoje os salários que ganhavam quando estavam nas minas. Thatcher não saiu passeando em cima dos cadáveres deles. O que eles queriam era carvão e não esmola, mas a esmola era boa demais. Thatcher dizia: os trabalhadores colombianos trabalham por um salário menor do que o de vocês, então nós vamos comprar o carvão deles. Mostraram um filme: quem trabalhava nas minas colombianas eram crianças de 8 anos, que ganhavam só a comida para fazer aquilo e era esse carvão que Thatcher estava comprando.

Quando os mineiros foram para casa, ficou aberto o caminho para surgir o *New Labour*,[10] e veio o Mitterrand e fez aquela bobagem.[11] A Social-Democracia estava convicta de que o assalariamento era o sistema de bem viver. Uma

---

10 *New Labour* (Novo Trabalhismo) refere-se ao período da história do Partido Trabalhista britânico que vai de meados dos anos 1990 a meados dos anos 2000, marcado pela ideologia da terceira via para o socialismo, proposta por Tony Blair e Gordon Brown. O nome é derivado do título de um slogan adotado pelo partido em 1994: "Novo trabalhismo, nova vida para a Grã-Bretanha."

11 Em 1981, uma coligação entre o PS e o PC obteve vitória eleitoral na França. O novo governo, presidido por François Mitterrand (PSF), introduziu um programa de reformas sociais, incluindo nacionalizações de empresas estratégicas. Em 1983, alegando razões de ordem financeira, Mitterrand adotou uma política de rigor fiscal ("austeridade"), apoiando a condução do conservador Laurent Fabius ao cargo de primeiro-ministro, o que levou à retirada dos comunistas. Entre 1985 e 1986, o número de desempregados subiu para mais de 2,5 milhões, aumentando a tensão social nas áreas urbanas. A Frente Nacional, de extrema-direita, liderada por Jean-Marie Le Pen, ganhou força nessa situação, conseguindo lugares na Assembleia Nacional nas eleições de março de 1986.

contraposição era a União Soviética, que estava fazendo água, justamente na época em que a burguesia começou a não suportar mais o Estado de bem-estar. Gorbachev dizia que não podia continuar com o ciclo. Realmente, a economia estava girando para trás. Isso não é "domesticação". É, em parte, a evolução do processo histórico dos trabalhadores que realizam conquistas sociais e, em parte, o produto do processo posterior à 2ª Guerra Mundial, em que o proletariado foi dominado por gigantescas burocracias, fortalecidas a partir da derrota do nazismo. As burocracias foram partícipes da derrota do nazismo. Stalin, que nunca teve prestígio na Europa Ocidental, virou herói ao derrotar o nazismo. Trabalhadores que não tinham nada de esquerda viam Stalin como aquele que quebrou Hitler. "Nós quebramos a espinha do Hitler. Nós, Stalin, Roosevelt e Truman". Todo mundo foi colocado no mesmo patamar. O proletariado, com a confiança inabalável nas lideranças, é um proletariado amarrado ao sistema de assalariamento. Quando chegou a hora de quebrar a parceria social que tinham estabelecido, nesse mesmo momento estava desabando a União Soviética, e não tinham como argumentar contra o assalariamento. Então, era uma combinação de circunstâncias, que deu no que se pode denominar de domesticação, mas que, na realidade, parece que não há outra coisa a fazer, a não ser defender o assalariamento até o fim.

A RECUSA DO PS E DO PC DE LUTAREM CONTRA O CAPITAL: O NEOLIBERALISMO VENCE

Em 1979, Margaret Thatcher lançou o mote do neoliberalismo: "Não existe sociedade, o que sempre existe são os indivíduos". Qual é o impacto dessa ideologia em um país em que os laços de solidariedade social são historicamente esgarçados, como no Brasil?

Uma das boas razões que eu insisto na leitura obrigatória desse texto do Denis Collin, cujo título não sei como se traduzirá em português; talvez o tamanho da cadeia, ou da corrente[1] – porque tanto o termo corrente como o termo cadeia tem duplo sentido. Ele fala que o neoliberalismo é uma ficção inventada pelos falsários da história moderna, os interessados em se fazer passar como defensores do puro mercado. Na realidade, são parasitas, vivem num sistema de simbiose com o Estado e, o pior de tudo, o Estado os sustenta por meio de dívidas ilegítimas, para não falar em suas pretensões legais, das defesas que têm quando estão em apertos, o dinheiro público que lhes é destinado: 16 trilhões de dólares para sustentar os bancos estadunidenses. Que história é essa de liberalismo? E agora, aquilo que aconteceu nos Estados Unidos está acontecendo na Europa. Os estadunidenses estão dizendo que não têm nada a ver. Só que isso bate na Europa.

---

1 O título original do livro é *La Longueur de la Chaîne: Essai sur la Liberté au XXIe Siècle* (*L'Inconnu*), publicado pela editora francesa Max Milo (2011). Vito Letizia também aborda o tema nos artigos *Conquistas Sociais x Neoliberalismo: o Povo Francês Trava a Primeira Grande Batalha* (www.oolhodahistoria.ufba.br/02vito.html) e *Brasil 2000* (interludium.com. br/2013/01/31/brasil-2000/).

Os estadunidenses escapam bonito porque fabricam moeda. O que os europeus fazem? Compram os títulos fabricados com moeda falsa. E agora? Agora não podem fabricar moeda falsa também. Estão recebendo em cheio o impacto da salvação dos estadunidenses. Mas o povo estadunidense não está acreditando nessa salvação, então, felizmente, parece que não está como eles gostariam.

Hoje em dia precisa levantar essa questão. Aliás, venho levantando essa questão há um tempo. Mas, todo mundo que fala do neoliberalismo apresenta a questão como se fosse "nós somos os que queremos a defesa dos direitos e eles querem o liberalismo". O liberalismo é do século 19. Quando a burguesia fazia um cálculo errado de investimento ia à falência e ponto, ficava na pobreza, como todo mundo. O filho do empresário falido pegava emprego em outra fábrica. O filho do empresário virava operário na empresa que foi do pai. Hoje é assim? Se o mercado desaba, o empresário desaba junto, certo? Não. Não é bem assim, existem as leis, as taxas que os bancos cobram e não explicam nada para ninguém. As tarifas que a indústria de pedágio cobra sem consertar estrada, e quando conserta, conserta com dinheiro nosso, a juros subsidiados. Com dinheiro que não é nem do público em geral, é do trabalhador, que é a menor taxa, o que recebe menos taxa é o FAT [Fundo de Amparo ao Trabalhador]. E o Lula e a Dilma [presidente Dilma Rousseff] sacam o FAT para dar para os burgueses neoliberais. E o trabalhador tem cinco meses de seguro-desemprego e depois vai curtir a miséria, vai viver à custa dos parentes. Falo em simbiose entre capital e Estado. Thatcher pegou a ideologia neoliberal de que "a sociedade não existe, o que existe é o indivíduo" – o que é uma bobagem, porque ela pretendia administrar a sociedade inglesa; ela tinha tarefas que diziam respeito a uma sociedade e dizia que só existem os indivíduos... Então, fica sossegada Margaret, abandona as suas colônias e vai cuidar da vidinha de cada um em particular, e da tua principalmente, vai cozinhar na sua casa e cuidar de flores. Não é bem assim. É uma falsa teoria.

Mas essa falsa teoria tinha como objetivo promover a flexibilização das relações de trabalho, para permitir ao mercado reger a economia e o crescimento.

É uma discussão meio complicada. No Brasil, tem as leis de Vargas, pela defesa do trabalhador brasileiro, e tem as necessidades da burguesia. São duas coisa que não são tão antagônicas, as leis de Vargas e as necessidades da burguesia, venhamos e convenhamos. A rigidez que Vargas colocou em algumas leis, na realidade, mais atrapalha do que ajuda, mas foram as primeiras conquistas que os trabalhadores tiveram. Os trabalhadores se apegaram naquilo. A tal de flexibilização, na verdade, foi uma necessidade que a burguesia teve de acabar com a CLT e, principalmente, na indústria automobilística, que tem oscilações nos carros produzidos. Quando o pátio da montadora está cheio, eles querem suspender a produção. E o que fazer com os trabalhadores? Continua pagando salários? Pela lei de Vargas, tem que continuar, pelas conquistas elementares dos trabalhadores, tem que continuar. O trabalhador não vai viver de ar puro, só porque não estão vendendo os automóveis no ritmo que querem. O trabalhador tem que ir para casa, pode até descontar de férias, se quiser, mas tem que ganhar o salário enquanto estiver contratado, e as férias têm que ser pagas. Direitos são direitos. Era uma necessidade das empresas acabar com isso. Elas quiseram quebrar a CLT e quebraram.

Os sindicatos estão naquela ideologia de que a única forma de vida na Terra é o sistema de assalariamento. Então, vão ter que aceitar a proposta dos patrões para salvar a fábrica da falência? Temos que dizer: não, a fábrica tem que ir à falência e a sociedade, por meio da administração do Estado, evidentemente, se cotiza para sustentar os trabalhadores inativos enquanto eles não tiverem emprego, com o seguro-desemprego. Sabe o que estão fazendo na Europa? Na Inglaterra? Na Inglaterra, se o trabalhador desempregado não aceitar o emprego que oferecem, perde o seguro-desemprego. Então, essa ideologia da flexibilização, na verdade é a liquidação de conquistas. Que flexibilização poderia ser pensada em outros termos?

Meu pai tinha um monte de revistas do século 19, ele gostava de ler e rever como era o tempo do pai dele. Tinha uma revista ilustrada, *L'Illustrazione Italiane*, que reportava as lutas sociais e movimentos que tinham importância na época. A fábrica tal parou, porque o patrão resolveu baixar os salários. Naquela época, não tinha esse sistema de deixar a inflação correndo e dar aumento, era a libra esterlina. Então, não tinha inflação, se o empresário quisesse baixar salário, tinha que baixar no nominal mesmo. A moeda era rígida, tinha que mudar o sistema monetário, que só mudou depois da 1ª Guerra Mundial.

Eu explicava isso para os meus alunos de história econômica. E acho que precisa continuar explicando. Então, tinha a greve. Mas depois eu descobri, o patrão não tinha coragem de despejar todo o prejuízo que ele estava tendo. Ele baixava um pouco do salário semanal, mas não ia baixar todo o prejuízo, ele achava que tinha que partilhar, como Walras dizia, os trabalhadores têm que ser solidários, então se eles não gastam tudo, tem que botar uma parte do salário num fundo para que a fábrica possa se defender de alguma emergência e o patrão não precise baixar o salário. Uma solidariedade financeira entre os trabalhadores e os patrões. Walras pensava em tudo, mas os trabalhadores não faziam isso, nem os que acatavam Walras, porque o dinheiro era curto. Mas o empresário estava perdendo mesmo, era verdade, não estava simplesmente sacaneando os trabalhadores. Atualmente, os empresários sacaneiam a torto e a direito, e quem tem que carregar nas costas é o trabalhador. Então, tem que flexibilizar porque tem que manter aquela taxinha de lucro, porque está ligado ao sistema financeiro, que está ligado ao lucro financeiro. O que é pago para os acionistas é um lucro de ficção, não é um lucro verdadeiro. É sacanagem em estado puro.

A greve dos mineiros ingleses, a de 1984-1985, abriu um período de retrocesso do movimento de massas, não apenas na Grã-Bretanha (a vitória do tatcherismo), mas em escala global. São posteriores a esses acontecimentos as eleições na França (com a derrota da esquerda), os processos das chamadas transições democráticas nos países latino-americanos e o processo de abertura que desembocaria no fim da União Soviética e na reunificação alemã. Se o movimento é de retrocesso, em escala global, todos os movimentos e mobilizações locais estão fadados ao fracasso, ou seja, a não alcançar seus objetivos?

A questão não é saber se um país pode ter um processo revolucionário, mesmo havendo um retrocesso em escala mundial. O processo revolucionário não é decidido por cúpulas partidárias, mas pelo movimento de massas. Não cabe dar palpite sobre a vontade das amplas massas. Quando há um movimento profundo das massas, isso significa que esse movimento é necessário. Então não cabe condenar ou julgar, fazendo considerações de que no resto do mundo está havendo retrocesso. É possível acontecer o inverso. A Revolta de Cádiz de 1823 aconteceu num momento de retrocesso, logo depois da derrota de Napoleão, e foi vitoriosa. Ela só foi sufocada por uma invasão de tropas francesas. Mas a Revolta de Cádiz permitiu que [Simón] Bolívar se recuperasse da primeira derrota que teve, porque a primeira tentativa de obter a independência da Venezuela fracassou. Foi a Revolta de Cádiz, em 1823, que permitiu a segunda arremetida da revolução venezuelana. O mundo é assim, desigual, os ritmos são diferentes de região para região, não cabe ficar tecendo considerações sobre o momento em que as massas devem se mobilizar.

O que cabe considerar – e é importante – é que o processo de rebaixamento das condições dos trabalhadores europeus já tinha começado, antes da derrota na Grã-Bretanha. Por quê? Porque as organizações do movimento operário estavam numa parceria com a burguesia. O Estado de bem-estar social era um Estado capitalista de bem-estar. Esse acordo estava escrito na relação de forças estabelecida depois de 1945. Tanto os PSs quanto os PCs tinham descartado a hipótese da tomada do poder enquanto partidos revolucionários da classe operária. Eles tomaram de assalto os sindicatos, se instalaram nesses aparelhos e cumpriram a missão de defender os interesses materiais dos trabalhadores, mas dentro dos marcos do capitalismo. Isso já vem desde antes de 1945. Só que o capitalismo não funciona sem uma defesa do lucro, contra a queda tendencial da taxa de lucro. A pressão sobre os trabalhadores começou a aumentar e a única saída era ceder. Na medida em que não rompe com o capital, a reação tanto do PS quanto do PC é ceder. Salvar o capital, salvar o capital, salvar o capital. E fazem isso até hoje, vêm com aquelas leis que impõem a redução das conquistas sociais, previdências e tal, e colocam como fato consumado, não havendo a hipótese de quebrar o poder do capital e eliminar a ingerência da finança no sistema de seguridade social.

A única hipótese, ou possibilidade, seria a expropriação dos meios de produção e repartição dos resultados da atividade produtiva de modo que sustentasse decentemente os aposentados. Não tem como sustentar e manter as conquistas sociais dentro dos marcos do capitalismo. Não tem ninguém defendendo isso. Então, isso já estava escrito e a pergunta se coloca: "Os movimentos locais estão fadados ao fracasso, ou seja, a não alcançar os seus objetivos?" Depende

180 DIÁLOGOS COM VITO LETIZIA

dos objetivos, evidentemente, mas não necessariamente vão fracassar, mesmo que os objetivos sejam altos: por exemplo, a derrubada do capitalismo.

O retrocesso já estava bem inscrito, é bom ter isso na cabeça, pela natureza da parceria que tinha sido criada pelos partidos que representavam a classe operária europeia e a burguesia, mas isso não impedia que houvesse movimentos revolucionários vitoriosos. Ao contrário, poderia modificar os termos da discussão na Europa se houvesse um processo revolucionário no Brasil, que não é pouca coisa. Mesmo se os estadunidenses invadissem – eles não permitiriam uma nova Cuba do tamanho do Brasil –, a celeuma estaria criada. Mas invadir Santo Domingo, como eles fizeram em 1965, tudo bem. Com um batalhão transportado por helicópteros eles resolveram o problema, mas no Brasil não se resolveria assim. Se fosse uma revolução realmente no Brasil, ia ser muito complicado.

Quais são as consequências políticas do fato de as organizações autônomas e independentes dos explorados estarem pulverizadas, fragmentadas e destituídas de ferramentas que unifiquem seu combate ao capital?

A fragmentação é um subproduto. Na medida em que, em função dessas coisas todas que acabei de levantar, começou um retrocesso geral, surgiu o *New Labour* na Inglaterra e o Partido Socialista Francês começou a tomar medidas de perpetuação do sistema. É evidente que o retrocesso gera desnorteio e fragmentação. No caso, a fragmentação é um mero subproduto. Na verdade há uma contradição, pois na medida em que a única saída é continuar no sistema capitalista do assalariamento, os trabalhadores se fragmentam. O movimento do trabalhador se fragmenta porque a saída única não é a dele. É uma unidade impossível, a fragmentação aparece como um subproduto necessário. Seria a partir do partido que se organizaria o conjunto da classe. Mas a pergunta tem uma conotação adicional, porque diz respeito à recusa do partido, da forma partidária da organização, em privilegiar os movimentos sociais. Na medida em que a fragmentação se torna de ordem geral, e toma conta de todo o Ocidente, então surge a recusa. Tem-se a impressão de que o que fracassou não foi a política social-democrata ou a dos partidos comunistas, mas sim a forma partido de organização. Acho que é temerário fazer uma afirmação categórica. De certa maneira é inevitável num primeiro momento – dado o fato de que os partidos tradicionais de trabalhadores recusaram a luta contra o capital – que a forma de organização apresentada pelos partidos seja rejeitada também. Surgem movimentos como o dos Indignados na Espanha e na Grécia. Mas até que ponto isso não é uma coisa passageira? Não se pode afirmar nada, acho arriscado. Mas a própria forma de organização dos trabalhadores em partido, pelo menos neste momento do processo histórico, está rejeitada. É uma constatação que somos obrigados a fazer.

O MOVIMENTO DAS DIRETAS-JÁ

O regime militar se esgotou e nos anos 1980 houve uma "miraculosa" recuperação da capacidade de liderança da burguesia brasileira, combinada com o retrocesso do movimento operário no mundo...

De repente a burguesia virou líder. Por culpa nossa. Por causa da fusão da direção do PT com o movimento das Diretas-Já, em 1984 – o que mostrou que o fenômeno Lula não tinha profundidade nenhuma como representação do povo brasileiro, nem sequer do proletariado. Na realidade, ficou no nível da substituição dos pelegos do PCB. Quando a ditadura decaiu e as massas se levantaram, Lula ficou no papel de pelego e teve que assumir algumas atitudes combativas que até foram ousadas, o que mostra uma certa capacidade, certo talento político que temos que reconhecer. Ele conseguiu preservar sua personalidade no lugar de líder. Mas, venhamos e convenhamos, um lugar de líder naquele momento não se conseguiria por menos. Ele não poderia querer ser um homem encolhido naquele momento de desenvolvimento do movimento operário brasileiro, senão seria defenestrado, seria substituído por outro. Precisava ser um homem ousado e ele foi. Percebeu por ser um homem do povo, que veio do fundo, veio de Garanhuns, veio realmente da base da sociedade brasileira – não estou dizendo da base do sindicato, não, ele já entrou na parte de cima –, então tinha a sensibilidade do povo em relação ao poder. Percebeu que precisaria ser ousado e foi.

Nesse momento, Lula ficou dentro dos limites que se pôs, no papel que se deu, que era o de dirigente sindical dentro do contexto do sindicalismo brasileiro, que reconheceu como bom, essa que é a verdade, porém com a necessidade de ousar para se manter na liderança, naquele momento. Mas não quis ultrapassar aquilo e deu a legitimidade que a burguesia precisava e que não teria sem ele. O momento era de colocar a palavra de ordem "abaixo a ditadura", mas não era de "abaixo a ditadura" com liderança exclusiva da burguesia. Tinha que ter uma liderança operária que disputasse o primeiro lugar com a burguesia. Lula podia fazer isso, mas, em vez de fazê-lo, ele se fundiu naquele Diretas-Já geral. Ele não precisava. Ele podia reivindicar a ampliação dos direitos trabalhistas, como, por exemplo, limitação de 500 hectares para a propriedade da terra, limitação dos poderes do latifúndio. Levantar, só apresentar e isso o diferenciaria. Coisas óbvias que o movimento operário e camponês já tinha levantado e que Lula deveria ter sustentado. Para ele, não podia ser só Diretas-Já. Mas se achatou, se manteve nas Diretas-Já e a burguesia se recuperou, aquela burguesia que estava reduzida a pó, que tinha participado de todo o processo da ditadura. Não tinha legitimidade nenhuma, mesmo Ulisses Guimarães, líder da oposição pró-forma da ditadura, que era o MDB. O MDB era o partido do "sim senhor" e a Arena do "sim". Como a burguesia pôde conseguir toda aquela legitimidade, recuperar o prestígio, no momento em que o PT estava se construindo de uma maneira vigorosa? O PT não precisava se limitar ao ABC, poderia ter extrapolado o ABC.

O movimento das diretas forçou o colégio eleitoral. Tanto assim, que todo mundo das diretas se assentou no colégio eleitoral, com exceção do PT. A maioria da direção da nossa organização [a OSI] achava que Lula era um pelego. Mas a situação evoluiu. Isso foi num primeiro momento em que se discutiu Lula, quando a burguesia o estava projetando como uma nova liderança, em 1978. A voz corrente na OSI era a de que Lula era um pelego, que estava tomando algumas atitudes, mas que estava dentro de uma instituição pelega e não podíamos fugir disso. Quando Lula tomou posições mais ousadas e teve as greves, em 1978, o pessoal da OSI acabou perdendo a cabeça, achou que era realmente a revolução.

Dado o imediatismo que caracteriza esses momentos, Lula foi considerado a sério. Retrospectivamente, é mais fácil entendermos. No calor dos acontecimentos, ficamos um pouco cegos, mas agora, depois de velho, estou vendo como era. Foi naquele momento que Lula "acendeu a lâmpada" e percebeu que tinha que ousar. Aquele homem instintivo de Garanhuns percebeu que tinha que se arriscar. Lula começou a impressionar todo mundo e começou a discussão na OSI sobre o que fazer. A primeira ideia foi entrar em parte no PT, fazer o tal de entrismo previsto na teoria trotskista, que era a posição do Lambert. Demorou anos para mudar isso, porque a posição do Lambert não era fácil de superar. Lambert tinha muita força na nossa organização. Mas fui o que mais resisti, achava que tinha que preservar a OSI. Eu era meio avesso a essas manobras de entrismo. Estava lendo aqueles textos dos anos 1930 e via as barbaridades que Trotsky fez em torno dessa questão do entrismo. Pensei: agora vamos começar tudo de novo, aquelas patacoadas da Oposição de Esquerda. Estava remoendo essas questões e comecei a me apequenar no comitê central, comecei a falar menos, em suma, senti que a avalanche estava chegando. O pior é que tinha os militantes contra mim, que achavam que eu era contra o PT. Achavam que eu estava liderando, organizando, centralizando professores, por causa das minhas longínquas origens como professor. Centralizar é um termo ótimo. Eu não centralizava nada.

Apesar do entusiasmo com o PT, a proposta de entrismo não era unânime. Não tinha PT no movimento estudantil, éramos nós o PT no movimento estudantil [a Libelu]. Mas os trâmites, os passos exatos que a OSI deu não nos interessa muito esmiuçar. O fato concreto é que naquele momento Lula deu a sua grande guinada. Ele arrebanhou e arrebatou o movimento operário e com esse cacife deu de presente à burguesia a liderança das massas. Não teve "recuperação milagrosa" da burguesia, não tem nada de milagre. É o caráter do Lula, a guinada do Lula e o desenrolar dos acontecimentos durante a campanha das Diretas-Já.

O PT tinha a obrigação de levantar junto com as diretas algumas reivindicações de conteúdo democrático, como por exemplo, eleições imediatas para todos os níveis e a liberdade de partidos políticos. Mas fizeram uma condensação. O colégio eleitoral estava implícito. Mas as massas estavam ali, as Diretas-Já eram assim: "Eu quero eleger o meu presidente". Se o Lula não tivesse dado esse aval à forma posta pela burguesia, a massa espontaneamente diria democracia já. Tinha uma convulsão social muito forte que se traduzia como "abaixo a ditadura". Essa convulsão significava os sindicatos reivindicando liberdade sindical e direitos trabalhistas, que era o que acontecia no ABC, e a palavra de ordem que coroava tudo era abaixo a ditadura.

Como a massa traduziria abaixo a ditadura espontaneamente? Ela traduziria por "democracia já". Então destitui a ditadura e põe um comitê, pode até ser um comitê de personalidades do sindicato, da sociedade civil. Derruba a ditadura, põe um governo provisório de personalidades visíveis, pode até entrar a burguesia junto, tudo bem, entra o Lula e todo mundo e institui uma Constituinte, o que for, mas democracia já, liberdade de imprensa, tudo. Seja como for que isso se organizasse, mesmo que com um comitê provisório, transitório, que fosse superconservador, botasse o Paulo Salim Maluf, o Tancredo Neves, tudo o que quisessem, mas o simples fato de quebrar a ditadura num golpe só já seria a revolução. Era isso o que as massas estavam pedindo: democracia já. Agora o que fez a burguesia? Disse: diretas já, eu quero eleger o meu presidente.

Você entende isso como um problema de leitura ou de tradução do que as massas estavam falando? O PT poderia dar um passo além da fronteira aceitável pela burguesia, do colégio eleitoral, radicalizando a democracia?

Eu sempre digo e repito: uma vez confinado o movimento no limite das Diretas-Já, nós tínhamos que apoiar. Fazer o quê? Nós, o grupo trotskista, iríamos querer fazer um buraco no céu? Vamos ser contra as Diretas-Já? Não, temos que apoiar, nós estávamos metidos no rolo e a nossa missão era acompanhar as massas. As massas estavam enquadradas nas Diretas-Já, *mala suerte*, vamos acompanhar as massas. Mas Lula não precisava. Lula era essa pequenez dele. Ele não tinha um horizonte maior do que o horizonte do pelego. Ele achou que precisava ser ousado e pelo instinto do homem do povo, percebeu que precisava ser ousado, foi ousado e se manteve na liderança das massas. Mas não tinha como horizonte quebrar a ditadura e organizar os trabalhadores num partido anticapitalista. Imagina se Lula sozinho, sem ter nenhuma seita decente que levantasse isso no movimento operário, vislumbraria isso com as forças dele. Não podemos nem acusar Lula de não ter chegado a isso. Era a pequenez natural dele, de um homem de Garanhuns que ficou um homem de Garanhuns até agora, diga-se de passagem.

Nós que somos os responsáveis. Nós queríamos fazer do Lula um presidente, ponto. Nós pusemos alguma condição para que Lula chegasse à Presidência? Nenhuma. Então por que vamos acusar o Lula? Trotsky, Marx e Lenin saberiam que chegar à Presidência sem um respaldo de organização mínima do movimento operário, sem o respaldo mínimo de mobilização de massa, seria um presidente dos banqueiros, sem escapatória. Nós conhecíamos o Lula. Nós, os radicais, queríamos que se elegesse o Lula a qualquer custo, então Lula se elegeu a qualquer custo e está feito o negócio. O negócio é com os banqueiros. Mas Lula entregou de presente à burguesia, na pequenez isolada em que se encontrava, por falta de qualquer apoio e sustentação teórica militante.

A burguesia fez os acordos para o colégio eleitoral, não seria demente de quebrar a ditadura e deixar a massa desencadeada na rua. A consequência de enquadrar as massas no Diretas-Já significava colégio eleitoral. E Lula, que não entendeu direito, disse que não entrava. Mas Lula foi doutrinado antes, eles chamaram, Lula disse não. Até foi meio heroico, deram um chá de cadeira nele no xilindró durante três dias, para ele aprender que existe repressão. Depois ele pediu uma indenização por causa desses três dias. Mas Lula deu de presente, poderia ter dito Diretas-Já é democracia já. Alguém estava dizendo? Não.

Mas o fato é que só Lula poderia ter dito isso e ser ouvido.

Direitos sindicais, liberdade e direito de greve amplo e irrestrito, poderia até levantar a questão da terra, mas isso não era absolutamente necessário naquele momento. Quero separar da OSI, porque precisamos dar a dimensão exata do Lula, temos que ser precisos. Lula teve essa dimensão no processo, mas não teve a profundidade histórica de Prestes. Ele exibia uma superficialidade histórica, com o valor de um homem que vem do fundo do povo e de um povo mais sofrido, que é o povo do Nordeste. Ele não tem profundidade histórica porque não representa Canudos, por exemplo, mas representa a pobreza de Garanhuns. É a superfície, aquela pobreza imediata que lhe deu aquele talento do homem que vem do fundo. Com esse talento, abriu seu caminho, porém no nível de superficialidade que era o da sua história. Ele não tinha uma história do tenentismo por trás, como tinha Prestes. Ele tinha a história do sindicato pós-pelegada do PCB. Essa era a dimensão, o tamanho dele. Mas, com talento de homem do povo, abriu seu caminho e se tornou uma liderança genuína, não vamos questionar. Uma liderança autêntica, que deveria ser traduzida num movimento de organização anticapitalista dos trabalhadores nacional e não do ABC e adjacências. Era o papel que lhe cabia, mas ele sozinho, com seu instinto, não podia chegar a mais que isso. Quem é que tinha que ir além? O movimento operário mais profundo. Esse movimento operário não existia no Brasil. Não tinha uma tradição operária. Não estou falando agora de nós, da OSI, estou falando das tradições. Qual a tradição que tinha por trás de Lula? O PCB. Com quem que ele foi se ligar? Com pessoas que tinham uma experiência de militância no PCB. Quem era seu grupo de apoiadores? Pessoas que tinham a experiência de vida política via PCB.

Então, agora, vamos aos fatos. O que era o PCB no movimento operário brasileiro? O PCB era uma fração ínfima. O PCB nunca foi um partido de massas no Brasil. No seu apogeu, o PCB chegou a mil militantes fechados. Tinha as bases estudantis, mas militantes que eram quadros, nunca teve mais do que isso. O PCB cresceu muito por um inchaço nos sindicatos, mas aquela pelegada dos sindicatos era PCB e era outra coisa ao mesmo tempo, não era realmente PCB. O PCB tolerava tudo, era de uma amplitude gigantesca, mais amplo do que o PC italiano, que foi o mais amplo que se construiu na Europa. Então, parecia ser um tremendo partido de massas, mas assim que se reunia e cotizava, a história era outra. Lula se apoiou no PCB para prosseguir, quando quis um apoio ideológico e teórico. Lula, um homem de Garanhuns, não ia procurar um peregrino grupo trotskista. Ele era um homem do povo. O povo, o que é que via? A Rússia no Brasil. A União Soviética, os Estados Unidos no Brasil, isso que ele via. Um homem do povo não busca esquisitices, busca o sólido.

O PCB cumpriu nesse apoio teórico seu papel histórico de trair, capitular e colocar a classe operária nas mãos da burguesia, ponto. Lula não realizou um trabalho de traição, simplesmente fez aquilo que o momento histórico e ele poderiam produzir. Provavelmente, os trotskistas muito pouco poderiam ter feito.

Quero discutir o "trair". Vamos ser moderados no uso desse termo. Não gosto de dizer que Lula traiu, mesmo depois da guinada, em 2003. Mas agora vou dizer mais, o PCB não traiu. Não dá para dizer que o PCB é traidor. Na escola de quadros da OCI, da qual participei, dizíamos que o PC era o partido portador da ciência contrarrevolucionária. Por causa disso nossos militantes aderiam à OCI e não à Liga Comunista Revolucionária (LCR) de Mandel.[1] Podemos dizer que o PCB cumpriu seu papel histórico, mas precisamos especificar. Porque os PCs, em geral, chegaram a assumir esse papel histórico? Porque o Partido Bolchevique foi destruído por Stalin. O Partido Bolchevique foi massacrado até o último representante indireto da Revolução de Outubro. Até a parentela que era apolítica, só por ser filho de fulano, foi exterminada. A preocupação de exterminar estendeu-se aos Partidos Comunistas da Europa do Leste. Assim que a União Soviética ocupou a Europa do Leste, montou processos contra supostos "traidores" para acabar com todos os remanescentes da época da Revolução de Outubro. E a experiência iugoslava aconteceu porque Tito[2] percebeu que seria vítima de Stalin se ficasse na esfera soviética. Como os partisans iugoslavos é que tinham tomado o poder e não o Exército russo na Iugoslávia – porque nos outros lugares foi o Exército russo que tomou o poder –, então disseram "aqui não". Quando Stalin o convidou para ir à Rússia, em 1948, Tito traduziu isso como a pena de morte. Pegou todos os generais russos que estavam na Iugoslávia e mandou fuzilar. Essa foi a resposta que deu à carta de Stalin, fuzilou todo mundo na noite seguinte à carta que recebeu de Moscou e destruiu os últimos vestígios do Partido Bolchevique.[3]

---

1   Ernest Mandel (1923-1995): economista, cientista político e dirigente trotskista.

2   Josip Broz Tito (1892-1980), líder da resistência à ocupação nazista e arquiteto do processo de construção da Iugoslávia como Estado socialista unificado e centralizado no pós-guerra. Enquanto permaneceu no poder, manteve uma política interna autoritária e externa de relativa independência frente a Moscou e ao Pacto de Varsóvia. Em junho de 1949, por determinação de Stalin, a Iugoslávia foi banida de todas as associações de países socialistas. Após a morte de Tito, as mudanças econômicas de retorno ao capitalismo, no fim dos anos 1980, trouxeram à tona as tensões étnicas, políticas e sociais sufocadas, detonando o processo de fragmentação que terminou por dissolver o país.

3   Segundo escreve o cientista político e ex-dissidente soviético Roy Medvedev no seu livro *Um Stalin Desconhecido* (Editora Record, 2006), Tito teria enviado uma carta ao ditador soviético com os seguintes dizeres: "Pare de mandar pessoas para me assassinar. Nós já capturamos cinco delas. Uma tinha uma bomba, e a outra um rifle (...) Se não parar de mandar assassinos, eu mandarei um para Moscou, e um segundo não será necessário."

Os PCs que resultaram desse processo só poderiam servir de sustentação ao capital. Stalin queria a partilha do mundo, não o fim do capitalismo. Uma partilha do mundo com um bom pedaço para a União Soviética, que foi o que ele foi negociar em Yalta.[4] Esses PCs, por outro lado – e vamos aqui fazer uma minúscula concessão a Mandel –, assumiram o papel de defender conquistas materiais dos trabalhadores. Protegendo o domínio do capital, mas defendendo conquistas materiais dos trabalhadores, o que lhes deu credenciais, graças à dimensão que tinham assumido na Europa ocidental, para continuar na liderança dos trabalhadores. Eles partilharam com os Partidos Socialistas a liderança dos trabalhadores por terem defendido as conquistas materiais, mas não a luta anticapitalista, e tinham por trás o prestígio da União Soviética, enquanto o socialismo estava sendo construído lá. Em Paris, os cartazes do PCF diziam: na União Soviética não tem inflação, os salários crescem constantemente, não tem especulação imobiliária e todas as coisas que há aqui. Durante certo tempo, puderam contar com esse respaldo. Até os anos 1970, pelo menos, parecia que estavam construindo alguma coisa, principalmente na época de [Nikita] Khrushev. Quando isso desmoronou, a partir dos anos 1970, os PCs começaram a entrar em aperto, mas continuaram defendendo as conquistas materiais dos trabalhadores e mantiveram seu lugar até a queda do Muro de Berlim [em 9 de novembro de 1989].

Hoje em dia só sobraram os vestígios dos PCs, o importante agora são os PSs. Mas Mandel dizia que os PCs também eram revolucionários. Isso não, eles estavam profundamente imbuídos da defesa e do domínio do capital e usavam, realmente, toda uma arte, uma ciência contrarrevolucionária para manter o capital no poder. Agora, defendiam as conquistas materiais dos trabalhadores, o que lhe dava o prestígio que tinham, ponto.

---

4 A Conferência de Yalta foi um conjunto de reuniões realizadas de 4 a 11 de fevereiro de 1945 na estação balneária de Yalta, às margens do Mar Negro, na Crimeia. Foi a segunda das três conferências em tempo de guerra – entre Teerã (fim de 1943) e Potsdam (julho de 1945) – a reunir os líderes das principais nações aliadas: Franklin D. Roosevelt (Estados Unidos), Josef Stalin (União Soviética) e Winston Churchill (Grã-Bretanha). O objetivo foi dividir o mundo pós-guerra em "zonas de influência" entre as potências vencedoras.

A OCI, que depois se acoplou à *Force Ouvrière*,[5] virou uma organização burocrática e pelega. Mas naquele momento tinha uma discussão coerente, com intelectuais de peso, que, aliás, foram expulsos do seu comitê central, não por acaso. Tinha intelectuais que mereciam respeito, como os historiadores Pierre Broué e Jean-Jacques Marie, o teórico Gerard Bloch e Stéphane Just, um operário autodidata que raciocinava sobre o marxismo, falando coisa com coisa. Just leu *O Capital* letrinha por letrinha, os três livros. Com todo o esforço que teve que fazer, como operário da RATP, o metrô de Paris, e não como um bando de jovens, tipo Daniel Bensaïd, que ficavam tergiversando e acompanhando as ondas, as modas da esquerda ou o movimento feminista. Eu queria uma análise correta, que me apresentasse os textos de August Bebel,[6] um feminista do século 19, e não simplesmente que ficássemos correndo atrás de feministas americanas que queimavam os sutiãs. Eu queria, em primeiro lugar, uma definição clara do stalinismo. Até toleraria um grupo que seguisse com um pouquinho mais de seriedade os movimentos de minoria, desde que me dissesse alguma coisa séria sobre o stalinismo. E não o "muito antes, pelo contrário, porém, ao mesmo tempo, eles eram incoerentes...". E aí fui para a OCI. Para desgosto da Magda Zanoni,[7] minha amiga do Rio Grande do Sul, que estava em Paris e me assessorou nos meus primeiros meses lá. "Você está cometendo um erro, a OCI é sectária", ela me disse, quando contei minha decisão. "Não, ela pode até ser sectária, mas é séria. Eu prefiro um sectário sério ao não sectário superficial. Depois eu vou ver o que vou fazer com o sectarismo deles", respondi. E eu vi, caí fora: "Mas essa superficialidade da discussão que vocês fazem não me serve".

---

5   *Force Ouvrière* (Força Operária – FO), confederação sindical francesa, criada em 1947. É a terceira mais importante do país, depois de CGT e CFDT. É associada à Confederação Sindical Internacional (CSI), fundada em Viena (Áustria), em novembro de 2006.

6   August Bebel (1840-1913), um dos fundadores e principais dirigentes do Partido da Social-Democracia Alemã. Seu livro *A Mulher e o Socialismo*, publicado em 1879, é uma das primeiras obras marxistas a abordar a questão da emancipação da mulher.

7   Magda Zanoni, bióloga e socióloga, foi dirigente do grupo Fração Bolchevique Trotskista, criado pouco depois do golpe militar de 1964. Exilou-se na França ainda nos anos 1960. Atualmente, é pesquisadora do Laboratório de Dinâmicas Sociais e Recomposição de Espaços, do Centro Nacional de Pesquisa Científica da França. Entre 2003 e 2009 trabalhou com o Núcleo de Estudos Agrários e Desenvolvimento Rural do Ministério do Desenvolvimento Agrário.

Fiquei amigo de Magda, morei na sua casa durante um tempão, ela continuou conversando comigo normalmente, sem problemas. Mas foi o que eu vi da OCI.

Voltando à questão, esse foi, portanto, o PCB sobre o qual o Lula teve que se apoiar. O que o PCB fez? Sem trair ninguém, conduziu Lula para o leito de Procusto[8] dele, molde da burguesia. Era o que Lula tinha. Vamos acusar Lula de não ter sido trotskista? Então não vou dizer que Lula traiu.

No mínimo, ele não foi sensível ao apelo do povo.

Não, o povo não fez apelo nenhum. O povo fez um movimento contra a ditadura, que tinha esse significado: abaixo a ditadura. Não era Diretas-Já. O povo fez essa tradução certinha.

O fato é que Lula liderou um determinado movimento com o apoio teórico de quem podia ou de quem estava à disposição e enquadrou esse movimento e o entregou à burguesia.

Lula não o entregou à burguesia. Ele aceitou o molde da burguesia porque não tinha ninguém oferecendo outro molde. Não tinha ninguém reclamando democracia já e não diretas já. Não tinha ninguém. O PT tinha um núcleo interno, a Articulação,[9] que estava sob a influência do PCB. Só podemos acusar o Lula de não ter sido trotskista, pois em quem ele iria se apoiar, se não nessa gente? E essa gente traduziu o PCB. O que dizia o PCB? Tem que entrar nessa fôrma. A fôrma da burguesia era aquela. Essa fôrma conduziu ao colégio eleitoral. Claro que o Lula não podia entrar no colégio eleitoral. Mas sair do colégio

---

8   Na mitologia grega, Procusto era um bandido que vivia na serra de Elêusis. Em sua casa, tinha uma cama de ferro com o seu tamanho exato, para a qual convidava todos os viajantes que hospedava a se deitarem. Se o hóspede fosse demasiadamente alto, ele amputava o excesso de comprimento para ajustá-lo à cama; os que tinham baixa estatura eram esticados até atingirem o comprimento suficiente. As vítimas nunca se ajustavam ao tamanho da cama porque Procusto, secretamente, tinha duas camas de tamanhos diferentes. Finalmente, foi capturado pelo herói ateniense Teseu que, em sua última aventura, prendeu Procusto lateralmente em sua cama e cortou-lhe a cabeça e os pés.

9   Articulação – Unidade na Luta (AUNL) é a designação adotada a partir de 1993 pela principal tendência interna do PT. Corresponde à corrente hegemônica no partido desde praticamente sua fundação, quando era conhecida como Articulação dos 113, ou simplesmente Articulação.

eleitoral àquela altura, qual era o significado que tinha? Uma alternativa? Não mais. Podia até expulsar os que votaram. Foi importante, mostrou que ele era autêntico, que não traiu.

Quando Lula deu a guinada em 2003, poderíamos sustentar uma versão de traição, segundo a qual ele tinha feito promessas que não cumpriu. Eu poderia falar em traição em 2003. Mas pondero que, sem respaldo de massa, ele estava condenado a trair. Ele tinha feito promessas, mas quando chegou à Presidência, se abraçou com os governadores e foi fazer o contrário. Isso é uma traição às palavras que ele próprio tinha dito e que eram um compromisso. Não eram palavras vãs, eram um compromisso dele com os trabalhadores que confiaram nele, então podemos falar, em 2003, em traição, mas acrescento: uma traição sem respaldo das massas.

Assumida essa premissa, podemos dizer que a ampla mobilização das massas pelas diretas só poderia desembocar na eleição indireta de Tancredo pelo colégio eleitoral, preservando-se os aspectos fundamentais do Estado brasileiro, legítimo herdeiro da ditadura, com a institucionalização da "democracia" na Constituinte de 1988?

A premissa não vale. Não se pode dizer que o processo deveria desembocar necessariamente no colégio eleitoral. Necessariamente, não. Ele foi enquadrado de maneira que desembocasse, mas não necessariamente. Não aceitamos a premissa de que a situação de retrocesso no mundo determinaria o destino da luta pela derrubada da ditadura no Brasil. A resposta é que não era necessário esse desfecho, mas aconteceu por razões próprias do Brasil.

O caminho institucional tinha o "mérito de confirmar a democracia". Qual poderia ter sido a alternativa?

Essa é uma discussão um pouco mais complicada. O caminho institucional era o caminho inicial, praticamente obrigatório. Não se pode começar um amplo movimento de massas profundo, em que as multidões saem às ruas, partindo de chofre contra as instituições. Elas começam forçando as instituições e isso significa uma abertura democrática imediata. Nós não devemos esconder o fato de que as instituições não vão quebrar o poder do capital, isto é, que dentro do quadro das instituições será impossível. Mas não vamos também impedir que o movimento se sirva das instituições e force seus limites. Isso é inevitável. Nós não temos que decidir essas coisas. O processo se desenvolve por si, pela própria força. Então: "mérito de confirmar a democracia", isso não. As instituições são aceitas como tais, só que são transformadas, passam a ser veículos de outra coisa. Isso significa rachaduras nas instituições e a crise revolucionária. "Confirmar a democracia" é uma questão que não se coloca. "Qual poderia ser a alternativa?" Não tenho. O que sei: não pode passar pelas instituições, tem que passar por outro lugar, por onde for necessário passar. De repente, passa pelo Congresso decidir as eleições diretas imediatas. O que nós vamos fazer? Tem que aceitar. O ideal seria que o Congresso se demitisse e a instituição Congresso desaparecesse e que se criasse um conselho popular. Mas nós não podemos dizer "Não. Não. Faz o conselho". Temos que aceitar o movimento. A não ser que as massas estejam organizadas em grandes partidos revolucionários e anticapitalistas. Então podemos dizer: "Esse Congresso tem que dar o fora, já. Não aceitamos essa instituição porque é podre e não vai nos levar a nada de bom". Mas estaríamos com força, e seria outra história, pois a correlação de forças estaria a nosso favor.

Temos que ser a favor do movimento tal como ele se apresenta. O processo cria novas lideranças. Na realidade não são lideranças revolucionárias, mas que se projetam dentro de um processo de transição, elas vão ser as primeiras a serem tomadas como referência. As massas vão se servir dessas lideranças, mas logo vão descartá-las no processo, na medida em que elas se recusem a avançar e caiam fora. Não se poderá dizer que está errado, que não é uma liderança autêntica. As massas vão fazer a experiência delas com aquele líder, não tem jeito. Não se pode dizer qual é o líder que elas têm que escolher. Num primeiro momento, se um líder fizer uma demagogia para se manter à cabeça das massas e apoiar as reivindicações que são reclamadas na rua, tipo Ulisses Guimarães, é o primeiro que passa a ser a liderança. Mas até onde vai? Dali a pouco acaba travando, entra em choque com as massas e é descartado, entra outro. O processo terá essa forma.

A CONSTITUINTE SEM SOBERANIA DE 1988

Quais as razões para a burguesia brasileira implementar a Constituinte de 1988?

Na verdade a burguesia não queria Constituinte e não teve uma Constituinte. O Brasil nunca teve uma Constituinte decente. Nem a de 1824, nem a de 1891, nem a de 1934, nem a de 1946 – e não vou falar da ditadura, a ditadura não teve Constituinte, teve reformas constitucionais –, e nem a de 1988. O Brasil nunca foi sério nessa parte e não pretendia que fosse uma Constituinte. Ou somos rigorosos em termos de ciência política ou brincamos. Acho que temos de ser rigorosos. Uma Constituinte significa uma reconstituição do regime político. E essa reconstituição deve ser feita pelo povo livremente organizado. Isso nunca aconteceu. As Constituintes que se formaram não tiveram soberania. Ou seja, o povo nunca teve soberania. A de 1824 – outorgada por d. Pedro I – foi a melhor Constituinte possível, porque ele era a pessoa com ideias mais avançadas no Brasil. Em 1891, foi uma Constituinte reacionária, que regrediu em relação à do Império, e em 1946 foi aquele horror. A melhorzinha, durante a República, foi a de 1934, mas mesmo assim não cumpriu com os pré-requisitos de uma Constituinte soberana. Ou seja, o Brasil não teve uma Constituinte decente, mas não era intenção da burguesia tê-la.

Em 1988, quiseram fazer um teatro para mostrar que eram democratas e estavam recriando um regime político cidadão no Brasil. Em suma, criaram um teatro de cidadania para fazer o povo acreditar que estava sendo implantado um regime democrático no Brasil. Isso é muito típico da chamada classe política brasileira. Era a intenção e o objetivo da burguesia, que conseguiu inteiramente seu objetivo. E não temos nada que responder a respeito, isso é natural da burguesia.

O que temos que responder é a nosso respeito. Levantamos a bandeira da Constituinte como sendo um ponto de apoio para a revolução no Brasil, demos ao tema uma importância que não tinha. Acreditávamos que íamos conseguir impor a Constituinte soberana e me lembro de que fui um dos encarregados de explicá-la – porque sempre fui um grande leitor de Revolução Francesa e, supostamente, seria um doutor no assunto. Eu me senti muito mal na minha tarefa de explicar a necessidade de defender uma Constituinte no Brasil naquele momento. A discussão começou vários anos antes, porque já tinha sido feita a anistia, os ex-presos políticos e exilados já estavam todos de volta ao Brasil, já estava todo mundo prometendo a Constituinte. Mas a burguesia estava enrolando, na verdade estava vendo como o movimento de massas ia se comportar, como ia se comportar o PT e até que ponto ia conseguir controlar isso. E terminou saindo em 1988; aliás, o PT, nessa altura dos acontecimentos, já tinha participado de uma eleição estadual.

Fui encarregado de explicar a Constituinte logo antes de sair da OSI. Eu já estava muito mal na organização desde que voltei da França, em 1984, e me deparei com um cenário ruim aqui, vindo de um cenário muito ruim na França. Pararam de confiar em mim e eu parei de confiar neles. Lambert havia alertado os demais membros do birô político, por telefone, de que eu era um partidário de Stéphane Just, o que não era verdade, e poderia, eventualmente, criar uma corrente no Brasil, o que causaria incômodos para a organização brasileira, pois eu teria autoridade suficiente para fazer isso. Mas nem me preocupei em abrir a boca e nem mencionei o nome de Just, nem para a direção, nem para nenhum militante. Mas é evidente que senti que aquela organização não ia para lugar nenhum. Eu era solicitado por militantes que queriam saber o que deviam fazer, se não tínhamos que lançar uma campanha contra o burocratismo, por exemplo. Mas fui encarregado de defender a Constituinte e me senti muito mal, porque não conseguia fazer os militantes entenderem o que é uma Constituinte, fracassei como instrutor de assuntos de Constituinte. O termo instrutor não é casual, eu me mostrava um instrutor. Instrutor, não professor. Instrução é o termo

CONTRADIÇÕES QUE MOVEM A HISTÓRIA   **197**

correto, isto é, tenho a obrigação de dizer como funciona uma Constituinte e ouvi-los, ponto. Devo me limitar ao papel do instrutor: dar informações que eles não têm e ouvi-los. Não é o professor que vai formar um pensamento num debate com o aluno. Não, eu não estava formando nenhuma corrente de pensamento, queria que dissessem o que achavam e eu dava informações.

O que é uma Constituinte? O povo francês se levantou, é assim que funciona. O povo se levanta e exige a sua participação, ser consultado sobre os rumos do país do qual é cidadão, supostamente – pois no momento ainda não é, mas aspira a ser cidadão. No Brasil, havia uma aspiração subjacente que se manifestava na mobilização contra a ditadura, a de ser cidadão. E então eu queria ouvir o que os militantes tinham a dizer. E ouvia cada coisa que me deixava estarrecido. O que eu deveria fazer? Contestar? Não. Achava que meu dever era ouvi-los simplesmente e não contestar, pois naquela altura não estava mais navegando no navio do Lambert, estava navegando na minha canoa e estava cumprindo a minha tarefa de instruir as pessoas sobre a Constituinte. O povo não se mobiliza porque tem uma compreensão exata do que é uma Constituinte, mas sim porque quer ser cidadão. Esse sentimento não aparece no militante, porque ele pensa que isso é um trampolim para o socialismo. Ou seja, que é a revolução social e que passará de roldão por cima da burguesia, que tentará nos cavalgar, mas nós não vamos deixar, vamos derrubá-los do cavalo, só que no momento somos o cavalo. E o cavalo nem sempre derruba o cavaleiro. Mas o que ia dizer? Ia contestar? Sabia algo sobre Constituinte, agora se a revolução socialista ia passar de roldão, isso eu não dizia para eles.

Em 1986, caí fora da OSI e disse: essa Constituinte será como a burguesia quer. E foi. Até achei bonito, já fora da militância, que o PT não tenha assinado. Pensei: olha, ainda sobrou alguma vida, realmente pode-se depositar esperanças no Lula. Eu depositei esperanças nele, depois fui me formando, relendo Trotsky e Marx, principalmente. Comecei a ler todo mundo. E comecei a fundamentar mais as minhas ideias sobre a Revolução Alemã, a Revolução Italiana, tudo, até a história da Revolução Inglesa de 1640. E sempre estudando o Oriente também, porque eu queria desvendar algumas relações que sempre foram uma curiosidade particular minha, desde antes de ser marxista. Mas ainda depositava esperanças no Lula, e pensava que de repente ele seria colocado numa situação e teria uma relação de peão, seria apoiado pela massa. Mas, a partir de 1993 e 1994, comecei a ver que Lula estava firmemente engajado numa política de conciliação e de enquadramento. Comecei a tentar me explicar por quê isso, comecei a reler um pouco a história do Brasil, a história do movimento operário brasileiro. Casualmente eu estava no Cemap e desencavamos alguns documentos interessantes da Oposição de Esquerda, produzidos no Brasil e não inventados por Trotsky sobre a América Latina, pois antes a nossa cartilha era aquilo que Trotsky escreveu sobre o bonapartismo latino-americano, mais nada. Como estava no Cemap, pude me aprofundar sobre essas coisas, comecei a ler a história da Argentina.

É importante saber como nós nos comportamos: como se a Constituinte fosse um trampolim para uma revolução social, o que é uma bobagem, o correto seria esperar que a Constituinte funcionasse como uma Constituinte soberana. O que significa o povo exigir aquilo que sempre lhe foi negado, o direito de ser cidadão com pleno acesso à terra, ao espaço urbano e ao direito de decidir a política do Brasil. Essa aspiração não apareceu naquele momento, ela apareceu via PT, apareceu distorcida.

Na época defendíamos a tese de que uma Constituinte tinha que ter Poder Executivo, Legislativo e Judiciário.

Claro. Poder soberano é isso. A Constituição francesa de 1793 funcionava assim. Não o Judiciário do dia a dia, mas o Judiciário supremo, obrigatoriamente tinha que ter. Eram essas as instruções que eu dava. Por que eu achava que minha obrigação era dar instrução? Porque queria ver como os militantes agarrariam essas informações, porque eram eles que tinham que agarrar. Fiquei desolado, do ponto de vista do instrutor. Porque o instrutor gosta de sentir a repercussão, quando coloca detalhes do conflito que ocorreu na França e explica com certa veemência. Eu me entusiasmo, vocês sabem, me empolgo: com Robespierre, essas coisas. E os militantes eram um gelo só, desinteresse total. Quer dizer, eu parava a minha narrativa, me recolhia à minha insignificância de rato de livraria e declarava aberto o debate. E cada um falava: "O socialismo, não sei o quê...". Tudo bem, estava encerrada a reunião.

Por que não funcionou naquele momento? Não funcionou por causa do PT, agora eu posso dizer claramente. Aquilo que expressava a aspiração do povo brasileiro de retomar a sua luta para se constituir como nação e criar a cidadania que nunca teve se manifestava no PT, e o PT dava os limites, que eram os seus limites. E nós expressávamos isso, não transcendíamos os limites do PT. Nós. Eu estava falando para militantes, eu não estava falando para o PT, estava falando para militantes da OSI. Foi depois disso que eu saí, fui embora. A última tarefa significativa que tive na OSI foi essa, depois não surgiu mais nenhuma tarefa importante. Fiquei como uma espécie de penduricalho do comitê central, em que ficava calado, até que saí. Todo mundo com medo: o Vito vai sair e vai criar uma corrente. Telefonaram para a França: o que fazemos? Eu ficava sabendo, mais ou menos, mas ficava calado. Eu não sabia como responder. Ia bancar o liderzinho radical de oposição? Não me interessava.

Do ponto de vista de alguns membros da direção da OSI, a Constituinte seria um ponto de apoio para a revolução socialista?

Não. Seria por um processo revolucionário que a burguesia não controlaria, no qual o PT tomaria o lugar desta. O PT, evidentemente, não deixaria de fazer a revolução, não ia deixar de aproveitar essa oportunidade de abrir as portas a um processo revolucionário que tenderia à retomada do avanço para o socialismo.

Mas esta visão não era coerente com a perspectiva da organização, de que a ditadura militar era o Estado burguês no Brasil, que seu fim significaria um abalo no Estado burguês e isso abriria a perspectiva da revolução?

Não. Acho que era uma hipótese que deveria ser levantada. O abalo era uma hipótese. No caso, a burguesia conseguiu reduzir esse abalo ao máximo. Mas foi um momento de grande agitação, sem sombra de dúvida. Agora, não era obrigatório que ficássemos limitados ao grande líder Tancredo Neves. Isso não era obrigatório, não tínhamos uma previsão tão pessimista assim, que o grande líder brasileiro terminasse sendo Tancredo. Eu tinha lido a biografia do Tancredo, uma vergonha, ele era reacionário de tudo, sempre esteve na oposição de direita em todos os episódios significativos dos quais participou. Sempre na extrema direita em todos os episódios.

Atrasado ao extremo.

De repente, Tancredo virou o líder dos grandes revolucionários de esquerda. Mas ele não foi colocado lá por acaso, era muito prudente, só abria a boca quando achava que não ia chocar ninguém. Isso criou uma longevidade política que lhe permitiu navegar em diversos mares. Na realidade, mais do que um grande direitista, foi um grande "raposão" político. Ele sempre foi de centro-direita, mas, quando era conveniente, ia para a direita. Nunca vacilou em estar na extrema direita. Estava a favor do golpe no tempo de Jango, por exemplo.

A Constituinte de 1988 expressava as forças sociais naquele momento?

Expressava um equilíbrio de forças. Isso é o óbvio, mas nem chega a ser uma resposta. Acho que precisam ser colocados os limites que o PT tinha se dado. A nossa discussão se colocava nos seguintes termos: o PT não vai aceitar a transição por meio do colégio eleitoral, o PT vai transgredir, nós acreditávamos nisso. Sei que eu estava dentro da OSI quando discutimos a questão da possibilidade de colégio eleitoral ser levantada pela burguesia e não com a ditadura. A burguesia estava tendendo a apoiar uma saída intermediária, antes de conseguir os "objetivos maiores do povo brasileiro", naquele linguajar que ela usava. Estavam muito difundidas na OSI, eram muito fortes as ilusões de que o PT não aceitaria o colégio eleitoral, que romperia e mobilizaria as massas. Era muito forte isso. Eu não contestava, tinha minhas dúvidas internas, íntimas, mas não descartava essa hipótese. E já que não descartava, não ia ficar falando, fazendo tremendos arranca-rabos sobre se vai ou não vai. Arranca-rabo sobre previsão do futuro é típico da discussão xarope. Lula vai ou não vai romper? Melhor dizer não sei e encerrar a discussão. Mas eu acreditava, era uma hipótese que eu não descartava. Depois, quando não rompeu, não me surpreendi. O verdadeiro equilíbrio de forças seria dado pela disposição do Lula em romper, caso a Constituinte não fosse soberana e se passasse por um colégio eleitoral. O PT decidiu não participar do colégio, mas limitou-se a isso. Naquele tempo o PT tinha um certo radicalismo autêntico. A possibilidade de ruptura é que dava o verdadeiro equilíbrio. Era isso o que a burguesia temia e soube que não ia acontecer. Não posso provar nada, mas acho que mantinham contato. Alguém deve ter conversado com alguém, que deve ter sondado alguém, isso deve ter acontecido nos bastidores. E deve ter dado a serenidade de alma à burguesia para fazer o que queria fazer. Se a burguesia tivesse certeza de que Lula romperia, no mínimo adiaria o processo até a ditadura cair de podre e realmente conseguir fazer as Diretas-Já. No mínimo ia fazer isso, não ia ser louca. Enfrentar os trabalhadores do ABC face a face, num jogo de força? Acho que não. Mas é opinião, é uma hipótese que estou levantando.

O equilíbrio de forças, em cima da posição de ruptura, traz a questão do horizonte limitado de Lula, do núcleo de sindicalistas. Supostamente, nosso papel era mostrar que o horizonte deles era limitado e que o horizonte necessário ao povo brasileiro, a aspiração real do povo brasileiro, era maior do que simplesmente diretas já.

Mas você também diz que as Diretas-Já não se contrapunham a uma plataforma de reivindicações, à reforma agrária...

Isso não é plataforma de reivindicações.

É o quê?

Não confunda: estou dizendo diretas já, mas com livre acesso à terra. Estou falando de bases necessárias para a formação, a construção do cidadão brasileiro, que são aspirações profundas e enraizadas no processo de emancipação do povo desde 1822. Reivindicações são outra coisa. Eu estou falando da base da cidadania.

Dá para dizer que por isso nunca fomos uma nação soberana, pelo fato de que nós nunca tivemos uma Constituinte soberana?

Claro, claro. Estou falando de bases da cidadania. Diretas já com real conquista da cidadania, o que significa: acesso à terra, fim do abuso da apropriação do solo urbano.

Sim, mas quem deveria garantir isso? O Poder Executivo?

Não. Era a nossa missão levantar essa necessidade. O povo brasileiro reagiria ou não. Isso não importava. Mas para o PT se colocar como força contraposta, diferente da burguesia, que estava levantando diretas já e ponto, para que o PT aparecesse como uma força que transcendesse esse limite dado pela burguesia, era necessário, obrigatório, colocar essas questões. Colocar como questões não resolvidas. Quais são as questões não resolvidas pelo povo brasileiro? O acesso à terra, a apropriação do solo urbano, que expõe o rebaixamento da cidadania, que é o que se manifesta nas favelas,[1] imposto pelo Estado, que hoje em dia está numa violência extrema. Isso significa negação da cidadania a uma parte da população. Naquela época já existia, e nós sabíamos, isso vem de muito tempo e reflete a real formação do país.

Nós precisávamos levantar essas questões fundamentais no processo de Constituinte. Assim, as pessoas teriam pelo menos um pouco de vergonha de nos contar que a Constituição de 1988 foi uma Constituição cidadã. Se o PT abraçasse essas lutas, o povo pegaria. Só que nós não falávamos e o PT não tinha esse horizonte. Nós não levantávamos nada. Se tivéssemos levantado, já que o PT naquela época era radical e não quis participar do colégio eleitoral, de repente uma parcela ficaria brava e passaria a levantar essas questões não resolvidas. No mínimo criaria uma celeuma dentro do PT. E se o PT agarrasse, seria um Deus nos acuda. A burguesia teria que esperar a ditadura apodrecer, mas os estadunidenses – nosso patrão verdadeiro – queriam um prazo para terminar a ditadura. Eles queriam a ditadura no poder até se criar um regime constitucional substitutivo, mas tinha que ter um prazo. Eles sabiam que a ditadura não poderia se sustentar indefinidamente. O investimento financeiro precisava de serenidade social, para que o Brasil fosse incluído entre os países emergentes, que naquela época não eram emergentes, eram subdesenvolvidos. Os economistas têm suas necessidades também.

Como explicar a aprovação de certas leis progressistas na Constituição, como o Estatuto da Criança e do Adolescente (ECA) e a participação dos trabalhadores nos lucros, ao mesmo tempo em que foram mantidas várias leis excludentes do período da ditadura?

Não tinha como, naquele momento, não fazer concessão nenhuma. Só que a burguesia brasileira não é a europeia nem é a hispano-americana, que são mais coerentes. A burguesia brasileira não cumpre a lei, faz grilagem, não paga imposto e depois tem perdão...

---

1 Vito Letizia discute mais a fundo essa questão no texto anexo, *Favelas Brasileiras, um Universo Heterogêneo e Contraditório.*

A Constituinte institucionalizou a medida provisória, que é o equivalente do decreto-lei da ditadura.

Pensa bem: alguém em nome do povo ficar discutindo se tem medida provisória ou não numa Constituição. O povo não participou de nada no processo de criação da Constituinte, que foi a velha politicagem tradicional que votou, inclusive todos os direitistas do tempo da ditadura, que votaram e se instalaram, agora legalmente.

Mas o povo também não discutiu o ECA.

A burguesia brasileira é a burguesia brasileira. Ela colocou coisas na Constituinte para não cumprir. Aliás, disseram que não se poderia mexer no texto da Constituição por um prazo de, no mínimo, cinco anos. Isso é ridículo, porque uma Constituição, teoricamente, deve durar muito, séculos. A burguesia não respeitou nem os cinco anos, quis mexer antes. E o que não gostou, simplesmente não regulamentou, ficou no limbo.

Sempre funcionou assim. Por exemplo, a Lei de Terras de 1850: eles ficaram com uma preguiça tremenda, e quando finalmente foi regulamentada, em 1854, se tornou inviável. Tinha um artigo na Lei de Terras, que estava na regulamentação, que dizia que toda terra devoluta tinha que ser vendida pelo preço de mercado.

A Lei de Terras era impossível de ser cumprida, nem os latifundiários cumpriram, pois tinha que ter um sextante, um cronômetro de precisão, um especialista pago a 200 libras para fazer todas as medições e determinar as terras devolutas a serem vendidas, com definição cartográfica de meridianos e paralelos. Pode? Alguém sabia qual era o meridiano que passava pela fazenda dele, qual era o paralelo? Ninguém sabia. Simplesmente, a pessoa tomava conta da terra, mancomunada com o governador e pronto.

Além do que 200 libras era muito dinheiro. Quem podia pagar?

Imagina um posseiro que teoricamente deveria registrar, tinha direito de registrar, só que ele tinha que sair atrás de um comandante de navio que tivesse um sextante e um relógio de precisão e que exigiria 200 libras, fora a viagem e a estadia, para ir lá para o interior. Esquece.

E a questão da substituição do decreto-lei da ditadura pela medida provisória?

Criaram um sistema que era para funcionar como na ditadura, com a salvaguarda deles. Porque se quiserem que não funcione, fazem não funcionar. Mas na Constituição está escrito que o Congresso tem direito de opinar e poder para derrubar medidas provisórias. Em geral, os parlamentares não derrubam porque não estão interessados. Fazem apenas ameaças: "Se o governo não fizer isso e aquilo, nós vamos impedir que essa medida provisória prossiga". O que faz o Congresso? Faz comissão de inquérito. Intriga. Um fica denunciando a sujeira do outro e o povo fica todo empolgado com o cenário dos honestos denunciando os corruptos. Nós não temos Congresso. O general Newton Cruz disse que o brasileiro acha que tem um Congresso, um Poder Legislativo. Nós não temos um Poder Legislativo, aqui só temos o Poder Executivo. O Poder Legislativo é para resolver seus negócios, não para resolver os problemas do povo. É verdade. O povo é governado por medidas provisórias. Não é governado por um Poder Legislativo. Até nos Estados Unidos, o poder supremo é detido pelo Senado, e quando quer funcionar, funciona. E tem repetidamente funcionado. Por exemplo, em várias ocasiões encostou [Barack] Obama na parede, mesmo ele tendo maioria parlamentar. O presidencialismo é a monarquia eletiva, não esqueçamos, e em momentos excepcionais, como no New Deal ou no atentado de 11 de setembro, quando querem que funcione, funciona.

E esses momentos excepcionais estão se reproduzindo com frequência cada vez maior.

Estão, tudo bem, mas o Poder Legislativo tem como agir, e age repetidamente nos países onde a política funciona e a burguesia realmente disputa o poder. Aqui a burguesia disputa verba, disputa favores, ela não disputa o poder.

Na época da crise de 2008, o Senado estadunidense não aprovou superpoderes para o secretário do Tesouro, pois era um absurdo o que queriam...

Lá funciona. Aqui o pessoal não quer saber. Ou estão preocupados com a história do orçamento, o que vão levar na aprovação das leis, ou com intrigas. Um joga uma comissão de inquérito em cima do outro e descobrem o mensalão.

Para ameaçar.

Para ameaçar e torpedear mesmo. Durante certo tempo torpedearam fortemente o governo Lula com aquelas comissões de inquérito que iam se repetindo, uma depois da outra. Até hoje, volta e meia aparece uma alma penada dizendo que o Lula tem que responder pelo mensalão. E o Lula deita e rola. O Lula com 90% de aprovação fica dando risada.

Em que medida o Estado que emergiu em 1985 é distinto do Estado de 1964?

É diferente. Ele é distinto no sentido de que tem a cobertura de um quadro institucional legal. Ele é regido por instituições aceitas internacionalmente como democráticas, tem uma legitimidade que vem da aceitação dessas instituições, nisso se diferencia. Contudo, no que diz respeito à violência, ao exercício do poder, é muito pior que a ditadura, se diferencia como muito mais violento.

Tem uma fachada democrática para ser aceito internacionalmente.

Ele funciona, porque burla também as próprias instituições.

Mas o aparelho repressivo do Estado é pior.

É muito pior, o aparelho foi reforçado. Por exemplo, a Guarda Civil Metropolitana de São Paulo estava desarmada, hoje em dia está armada. Quando o então prefeito Jânio Quadros [1986-1989] reposicionou a Guarda Civil de São Paulo, recusou-lhe o direito de portar revólver. Agora, anda com metralhadora, capacete de guerra, uns troços do arco da velha. O aparelho repressivo e sua atuação foram multiplicados. Mas não é que o aparelho repressivo aumentou e ficou todo mundo no quartel. A Polícia Militar está nas ruas, caindo de pau em cima da população: gente pobre, sem-teto, sem-terra, camelôs, drogados etc. Os sem-teto vão ocupar um prédio pela manhã e às três da madrugada a polícia já está lá. Ou seja, são guardas de prédios desocupados. No tempo da ditadura, não acontecia isso. Se alguém ocupasse um prédio desocupado, a ditadura ficava superquieta e mandava o proprietário pedir um mandado de reintegração de posse; aí vinha a PM e tirava os ocupantes na base do pontapé e do cassetete. A própria repressão da ditadura era muito mais legalista.

Pelo menos tinha a mentalidade ritualística do militar.

Ritualística. O sem-teto ocupava, não tinha muito sem-teto naquela época, diga-se de passagem, mas quando acontecia em algum lugar o que a ditadura fazia? Ficava sossegada. Mandava o proprietário pedir reintegração de posse, o juiz despachava e a ditadura mandava a PM. Aí sim, a PM tirava os sem-teto a pontapé do prédio e colocava tudo na rua, mas tinha um juiz, o mandado. Eles sabiam que eram uns coitados. Agora não. Os serviços de informação ficam sabendo, por contatos que têm com gente que está no meio dos sem-teto, que eles vão ocupar em tal hora da madrugada um prédio e quando chegam a PM já está lá, de guarda.

Você só vê a presença do Estado nesse momento, na forma do aparato repressivo. Não tem Estado em outro sentido, não tem a presença do Estado para garantir os direitos.

É um uso ilegal da repressão. A repressão não é guarda de prédios, o aparelho de Estado não é guarda de prédios. O poder público não tem o direito de botar a PM de guarda em um prédio desocupado, não é sua atribuição e ela não deve se arrogar essa tarefa.

Tem que proteger a propriedade privada.

Sim, mas proteger a propriedade dentro das normas legais. Então, aquele que acha que sua propriedade foi lesada tem que pedir ao tribunal a reintegração de posse, assinada pelo juiz, aí sim o Poder Executivo mobiliza a PM. Ele não vai mobilizar a PM contra uma parte da população sem um mandado judicial. Essa é a forma legal de mobilizar a força pública. Não é colocar à disposição permanente dos ricos.

Tem um detalhe mais pérfido nessa história toda, é que durante toda a ditadura militar nunca houve um negócio sequer parecido com algo que se tornou comum em São Paulo e no Rio de Janeiro, que é o mandado de busca coletivo. Por exemplo, na favela a polícia tem o direito de entrar na casa de qualquer um. Isso é punição coletiva. A ditadura nunca fez isso e hoje virou algo comum.

Sem mandado judicial?

Não, tem o mandado de busca coletivo, autorizado por um juiz, o que é pior ainda. É uma excrescência o juiz autorizar esse tipo de coisa.

Por implicar o Poder Judiciário, que também tem que ser denunciado. Assim como tem que ser denunciada a facilidade com que se faz escuta telefônica. Todo mundo pode sofrer escuta telefônica, na hora que quiserem, mesmo sem ser suspeito de nada, para facilitar a investigação da polícia. E como é que eles conseguem? Basta pedir que o juiz concede. O juiz presume que eles tenham boas razões. Só por que é polícia? Tem que denunciar o Judiciário, nós temos um Judiciário de ficção, que não protege os direitos fundamentais do cidadão. Olha, é obrigação, nós temos que entrar nessa luta, é a primeira luta. Não podemos nos poupar dessa tarefa.

O LUGAR DO PT E DA CUT

omo se vincula o início da construção do PT ao processo geral de formação de uma organização independente dos trabalhadores? O PT nasceu no fim dos anos 1970. Eu me lembro que em 1978 Lula ainda era um sindicalista, estava radicalizando um pouco, mas era um simples sindicalista. Nesta transição de 1978 para 1980 é que começou a se formar a ideia de evoluir para partido. A pergunta aqui colocada não é exatamente sobre a evolução de Lula, mas sobre o processo geral de formação de uma organização independente dos trabalhadores. A alusão feita é a uma necessidade de se organizar para resistir à pressão constante que os trabalhadores sofrem do capital. Então, essa tendência está sempre subjacente, na medida em que surgem oportunidades para a classe operária se aglutinar em torno de seus interesses. É uma coisa um pouco natural, que vem por si, é um processo social. Se é que se pode usar o conceito de "natural" quando nos referimos a um processo social.

E, na época, isso fez confluência com uma contestação geral da social-democracia. No fim dos anos 1970, houve um momento de aguçamento das lutas internacionais. Na Europa, o capital pressionava pelo fim do Estado de bem-estar social, que começou exatamente em 1979, com Margaret Thatcher. Então, nesse período a social-democracia começou a ser contestada e houve uma espécie de agitação; 1979 também foi o ano da Revolução Iraniana, não se deve esquecer. Eu me lembro de que o PT, no momento em que se lançou, dizia que não seria como a social-democracia. Neste ponto, ele se diferenciou de Brizola, que voltava do exílio, com a Lei de Anistia de 1979, e se apresentava como social-democrata.

Então, uma direção que não tinha a perspectiva da organização anticapitalista dos trabalhadores fez confluência com uma tendência que ecoava certa agitação no movimento operário internacional. Houve certo aguçamento do conflito de classes, que se manifestou no Irã e na Nicarágua, de maneiras distintas. Mas foi um momento em que cessou aquele negócio de juventude, de movimento hippie, que vinha desde maio de 1968, e começaram a entrar em cena outras forças também. Em certa medida, o proletariado se sentiu chamado nesse momento, foi um período de transição, de reacomodação do movimento político. Foi desse jeito que se vinculou o início da construção do PT ao processo geral de formação de uma organização independente dos trabalhadores. Mas Lula tinha claramente um projeto eleitoreiro, ele fazia comparações que denotavam isso. Por exemplo, dizia que todos têm o seu partido, só os trabalhadores que não têm.

Nessa época ele já vislumbrava a trajetória eleitoreira?

Não diria que ele tinha uma má intenção eleitoreira, mas sim que ele não tinha um horizonte mais amplo que o da representação no Parlamento. Ele não tinha como ver outra coisa, não tinha a formação, a preparação necessária. A formação dele era a de um sindicalista, que é a de um negociador, mesmo querendo ser radical. O próprio Marx reconhece que o sindicalista tem que defender as conquistas dos trabalhadores. E tem que defender negociando com o patrão, que tem que aceitá-lo como interlocutor. Por isso, ele tem que ter poder de negociação. Porque, em caso contrário, é força bruta, como era na Rússia, na época de Marx. Não tinha papo com os sindicatos porque eram proibidos. Na medida em que o sindicato é permitido, já fica pressuposto por parte do Estado burguês e da burguesia que haverá um diálogo. Foi o que aconteceu na Inglaterra, precocemente em relação aos outros países, em 1825, porque a ideologia burguesa era a do trabalhador individual. Quer dizer, o indivíduo é um cidadão e o cidadão reivindica seus direitos enquanto cidadão. A Revolução Francesa proibiu os sindicatos, porque eram corporações consideradas medievais e tinham que ser encerrados esses cacoetes do passado. O único que resistiu foi Hegel, que imaginou organizações intermediárias, que receberam um comentário debochado de Marx, na *Crítica da Filosofia do Direito de Hegel*.[1]

Mas ali era uma incompreensão de Marx do que Hegel queria.

Marx não tinha ainda visto o desenvolvimento sindical naquele momento, em 1843. Depois, ele se tornou assessor de sindicato, escreveu e fez discurso para sindicato. Mas naquele momento – em 1843 – ele não estava ainda metido neste tipo de atividade. Ele debocha um pouco de Hegel, que postulava a necessidade de organizações intermediárias, quer dizer, organizações corporativas. Que já não é mais teoria burguesa pura.

Marx achava que Hegel queria prolongar a existência das corporações medievais?

É.

Só que, no fundo, Hegel já pensava na antecipação do que seriam os sindicatos depois, formas intermediárias de organização, que de certa maneira protegem e formam o indivíduo para a vida social. E Marx achava aquilo um...

Apego.

Apego a uma forma antiga de sociedade. Isso, o jovem Marx, em 1843.

Por isso, é bom ler a *Crítica da Filosofia do Direito de Hegel*, que é da juventude de Marx, mas é útil. Então, em 1824, a Inglaterra legalizou o sindicato, mas a burguesia não aceitou e se recusou a sentar-se à mesa com os trabalhadores. E como não havia forma coercitiva, as greves eram explosivas. Quem costuma explodir e radicalizar mais são os operários menos qualificados. Os outros ganham mais dinheiro, podem resistir mais tempo e não são de sair quebrando, ocupando fábrica, pegando gerente pelo pescoço e batendo no cara. Engels faz a

---

1   Friedrich Hegel trata do assunto em *Princípios da Filosofia do Direito*, publicado originalmente em 1820 (a última edição brasileira é da Martins Editora, de 2003). Marx publica sua *Crítica da Filosofia do Direito de Hegel* em 1843 (a última edição brasileira é da Boitempo Editorial, de 2005).

descrição dessas explosões das categorias mais baixas dos trabalhadores, que são características daquele momento, em que já tinha o sindicato legalizado, só que os patrões se recusavam a negociar. Os sindicatos, por outro lado, adquiriram cunho político por causa da Magna Carta e do cartismo.[2] O que antagonizou ainda mais os patrões. Todo mundo era metido no cartismo, que foi uma ameaça de insurreição e terminou com a derrota de 1842. Na realidade o sindicato só funcionou realmente na Inglaterra depois de 1875, já na velhice de Engels, quando já tinha escrito há muito tempo o livro sobre a classe operária inglesa. Então, a formação do sindicalista está inserida em um quadro particular. E Lula não tinha horizonte para perceber o que era um partido operário. E o ambiente sindical dele era ruim, porque era de sindicato estatizado, um ambiente sindicalizado de Vargas. Não era ali que ele ia aprender alguma coisa. Ali era o lugar de desaprender. Quem entrasse com uma mentalidade de partido operário anticapitalista tendia a desaprender no sindicato.

O sindicato rejuvenesce e recupera seu caráter de organização de classe justamente quando entra a massa dentro, com a mobilização. Quando a classe operária não está em movimento, o sindicato é um órgão burocrático de negociação. Não se pode exigir muito mais que isso, mesmo a greve. Olha esta última greve radical, forte, que foi feita na França agora [em 2011] contra a reforma da Previdência Social. Foi realmente uma coisa muito forte. Mas os sindicatos diziam: "Nós não vamos quebrar com a ordem institucional". É um lugar onde se desaprende que em certos momentos é preciso quebrar, mesmo sendo do sindicato. O sindicato não é de natureza diferente do partido. Mas no sindicato se desaprende isso. Principalmente quando o sindicato tem uma institucionalização regida pelo Estado, pois o sindicato se apoia no Estado contra o burguês.

---

2 Cartismo, movimento operário e social inglês iniciado em 1838, estendendo-se por uma década. Lutava pelo reconhecimento político da Associação Geral dos Operários de Londres, com base num documento contendo reivindicações trabalhistas e democráticas, escrito por William Lovett e Feargus O'Connor, intitulado *Carta do Povo*, e enviado ao Parlamento inglês. A rejeição às exigências provocou grandes manifestações, comícios e abaixo-assinados. Os cartistas arrancaram conquistas importantes, incluindo várias leis: proteção ao trabalho infantil (1833), de imprensa (1836), a reforma do código penal (1837), a regulamentação do trabalho feminino e infantil, a permissão das associações políticas e a jornada de trabalho de 10 horas. Em 1842, grande parte de seus dirigentes foi presa e 79 foram desterrados para a Austrália, por terem convocado uma greve geral.

O PT se vinculou assim, mas de maneira falsa, porque o núcleo central do PT não tinha esse horizonte de organização independente. Razão pela qual ele acolheu uma oportunidade eleitoral sem nenhuma resistência. Mas é bom não esquecer, todo mundo foi junto. Os mais radicais e os menos radicais. Todos os grupos políticos que integraram a construção do PT, nós inclusive, navegaram no mesmo barco. A resposta quanto ao vínculo é essa, mas é um vínculo falso. Falso não por maldade, com predisposição de trair. Falso por falta de formação que conduzisse a isso.

O PT é outra coisa. O PT é um movimento autêntico do proletariado mais avançado, do ABC. Não é um movimento de todos os trabalhadores do Brasil, mas isso é suficiente para o Brasil. Deveria ser o ponto de partida para a organização em massa dos trabalhadores brasileiros, da realização da tarefa de criação de um partido anticapitalista. Deveria, mas não foi. Não foi por quê? Porque as raízes do PT eram muito rasas. O PT não teve essa premissa de ser o processo de organização em nenhum momento. Lula estava nos sindicatos e os sindicatos eram combativos porque o momento era de grandes combates. Mas Lula, quando criou o PT, criou como um partido eleitoral, para ter uma representação política dos trabalhadores brasileiros. Ele estava se referindo à representação política nos processos eleitorais: municipais, estaduais e federais. E todo mundo sabia. Ninguém levantou a voz contra. Nós abandonamos a perspectiva de organizar partidos cujo objetivo não fosse administrar o Estado burguês. E a Social-Democracia, que dizíamos que era reformista, se recusava a ocupar cargos executivos municipais, estaduais e federais. No tempo dos piores social-democratas, tipo Scheidemann, que depois traíram os trabalhadores, não se tinha essa perspectiva de votar o orçamento nacional, não se votava. August Bebel dizia: "Nós não votamos orçamento nacional, preferimos ser expulsos do Parlamento a votar o orçamento nacional", razão pela qual foi considerada uma traição votar os créditos de guerra em 1914 quando estourou a 1ª Guerra Mundial. Agora, os revolucionários que diziam que os social-democratas do começo do século 20 eram reformistas adotaram o sistema e participaram das eleições para cargos executivos, sendo que eram grupos minúsculos. Até os PCs e os PSs, que já tinham feito a parceria com a burguesia, poderiam ter pretensões de mudar as coisas se subissem ao poder, os aparelhos deles eram grandes.

Mas um partido trotskista? Era uma perspectiva que não tinha nada que ver com Marx. Marx ficaria escandalizado.

Não tem como querer administrar os negócios da burguesia. Para organizar os negócios dos trabalhadores, tem que ter os trabalhadores mobilizados. E a primeira tarefa é organizar o partido anticapitalista dos trabalhadores, um partido de massas, depois de repente pode até se arriscar a disputar eleições e usar as eleições como um *casus belli*, como se diz em latim. Como um elemento de apoio para dizer que agora são os trabalhadores. E assaltar o poder ou fazer reformas que quebrem o poder do capital e chamar os trabalhadores para sustentar as mudanças revolucionárias. Quebrar o poder do capital: olha, o dinheiro de vocês, que vocês dizem que é de vocês, a gente não vai pagar. O dinheiro que está no banco é o dinheiro para as pessoas que precisam de dinheiro, não de vocês, vocês não precisam de dinheiro. Isso implica uma quebra gigantesca no mundo financeirizado. A primeira coisa que vai acontecer é a nossa moeda virar fumaça. Isso tem consequências na economia popular. O poder de compra da população tem que se recuperar rapidamente. E a população tem que estar mobilizada para organizar um sistema de abastecimento. O povo tem que organizar. O povo tem que estar mobilizado para poder quebrar o poder do capital. Mas aí é a revolução. O Exército não vai ficar parado.

E de que podemos acusar o Lula? Nós queríamos que Lula fosse presidente, ponto final. O PT não tinha raízes para sustentar isso. Quem tinha raízes eram os PCs e os PSs. Aqui nem tinha PS, tinha PCB, que virou um partido de defesa das conquistas materiais: salário, emprego, como na Europa. E de proteção do capital. Queria isso, não queria a revolução. Quis, no momento da Intentona, quando a União Soviética se sentiu ameaçada pelo nazismo. Mas, depois da 2ª Guerra Mundial, a URSS queria acomodação. A partilha do mundo estava feita, tinha ficado com um terço da superfície do mundo, estava bom.

Não se podia esperar do PT algo que ele não podia dar, por suas raízes muito rasas, que não eram as raízes do PCB. E o PCB nunca se constituiu no Brasil como um partido de massas. Teve um aparelho com ampla influência nos sindicatos, mas não foi um partido de massas. Parecia ser um grande partido, porque influenciava toda a pelegada. Mas era a pelegada do Estado burguês, que fazia acomodação entre a burguesia e os trabalhadores. O PT não tinha como ir sozinho. Ele precisaria de um movimento político significativo, revolucionário, que levantasse as questões. A OSI não precisava se fundir ao PT. Que levantasse as reivindicações e as defendesse em público, não só dentro do PT: abaixo a ditadura significava democracia já! E partido dos trabalhadores significava organização de um partido e realização da tarefa histórica, que até hoje não foi conquistada no Brasil, de organização de um partido dos trabalhadores anticapitalista. Precisaria traduzir isso, sem se opor ao PT, sem se opor às outras palavras de ordem, mas levantar dentro e fora do PT. Nossos sindicalistas poderiam até aderir ao PT e levantar nos sindicatos, e os que não estavam nos sindicatos levantar fora, e a Libelu levantar fora. A Libelu levantar, principalmente, a questão democrática: "abaixo a ditadura" significava "democracia já" e não "diretas já". E isso teria repercussão. Porque "abaixo a ditadura", no fundo, era isso para o povo.

Foi a mesma história na Rússia, o povo russo não era derrotista, não era a favor da derrota da Rússia, mãe-pátria deles, mas quando a guerra se tornou insuportável disseram: paz já! Não aguentamos mais a guerra. E isso fez o Partido Bolchevique se tornar o partido das massas russas. Mas o partido já estava colocado na posição certa. A mesma coisa vale para os camponeses: seus representantes diziam que eles tinham que esperar a Constituinte; os bolcheviques disseram: "Não, tomem as terras já!" Começaram a aparecer bolcheviques e gente simpatizante dos bolcheviques no campo. O que permitiu que depois os camponeses se organizassem em sovietes e substituíssem os comitês da terra.

O "abaixo a ditadura" não era nosso, a massa estava se levantando contra a ditadura. Claro que também levantávamos, mas era algo que tomou conta. E podíamos levantar "democracia já!". Abaixo a ditadura é democracia já e não havia quem pudesse nos fazer calar a boca. Só que a OSI não era um partido que tinha uma ligação mínima com as massas. Tinha uma espécie de isolamento entre o *modus operandi* da OSI e o *modus operandi* das massas no processo histórico, a forma mental, era tudo diferente. Os partidos trotskistas eram um projeto e as massas eram a exigência imediata da realização das suas aspirações. A OSI não tinha condições de sentir o que era necessário. Ela tentava se apresentar como uma força, uma organização com propostas mais radicais, que era o método do PSTU, o método da Convergência Socialista: "A gente dá uma esquerdizada, exige um pouco mais do que o que estão exigindo os partidos reformistas, mas na hora de atuar, atuamos igualmente".

Em um texto de 2000, Francisco de Oliveira afirmou: "A formação da sociedade brasileira que reconstituímos pela interpretação de seus intelectuais 'demiurgos', a partir de Gilberto Freire, Caio (*Prado*) Júnior, Sérgio Buarque, Machado de Assis, Celso Furtado e Florestan Fernandes, é um processo complexo de violência, proibição da fala, mais modernamente privatização do público, interpretado por alguns como categoria de patrimonialismo, revolução pelo alto e incompatibilidade radical entre dominação burguesa e democracia (...) A violência que campeia na sociedade brasileira e, sobretudo, a violência que é produzida pelos próprios aparelhos de Estado não é senão uma pálida sombra da exclusão da fala e da privatização do público, e, no seu rastro, da anulação da política". Para ele, o "totalitarismo neoliberal" do governo FHC se caracterizou por uma desmoralização e uma destituição do discurso da classe trabalhadora, anulando a política. Como você avalia a relação entre o lulismo e o Estado brasileiro, com sua longa história totalitária?

O lulismo faz parte de outro processo. A história totalitária do Brasil, sim, tem certa continuidade, e esse totalitarismo que começa no Fernando Henrique Cardoso e que o Lula continua é, na realidade, a repercussão brasileira daquilo que os economistas chamam de pensamento único. Todo mundo começou a pensar a mesma coisa em termos de economia, de sociedade, e deixou de existir o antagonismo de opiniões, o debate político acirrado que havia nos anos 1930 e depois, nos anos da guerra, nos anos 1950, com Vargas, Kubitschek, Jango. Para tudo isso havia uma polvorosa de correntes de opinião se digladiando acirradamente. Isso desapareceu no fim dos anos 1970, porque se esgotou o processo histórico do pós-guerra, no qual os trabalhadores tinham uma relação de forças favorável, que obrigou a burguesia a conceder o Estado de bem-estar social na Europa. A burguesia europeia fez aquele acoplamento que deu a industrialização na América Latina, uma industrialização positiva, que desenvolveu e melhorou o nível de vida aqui. Na Europa, começando pela Inglaterra, teve o embate, o grande enfrentamento dos mineiros com Margaret Thatcher, mas a vitória de Thatcher não saiu de graça. Ela queria fechar as minas inglesas, mas os mineiros não queriam que fechassem. Ela teve que continuar pagando os salários dos trabalhadores, mesmo depois de fechar as minas. Ela venceu, mas pagou o preço em dinheiro. Ela não deixou os mineiros na rua da amargura, como se costuma deixar em países menos civilizados. E não foi ela que começou a dissolver o excelente sistema de saúde da Inglaterra, foram os posteriores, inclusive o Tony Blair. Quando perguntaram a Thatcher, em uma conferência no exterior, por que não tinha dissolvido o sistema de saúde estatal, pois os liberais são a favor do sistema privado, ela disse: "Eu não dissolvi porque o povo inglês não quis". Depois dela é que começaram a roer, diminuir, pegar um pedacinho aqui, um pedacinho ali. Agora, Thatcher representou o triunfo das ideias liberais. Mal ou bem, ela fechou as minas. Quebrou o movimento operário. Ela foi a guerreira que quebrou o movimento operário inglês.

Depois de Thatcher, veio o Reagan e a relação de forças virou contra os trabalhadores. E veio também o pensamento único, a partir dos anos 1980. O totalitarismo de Fernando Henrique é a repercussão brasileira desse pensamento único. Todo mundo acha que a única saída é o capitalismo, por quê? Porque o socialismo, para eles, era o Estado de bem-estar. Não funcionou. E depois a União Soviética desabou, provando pela segunda vez que não funcionava, e o pensamento único se consolidou. FHC entrou nessa hora e Lula bem depois. Essa é a repercussão brasileira disso.

Ou seja, não mudou nada entre FHC e Lula.

Lula não é a mesma coisa que FHC, porque ele fez uma indexação salarial que FHC não faria. É muito fácil não fazer indexação salarial, porque ninguém sente que o salário está desaparecendo. Lula quis sacanear os servidores públicos, mas não os trabalhadores em geral. Na realidade ele fez uma indexação favorável aos trabalhadores. FHC deixaria o pessoal se danar, faria o seguinte: não indexa e depois eles que disputem no dissídio. Se forem bons, ganham; se não, perdem. Que é como faz a burguesia tradicionalmente: o trabalhador disputa no dissídio e que se dane.

É uma teoria de Estado, o FHC é neoliberal e diz que o Estado tem que ser fraco.

Mas Lula também: quebrar o Estado sim, dissolver o Estado sim. O fundamental do Lula é que estava subordinado à finança, mas teve uma política prudente em relação aos trabalhadores. Agressivo em relação aos funcionários públicos, principalmente aos que tinham direitos antigos garantidos pelos estatutos do funcionalismo, mas em relação aos trabalhadores em geral, foi prudente. É o que faz a diferença entre Lula e FHC, em termos concretos. E, depois, tem a demagogia, a aura de líder e o talento de pelego de primeira linha.

Ambiente internacional favorável.

O ambiente favorável era consequência desse processo. E quando quiseram envolver Lula no escândalo do mensalão, [George W.] Bush veio socorrê-lo. Por quê? Com Evo Morales se elegendo e um monte de coisas acontecendo na América Latina, vocês não vão querer colocar um reacionário no Brasil para perturbar. Então Bush veio em socorro do Lula e a burguesia brasileira ficou automática e imediatamente calada diante da voz de seu "chefe". Ninguém mais levantou nada sobre a relação do Lula com o mensalão. O único que a burguesia não perdoou foi o José Dirceu, que foi só o intermediário do mensalão. Eles têm horror a que o Zé Dirceu ascenda na política, com Lula é diferente. Mas, como pensamento único, Lula também se enquadra naquilo que Chico de Oliveira chama de totalitário.

O PT não foi ao colégio eleitoral que elegeu Tancredo, até expulsou três deputados que o fizeram, e os principais sindicatos à época caracterizaram a votação em Tancredo como "traição". A linha eleitoreira e institucional se consolida posteriormente a esses acontecimentos?

Não, a linha eleitoral já estava consagrada na fundação do PT, mas é evidente que o PT fez a campanha das Diretas-Já, que foi o enquadramento que a burguesia deu ao "abaixo a ditadura", e fez sem a perspectiva do colégio eleitoral. O PT queria eleições diretas já, como dizia a palavra de ordem. Lula se candidataria à Presidência. O eleitoralismo estava dado.

Quais foram as consequências da não participação do PT no colégio eleitoral de 1984? A não participação foi importante para as vitórias eleitorais de Luiza Erundina e Telma de Souza nas Prefeituras de São Paulo e Santos?

O fato de o PT não se comprometer com o colégio eleitoral não teve a mínima importância, do ponto de vista da burguesia. Teve importância para a construção do PT, mas não pelo fato de ter supostamente projetado Lula e o PT, do ponto de vista eleitoral, para as amplas massas, e sim porque o PT, se aceitasse participar do colégio eleitoral, automaticamente interromperia sua construção.

As massas não entenderam muito bem aquela história do colégio. Elas aceitaram o Tancredo. Se tivessem rejeitado o Tancredo, não teria acontecido todo aquele carnaval. Claro, a doença sempre desperta compaixão, mas se ele tivesse sido execrado não seria possível aquela veneração. Agora, claro, seria prejudicial se o PT aceitasse o colégio eleitoral, se prejudicaria fortemente.

De qualquer maneira, a questão proposta menciona resultados eleitorais, a eleição da Telma de Souza em Santos e da Erundina em São Paulo. Duas figuras, aliás, que tiveram uma trajetória muito ruim. Duas figuras que entraram na política para fazer uma política burguesa, administrar os negócios da burguesia de uma maneira muito nociva e que terminaram se autodestruindo politicamente. São duas figuras que não existem mais na política nacional. Na realidade a Erundina e a Telma foram a vanguarda da trajetória eleitoreira do PT, desse processo de enquadramento do PT no lugar histórico do PTB de Vargas. As duas que começaram, apesar de todo o entusiasmo que despertaram quando foram eleitas. Dentro dos limites do que é governar um Estado burguês existiria algum potencial na ideia, por exemplo, de orçamento participativo ou organização de mutirão que teve no governo Erundina? Era algo viável? Não. Orçamento participativo significa, na realidade, orientar a Câmara dos Vereadores na destinação das verbas. A Câmara dos Vereadores continua sendo quem decide o orçamento. O orçamento participativo não é um orçamento que o povo decide.

Temos que partir do princípio de que eleger um candidato para um cargo executivo sem ter o respaldo da população para enfrentar o poder burguês é uma situação sem saída. Naquelas questões fundamentais para as quais a Erundina foi solicitada a se pronunciar, ela não fez o que deveria ter feito. Por exemplo, os edifícios desocupados de São Paulo: com medo do desencadeamento de uma onda de ocupações, os proprietários propuseram para Erundina que o município os ajudasse a recolocar em condições de uso aqueles prédios, para oferecer habitação popular mediante a cobrança de módicos aluguéis. Só que a Prefeitura ia ter que restaurar os imóveis: encanamentos, eletricidade, estava tudo deteriorado, além da pintura, botar em ordem, gastos que os donos não queriam ter. E depois alugar a preços módicos para população. Em suma, a proposta era fazer dos prédios desocupados cortiços – o que beneficiaria os donos desses prédios, que pela lei continuavam proprietários –, quando na realidade precisava desapropriá-los.

No mínimo, precisaria fazer uma campanha levantando as palavras de ordem dos trabalhadores ingleses, que conseguiram fazer passar na Inglaterra, em 1945, uma lei que expropriava automaticamente os prédios desocupados por mais de um ano. Automaticamente caducava a propriedade deles. Então tinham que manter os prédios, restaurar, fazer funcionar. Erundina podia citar o exemplo inglês e fazer passar. Naquela época da Erundina, tinha o movimento dos *squatters*[3] na Europa. Ninguém mexia com eles, ninguém desalojava os *squatters* dos prédios vazios. Eles invadiam os prédios vazios, se instalavam. Considerava-se, de certa maneira, que tinham certa legitimidade, não formal, que não constava em lei como constou na Inglaterra, mas de qualquer maneira a polícia não ia comprar briga com esses caras. Aliás, 1989 não é qualquer ano. 1989 é Berlim. Em Berlim Oriental uma grande parte da população desertou e foi para a Alemanha Ocidental, deixando prédios vazios que foram ocupados pelos *squatters*. Se bem que lá eram prédios do Estado, um pouco diferente. Seguem instalados lá até hoje.

Em São Paulo precisava atacar o problema central, que é a apropriação abusiva do solo urbano. E Erundina se defrontou com isso assim que começou

---

3   Os *squatters* realizam ocupações de prédios e habitações abandonados nas grandes metrópoles. O movimento tem raízes bastante antigas, mas ganhou maior visibilidade graças aos protestos contra a globalização do capital, em especial com a atuação de grupos autonomistas e anarquistas na Europa e nos Estados Unidos.

seu governo. Qual foi a resposta dela? Não, a Prefeitura não vai entrar nesse negócio com os proprietários. Tudo bem, não entra e o imóvel fica como está, desocupado. E o guarda da propriedade não é ela, é o governo estadual, que comanda a Polícia Militar, que vai e desaloja as pessoas, e o aparelho judicial, que dá a ordem de despejo. Então o que faz a Erundina? Administrar isso?

Agora tem a questão do orçamento participativo. Orçamento para quê? Vamos urbanizar a favela. As pessoas continuam morando naquelas condições horríveis, só que faz uma canalização do córrego para não serem submersas pela enchente, essas coisas assim. Mas isso qualquer governo burguês faz. Aliás, já tinha experiências de governo participativo feitas pelo PMDB no interior de São Paulo, em cidades pequenas. Aqueles demagogos do PMDB daquela época fizeram. Porque não oferece perigo nenhum. Eu, naquela época, dizia: olha não vou brigar contra orçamento participativo, mas o PT, quando se elegeu, tinha proposto conselhos populares. Era óbvio que se falava de um conselho popular que se contrapunha à Câmara de Vereadores. Quando Erundina chegou ao poder, porém, surgiu um montão de teóricos dizendo que o conselho popular não era algo que se contrapunha à Câmara de Vereadores. Então, por que precisava de conselho popular? Para ficar dando palpite? Mas é o que foi dito por todos os grandes teóricos do marxismo revolucionário: "Não, conselho popular não se contrapõe". Eu fiquei sem entender. No fim, quem vai decidir tudo é a Câmara dos Vereadores. Não tem cabimento fazer um conselho popular para se submetê-lo à Câmara de Vereadores.

Conselho popular eram os sovietes, isso é a tradução portuguesa de soviete, conselho. E se tem conselho popular, obviamente a reivindicação é de que seja soberano. É o duplo poder. Mesmo que não corra a tapa os vereadores da Câmara, é o duplo poder. A Câmara decide uma coisa, nós decidimos outra, nós cumprimos o que nós decidimos. Como aconteceu com os sovietes enquanto teve o duplo poder. E mudaram, acabaram com o conselho popular, porque a celeuma não se resolveu e evidentemente era muito perigoso reunir um conselho popular sério, então ficou o orçamento participativo, que é um sucedâneo do conselho popular. Foi abandonada a ideia do conselho popular e apareceu o orçamento participativo, que decide qual é a porcentagem das verbas que vai para benefício das populações carentes do município. Isso é administrar a pobreza gerada pelo sistema capitalista. Não sei se tem muito cabimento ficar fazendo isso.

Depois da Telma e da Erundina, elegeram em Porto Alegre o Olívio Dutra, e por aí afora foram elegendo prefeitos e até governadores. Não deu certo. Deu, dentro de uma trajetória que sabemos qual é, mas não deu certo como processo revolucionário. A ascensão do PT a cargos executivos acabou com a construção de um partido anticapitalista dos trabalhadores no Brasil. Em 1989, acabou de vez.

O engajamento do partido em campanhas eleitorais para cargos executivos destrói o partido. Porque, se for entrar na eleição para ganhar, terá que moderar o linguajar; terá que ganhar o eleitorado, então terá que adaptar o linguajar àquilo que o eleitorado quer ouvir. O eleitorado não quer fazer a revolução, quer eleger um representante. Então, automaticamente, toda a perspectiva revolucionária vai para o espaço. A campanha para cargos executivos destrói qualquer partido revolucionário. O que nós vamos dizer? Que vamos fazer a revolução, que serão expropriados os imóveis baldios, numa campanha eleitoral? Tem que dizer para os trabalhadores e organizá-los com essa perspectiva de acabar com os abusos da apropriação do solo urbano. Isso se pode fazer. Organizados os trabalhadores e com o partido dos trabalhadores construído e transformado em organização de massa, se pode até disputar o poder. Mas não antes.

Não acho que é uma questão de princípios. É uma questão de relação de forças. Se tem uma relação de forças que permite disputar uma eleição e, a partir daí, enfrentar a luta pelo poder, tudo bem. Teremos a legitimidade de ter sido eleitos e a força para apoiar nossas decisões, defender nossas posições e quebrar o poder dos monopolistas do solo urbano. Numa cidade fabril, se os trabalhadores estão organizados no nosso partido, vamos topar a briga, vamos ver o que dá. Mas nós vamos fazer propostas contundentes. Muita gente vota no PT porque o PT é mais autêntico, um partido light. Então vai votar no PT, e daí? Essa gente vai nos apoiar, se quisermos expropriar os latifundiários da cidade? Não vai. Na Câmara dos Vereadores não passará nada porque somos minoria, e como é que faz? Vamos ter que nos enquadrar. Mas será que dá para prever isso? Claro que dá. Na realidade o PT estava disposto a ocupar um lugar no sistema representativo, o lugar do PTB do Vargas, ponto. Com ilusões de que isso abriria um caminho para o socialismo, uma ilusão totalmente infundada.

Lula, ao proclamar a necessidade do partido dos trabalhadores, na realidade manifestou uma vontade de participar do jogo eleitoral, mas isso não era uma posição unânime do partido. O partido achava que ia organizar os trabalhadores, e o fez. Também não vamos anular isso. Quem é que representa os trabalhadores hoje no Brasil? Com toda a canalhice do governo do PT, é o PT. Os trabalhadores se sentem muito mais representados pelo PT do que por qualquer outra coisa. A CUT é a principal organização sindical dos trabalhadores. Da pelegada, mas e daí? Durante decênios, os trabalhadores foram dirigidos por organizações da pelegada, pelos PCs, pelos PSs na Europa, não tem nenhuma novidade extraordinária acontecendo no Brasil. Tem movimento operário domado para cumprir as diretrizes do capital. Mas isso faz parte do mundo de hoje, na Europa e aqui. Os movimentos que entraram no PSOL e na Consulta Popular não conseguiram criar uma direção alternativa ao PT. Não somos um movimento de massas anticapitalista capaz de disputar de igual para igual o poder com a burguesia e com o PT. Fora do PT ninguém é. Então eles são os representantes. O PT foi a maior organização em expansão que pretendeu organizar os trabalhadores, tomou decisões importantes, como o fim do imposto sindical, fez aquele grande congresso junto com os sindicatos rurais e tirou a decisão de limitação das propriedades rurais a 500 hectares. São decisões revolucionárias. No Brasil são. Mas não por parte do Lula. Lula pretendia manobrar. Mas, evidentemente, se tivesse havido um desenvolvimento desse processo, se realmente tivesse havido uma organização de massas dos trabalhadores do Brasil com o conteúdo que tinha naquele momento em que se faziam as Conclats,[4] preparatórias da CUT, se naquele momento tivesse havido qualquer fenômeno, um incidente histórico qualquer, algum conflito que desencadeasse

---

4   A 1ª Conferência Nacional da Classe Trabalhadora (Conclat) ocorreu entre 21 e 23 de agosto de 1981, em Praia Grande (SP). Foi a primeira grande reunião intersindical realizada no Brasil desde 1964, com participação de cerca de 5 mil trabalhadores da cidade e do campo. Da pauta, além de temas básicos, como direito ao trabalho e política econômica e salarial, havia o projeto de criação de centrais sindicais que atendessem às demandas da classe trabalhadora. No plano de ação foi aprovada a convocação de um dia nacional de luta em 1º de outubro e a indicação de uma greve geral. A conferência girou em torno da ideia da

uma comoção nacional – os acidentes da história são imprevisíveis –, poderia ter resultado numa organização de massa.

E Lula, que nunca foi besta, abandonaria a opção eleitoral. Ele não ia largar o movimento de massa para perder as eleições para o Franco Montoro, que foi o que ele fez. Ele ia ficar nesse movimento, sem dúvida, sensibilidade para isso ele tinha e não deixaria de farejar onde seria o lugar dele. Assim como na hora em que a ditadura estava caindo ele sentiu que tinha que radicalizar e deixou de ser pelego por um tempo. Mas como não veio a continuidade de um processo de organização, sentiu-se livre para decidir o que lhe passava na telha e a opção imediata mais viável era a carreira eleitoral, que sabia ser viável. E que não tinha contraposição do partido. Todo mundo queria fazer do Lula o presidente do Brasil, todo mundo. Essa era a perspectiva palpável que ele tinha na frente dos olhos, mas se tivesse havido um movimento forte, vigoroso, dos trabalhadores, de organização independente que se espalhasse pelo Brasil, imagina. Ele não ia abrir mão de ser o líder desse troço. E com as resoluções que essa gente estava tomando nos seus congressos, como é que ele ia se candidatar à Presidência? Até podia, mas para perder feio. Seria outro lugar que ele ia ocupar, não ia ser o lugar do PTB do Vargas, ia ser o lugar do partido anticapitalista. Mesmo que não dissesse "nós somos o partido anticapitalista dos trabalhadores".

O PT foi anticapitalista em algum momento da sua história?

Diria que ele nasceu assim, como um movimento anticapitalista, anti-burguês. Em primeiro lugar, tem que ter presente que o movimento sindical, enquanto movimento, tem a mesma natureza do movimento partidário. Quando o movimento operário se ergue para reivindicar salário, está se erguendo como classe. E é o mesmo movimento que faz com que se manifeste e se organize como partido. Na pura reivindicação de salário, se contrapõe ao capital. O que atenua o anticapitalismo do movimento sindical? É o fato de que ele é mediado por negociadores que, evidentemente, devem se enquadrar nos termos de uma negociação. E uma negociação implica um território de trégua. Quem está negociando, está em um momento de trégua com o

---

unificação, mas se dividiu entre duas propostas, o que levou à criação da CUT (em 1983, no 1º Congresso Nacional da Classe Trabalhadora) e da CGT (em 1986).

inimigo, o que significa que as regras do Estado burguês estão sendo aceitas. E estão negociando as variações de benefícios, desde que caibam nos direitos enquadrados nas leis da burguesia. Então é um momento de trégua, mas são os dois contrapostos, o capital e o trabalho.

O movimento é da mesma natureza, o anticapitalismo foi dado pelo movimento de criação do PT, que foi um movimento sindical. Tinha reivindicação salarial, por causa daquele "furto" que o Delfim Netto tinha praticado quando fixou a política de que os aumentos salariais fossem negociados com base no aumento do PIB e, para beneficiar a burguesia, reduziu o PIB em 4%. Só que, como economista precisa ver a realidade – afinal de contas, como fazer uma previsão de financiamento se não se sabe exatamente qual foi o aumento do PIB? –, o "furto" criou um problema com o cálculo da dívida pública, da dívida externa e tudo o que envolve o valor do PIB. E os economistas revelaram o segredo, até sem querer boicotar o Delfim. E os operários cobraram, só que com atraso. Com atraso era pior, porque a perda é maior para o capital quando tem que pagar depois, é mais caro do que pagar na hora, pois o capitalista já investiu o que não pagou, então perde no investimento e perde no aumento do salário. Havia uma fúria contra o governo, contra o Delfim, contra tudo. Era um movimento de conjunto. E Lula navegou nessas águas, sem grandes preocupações anticapitalistas, não conseguia enxergar além dos limites das sociedades capitalistas, da sociedade burguesa. Nunca conseguiu enxergar.

Mas o PT, enquanto movimento, foi anticapitalista. Enquanto força real não, na medida em que a direção não tinha o horizonte anticapitalista. Não havia nenhuma tendência no seu interior que se diferenciasse enquanto clara vontade de criação de uma organização anticapitalista. Absolutamente nenhuma. E é aí que entra a possibilidade de fazer uma crítica ao nosso comportamento dentro do PT.

Mesmo quando o PT se dizia um partido socialista, que lutava pelo socialismo?

Palavras são palavras. O Hugo Chávez é socialista, quer ser radical, parecer radical. Sabe, não tem nada de mágico na palavra socialista. Dizer que é socialista não implica nenhum compromisso especial.

Mas como é que se expressaria então essa força real?

Organizando concretamente. E isso se manifestou em termos programáticos, em alguns momentos. Não foram momentos quaisquer, mas momentos em que a massa esteve presente. Por exemplo, quando teve aquele encontro conjunto do PT e das organizações dos trabalhadores rurais se levantou o limite dos 500 hectares: confiscar propriedades de mais de 500 hectares. Isso é revolucionário no Brasil, quebra o capitalismo brasileiro. Simplesmente quebra. Imagina mexer com o latifúndio brasileiro? Não era brincadeira, numa época em que o capitalismo financeiro já usava a terra como colateral de operação financeira internacional.

E o conselho popular, uma coisa óbvia. Conselho popular significa que está sendo questionada a representação tradicional de vereador e deputado, espero. Se não está, por que levantar conselho popular? É palhaçada. Pode-se até dizer: "Não vamos pegar a tapa os vereadores. Estamos dispostos a fazer uma discussão e uma divisão de tarefas na administração do município. Vocês decidem algumas coisas e nós decidimos outras. Ou nós damos um aval". Alguma coisa assim. Nós temos que ser participantes do poder. Se não, não precisa montar conselho popular, não tem cabimento. Aí tem que ser orçamento participativo. Por que tem que estar limitado ao orçamento? Isso é uma invencionice do PT depois que tomou as prefeituras e lançou a ideia do orçamento participativo, que já existia. Em Campinas tinha um prefeito do PMDB que já tinha feito. E nos Estados Unidos também, tem aqueles empresários que se elegem e que fazem consultas ao público sobre o orçamento.

No momento em que a massa comparece aos grandes eventos, convenções e congressos, aparecem também os radicais e ninguém tem coragem de se contrapor. Só que virava letra morta quando se dissolvia aquele negócio. E o que sobrou? O eleitoralismo. Apareceu o PT. O partido anticapitalista dos trabalhadores apareceu na hora em que juntou a multidão. Mas, e aí? Alguém enxergou isso? Depois vem dizer que o Lula traiu? Espera um pouco. Não tinha nenhuma tendência que se manifestasse no sentido de levar adiante isso que se estava manifestando, que estava aparecendo naqueles momentos.

Você fala como se o Lula não tivesse responsabilidade.

Estou me referindo a nós. Agora, larguei o Lula de mão, claro. Lula se articular com a burguesia, não vamos dizer que ele tinha este direito. Não tinha. Ele deveria ter dito: "É um compromisso meu lutar pelo limite de 500 hectares. É um compromisso meu questionar a democracia representativa". E aí entra a Constituinte. Nós não vamos aceitar uma Constituição que foi feita por uma Constituinte de cabresto. Os petistas até não assinaram, tinham alguma memória. Mas não assinaram e ficou por isso mesmo.

Agora, criar um partido que leve uma luta consequente pelo limite dos 500 hectares é diferente. Porque são questões materiais de alta importância que mudam a discussão dos sem-terra. Os sem-terra entram em outro terreno de luta. E é um terreno favorável a eles. Não precisa ficar discutindo com um agrônomo para saber se a propriedade é produtiva ou não. Acho que uma área de 10 hectares com quatro vacas em cima é produtiva porque sou a favor das vacas. O pasto tem que ser natural, esse pasto inventado por agrônomos estraga a vaca, o leite e a carne. E o pasto natural varia conforme o clima. Moro no Rio Grande do Sul, aqui são quatro vacas por hectare, mas não em todo lugar. Tem lugar que 10 hectares dão para cinco, seis vacas. Eu quero deixar cinco ou seis vacas em 10 hectares porque gosto de vaca e acho que ela tem o direito de pastar decentemente e a carne vai ser boa. E agora? Eu estou errado? Depende do que o cara vai fazer com a terra. De vaca sei um pouquinho, pois moro no Rio Grande do Sul. Agora querem que o gado ganhe um quilo de carne por dia. Imagina: em um ano ele está com 360 quilos! E com 400 quilos mata o gado. Sou contra. Eu quero cinco vacas em dez hectares e quero comer a vaca feliz. De preferência morta sem dor.

E a carne será mais saborosa.

Quem sabe de churrasco sabe dessas coisas. Uma costela daquela vaca é iguaria. Então, fica nesta miséria de discutir se é produtivo ou não é produtivo. Se tivesse havido uma luta pelo limite de 500 hectares seria outro terreno de luta, muito mais favorável. Pois são 500 hectares para serem usados como quiser. E está resolvido o problema da pobreza. Essa reivindicação foi aprovada, mas faltou quem pegasse isso com a mão. O sindicato brasileiro é estatizado. Tem um histórico de formação de trapaceiro, de fazer jogo sujo, de sustentar o aparelho e de beneficiar os amigos. É um aparelho que recebe imposto sindical e tem dinheiro disponível. Se a pessoa não tira proveito disso, acho que o problema é de excesso de santidade. Eu não sou a favor dos santos. Ali tem dinheiro sobrando. Aquele imposto sindical é para distribuir. Vai fazer o quê? Devolver para o governo? Jogar na rua? Os caras tiram proveito. Por isso, tem que acabar com o imposto sindical e viver da contribuição dos filiados. E os trabalhadores têm que ter o direito de se reunir em horário de trabalho. Essa que é a reivindicação da liberdade sindical. Essa história de ir aos sábados no sindicato é errada, ou ir de noite, depois do expediente. Está errado, de noite tem que ir para casa. É assim que tem que funcionar. O sindicato brasileiro é um lugar perverso, corrompido. Agora, nós, os santos, achávamos que tudo eram rosas, flores, que todo mundo era honesto, fazia parte do nosso currículo isso.

Até que ponto os seguintes momentos da história do PT são de ruptura em relação ao projeto de construção de efetivo partido independente dos trabalhadores: o viés eleitoral do período de 1984, a campanha de 1989, a *Carta ao Povo Brasileiro* de 2002?

Acho o termo ruptura muito forte. Ruptura em relação a uma perspectiva de construção de partido dos trabalhadores. Acontece que a ideia de partido independente dos trabalhadores não estava presente, pelo simples fato de que se considerava, obviamente, que isso já existia.

Faz sentido.

Mas, na realidade, não estava sendo construído isso. O que fizemos foi a campanha de 1980 pela legalização do PT. Venhamos e convenhamos, a fundação do PT não foi a fundação de um partido anticapitalista dos trabalhadores. Foi a legalização do PT. Precisava de um certo número de assinaturas para legalizar. Isso dava a dimensão legal e um limite ao nosso movimento. Quando se faz uma campanha para a legalização, se faz uma campanha limitada: qualquer um que até seja contra o Partido dos Trabalhadores, que acha que este negócio de classe social é uma coisa de marxista radical, que as classes têm que viver em harmonia, pode assinar, pois é muito comum ver pessoas com essas ideias: "Os trabalhadores têm o direito de ter o seu partido, como todo mundo. Por que não? Então eu vou assinar e ser a favor deles. Não vou militar, mas vou ser a favor que se crie esse partido. Um partido a mais, um partido que melhore a representação popular brasileira". E muita gente assinou assim. Acho que a maioria, mas é impossível avaliar. Então a campanha foi feita pela legalização. Não foi criado nenhum movimento pela construção do partido. Ele nasceu com essa vocação. Sempre que se reuniu em massa apareceu esta vocação. E não aparecendo nenhuma tendência que agarrasse a perspectiva de construção de um partido anticapitalista dos trabalhadores, a questão de ruptura não se colocou. Nós vamos romper com o quê? Não estávamos fazendo nada de diferente. Legalizamos... para quê? Para apresentar candidato. Para que legalizar um partido, se não é para apresentar candidato? Aliás, não faz muito sentido legalizar e depois não querer apresentar candidato. Acho que deveria se apresentar só para cargos parlamentares e não para cargos executivos, como era a social-democracia. Mas alguém teria de ter a primeira ideia de levantar isso. Não teve. Por que não teve? Porque isso iria contra uma tendência da organização trotskista, que era a de fazer isso. Só tiveram longa vida depois da 2ª Guerra Mundial por causa disso. Todas se ligaram a alguma organização preexistente, que já organizava os trabalhadores. Isso era uma coisa que fazia parte da natureza dos movimentos trotskistas. Nós não tínhamos isso. Nós éramos ingênuos. Mas a gente entrou no PT. Só que quando entramos no PT, entramos achando que seríamos uma fração do PT, não que nos iríamos fundir.

Você acha, na verdade, que no lançamento da campanha de legalização do PT já era colocada explicitamente uma tendência...

Dava limites. Acho muito positiva aquela campanha naquele momento. Construiu-nos e construiu o PT.

Você não acha que foi errado fazer a campanha?

Não, só digo que aquilo dava limites. Devíamos construir a campanha de legalização do PT. Só que devíamos ter dito que o PT não era um partido cuja razão de ser se esgotava ali. E acima de tudo dizer que o PT deveria disputar cargos parlamentares e não cargos executivos. Isso era vital, era crucial. É por aí que vai. A administração do Estado burguês vai pelos cargos executivos. É onde ocorre a distribuição de cargos, tem o manejo da sociedade burguesa, tem a mentira obrigatória, porque não se pode ser radical para ser eleito. No cargo executivo ninguém vai votar no prefeito que quer a revolução socialista imediata.

Até que ponto os trotskistas erraram ao saudar a construção da CUT, em 1983, como um processo revolucionário, resultado da organização autônoma dos trabalhadores? Até que ponto o PT e a CUT foram instrumentos de consciência de classe dos trabalhadores brasileiros?

Naquele momento, o PT ainda não tinha nenhum cargo executivo do Estado brasileiro, era autônomo. A ligação da CUT com o PT não implicava uma ligação com uma parte do aparelho do Estado.

Mais ou menos. Porque a CUT foi formada em 1983 e em 1982 Lula já tinha se candidatado ao governo do Estado. Só não ganhou.

Mas não ganhou.

Mas não por falta de vontade.

Sim, mas o PT não tinha nenhum cargo executivo naquele momento. Então a autonomia estava dada pela situação. Outra coisa é que a intenção não era a de se manter autônomo. Mas, de qualquer maneira, naquele momento era autônomo e cabia saudar, portanto. Acho que não tinha como fugir. Mas quero levantar outra questão: não era possível se contrapor, não era possível ter uma atitude de resistência em relação à CUT. Podíamos até achar que o PT, nos termos propostos por Lula, não era uma ideia consistente que merecesse ser saudada. Até poderia se questionar. Mas a CUT não. Em relação à CUT não cabia resistência, porque era uma manifestação justamente de autonomia dos trabalhadores, que recusavam o atrelamento. Não se podia fazer outra coisa a não ser apoiar. O PT podia-se discutir. Nos termos que propôs o Lula, podíamos ter dito: "Vamos construir uma unidade sindical em primeiro lugar, em torno de um desatrelamento em relação ao Estado, e sobre isso vamos criar o nosso partido". Podíamos ter feito esta objeção.

CONTRADIÇÕES QUE MOVEM A HISTÓRIA   231

A nossa palavra de ordem era: central sindical livre e independente.

Agora, o destino da CUT nós sabíamos. Não sei se todos, mas muitos sabiam que o destino da CUT dependeria do destino do PT. Então a autonomia se manteria ou não em função dos rumos a serem tomados pelo PT. Se o PT capitulasse, a CUT perderia a autonomia, sem sombra de dúvidas. Mas, naquele momento, a CUT se manifestava como uma força autônoma muito importante e muito saudável para o movimento sindical brasileiro, que estava atrelado desde 1929.

O fato de a CUT nascer vinculada ao PT não configurou uma divisão do movimento sindical no Brasil?

Aí precisa fazer uma discussão sobre a questão da unidade e da divisão sindical. Nós nunca fomos pela unicidade sindical. Nunca. Neste ponto, tínhamos uma base sadia, uma orientação sadia, de ser a favor da liberdade de organização dos trabalhadores, sempre lutando pela união contra o patrão. O critério fundamental de união que nos guiava era a união contra o patrão. Se várias fábricas estão sob controle de um único patrão, elas têm que ter um único sindicato, uma única organização sindical. Se possível, a união nacional dos trabalhadores contra o patronato no seu conjunto. Se possível, mas não a qualquer preço. Então, o atrelamento ao Estado não aceitávamos. Se para romper com o atrelamento ao Estado precisa cindir, vamos cindir e criar uma organização desatrelada. Mas, de repente, isso se torna impossível, porque a organização desatrelada não vai ter o direito de negociação, e sem direito a negociação o movimento sindical é inócuo. Então a organização sindical exige um quadro legal, tem que ter direito legal de negociar e de exigir diante da Justiça burguesa que seja cumprido o acordo estabelecido. Caso contrário, por que nos reunirmos com o patrão? Não se pode recorrer à Justiça? Então o sindicato tem que se mover neste quadro legal. Mas este quadro legal não exige o atrelamento ao Estado, exige apenas que a legislação reconheça o sindicato como representante legítimo e ponto. Isso implica uma campanha permanente pela liberdade sindical e pela força legal da negociação do sindicato livre. O sindicato tem que ser livre do aparelho de Estado, mas tem que ter força legal para fazer um acordo e exigir diante da Justiça que seja cumprido. Já que, no Estado burguês, a Justiça é um Poder independente do Poder Executivo, nos servimos disso para recorrer à Justiça, como, aliás, Marx mostra no *Capital*: a importância da Justiça britânica na defesa dos trabalhadores ingleses, por causa da independência da Justiça, do Poder Judiciário. O sindicato precisa ter força legal para negociar e depois fazer valer o que foi negociado. Ele se move dentro desse quadro legal, que é o quadro do Estado burguês. Não há como fugir disso, mas isso não significa atrelamento, não significa imposto sindical, não significa se submeter ao Ministério do Trabalho do Estado burguês, não significa estar submetido a certas federações burocráticas criadas pelo Estado para controlar o movimento sindical, e assim por diante.

Essa é a política. Isso implica um movimento de divisão que em alguns momentos é necessário, junto com uma campanha pela liberdade sindical. Ficamos, durante certo tempo, em uma briga inócua com o PCB e o PDT do Brizola, que eram pela unicidade sindical. Em suma, pelo sindicato atrelado ao Estado, que é a tradição varguista e stalinista. Só que discutíamos unicidade ou não unicidade. Na verdade, se trata de uma questão de liberdade sindical. Toda fábrica reunida majoritariamente, fazendo uma exigência, tem que ser reconhecida como uma representação legítima. Pode-se questionar critérios de representação em âmbito nacional, mas nos limites de um piso de fábrica não há como questionar e se tem que exigir que o direito dos trabalhadores de escolherem livremente seus representantes seja garantido. Isso é um direito: que a liberdade de designar seus dirigentes seja reconhecida e não ter que obrigatoriamente se servir de um pelego sustentado por verba do governo. Isso tem que ser dito, porque senão fica uma discussão de princípios, de critérios. É unicidade ou unidade? Todo mundo é pela unidade, só que a unicidade é melhor. Também acho que é melhor. E daí? Quando não funciona, o que se faz? Fica todo mundo abraçado com o pelego traidor? Não. A política é outra: "Nós todos aqui reunidos, 90% dos trabalhadores, designamos este comitê para ser o nosso representante. O Estado, o Judiciário tem a obrigação de reconhecer. Que os representantes oficiais da Justiça cabíveis verifiquem se efetivamente é correta a informação". Pronto está resolvido. Nossa representação é esta.

É uma discussão de liberdade sindical. É a única discussão que cabe e é incontestável, a única que se pode levantar com seriedade. Ter um dirigente designado pelo Estado, imposto pelo Estado, é a escravidão sindical. Até aceitamos que estejamos todos reunidos: o PCB, a Igreja, todo mundo que quiser se reunir em uma assembleia sindical. Não vamos recusar, sendo trabalhador de uma fábrica. Somos pela unicidade na medida em que ela se manifesta enquanto movimento real, mas não a unicidade de princípio, porque só tem que ter um.

Em que medida a coexistência de duas organizações autônomas e independentes dos trabalhadores, PT e CUT, expressava uma nova consciência de classe dos trabalhadores?

Marx dizia, e acho que estou sendo um pouco repetitivo, mas como sou o único que fala usando esta terminologia, que é original de Marx, então me dou ao luxo de repetir: o pessoal acha que consciência é um entendimento especial; não é. A consciência se manifesta como movimento do processo histórico. Marx dizia que o proletariado organizado contra o capital expressa a consciência do processo histórico, por se tratar de um movimento que vai no sentido da superação do capitalismo. O processo histórico tende a superar o capitalismo, porque o capitalismo é mortal. É uma necessidade do processo histórico que o capitalismo seja superado. O movimento dos trabalhadores é o único que expressa essa necessidade do processo histórico. E a consciência, no caso, está ligada à consciência do processo histórico. O movimento que expressa a necessidade do processo histórico é o movimento consciente do proletariado. Não decorre da compreensão particular de um Lenin, de um Trotsky, de um Marx.

A consciência não é formação.

A escola dos trabalhadores é a luta. Marx dizia isso. É a luta contra o capital. Claro que não quer dizer que seja inútil discutirmos e explicarmos o que é o capital, a relação entre o capital e os trabalhadores. É útil. Mas não é isso que expressará a consciência dos trabalhadores e menos ainda uma consciência do processo histórico. A CUT não expressava isso naquele momento. Por quê? Porque ela não visualizava e não apontava o inimigo. A consciência se manifesta coletivamente, quando os trabalhadores rejeitam o capital, rejeitam o controle do capital. No tempo de Marx os trabalhadores chegavam a fugir do emprego capitalista, procuravam criar cooperativas de produção, sair do circuito capitalista.

Mas em uma situação de greve geral, por exemplo?

Mas é um momento de aguçamento da luta. Uma greve geral também pode ser muito limitada. Por exemplo, em alguns países da América Latina, a greve geral já virou até tradição. O Equador, por exemplo, tem numeração das greves gerais, vão numerando.

Lembro o caso da Espanha.

A Espanha também teve este tipo de greve geral "meio automática", que se limita às reivindicações materiais e que está muito circunscrita a certo processo reivindicatório. Na América Latina, fazem um tremendo escândalo, são países pequenos que têm uma central sindical, um tremendo aparelho atrelado ao Estado. Torna-se parte de certa tradição de radicalismo fictício convocar greves gerais, como as centrais peronistas faziam. Sem nenhuma animosidade contra a direção peronista, mas contra a patronal e dentro do quadro estabelecido por Perón, de jogo de pressões entre os trabalhadores e a organização patronal que, aliás, também era organizada por vontade de Perón. O fato de haver uma greve geral não quer dizer nada. Inclusive, muito levianamente, até no Brasil tem se convocado greves gerais. Stéphane Just, com certa dose de sectarismo, tinha muita razão ao dizer que tem muita greve que é de contrafogo. É como incendiar uma parte da floresta quando está pegando fogo, para que não se alastre. O fogo chega até a parte que já foi queimada, mas não passa. São greves convocadas para impedir que o movimento exploda. Faz-se uma greve geral e todo mundo fica satisfeito, e para provocar outra tem que esperar um ano. Não vai acontecer mais nada. Em vez de esperar o momento da reivindicação, ouvir o patrão dizer "não" e aí afirmar: "Este cara é um canalha, porque está ganhando um dinheiro gigantesco e não quer conceder nenhuma parcela para nós. Por isso, ele vai ter que conceder tantos por cento, porque nós estamos provando que ele está ganhando tanto". Uma coisa bem objetiva e que pode comover, ao contrário da posição: "Não, queremos tanto por cento de produtividade, senão é greve geral". E não consegue nada, porque tem prazo para terminar e encerra o assunto. E para mobilizar de novo vai ser aquela mão de obra que ninguém terá capacidade de desenvolver.

A CUT, pelo fato de estar atrelada ao PT, embora fosse autônoma em relação ao Estado e ter certa resistência, sempre reivindicou o fim do imposto sindical. A CUT não expressava a consciência de classe porque o PT não a expressava. A CUT não podia ir além do PT. Se o PT não existisse, a CUT poderia espontaneamente ir além. Razão pela qual digo: é incontestável o fato de que a CUT tinha que se organizar. O PT se podia discutir, porque poderia atrapalhar a CUT, como de fato atrapalhou. Mas a união dos trabalhadores em torno de uma central sindical antipatronal é óbvio que pode ser revolucionária, na medida em que o confronto com o patrão se aguça. Agora, se tem um PT que tem uma ideologia eleitoreira atrapalha tudo, porque a CUT não vai se contrapor ao PT. Ela não está preparada para isso e não foi construída para se contrapor ao PT. Se o PT diz que não é para prosseguir a luta, ela vai se curvar, como aconteceu na greve dos petroleiros de 1995.

E nesta medida, nos marcos do PT, não vai se organizar nem contra o patrão...

No caso dos petroleiros, em 1995, nem contra o patrão. Mas, o Lula foi lá falar com o líder dos petroleiros, que era um cara radical, que queria levar aquela greve mais longe, e o Lula disse claramente que precisava fazer uma assembleia manobrada e acabar com a greve. E o líder petroleiro respondeu: "Eu não faço isso". Mas é evidente que, sem o apoio do partido e o da sociedade, a greve tem prazo de término. Se todo o mundo acha que eles estão ganhando uma fortuna, pois leem nos jornais que ganham um salário acima da média, se perguntam: "Do que eles estão se queixando?" Mas, quem impediu a CUT de ir além de certos limites? O PT. A CUT não tem nenhuma razão de parar no meio do caminho. Se a CUT acha que os salários estão defasados no momento do dissídio, que teve uma inflação, então tem que reivindicar o reajuste. É óbvio. Por que tem que rebaixar o nível de vida dos trabalhadores do petróleo?

Não é a maioria obviamente, mas existe uma parcela de trabalhadores hoje que identifica, mesmo nas direções sindicais, este atrelamento da CUT ao PT e simplesmente deixaram de acreditar. Acham que não adianta fazer greve porque o PT é governo e o sindicato não se colocará

contra o PT porque é tudo a mesma coisa. Não é ainda a maioria, mas tem uma parcela expressiva.

É verdade.

Existe uma parcela dentro da CUT e dentro do PT que é boa, e não é só dentro do PT, mas fora do PT também.

Estávamos discutindo se a CUT expressava a consciência de classe. Quer dizer: as duas organizações autônomas, CUT e PT, na medida em que coexistem, expressam uma nova consciência de classe dos trabalhadores? Falei que não se pode misturar PT e CUT. Porque a CUT era uma necessidade imediata e, no seu movimento antipatronal, avançava no sentido da expressão da consciência do processo histórico. Ela tendia a isso, mas não quer dizer que fosse isso. Na medida em que entra o PT – que vem como partido representativo dos trabalhadores no Parlamento brasileiro e vira uma organização eleitoreira –, ele passa a ser um freio à CUT, que deixa de ter a possibilidade de avançar. Então nós resolvemos a questão em pauta.

Outra questão é a situação que se criou a partir da redução do processo histórico brasileiro no que diz respeito ao movimento operário. Hoje, querendo ou não, não existe outra forma de organização representativa da classe trabalhadora no Brasil a não ser a CUT e, em termos de partido, o PT. O PSOL fracassou e não tem nenhum grupo leninista ou de qualquer outro tipo marxista que ocupe esse lugar. O PT, enquanto partido representativo dos trabalhadores, e a CUT, enquanto organização sindical dos trabalhadores, estão parados nesse lugar. Ninguém os desalojou dali.

Hoje o PC do B não agrega mais a base operária do que o PT?

Isso é bobagem.

É um dado quantificado.

O PC do B é um aparelho stalinista contrarrevolucionário, que é um instrumento da burguesia para impedir que os trabalhadores se organizem.

E o PT?

O PT não. O PT foi uma organização criada pelos trabalhadores, pelo movimento real dos trabalhadores. O PC do B não foi criado pelo movimento real dos trabalhadores.

Mas no que se transformou hoje o PT?

O PT está ocupando um espaço que o movimento ocupou. O espaço do PC do B não é um espaço ocupado pelo movimento dos trabalhadores. É um espaço ocupado pelo stalinismo, não é a mesma coisa. É uma organização rígida, uma organização que não tem possibilidade de evoluir.

Não posso considerar o PC do B como ocupando o lugar do PT e nem qualquer organização criada por ele. E o fato de o PC do B ter mais base operária significa o atraso do movimento operário. Significa que o movimento operário está na mão da burguesia.

Mas significa algo.

Como as Igrejas. Hoje em dia, quem é que movimenta mais os trabalhadores? As igrejas pentecostais. Então, isso significa o extremo atraso dos trabalhadores. A CUT não representa um extremo atraso dos trabalhadores. A CUT é um espaço ocupado pelos trabalhadores que ficou travado. Quando o PT sair do governo e virar oposição, por alguma reviravolta da política, a CUT vai ser um movimento útil aos trabalhadores de novo. E o PC do B não. Esquece, tira da cabeça. O PC do B é uma organização contrarrevolucionária, que só age no sentido de defender os direitos do capital e não vai mover nem uma palha que não seja a favor da burguesia.

Com o PT não é a mesma coisa?

O PT hoje é governo. E acontece que o PSOL fracassou porque é um movimento que fez questão de se manter no âmbito parlamentar. Então desmoronou o castelo de cartas deles, porque no âmbito parlamentar brasileiro, que é podre, não tem como organizar os trabalhadores. E, de novo, deixaram vago um espaço de organização dos trabalhadores. Quem é que ficou lá? Os mesmos de sempre, que são aqueles que foram organizados nos anos 1980 e ocuparam um espaço. Este espaço é um espaço da organização independente dos trabalhadores, que não está funcionando como tal porque o PT não permite. Então o PT trava a CUT. Mas a CUT tem vergonha. Inclusive nas assembleias da CUT os trabalhadores da base esbravejam contra o PT governo e contra a administração da CUT. Mas não vão entrar na direção do movimento criado pelo PSOL, pois não confiam. Precisamos enfrentar o governo, sermos capazes de vencer e mostrar que é possível se organizar de outra forma. Como Lula fez no tempo em que organizou os trabalhadores do ABC, no fim dos anos 1970. Precisa alguém fazer esta trajetória de novo e deslocar a CUT. Empurrar a CUT com o cotovelo e ocupar pelo menos uma parte do espaço. Enquanto isso não acontecer, a CUT não vai sair do lugar que está. E o PC do B meramente representa o atraso do movimento operário, que vai atrás de evangélicos, de reacionários e sindicatos amarelos, como o da Força Sindical, que sorteia carro e fica fazendo tramoia na Fiesp contra os trabalhadores. É o que está acontecendo. O PC do B é a parte mais reacionária do processo, como o PPS é o órgão mais fiel e constante da burguesia no poder. O PC do B é o mais fiel e constante na inabalável sustentação do governo de plantão. O PC do B é o esteio do governo Lula, do Estado burguês sob o governo Lula.

Por que você diz que fora do governo o PT pode vir a ser útil?

Por ter uma base que não sabe para onde ir, então fica onde está. E ela está no lugar, no caminho por onde o movimento vai passar.

E o programa que o PT assumiu nos últimos tempos, não quer dizer nada?

Não, isso não vale nada. Porque isso se desfaz, vira mingau. Na medida em que o PT está fora do governo, a CUT não tem mais o apoio do aparelho de Estado como antes. Se um movimento do tipo europeu se instaurasse aqui – porque aqui a crise ainda não se instalou –, o primeiro movimento da burguesia será o de impor a austeridade, como na Europa. É um movimento reacionário. Na medida em que for necessário levar isso às últimas consequências, instalará um governo liberal, tipo Piñera no Chile. Tudo terá que ser privatizado, e assim por diante. Tudo terá que ser tratado como uma empresa privada. Na medida em que surgir um governo desse tipo, em quem os trabalhadores vão se apoiar?

Vão se apoiar na CUT. No caminho dela está quem? E o PT vai ficar sem pai nem mãe. O que o PT vai fazer?

Mas, à luz desse balanço, foi um erro a ruptura com o PT e a saída via PSOL? Quer dizer, hoje um militante revolucionário tem que estar no PT?

O que eu dizia naquele momento é que precisava apoiar a Heloísa Helena[5] e eu apoiei com um pé atrás.

Mas por que precisava apoiar a Heloísa Helena?

Porque ela foi a única voz que se ergueu contra o abraço do Lula com os banqueiros e os governadores.

Mas ela saiu do PT.

Ela foi expulsa.

Você está dizendo que tinha que apoiar?

Acho que era absolutamente um dever de todo mundo apoiar a Heloísa Helena nessa luta contra o abraço do Lula com o capital financeiro, que queria se apropriar da Previdência Social.

E contra políticos mais reacionários?

E os governadores. Acho que tinha que apoiar. Agora, o PSOL deveria ser construído da estaca zero. Evidente que teríamos que contar com Heloísa

---

5 Em 14 de dezembro de 2003, o diretório nacional do PT decidiu, por 55 votos a 27, expulsar a senadora Heloísa Helena e os deputados Luciana Genro, João Babá Batista Araújo e João Fontes, por terem descumprido determinação do PT e votado contra a reforma do sistema previdenciário exigida pelo FMI e promovida pelo governo Lula. Em 1999, quando o então presidente Fernando Henrique Cardoso fez essa proposta, o PT a denunciou como "revogação ilegal dos direitos dos trabalhadores". Talvez por coincidência, um dia após as expulsões, o FMI anunciou a decisão de conceder ao Brasil a prorrogação de um acordo de empréstimo de 34 bilhões de dólares, com novos fundos no valor de 6,6 bilhões de dólares. Em 2004, Heloísa, os três deputados e outros militantes insatisfeitos com o PT fundaram o PSOL. A ex-senadora teve desavenças com o partido a partir de 2010, principalmente por apoiar a tentativa de Marina Silva de criar um partido. Em 2013, chegou a ser suspensa pela direção, mas em 2014 o PSOL lançou sua candidatura ao Senado por Alagoas.

Helena, mas não pudemos contar, pois ela hoje em dia está contra o PSOL, quer construir um aparelho parlamentar, uma base parlamentar. E construir o PSOL sozinhos é uma empreitada ingrata.

O problema é o seguinte: se eu considero que o PT, fora do governo, pode vir a ser um partido que oferece alguma...

Não, não, o PT vai se esfacelar neste momento da situação.

Isso é o que não está claro na sua explicação.

Isso esfacela o PT. Uma parte vai mudar de partido, uma parte vai abandonar a política e uma parte vai ficar sem pai nem mãe.

Mas então para quê o PT?

Não vai ter alternativa e vai seguir o movimento. E o movimento vai querer o quê? Vai querer se agarrar no que sobrar do PT. A primeira coisa que vai fazer será isso, não tem escapatória. É como na França: os caras do PCF e do PS traíram, mas na hora em que todo mundo se mobilizou ao mesmo tempo, ninguém saiu atrás dos trotskistas, que disseram exatamente o que ia acontecer, para dizer: "É, vocês tinham razão". Não. Saíram atrás dos velhos líderes que tinham sido perseguidos pelos nazistas – e que tinham tentado conciliar o máximo possível, mas não conseguiram porque foram trucidados. O nazismo também não era brincadeira, mas os que sobreviveram foram novamente procurados.

O PT ainda pode cumprir um papel histórico, a exemplo do que Marx falava?

Papel histórico implica uma previsão um pouco arriscada. Eu digo: ele está no caminho de desenvolvimento do movimento operário. Ele está no caminho, não tem como fugir disso. No caminho que o proletariado vai tomar na hora em que se jogar para a frente, para enfrentar a burguesia, quando não der mais para suportar. Não vai ser este PT que está no Estado burguês, mas aqueles militantes que sobrarem: uma parte vai mudar de partido, outra parte vai abandonar a política, uma parte vai trair, mas uma parte vai estar ali e vai querer namorar o movimento. É o que sempre acontece, o movimento é assim, multifacetado.

Então você acha que se existir um grupo descontente de militantes, que critica a direção, deveria romper com o PT?

Eu acho que deve romper.

Mas não é lógico o que você está falando.

Por que não?

Porque se você está falando que existe um caminho necessário, que o movimento vai passar pelo PT querendo ou não...

Mas não porque nós achamos que deva passar.

Então, é porque vai passar. E se estivéssemos naquele lugar?

Se tivéssemos conseguido ocupar aquele lugar antes.

A grande alegação de muitos que estão no PT é exatamente essa, que o movimento de massas vai passar pelo PT porque não foi esgotado ainda...

Logo nós ficamos nele.

Logo nós ficamos nele.

Está errado!

Por quê?

Está errado porque hoje em dia o PT é uma organização contrarrevolucionária, então tem que sair. Nós sabemos que se não for construído nada fora do PT, que seja minimamente representativo, e apareça como uma alternativa válida diante de uma parcela significativa dos trabalhadores, o movimento não terá saída a não ser passar por ali. Agora, nós não vamos dizer para os trabalhadores ficarem no PT. Vamos pedir para eles saírem. Vamos organizar, no mínimo, uma corrente em ruptura com a CUT e que repudie o governo do PT e o Estado burguês.

Uma corrente de ruptura com a CUT?

Com a CUT e o PT, evidente. Vamos criar uma corrente de ruptura com a CUT, o PT e com o Estado burguês. Se vocês estão dispostos, vamos criar.

Mas esta é a linha do PSTU, de criar outra central sindical revolucionária.

Se formos solicitados, vamos propor o quê? Que não façam nada? Vamos propor que eles se organizem e que se organizem conosco. Então vamos criar uma corrente própria.

Mas a Conlutas foi um fracasso.

Estou explicando: separada do PSTU, separada da Conlutas. A Conlutas é uma organização que se atravessa no caminho do movimento operário porque, na verdade, o objetivo dela é criar um aparelho próprio e competir com a CUT. Nós não queremos criar um aparelho, queremos criar uma corrente de trabalhadores em processo de ruptura com o PT, a CUT e o Estado burguês brasileiro. Essas três coisas têm que ser ditas. Nós queremos criar um movimento e isso tem que ficar bem claro.

A criação de uma central sindical dependerá da conveniência do momento, da oportunidade, e, se for útil, proclamaremos uma nova central sindical. De repente não é útil. Vamos formar uma corrente e vamos esperar um pouquinho para formar. Não vamos fazer como o PSTU, que criou a Conlutas legal para ter direito ao imposto sindical. Vamos criar uma corrente, vamos ver a oportunidade de criar uma corrente. Aliás, o PSOL na Intersindical ainda teve o afã de se unir à Conlutas. Mas há momentos em que precisa dividir e não unir. A Conlutas quer lançar mão do imposto sindical, quer construir o aparelho sindical legal e depois quer confundir a coisa. Por exemplo: querem que nas associações de bairro todo mundo tenha poder de decisão, dentro dessa nova central sindical. Acho que quem tem que decidir o que fazer é quem está implicado. Quem decide uma greve geral é quem para de trabalhar e não a associação de bairro e estudante. Nós podemos até nos associar, fazer alianças com associações de bairro, que, aliás, são controladas ou cortejadas por "picaretas" que têm acesso a mandatos de deputado, acesso a altos funcionários do Poder Executivo.

Mesmo que no bairro exista uma associação autêntica de pessoas: na hora de indicar, vão indicar para quê? Vão indicar para o governo e reivindicar o quê? Verba. Então não interessa, não estão lutando contra o capital. Estudantes não estão lutando contra o capital. Aí vem o cara e diz: "Mas organização de centro acadêmico é uma organização sindical de estudantes". É, mas não é uma organização sindical que luta contra o capital. Infelizmente eles não ganham salário de capitalista nenhum.

Quem está lutando contra o capital?

Os que recebem salários do capital estão em oposição econômica ao capital. Querem o salário e o capitalista quer lucro. Querem mais salário e o capitalista quer mais lucro. Ganhar mais para um significa perder mais para o outro. Então é uma oposição inevitável. Quem é que faz isso? É o trabalhador. Se o trabalhador se mexe para pegar uma parte maior do valor criado pelo processo produtivo, ele se defronta com o capital. E é ele que tem que tomar a decisão de desencadear a luta contra o capital ou não, porque será dele o ônus. Será o ônus do salário, o ônus da perda ou do ganho de salário. Com uma associação de bairro, vão fazer aliança, não vão fazer uma organização única. Querem fazer uma organização única porque querem atrapalhar o movimento operário. Querem que um grupo de picaretas burocratas, que vivem de salário recolhido da militância, tenha acesso ao imposto sindical para sustentá-lo. Temos que fugir desse tipo de picareta, sou contra a união com esta gente. Já falei isso lá no PSOL: "Por que tanta pressa em fazer uma central sindical com o máximo de gente possível?" Esse máximo de gente implica Conlutas, que quer fazer uma mixórdia dessas para paralisar essa nova central sindical. Vamos ter que perguntar para a associação de bairro, que está dominada por picaretas profissionais, o que temos que fazer?

Na hipótese de alguém do PT nos perguntar se tem que sair do partido, nós responderemos que tem que sair imediatamente, sair correndo. E diremos: "A política do PT é burguesa, nós queremos uma política contra a conciliação da CUT, contra a política de governo a favor dos banqueiros e do capital financeiro, contra o Estado burguês que domina o sindicato brasileiro e está em simbiose com o capital financeiro internacional". Tem que ser contra estas três coisas. Nós queremos uma corrente dos trabalhadores que seja contra estas três coisas. Se vamos sair da CUT ou não é outra história. Mas sair do PT, sem dúvida. Portanto, criar uma nova central sindical, que é um passo de maior envergadura, nós vamos esperar uma oportunidade em que possamos fazer isso sem ficarmos isolados, um grupinho esbravejando, soltando espuma pela boca nos cantos dessas centrais sindicais. Não vale a pena! Vamos criar uma corrente nossa e vamos declarar o que nós queremos. Nós queremos isso. Um movimento contra essas três coisas. E vamos criar uma corrente que se desenvolva neste sentido.

Se demorar muito o amadurecimento do processo histórico brasileiro, então, talvez, nós tenhamos a oportunidade de criar um movimento com certa envergadura, na medida em que os embates forem se acumulando e convencendo mais gente a romper com a CUT e com o PT. De repente, perceberemos que a situação se tornou suficientemente aguda para poder proclamar uma nova central sindical. E quando o movimento avançar, sem dúvida uma parte encontrará o PT e aqueles que dentro dele se mobilizam. Mas vai se encontrar também conosco. Nós já vamos estar lá. Uma parte do espaço do PT nós também já vamos ter, isso vai servir inclusive para que o PT se comporte quando os trabalhadores quiserem usá-lo como veículo naquele momento.

Podem delimitar um crivo.

Se os trabalhadores nos encontrarem também ali, como um segundo ponto de apoio, nós vamos impedir que esses caras vacilem, como já o fizeram. Se também tivermos uma corrente com certa envergadura, naquele momento proclamaremos uma nova central sindical e cortaremos uma fatia da deles. Teremos como escorar o movimento. Eles querem ir para o lado da burguesia? Vão sossegados, vão em paz. Os trabalhadores ficarão aqui.

Mas hoje não vamos dizer que nós somos o caminho, a verdade e a vida, pois não somos! Nós somos ultramarginais e sendo ultramarginais, quem os trabalhadores vão encontrar quando quiserem saltar no pescoço da burguesia? O PT e a CUT. O que eles vão fazer? Alguns vão procurar o PT e a CUT, não o PSTU e o PC do B. Não tem como evitar. Mas nós vamos trabalhar para que haja alguma coisa a mais. Isso exige a proposta de imediatamente romper, se houver possibilidade. Sem fazer proclamações bombásticas.

Os trabalhadores podem não ter a clareza, mas nós temos, do que o PT fez desde que é governo. Daria para dizer que em outra situação, empurrado pelos trabalhadores, o PT poderia ser diferente?

O PT, do jeito que está, não. Teria que ser outra liderança. O PT vai ficar sem pai nem mãe, sem cargo e os trabalhadores vão ficar sem este jogo de cintura do PT, que concilia com o movimento dos sem-terra, que sustenta os sem-terra, que concilia com a CUT ao mesmo tempo em que segura a CUT.

O PT perdendo o poder ficará difícil segurar a CUT.

Nesse momento o PT se esfacelará. Porque tem gente que vive disso e o que vai querer fazer? Vai oferecer os serviços para a burguesia. Essa gente vai se bandear para outros partidos. Qualquer que seja o governo, sempre existirá uma oposição burguesa, vem junto. O que um líder petista vai fazer? Vai oferecer seus serviços e será bem recebido, porque é um ex-líder petista, porque se finge de amigo dos trabalhadores e assim terá uma oposição um pouco mais forte. Então mudará de partido e isso será lucrativo para ele, pois vai continuar a carreira de líder burguês. Não se sabe o que vai acontecer, mas serão outras pessoas. Todas as pessoas com jogo de cintura vão partir para o lado da burguesia, outras simplesmente ficarão enojadas e irão embora, porque já têm dinheiro suficiente para cuidar de sua vida privada.

Mas não consigo vislumbrar, nem a curto nem a médio prazo, a saída do Lula do PT.

Aí seria outro PT, teria que dizer que Lula não lhe serve. Seria a crise final do PT e seria outra liderança. Estamos falando da hipótese de o PT ser alijado do governo por algum partido que aplicará um programa dos banqueiros, e não de uma explosão social. Estou formulando uma hipótese, baseada na possibilidade, que é real, de que em um dado momento deste processo de crise rastejante do capital financeiro seja necessário aplicar o programa dos banqueiros de maneira mais firme e então se faça necessário um governo mais diretamente representativo do capital financeiro.

O PT será desalojado do poder e teremos um governo reacionário que aplicará o programa dos banqueiros. Essa é a hipótese que estou formulando. O que acontecerá com o PT nesse momento? Na medida em que houver uma reação dos trabalhadores a esse programa, é evidente que o PT vai se esfacelar. Se o PT ficar calado, se os trabalhadores ficarem calados e aceitarem o programa da burguesia, tudo bem, mas se houver qualquer reação a esse programa, eles se chocarão com o Estado burguês, com o novo governo. E o PT terá que ser oposição. Como é que fica? Será oposição sem nenhum cargo. Para aplicar esse programa mais firme dos banqueiros terão que desalojar o PT.

Lula poderá ou não ser do PT. Mas se o movimento operário reagir ao programa dos banqueiros, Lula dançará. Quer dizer, ele não será mais liderança válida para os trabalhadores que reagirem a este movimento. Isso é óbvio. Além de Lula não ser mais liderança válida, a liderança do PT que faz carreira no aparelho burguês vai optar por continuar neste aparelho e oferecer serviços para a burguesia. Outra parte vai cuidar da vida privada. Às vezes, surpreendentemente, uma pessoa que todo mundo acha conservadora vira revolucionária. Isso aconteceu muitas vezes. E vice-versa. Então, não se sabe. Certo número de pessoas vai querer liderar esse movimento. O movimento vai encontrar essa gente pela frente e vai se apoiar nela. Se estivermos com uma corrente construída, nós também vamos servir de ponto de apoio. Então, se houver outra corrente construída e ela se tornar uma parte do movimento, vamos ser capazes de impedir que ocorra uma segunda traição.

Então houve traição?

Não. Mas eu digo traição como forma extrema. No caso do PT não foi traição, porque uso o termo traição no caso dos fatos passados. Não temos o direito de dizer que nós fomos os bons e eles foram os traidores. Na realidade, apoiamos tudo o que eles fizeram no sentido de avançar para a política que finalmente terminaram escolhendo. Acho que nos arrogamos um direito que não temos, porque nós éramos o "Lula lá". E estava errado ser "Lula lá".

Quem tem o direito de falar em traição? Um trabalhador tem direito.

E a base da CUT também tem este direito?

A base da CUT tem e a base da CUT esbraveja até hoje contra a direção da CUT e contra o PT.

A *Carta aos Brasileiros* não dá um salto de qualidade a este processo?

Sim. Mas aí entra na trajetória do Lula.

A *Carta* dá um fechamento?

Acho que a *Carta aos Brasileiros* reflete a ambição do partido de ter o Lula lá. No meu entender, esse foi o grande crime daqueles que dizem agora que Lula traiu. Acho que essa gente – nós, inclusive – não tem direito de dizer que o Lula traiu. Talvez algum trabalhador tenha, mas não as correntes políticas do PT. Porque aceitaram que Lula fosse candidato a presidente, que tinha que estar lá e defenderam isso anos e anos a fio. Depois dizem que Lula traiu, quando fez a única coisa possível para chegar lá.

É verdade.

É incoerência, no mínimo. Porque o Lula sem a *Carta aos Brasileiros* não emplacava.

Ali era o fechamento mesmo.

Não emplacava e ia cair o céu em cima dele. Se ele dissesse: "Eu quero acabar com o capital, vocês não têm nada que ver comigo. Banqueiro é parasita, vocês vão se danar comigo, do primeiro ao quarto ano". Imagina se ele dissesse isso? Fechava a reunião ali e no dia seguinte teria uma campanha da rede Globo e do escambau em cima dele. Para não falar das intrigas e das armadilhas. Descobririam falcatruas em sindicatos, criariam um inferno. E, aliás, tinha uns caras já preparados para isso. Lula fez a única coisa que podia fazer para estar lá. Agora vamos criticá-lo? Quem não se comprometeu em fazê-lo presidente até pode falar. Um trabalhador que não tinha nenhuma culpa em toda esta mixórdia pode até dizer "o Lula me traiu".

Mas tem uma questão de gradação. Porque, por exemplo, ele poderia se apresentar à Presidência, poderia ter feito um compromisso em termos de burguesia nacional e desenvolvimentismo. A *Carta aos Brasileiros* é outra coisa. É um compromisso total com o império estadunidense... Lula lá é uma coisa, Lula Casa Branca é outra.

Aí não tem como. A mediação...

Lula em 1989 também era o Lula lá, mas não dá para comparar o discurso dele de 1989 com o discurso de 2002. Em 1989 não era Lulinha paz e amor. Falava de reforma agrária, falava em um monte de coisa.

Mas o discurso era bem atenuado. Todo mundo diz que em 1989 seria outra coisa, mas em 1989 ele não teve muita chance. As chances dele estavam ligadas a quê? Estavam ligadas a um discurso que naquela época não era nem desenvolvimentista, no sentido radical do termo. Não dá para dizer que 1989 foi o grande divisor de águas. Acho que a burguesia acreditava que Collor iria se eleger, mas, independentemente disso, ela não achava que a coisa estava tão perigosa assim.

Mas ele falava em reforma agrária...

Vou tomar como viés o discurso do Plínio.[6] É muito mais radical do que o Lula de 1989, e muito mais bem articulado. Mas o Plínio ia se danar com aquele discurso, se fosse eleito. Por quê? Por uma razão muito simples: qualquer medida que ele fosse tomar contra o capital – e ele teria que tomar alguma, no mínimo acabar com o parasitismo dos banqueiros – criaria um grande tumulto político, e ele não teria ninguém disposto a enfrentar os banqueiros, porque ninguém falou para o povo que teria que enfrentar os banqueiros. Se não se disser o tamanho da luta que se vai enfrentar, a eleição não resultará em qualquer coisa que preste. Por exemplo, ele teria que podar o latifúndio. Reforma agrária não é, simplesmente, criar assentamentos e esperar que alguém descubra que tem uma propriedade improdutiva para expropriar. Não é assim. Tem que ter

---

6   Plínio de Arruda Sampaio (1930-2014), ex-militante do PT, foi candidato pelo PSOL às eleições presidenciais de 2010, quando obteve pouco menos de 900 mil votos (0,9% do total).

dinheiro reservado para esse fim. O presidente teria que dizer: "O plano é de expropriar fazendas com área acima de 500 hectares. Se for mais do que isso, tudo bem, podemos até negociar, mas se for muito produtivo. Se a área tiver menos do que 500 hectares, pode até ser improdutiva. Deixa o cara lá sossegado criando 50 vacas em 500 hectares. Se for mais, vamos expropriar. Podemos até negociar uma indenização, mas vamos expropriar". Ele teria que dizer isso. Não que sejamos contra a propriedade, somos a favor. Só que a propriedade não pode ser abusiva. E teria que acabar com as benesses do capital financeiro, dizendo isto: "Atenção gente, eu vou precisar do apoio de vocês porque vão me boicotar. Vão detonar com o meu mandato". Se não houver este tipo de preparação, não adianta. Digamos que a assinatura da *Carta aos Brasileiros* foi um grau mais elevado de traição. Mas ali não precisou trair. Bastou não dizer o que precisava ser dito. Eu volto a perguntar: alguém disse o que precisava dizer? Não.

Ele não mencionava nem o não pagamento da dívida, como fazia o Plínio. Ele falava apenas de auditoria.

Esse negócio de auditoria, para mim, é bobagem. Tem que mudar a fórmula de vínculo da dívida. Quantas vezes se paga a dívida? Uma vez, duas vezes, três vezes, quatro vezes, quantas? Tem que continuar pagando e depois pagar quatro vezes? O Estado não paga o principal e vai acumulando juros. E é juro composto, não é apenas juro. O que significa uma aceleração. Isso significa que, se é 20%, em 5 anos se paga uma vez, 10 anos se paga duas vezes. Alguém deve dizer, após certo número de pagamentos, que tem que se declarar a dívida extinta. E se faz a auditoria. Porque senão, não adianta.

Mas não diz qual é a regra, a auditoria pode declarar que está devendo mesmo.

Fizemos uma regrinha de juros flutuantes, quer dizer, a gente está na *prime* de Nova York, que varia de repente: Reagan levantou para 20% porque deu na telha. E começamos a pagar 20% em cima da dívida, quando antes pagávamos 5%. É legítimo pagar aqueles 20% (o que fez com que pagássemos a dívida 10 vezes em poucos anos)? Depois abaixou de novo dos 20%, agora está 2,5%. Se não explicar isso tudo, não adianta uma auditoria. Vai apenas pegar ladrão.

Tudo bem o que você está dizendo, mas ainda tem uma diferença. Em 1989, a campanha convocou a militância para a rua.

Isso sim.

Em 2002, o discurso do Lula era todo na voz passiva.

Totalmente.

Em 1989 era outra coisa.

Mas ali nós éramos os responsáveis. Em 2002 não. Com a *Carta aos Brasileiros* a cúpula era contra a base do PT. Foi um salto qualitativo.

Por isso digo que foi um fechamento de ciclo.

Sim, foi um salto qualitativo, sem dúvida. Hoje, nós temos o ônus de dizer que foi um salto qualitativo em uma situação em que, durante dois decênios, ficamos achando que "Lula lá" resolvia tudo. E aí o retrocesso para nós ficou difícil. Dizer agora que não apoiamos mais o Lula. Imagina? A gente vira paçoca. Some do cenário político.

A grande diferença de 1989 para 2002 era a presença dos trabalhadores na campanha?

Sim. Só que, praticamente, o PT não estava construído. Não haveria apoio suficiente ao Lula se ele radicalizasse muito. Ele teria que fazer uma política de feijão com arroz, não ia muito longe. Ele não compraria uma briga com os banqueiros se ninguém estivesse preparado para o tamanho dessa briga, sendo que os banqueiros são especiais, pois são protegidos pelo Estado. No Brasil, eles conseguem coisas que nenhum banqueiro do resto do mundo consegue. Por exemplo, as altas taxas de juros de que se beneficiam, os títulos da dívida pública com os quais se financiam. Eles têm um casulo de proteção e por isso puderam ficar à margem da tempestade do que aconteceu nos Estados Unidos. Claro, lá tem o princípio de não deixar falir, mas estão mais expostos e, quando vão à falência, o Estado corre para socorrer. No Brasil, eles nem estão expostos, estão protegidos.

Imagina o Lula quebrar isso? "Vamos fazer o seguinte, vamos fazer um banco postal. Os trabalhadores vão depositar o dinheiro deles no banco postal e se quiserem receber pelo banco privado vão receber pelo banco privado." O Estado já tem uma rede de agências bancárias: é o serviço de correio, que usaram na França quando quiseram sacanear os banqueiros: criaram o Banco Postal. E depois muitos países europeus imitaram os franceses. O Japão também. Agora estão vendendo o Banco Postal no Japão para a iniciativa privada. O Banco Postal controla o pagamento do salário e dos encargos sociais. Se alguém deposita determinada quantia como encargo social, o Estado fica sabendo. No Brasil, se dão ao luxo de depositar sem encargo social, o empresário fica com uma dívida que depois será perdoada, mas do trabalhador o banco desconta na fonte. Do empresário o banco não desconta, por ser amigo do empresário. E como é que ficam as contas públicas? O Estado brasileiro fica quietinho, não fala nada. E depois perdoa.

Porque o agrupamento lulista assumiu o controle político do PT?

A resposta é mais ou menos óbvia, pois era o único grupo que tinha influência de massa. O único líder capaz de chamar para a mobilização e ser seguido era Lula. Embora houvesse muitos líderes sindicais ali com certo prestígio, parte do prestígio deles era transmitido pelo Lula e parte era decorrente de uma atividade um pouco diferente da de Lula.

A partir de certo momento, Lula deu um caráter político à sua atividade sindical, e isso foi tomado pela massa dos trabalhadores como sendo um sinal de radicalização, de vontade de assumir uma liderança efetiva na luta contra a ditadura e por melhores condições de vida. As reivindicações, no ABC, eram tratadas com bastante veemência, quer dizer, os trabalhadores as apresentavam e as defendiam com muita força, pois faziam questão de progredir. Eles tinham uma série de exigências, entendiam o que queriam e tinham força para se impor ao patronato. Mas eles não eram os trabalhadores com salários mais baixos do proletariado brasileiro, ao contrário, estavam em um bom nível. Mas isto não depende muito do nível, depende mais da situação política.

E eles acumularam muitas conquistas por causa dessa força política.

Acho que não por causa disso, mas porque a situação era muito favorável. Porque a industrialização brasileira, que começou a ser feita nos anos 1950, tinha no seu horizonte o desenvolvimento do mercado brasileiro de consumidores de produtos das empresas automobilísticas europeias e estadunidenses. Tudo foi condicionado de maneira que o poder aquisitivo de certa camada da população fosse capaz de atender a esse consumo. Essa foi a diretriz da indústria internacional naquele momento.

A burguesia internacional estava em uma posição muito desfavorável. E, vamos deixar claro, pela primeira vez na história, a burguesia resolveu enfrentar uma situação de conflito social com a classe trabalhadora resolvendo o problema pelo lado da demanda. Mesmo nos Estados Unidos, nos anos 1930, houve uma resistência muito forte da burguesia à mera definição de um salário-mínimo para a indústria. Jamais perdoaram Roosevelt por ter feito isso. Ele passou a ser visto como uma espécie de revolucionário, no modelo estadunidense, que é aquela modéstia das revoluções, são todas meio fajutas. No pós-guerra, quem liderou esse processo foi a Europa. A burguesia europeia estava no chão e resolveu fazer concessões importantes – não tinha saída – aos trabalhadores. Na América Latina, tratava-se de criar uma indústria que pudesse se apoiar no mercado consumidor doméstico, o que exigia uma série de medidas heterodoxas: altas barreiras alfandegárias e a concessão de salários que não eram tradição na América Latina. Por exemplo, um professor de Economia, da pós-graduação, comentava: "A esquerda vive dizendo que o salário-mínimo dos anos 1940 não está sendo respeitado. Porque o salário-mínimo dos anos 1940 estava ligado a uma cesta básica e agora não está mais. Mas ninguém ganha salário-mínimo. Quem é que ganha salário-mínimo? Só o pessoal lá no Nordeste!" Realmente, houve uma elevação voluntária do salário. Os professores, por exemplo, começaram a ganhar bem mais, houve uma melhoria no processo de favorecimento. A indústria nacional não acompanhou, continuou praticando um salário bem mais baixo. Mas o Estado de São Paulo foi sendo levado pela prosperidade de sua economia.

Mas, Vito, você não acha que a força do movimento fez com que a condição dos operários do ABC fosse diferenciada? Foi nesse período que também se abriu a discussão de direito de greve, dirigente sindical de fábrica, teve discussão das Câmaras nessa época, que desencadeou um processo de valorização daquele setor do operariado, mas que não foi acompanhado por São Paulo.

O ABC foi o lugar em que se concentrou a indústria automobilística. A mobilização dos trabalhadores teve grande importância, mas também ocorreu num ambiente favorável E é isso que estou ressaltando. Teve um ambiente favorável em função dos rumos que tomou a economia brasileira e do cenário internacional propício ao desenvolvimento do mercado interno no Brasil. E considerando que aquele período foi de fortes movimentos anti-imperialistas em toda a América Latina, as empresas estrangeiras, europeias e estadunidenses, não estavam a fim de se pôr em evidência, comprando uma briga mortal com os trabalhadores do ABC.

Que tinham muita força.

Que tinham muita força, mas as empresas também não estavam a fim de peitar os trabalhadores, porque poderiam ser rapidamente apontadas como gringas imperialistas. Existia um clima anti-imperialista na América Latina. Principalmente depois de 1959, a coisa ficou feia mesmo. Até Jânio Quadros, que era um reacionário, se achou na obrigação de condecorar Che Guevara. A situação era favorável, não há como negar. Por que os trabalhadores se mobilizaram? Mobilizaram-se porque tinham condições de fazer comparações e perceber que podiam conquistar mais. Em suma, que eles podiam melhorar de vida se se mexessem um pouco. E se mexeram.

E também tinha pleno emprego naquela época.

O pleno emprego veio do crescimento rápido e gerou uma força de expansão muito grande, atraiu muito trabalhador do Nordeste. Não foi apenas a realização do pleno emprego no lugar, houve uma intensa migração interna no Brasil. Foi uma reacomodação da população brasileira e teve muito nordestino

254 DIÁLOGOS COM VITO LETIZIA

que se deu bem, Lula foi um deles. O ABC se tornou centro de agitação sindical, mas convenhamos, dentro dos moldes estabelecidos por Vargas, não vamos também fantasiar. Os sindicatos do ABC se mobilizaram dentro do quadro estabelecido pelo governo Vargas, a CLT.

Por que a diretoria do sindicato não se deixou aprisionar pelo PCB?

Justamente, é esta a diferença de Lula em relação aos demais. Nos tempos de Jango, pré-ditadura militar, os sindicatos estavam muito influenciados pelas lideranças stalinistas. Por que estavam influenciados? Porque o governo Jango se apoiava neles. O Carlos Marighella contava que eles circulavam com inteira liberdade no Palácio do Catete e depois nos corredores de Brasília. Tinham um cacife no sindicato que vinham do próprio Estado burguês, que estava nas mãos do PTB. Nos anos 1950, quando se deu a primeira tentativa de golpe contra Vargas, a burguesia europeia e estadunidense queria investir no Brasil e precisava de um ambiente de tranquilidade social. Daí as tentativas recorrentes de impor regimes autoritários, que no fim foram vitoriosas, em 1964.

Juscelino Kubitschek seguiu a política econômica que era a política de Café Filho, era o liberal da burguesia e continuou a política de simbiose com o PCB para controlar os aparelhos sindicais brasileiros. O Estado não deveria descer a esse nível de compadrio com os sindicalistas. JK até poderia fazer concessões, mas não dar poder de Estado, que era o que os sindicalistas do PCB tinham. Eles circulavam no palácio, discutiam as medidas econômicas do governo, como o Marighella contava. Isso era inaceitável, porque era uma prática que não tinha viabilidade no longo prazo e a burguesia estava preocupada com o longo prazo. Foram derrubados e se aplicou uma política que, do ponto de vista econômico, não foi desfavorável aos trabalhadores e permitiu o sucesso da ditadura. A ditadura foi bem-sucedida, diferentemente da ditadura argentina.

O agrupamento lulista, pelo fato de ter um líder sindical do período posterior a esta aliança íntima entre o Estado e os aparelhos sindicais, fugiu ao controle do PCB. O PCB, em parte, foi eliminado fisicamente no momento do golpe. Os novos dirigentes sindicais não precisavam mais do PCB para servir como instrumento de pressão sobre o Estado. Antes, o PCB se prestava a isso, na medida em que tinha influência política. Quando a perdeu, foi liquidado, expulso, e seus militantes foram presos. Criou-se uma situação muito curiosa: por um lado, o sindicato ficou livre de um aparelho stalinista e, por outro, voltou ao zero quanto à questão da construção da organização política dos trabalhadores, o que de certa maneira foi benéfico. Em 1964, a ditadura limpou o terreno para a abertura de uma nova etapa.

No fim dos anos 1970, quando a ditadura entrou em declínio, colocou-se como tarefa do momento reorganizar os trabalhadores brasileiros politicamente. Isso só poderia ser feito negando o PCB, e Lula não podia fazer de outro jeito. Ele não podia evocar o passado, tinha que se apresentar como algo novo. Aliás, quem se insurgiu violentamente contra isso foi o PC do B, que dizia que o PT era contrarrevolucionário. O PCB se manteve à margem, mas o PC do B se insurgiu, pois não queria abrir mão do seu espaço como um partido de trabalhadores. Mas é evidente que um grupo degenerado como o deles não tinha nenhuma chance de impedir que o PT seguisse sua trajetória.

O que explica o surgimento da Articulação dos 113?

Eu não ficava muito por dentro dos meandros das decisões da cúpula do PT, era o que menos participava, pois nunca fui bom negociador. Não tinha aquelas habilidades de fazer manobra em reunião com cúpulas estranhas, nunca me dei muito bem nesses ambientes. Eu ficava sabendo por alto o que se passava, o que era relatado no PT, mas não me interessava muito. Pelo que entendi, foi uma ampliação que o núcleo original do PT, que era um grupo de sindicalistas, considerou necessária para incluir certo número de intelectuais que poderiam ser de ajuda para orientação da linha política do PT e até para ganhar prestígio fora do movimento sindical, na universidade. Entraram algumas lideranças de grupos políticos e entrou de novo gente do PCB.

E a influência de Cuba.

Sim, sem dúvida. Influência de todos os grupos que vinham da guerrilha, que receberam anistia em 1979. Grupos que adquiriram certo prestígio porque apareceram na televisão por causa dos sequestros, foram aceitos. Nós fomos sempre vistos com maus olhos, a OSI sempre sofreu certa rejeição. Por quê? Porque a OSI nunca teve um intelectual de prestígio. E isso era importante para esse grupo de sindicalistas. E, segundo eles, porque éramos meio sectários em relação ao stalinismo. Não gostavam de críticas ao stalinismo e nós éramos o único grupo que dizia que o stalinismo era uma força política contrarrevolucionária, que aliás era o único lado realmente salutar que tínhamos. Era o único. De Cuba não falávamos mal, mas do stalinismo sim. Isso criava certa repulsa intelectual.

Alguns dos nossos dirigentes fizeram de tudo para poder ser admitidos e ainda assim em um canto, a contragosto e de má vontade. Coisa que me deu asco, diga-se de passagem. Eu, àquela altura, estava a fim de cair fora do PT. Eles me excluíram de tudo, fui umas duas vezes, no máximo três, naquelas reuniões. Depois não fui mais e eles houveram por bem não me convidar mais. Primeiro, nós não precisávamos estar naquele grupo de burocratas, nós tínhamos que ter nosso próprio cacife. Se não tínhamos cacife, o que iríamos fazer ali dentro? Nós iríamos abrir a boca e todo mundo ia fechar os ouvidos, para pensar exatamente o inverso. Iríamos sair dali com prestígio de massa? Não mudaria nada para nós. Um lugar onde estamos de má vontade, não vamos!

Acho que você está subestimando uma coisa na sua explicação. Você apresentou os 113 como uma necessidade de articulação de intelectuais para ampliar a legitimidade e o núcleo central. Acho que isso até existiu, mas tem outro dado que tem que ver com a perspectiva eleitoreira do PT, que precisava controlar os núcleos. Nos primeiros dois anos de existência do PT eram, de fato, núcleos vivos e tinham uma influência marcante no partido. Acho que os 113 foi uma articulação para controlar os núcleos do PT.

Admito que não pensei neste aspecto, que tivesse um objetivo de aparelhar.

É verdade. Porque até então o funcionamento do PT tinha uma organicidade e uma espontaneidade que a direção não conseguia dar conta, controlar. É que eu estava analisando os 113 como sendo em 1982. E foi em 1980, 1981.

É uma interpretação bastante procedente. Acho que dá para acrescentar isso. Mas estou falando da nossa atitude em relação aos 113.

Se foi isso, a nossa atitude em ser coniventes foi um absurdo. Mesmo que não tenha sido discutido formalmente. Foi asqueroso.

Foi humilhante.

É humilhante até hoje.

De repente, eles até nos instrumentalizaram. Mas, do ponto de vista da nossa exigência premente de participação, não tínhamos esse projeto de aparelhar o PT. Pelo menos não naquele momento, então para nós era inútil. Agora oferecem benesses. No meu tempo, não seríamos assalariados deles, não teríamos postos em certos escalões do governo. Naquela época, seriamos só parte de um aparelho, o meio de vida ficaria por nossa conta ainda. Não tinha pensado nesse aspecto dos 113. Mas acho bem lembrado levantar este fato.

Como explicar o empenho no processo eleitoral do PT, em particular na validação de seu presidente?

Quando dei a primeira olhada nessa pergunta, pensei na condução personalista do Lula, que nunca deixou de dirigir o PT de fato. E ele, inclusive, dirigiu o PT de uma maneira um pouco espúria, porque era o presidente de honra e dirigia de fato. O presidente de honra não dirige normalmente. É o presidente que dirige, e tem o presidente de honra, que é uma figura honorífica, que não dirige nada. Ele nem precisava ser presidente de honra, pois era quem dirigia de fato. E apoiávamos esse tipo de relação, porque se tratava de um tipo de relação com a figura do Lula.

Você entendeu a pergunta como da validação do Lula como dirigente do partido?

Não, não. A forma como se estabeleceu a relação dele com o partido. Estabeleceu-se uma relação religiosa, carismática.

Você acha que Lenin era diferente?

Com o Lenin não era assim, com certeza não era assim. Ele foi voto minoritário muitas vezes. Lambert já foi mais forte, dentro de sua organização, do que era Lenin dentro do Partido Bolchevique. Lambert perdeu uma vez a votação do comitê central, e teve que fazer um congresso extraordinário, no fim do mesmo ano, para fazer passar a proposta dele. Foi quando ele terminou de liquidar com a OCI.

Mas era uma proposta central?

Não, era a questão da Nicarágua, porque estávamos acoplados à *Force Ouvrière*, e aprovamos uma moção de solidariedade com o povo nicaraguense, com a revolução nicaraguense. E Lambert disse que isso não passava na FO, que ele não ia comprar uma briga, por causa da Nicarágua. Até tinha as suas razões. Eu os conhecia, tinha sindicalistas de peso na FO.

Eu sei que foge do assunto, mas por quê a FO não apoiaria a Nicarágua?

Porque os Estados Unidos não apoiavam. Os Estados Unidos estavam num embate mortal com a Nicarágua e a FO não costumava comprar brigas com os Estados Unidos. Na verdade, não apenas com os Estados Unidos, mas com a AFL-CIO,[7] que era uma organização irmã e que disse que não aceitava a Nicarágua. Então, não que fossem mandados pelo governo estadunidense, mas tinham essa ligação forte com a AFL-CIO, que dizia que não. E o Lambert disse que não. Colocou em votação. Perdeu. Evidentemente, a base da OCI era pela Nicarágua. Lambert não se conformou. Convocou o congresso no fim do ano de 1986 e fez passar a retirada dessa resolução sobre a Nicarágua. Liquidou com o partido, porque ali o partido se esfacelou.

Mas por que você fez essa analogia com Lambert?

Líder carismático, Lenin não era. Lenin só se tornou um líder carismático durante o comunismo de guerra. Por que a partir de meados de 1919? Quando a guerra terminou vitoriosa no fim de 1919, Kolchak se retirou, abandonou a luta, e os partidários dele se dispersaram, a Legião Tcheca, que era sua força principal, pegou o trem e foi para Vladivostok, para ser evacuada via oriente,

---

7   AFL-CIO (*American Federation of Labor and Congress of Industrial Organizations*) é a maior central sindical dos Estados Unidos, conhecida por suas posições moderadas e fortemente influenciadas pelo Partido Democrata.

com a ajuda dos japoneses. E Lenin tinha vencido a guerra, então já era outra história, ele virou um líder difícil de contestar, mas antes não era bem assim.

E Trotsky?

Trotsky nunca foi bem-visto dentro do Partido Bolchevique. Nunca. Nem dentro do Exército Vermelho, onde ele era o chefe. Ele era obedecido, não era bem-visto.

Não era carismático?

Não, Trotsky não. Trotsky tinha um comportamento pessoal aristocrático, era um filho de fazendeiro. Era muito versado em literatura francesa, fez um curso de matemática que não terminou. Seu pai tinha uma fazenda na região que hoje é a Ucrânia e abandonou a comunidade judaica. Na Rússia e na Ucrânia, que era a parte mais rica, em termos agrícolas, os patrões tinham costumes aristocráticos. Então, Trotsky era um sujeito de hábitos aristocráticos e o povão russo não gostava dele. E ele não se esforçava muito para ser amado. Agora, Lenin não. Lenin era um cara caloroso, que chegava em qualquer um, batia papo. Trotsky mantinha uma relação de respeito com as pessoas, era um tipo aristocrático.

Era uma coisa esdrúxula, a relação que o PT tinha com Lula. Porque não era o carismático natural, era o carismático cultuado. Em geral, nos partidos de trabalhadores, mesmo quando a liderança carismática existe, não se costuma transformar o carisma em culto. Costuma-se aceitar.

Mas Lambert não era cultuado?

Não. Lambert conversava com qualquer um e todo mundo se achava no direito de conversar com ele. E ninguém ficava deslumbrado por falar com Lambert. Qualquer um falava, ele descia, ia tomar café e ninguém achava que tinha a obrigação de devotar um respeito especial. Em geral, ele impunha a posição dele e todo mundo acatava, ao natural. Lula não. Lula fez a sistematização da coisa, foi declarado presidente de honra, por uma série de razões. Então acho que nesse ponto não deveríamos nos sentir à vontade. Mas nos sentíamos à vontade. Eu não gostava, mas eu era eu.

Os 113 não foram fundamentais para arquitetar esse processo dentro do PT?

É, pode ser. Olha, para mim, o momento mais xarope do Lula foi quando desistiu do mandato de deputado. Fizemos o esforço para elegê-lo e ele nem esperou terminar o mandato. Se achava que era muito ruim, tinha que denunciar as falcatruas que aconteciam lá dentro. Chegou a dizer que tinha pelo menos 300 picaretas lá dentro do Congresso. E, quando saiu, disse que não era aptidão dele, não tinha vocação para aquilo.

E acho que não tinha mesmo, porque no Congresso uma personalidade como a do Lula não se destaca.

Você entende a gravidade da coisa.

É grave, ele é personalista.

A liderança do PT só serve para cargos executivos, a nossa maior liderança não serve para cargos legislativos. Eu não acredito nisso, não posso acreditar. Sabe por quê? Porque se nós temos algumas tarefas para fazer no Congresso, como a Social-Democracia Alemã tinha no tempo de Engels, e lá se rejeita uma proposta nossa, Lula poderia sair para a rua e fazer um comício dizendo que sua proposta foi rejeitada. Lula tem e tinha a capacidade de quebrar a espinha daqueles picaretas. Se Lula fizesse uma proposta e a rede Globo não quisesse divulgá-la, e fosse barrado no Congresso, ele podia sair para a rua. E então a rede Globo teria que filmar. As sessões do Congresso são divulgadas pela *Voz do Brasil*, que ninguém ouve. Agora, se saísse na rua, a rede Globo teria que filmar o evento. Tudo bem, não vamos fazer um buraco no céu, mas se cria um evento, e depois outro, depois outro, depois outro e terminamos quebrando a espinha deles. Como assim, não tem nada para fazer no Congresso? Tem sim senhor, claro que tem. Podemos fazer um projeto e propor a limitação de 500 hectares para propriedades rurais no Brasil, pronto. E apresentamos ao plenário. Nós tínhamos propostas a fazer e tínhamos um deputado de peso. Quem melhor do que o Lula para fazer as nossas propostas?

Lula não percebia isso ou saiu por que era pelego mesmo?

Porque o Congresso, para o PT, era um trampolim para Lula se projetar no cenário político e se guindar a cargos executivos.

E é o que é até hoje.

É.

É um projeto de lógica eleitoral.

Lógica eleitoral para os cargos executivos. Então, um deputado ou senador que é um grande orador, que fala como professor experiente, faz discursos bonitos, dialoga, tem jogo de cintura se sente bem lá. Muda alguma coisa? Não. Mas ele se projeta e a partir daí é noticiado e se candidata ao governo de um Estado. Então, o Parlamento é o quê para o PT? Nós tínhamos propostas que não eram as da burguesia, naquela época em que Lula era deputado.

Qual a importância política da influência do PT nos meios intelectuais e culturais, incluindo a construção de um novo mito, adequado para o período, do Lula como *self-made man*? Lula, como fenômeno raso, passará rapidamente, ou deixará marcas mais profundas na intelectualidade brasileira, como, por exemplo, o prestismo e a cultura do PCB deixaram nos anos 1950 e 1960, entre historiadores e filósofos?

A formulação da pergunta permite que ela seja desdobrada. Começa indagando qual a importância do fenômeno Lula, o que implica definir o grau, se foi grande ou foi pequeno. E, depois, tem a segunda parte que fala na construção de um mito. Mas ele se consolida a partir da influência dos meios intelectuais. Sou obrigado a responder de trás para frente essa questão. Porque os intelectuais clássicos do processo histórico brasileiro ou eram influenciados pelo PCB ou eram conservadores. Quase todos, tirando fora dois exemplos, Boris Fausto e Ruy Fausto,[8] que não eram conservadores e de certa maneira escapavam um pouco da influência do PCB. Ou o Mário Pedrosa, um crítico de arte que entrou no PS de 1945. Mas a tradição era toda PCB. A partir dos anos 1970, parte da intelectualidade que nunca foi militante do PCB começou a debandar, incluindo o grupo da Teoria da Dependência, por exemplo, que estava deixando o pensamento marxista.

---

8   O historiador Boris Fausto (1930-) e o filósofo Ruy Fausto (1935-) são irmãos. Eles militaram no Partido Operário Revolucionário (POR), corrente trotskista atuante entre 1952 e 1966, ligada à organização francesa do grego Michel Raptis (Pablo). O POR praticou o entrismo no PCB em 1954.

Mas tinha uma intenção de pensar o marxismo fora e criar outra leitura de Marx, diferente da leitura stalinista.

Sim, mas a formação deles está dentro daquele ambiente influenciado pelo stalinismo. Todo mundo era dessa safra e ficaram meio sem pai nem mãe quando o stalinismo começou a degringolar na União Soviética, nos anos 1970, que é justamente a época imediatamente anterior a esses acontecimentos aqui no Brasil. Em suma, a coisa começou a andar para trás em termos de prestígio do pensamento stalinista. Então aparece o Lula. Claro que todo mundo enxergou uma via de escape. O dedinho do stalinismo, em parte, explica o sucesso do Lula, porque era evidente, pois começou exatamente nos anos 1970, ganharam evidência os trabalhos teóricos de economistas como Ovsi Liberman[9] e outros economistas soviéticos e Oskar Lange,[10] que começaram a questionar a economia socialista. Isso chocou. E também surgiram os eurocomunistas. Em suma, começou a esfarelar o monólito soviético. E aí aparece Lula. Lula, luz no fim do túnel. Então isso explica.

Que primeiro chamamos de pelego e depois nos ajoelhamos.

Intelectual se comporta assim, ele cria mito. Eles se comportam assim, são menos racionais que os operários. Realmente, houve uma brusca correria em direção a Lula, que se sentiu muito bem. E como criadores de mitos, os intelectuais não poderiam aderir a um Lula com defeitos. Lula teria que ser o homem, um homem providencial. Lula achou muito bom, ele só não gostava de trotskistas, como nós. Talvez seu único problema fosse o grau correspondente da importância de intelectuais brasileiros. No plano político, a intelectualidade brasileira não tem muita influência. Eles são uma espécie de adorno das pessoas que sabem fazer política, que não são eles. A influência da intelectualidade não foi muito grande e não ajudou muito. Aliás, atrapalhou, criando um mito que foi uma atrapalhação. A única coisa que a intelectualidade deveria ter feito era explicar para Lula como se constrói um

---

9   Ovsi Liberman (1897-1983), economista soviético ucraniano. Propôs métodos de gerenciamento empresarial dentro do sistema de economia planificada.

10   Oskar Lange (1904-1965), economista e diplomata polonês. Formulou propostas no sentido de conciliar uma certa liberdade de mercado com o sistema de planejamento central da economia.

partido: "Temos que ter um congresso que funcione e seja soberano. Você, quando entra no congresso, entra como militante, não entra como Lula. É o militante Luís Inácio. O congresso, soberanamente, elege uma mesa diretora e passa a funcionar a partir da eleição. Você pode ser indicado, mas, se você não for indicado, você tem que ficar sentadinho no seu banco e ouvir". É o que eles tinham que ter ensinado.

A primeira formulação do estatuto do PT, feita pelo Plínio de Arruda Sampaio, em 1979, colocava bem essas questões, funcionamento dos núcleos, do congresso do partido.

Teve apoio?

Num primeiro momento não foi vetado, pelo menos.

Não foi vetado, mas não funcionou.

Mas os núcleos funcionaram bem durante dois anos.

Funcionaram pela força expansiva do PT. Quando existe um entusiasmo coletivo muito forte, as coisas funcionam com relativa facilidade. Mas no congresso, que é a hora em que o partido se mostra como instância máxima, não, isso não aparecia.

A instância máxima sempre foi Lula.

A instância máxima sempre foi Lula.

Lula deixará alguma referência ou valor cultural que se sedimentará ao longo dos anos?

Acho que ele não tem potencial para deixar uma herança que ultrapasse os 20 anos. Que é mais ou menos o prazo que duram as grandes aventuras políticas brasileiras. 20 ou 30 anos no máximo, depois desaparecem.

Vargas durou mais. Vargas ainda é um sujeito conhecido nacionalmente.

Getúlio Vargas não representa nenhuma corrente particular.

Não, mas é uma referência política, a única referência política no Brasil.

Aí são fatos concretos, Vargas foi uma virada na história do Brasil.

Até hoje o sindicato se pauta pela ação getulista.

Mas Lula foi alguma virada na história do Brasil? Getúlio Vargas não foi um líder operário brasileiro. Ele foi um líder da nação brasileira, do Estado brasileiro. E Lula não, mas nós não esgotamos a discussão sobre ele, porque tem mais coisas que nos vão obrigar a retomar esta questão.

Você diz que Lula não foi um líder...

Do Estado brasileiro. Não foi um líder do Estado brasileiro, foi capacho do Obama, como foi capacho do Bush. Ele não mudou a história brasileira, não teve uma virada com sua chegada, ao contrário. Ele próprio disse que era continuação do Fernando Henrique, então a grande virada foi FHC, desculpe.

Uma coisa é você falar em virada, outra coisa é falar em líder.

Mas estou falando em virada porque a pergunta é sobre a duração de Vargas. Por que Vargas dura? Porque foi uma virada na história brasileira. Lula foi uma virada na história brasileira? Não, foi uma continuação do Fernando Henrique. Então, o Fernando Henrique durará mais do que ele, de repente, porque cada vez que se falar do Lula terá que se falar do Fernando Henrique.

Existe algum paralelo entre o lulismo e o fenômeno Getúlio Vargas? Existem características semelhantes ao populismo?

Aqui está em discussão o populismo. Não acredito em populismo. Populismo, o que é? Uma coisa popular? Na realidade, é um termo que se usa quando não se tem nenhuma definição precisa. Populismo é o povo, povão, mas sem definir que classes, que correntes, que camadas sociais são as determinantes. Populismo fica sendo um termo de escape. Vargas não foi populista. Segundo Trotsky, foi bonapartista. Na verdade, Vargas foi uma coisa nova. Por que foi uma coisa nova? Porque o Brasil, desde 1825, passou a ser o Brasil café. O Nordeste entrou em declínio. O Brasil nunca deixou de exportar açúcar, porém em quantidades menores, porque a concorrência internacional aumentou: Cuba se tornou um grande produtor de cana, durante o século 19, uma vez terminadas as guerras napoleônicas, em 1815.

Cuba era uma base naval, um lugar onde se concentravam as frotas que transportavam prata para a Espanha. Quando as frotas deixaram de circular por Havana, Cuba ficou uma terra meio baldia, sem muito futuro. Uma vez terminada a Revolução Francesa e encerradas as guerras napoleônicas, a burguesia castelhana resolveu explorar o território cubano de uma maneira mais aprofundada. Por quê? Porque ficava perto dos Estados Unidos, um comprador tradicional de açúcar do Caribe, que não podia mais comprar de São Domingos, e a Holanda passou a refinar o açúcar do Caribe. Tinha um pouquinho de açúcar na Jamaica, mas os ingleses não desembarcavam nos Estados Unidos. Houve um acordo entre Espanha e Estados Unidos, que resolveram concentrar o investimento no açúcar de Cuba. Isso prejudicou a exportação do Brasil. Razão pela qual o Nordeste foi a primeira região que tentou se industrializar, antes de São Paulo. Só que não tinha condições sociais de ir muito longe, dentro do sistema escravista.

São Paulo entrou depois do fim do tráfico, já com um potencial de desenvolvimento maior, seguindo uma continuidade em relação ao Rio de Janeiro e importando escravos do Nordeste, pois não podia importar mais da África. Esvaziou o Nordeste e impulsionou o café. Desde 1825, o Brasil passou a ser principalmente café até a República Velha sem escravismo. Vargas acabou com isso. Foi o primeiro presidente que não era do café e fez uma revolução para derrubar o poder do café. Essa foi a grande virada de Vargas. Não rompeu com o imperialismo, como querem dizer, não era nacionalista nem foi um industrialista sério – foi um industrialista a meias –, mas favoreceu a indústria porque não tinha outra saída. Era a única coisa que se podia fazer. Nem com o café nem com o açúcar dava para enriquecer o Brasil, só com a indústria. Que foi a chamada indústria de substituição de importações. Era obrigatório fazer isso, não tinha como não fazer, eu acho até que qualquer um faria isso. Não precisava ser Vargas.

Por acaso foi ele.

Por acaso foi ele, mas o que não foi por acaso foi Vargas ter derrubado o poder do café. Este foi seu grande feito, derrubou um bloco de poder que durou 100 anos. Essa foi a grande virada. Lula, o que fez? Ele recomeçou uma velha história, pela terceira vez. Na primeira, tentou-se construir um partido dos trabalhadores brasileiros a partir de 1906, e não se conseguiu porque o PCB stalinizado atrapalhou. Na segunda, o PCB tentou criar um partido dos trabalhadores, não mais independente, mas atrelado à burguesia nacionalista, e conseguiu o que queria: um movimento operário não independente, atrelado à burguesia, que chamava de nacionalista. E Lula começou pela terceira vez a mesma história, mas começou atrasado. Por quê? Porque em 1906, no início da primeira tentativa de organizar um partido dos trabalhadores, a indústria brasileira era pujante. Casualmente, 1906 é a data do Convênio de Taubaté. Mas era o momento em que a indústria também se colocava como candidata a ser um polo de desenvolvimento econômico do Brasil. Colocava-se a sério, porque tinha muitos imigrantes que sabiam montar uma indústria, sabiam montar uma fábrica. Metade da população de São Paulo era italiana, no início do século 20, e tinha um monte de técnico que estava gerindo, gente que sabia fazer uma indústria funcionar, tinha conhecimento. Tinha tudo: por exemplo, engenheiro naval construindo estaleiro. E os caras eram bons, muito do que se fez aqui terminou com a patente vendida aos Estados Unidos. Poderia ter ficado aqui, se houvesse um ambiente mais favorável. O Convênio de Taubaté destruiu o ambiente favorável. Mas a indústria estava crescendo, e cresceu até as vésperas da 1ª Guerra Mundial, e os trabalhadores faziam sua organização junto com o crescimento industrial.

Nos anos 1930, se repetiu a mesma coisa. Claro, a organização dos trabalhadores foi golpeada em 1937. Mas os trabalhadores começaram a desenvolver suas organizações, junto com o processo de substituição de importações que deslanchou nos anos 1930. Foram atrapalhados pelo PCB, que sentou em cima e disse que aquilo era uma vontade da burguesia de romper com o imperialismo e os trabalhadores tinham que se aliar a esse projeto.

Lula chegou atrasado, pois houve a retomada da industrialização do Brasil a partir de 1969, depois daquele período de lusco-fusco do Castelo Branco, que morreu em 1967, não se sabe se assassinado ou não. Em 1969, veio o Médici; tinha a repressão, mas começou a deslanchar a economia e o proletariado ficou quieto. Claro, era a ditadura, era difícil, mas nada impediria que debaixo da ditadura os proletários se organizassem, mas nada se fez. No fim da ditadura, se fez. Atrasados e atrapalhados pela burguesia, que fez a cama de gato. Quando o proletariado saiu correndo, a burguesia já estava deitada no caminho. Mas assim mesmo foi a terceira tentativa de organização independente dos trabalhadores. Foi proclamado que seria independente. Foi dito: "Nós não somos como a social-democracia, nós somos da organização independente dos trabalhadores". Esse teria sido o grande feito, a grande virada do Lula, que não aconteceu. Então a diferença entre Lula e Vargas é que aquilo que seria a vocação do Lula e o fato histórico ao qual Lula respondia, que seria a terceira tentativa de constituir uma organização independente dos trabalhadores, não ocorreu. E a do Vargas ocorreu. Essa é a diferença dos dois.

Mas Vargas era o portador de um projeto e Lula não.

Não sei se Vargas era o portador do projeto. Ele tinha um projeto negativo de derrubada do poder dos cafeicultores paulistas. Acabar com a falsa república do café. O Convênio de Taubaté impunha uma camisa de força à economia brasileira. E foi feito em termos econômicos, a rigor, que se podem traduzir em mercado interno *versus* mercado externo, ou, se quiser traduzir no âmbito do mercado externo, pode-se dizer dos outros produtos *versus* o café. Porque o Brasil passou a ser exportador de algodão, de óleos vegetais, em suma, daquelas coisas que se produziam na época. E isso num certo momento estava dando tanto dinheiro quanto o café, cujos preços despencaram. Não que tenha diminuído a exportação do café, nunca diminuiu, mas os volumes de exportação passaram a crescer mais lentamente. Sempre cresceram, mesmo nos piores anos da crise. Só que a um preço dez vezes menor. Então não adiantava crescer um pouquinho. E o governo mandou queimar café, não porque não estava exportando, mas porque tinha acumulado muito mais do que poderia exportar com qualquer conjuntura econômica. Isso por causa do Convênio de Taubaté, que incentivava o plantio cada vez maior, acima das necessidades do mercado. Diferentemente dos Estados Unidos, onde, quando o mercado estava saturado, o governo pagava para não plantarem.

E por que você diz que o projeto do Vargas era um projeto negativo?

Negativo porque a aristocracia, a cafeicultura paulista estava sufocando a economia brasileira, porque o mercado pagava preços cada vez menores, e ela saturava o mercado, indo no sentido de pressionar os preços ainda mais para baixo, plantando muito acima do que o mercado seria capaz de consumir em qualquer hipótese – com prosperidade, com crise, com depressão ou qualquer coisa que você possa imaginar. O Convênio de Taubaté incentivava o plantio, pois o governo comprava. Vargas e seu grupo – que incluía os mineiros que romperam com a política do café com leite e se aliaram ao Rio Grande do Sul e à Paraíba – derrubaram esse negócio que sufocava a economia brasileira. A depressão mostrou que a economia brasileira seria liquidada se continuasse com o café. Aí, na eleição de 1930, disseram que Washington Luís perdeu; os paulistas disseram que ganhou, mas os gaúchos não aceitaram. E o problema não é quem ganhou aquela eleição, pois ninguém sabia quem ganhava do jeito que era feita.

Acho que você subestima muito o ideário positivista de Vargas.

Não, os tenentes eram positivistas.

Acho que Vargas também era.

Aqui no Rio Grande do Sul tinha uma frente muito forte positivista. Em particular, no Rio Grande do Sul.

Por causa do Júlio de Castilhos?[11]

Exatamente, por causa do Júlio de Castilhos. Isso dava certa solidariedade interna a eles, uma certa força política, isso é verdade. Mas, independentemente do que os ajudou a se reforçar ideologicamente e tudo o mais, o fato histórico é que se acabou com uma prática econômica que estava sufocando a economia

---

11 Júlio de Castilhos (1860-1903) foi um dos mais influentes políticos positivistas do país. De 1884 a 1889 dirigiu o jornal *A Federação*, propagando ideias republicanas. Em 1891 elegeu-se deputado para a Assembleia Constituinte e se opôs a Rui Barbosa na questão da discriminação de rendas, defendendo os pequenos Estados da federação. Em julho foi eleito presidente do Estado do Rio Grande do Sul. Deposto em novembro, com a queda de Deodoro da Fonseca, foi novamente eleito em 1893. Na Revolução Federalista (1893-1895), liderou os "pica-paus republicanos" (adeptos do Estado local forte e autônomo), derrotando os "maragatos" (federalistas e monarquistas, liderados por Gaspar Silveira Martins). O castilhismo consolidou-se como corrente política e teve voz ativa por 40 anos. No plano nacional, Getúlio Vargas procurou implementar o castilhismo no Estado Novo (1937-1945).

brasileira. Vargas tentou proteger ainda o café, ele não era sectário contra o café, mas não era mais o café que estava no poder. O que não era pouca coisa. E Lula veio para fazer outra tarefa urgente, que não fez. O Vargas fez e o Lula não fez. A diferença entre os dois está aí.

Até que ponto o lulismo pode constituir no Brasil um caldo de cultura e referência para as análises políticas e tomadas estratégicas de posição, semelhantes ao stalinismo no pós-guerra? Teremos uma geração de acadêmicos e intelectuais lulistas?

Bom, na realidade a pergunta tem duas partes. E a primeira diz respeito à ocupação do lugar do stalinismo. Na verdade, as referências ao stalinismo tinham como pano de fundo a própria Revolução Russa, que foi uma coisa muito ampla, profunda, forte na história do século 20. O stalinismo encarnava isso. Com todas as traições e degenerações posteriores era inevitável que encarnasse, pois só o especialista que estuda a história com detalhes da Rússia, a história da revolução, é que vai se dar conta dos desvios e dos afastamentos do processo histórico a partir de Stalin em relação à revolução. Mas para o mundo, para as massas trabalhadoras, para as pessoas comuns, para a humanidade inteira, não. A direção da União Soviética é herdeira da Revolução Russa. O stalinismo foi uma referência, não pelas qualidades particulares, mas pelo que ele representava historicamente. E evidentemente não dá para fazer uma comparação disso com o histórico atravessado pelo PT. Não há termo de comparação. Pretender que o PT seja uma referência como foi o stalinismo é totalmente fora de lugar. São processos históricos diferentes. A rigor é ínfimo o período histórico do PT; no caso do stalinismo, três quartos de século, no do PT no poder é menos que um decênio.

E um terço da humanidade.

Não pelo um terço da humanidade, o pessoal gosta de dizer um terço. Um terço do território. Porque na China foi diferente. Não foi uma revolução europeia. E a Europa, queiramos ou não, é o ponto, o nó do planeta, é onde se resolvem as coisas. O que tem que acontecer no Ocidente, vai acontecer na Europa, ou não vai acontecer. Trata-se dessa analogia, que é procedente. Agora, os intelectuais continuam numa certa divisão. No Brasil, são poucos os intelectuais, pelo menos os reconhecidos, famosos, que tiveram algum prestígio naquele grupo que se chama intelectuais de esquerda. Em geral eles acompanharam o PT. Só que a intelectualidade brasileira não tem outra liderança, porque a direita não constitui uma liderança intelectual no Brasil. Na América Latina em geral, os conservadores e a direita são muito pouco influentes enquanto teóricos. Por exemplo, para deslindar certas questões da história do Brasil, tive que ler Pedro Calmon. Alguém o conhece? É um historiador conservador brasileiro, escreveu uma obra de sete volumes. Ninguém conhece Pedro Calmon. E eu li, pois precisava saber de algumas coisas que não interessam nem à direita nem à esquerda contar. Ele não é um direitista, é um historiador pacato, escreve literariamente, escreve num português bonito, queria fazer literatura ao mesmo tempo em que fazia história. Ele conta detalhes do dia a dia. Imagina, sete volumes, 500 páginas cada um deles.

Ele é fiel aos fatos.

É assim que funciona a coisa. Esses intelectuais não têm expressão, ninguém sabe quem são. Os intelectuais que contam, ou são de esquerda ou foram de esquerda e se bandearam. Em suma: a intelectualidade que conta, essa acompanha o PT.

Se o lulismo é um fenômeno tipicamente nacional quanto à sua forma, ele expressa um fenômeno mais ou menos generalizado de adaptação de antigas lideranças de esquerda ao Estado burguês e ao capital – por exemplo, os processos no Paraguai, no Uruguai, na Nicarágua, e, de forma algo distinta, na Venezuela e na Bolívia. Como enfrentar esse problema sem cair em um denuncismo histérico e sectário? Vale ainda, de alguma forma, a ideia de "combater as ilusões no terreno das ilusões"? Se a fórmula é válida, a quem cabe definir quais as ilusões que devem ser combatidas e como combatê-las? Isso recoloca, é evidente, o problema da vanguarda.

No Brasil teve um movimento de massas significativo, sem o qual Lula não seria nada. Seria um pelego igual a todo mundo. Como teve o movimento de massas, ele deixou de ser um pelego e passou a ser um presidenciável. Então é o movimento de massas que conta. Sem dúvida, o movimento castrista do Hugo

Chávez é o que conta para ele terminar sendo presidente. Na Nicarágua teve uma revolução, que terminou ingloriamente, como todas as revoluções, e agora está terminando por último a Revolução Cubana. E tem ainda a característica que Evo Morales representa uma coisa que não é ele, é uma falsa representação do seu eleitorado, porque ele representa um movimento de índios. É curioso na Bolívia. A Bolívia tinha, segundo as estatísticas, entre 35% e 40% de índios. Depois, passou a ter entre 45% e 50%. Hoje tem entre 65% e 70%. Quer dizer: de repente, todo mundo quer ser índio na Bolívia.

Tem algum subsídio estatal?

É um fato real: há um estamento social subjugado.

Você nota isso, você vê.

No México é mais grave ainda. Tem uma violência permanente entre os índios e o poder do Estado.

Você não destacou a Nicarágua.

Não. A Nicarágua tem aquela trajetória dos países que fizeram uma revolução e começaram a descambar. Qual foi o apoio da Nicarágua? Bulgária e Cuba. A União Soviética nem se meteu. A economia da Nicarágua ficou entregue às traças. Cuba fez uma junção com a economia soviética que lhe permitiu se sustentar até a queda da União Soviética – uma junção ruim para Cuba. Na Nicarágua ninguém se compôs, mas era para a Bulgária se encarregar da Nicarágua.

Mas juntando os países que têm um processo eleitoral parecido...

Por isso eu deixei de lado aquele triste processo dos países que fizeram a revolução dita socialista. Eu fiz a diferenciação do que ninguém faz e que precisa fazer, porque são coisas mais próximas dos processos comuns. Então, o que houve na Bolívia e no Paraguai? Processos eleitorais, ponto final. No Paraguai, pela primeira vez em um século, venceu um padre de esquerda, que é um fenômeno completamente novo no Paraguai, um bispo ainda por cima, pai de três filhos. E na Bolívia, um índio, que é uma falsa representação do eleitorado dele. Porque os verdadeiros índios querem que índios mandem no país. Eles querem que aconteça o contrário do que acontece hoje: que os castelhanos comecem a falar o quéchua e que obedeçam aos índios. Tem um movimento forte lá, como tem no Equador e no Peru. Então, como Evo se candidatou, resolveram apoiá-lo, mas disseram: "Apoiamos Morales, mas Morales não nos representa". Eles disseram isso. Evo Morales está tentando navegar no meio dessa turbulência, então deu direitos especiais aos índios. Os índios têm direito a tribunais com normas particulares para julgá-los. O índio não pode ser julgado da mesma maneira que um castelhano. Tem várias coisas assim. Gritaria total dos marxistas, da esquerda. Não tem nada que dar palpite sobre isso, que expressa o antagonismo interno que vem da história da Bolívia. Os índios queriam muito mais e estão ganhando o que Evo Morales está concedendo.

E tem um fenômeno diferente, que é o da Revolução Mexicana, que foi uma revolução índia, não de operários. Os operários se alinharam ao velho poder para esmagar os índios, foi o que aconteceu em 1917, e encerraram o assunto e entregaram o poder de volta aos não índios. O México era Nova Espanha, tem tourada, tem os costumes, a refeição se faz como na Espanha, tudo igual, o México é complicado. E lá, a mulher índia não é senhora, tenha a idade que tenha, é chica. Mas quem fez a revolução foram os índios, representados por Pancho Villa e Zapata. Eram pequenos comerciantes que foram escolhidos pelos índios para representá-los. Eles viviam no meio dos índios, falavam o castelhano corretamente e sabiam como se mover em um palácio castelhano, mas eram autênticos. Pancho Villa só poderia morrer assassinado. Sabem o que dizem os historiadores conservadores de Zapata e Pancho Villa? Que eram bandidos.

Você acha que Lula abriu caminho para Evo Morales, na Bolívia, e para Fernando Lugo, no Paraguai?

Não.

Não tem ligação?

Acho que Lula não teve envergadura suficiente para isso. Teve para o Uruguai. O Uruguai seguiu o modelo brasileiro. Os índios da Bolívia vão prestar atenção no Lula? Não tem cabimento. Eles nem sabem o que é o sindicalismo do ABC.

No Paraguai não?

Mas no Paraguai o processo eleitoral envolvia um candidato católico, que nada tem a ver com o movimento operário. O Paraguai sempre foi um pouco estimulado pelo Brasil. Desde a guerra do Paraguai, o Brasil meio que manda no país, sempre consultando os Estados Unidos. A Argentina se retirou depois da Guerra do Paraguai, não quis mais saber, sabe por quê? Porque estava ocupada numa guerra entre Buenos Aires e o resto da Argentina. A história da Argentina é a história de uma guerra permanente entre Buenos Aires e o resto do país. Capital por imposição, assim funcionou o processo argentino. Não era uma guerra civil, era uma guerra de líderes de província contra um líder de província, mas Buenos Aires tinha dinheiro, porque tinha o porto e não havia navio que passasse pelo Rio da Prata e não tivesse que parar ali e pagar pedágio.

Se não tem relação com o lulismo, qual conjuntura possibilitou, na Bolívia, no Paraguai, na Argentina e no Uruguai, aflorar todo um setor que tinha sido esmagado nas ditaduras?

É o fim do acoplamento.

Automático ao império?

Não, não, não. Do acoplamento bom. O negócio é o seguinte: inicialmente, aqui era para serem países fornecedores de produtos primários e compradores de produtos industriais, assim foi organizado o mercado capitalista internacional. A partir da 2ª Guerra Mundial mudou: resolveram criar indústrias nos países latino-americanos, que deveriam explorar seus mercados internos. Três países-chave: México, Brasil e Argentina, o resto ficou meio à margem. A industrialização elevou o nível de vida dos trabalhadores aqui no Brasil, na Argentina e no México. Mas a prosperidade do desenvolvimento do mercado nesses países repercutiu economicamente nos países vizinhos, porque intensificou o comércio. Por exemplo, o Brasil investiu na Bolívia, Santa Cruz de La Sierra passou a ser um Estado rico e todo mundo se beneficiou. Isso acabou no fim dos anos 1970 e começou a turbulência. Por quê? Dissolveu o acoplamento, volta todo mundo para a produção de produtos primários e o investimento industrial foi para o extremo oriente. Volta a turbulência, aguça a luta sindical. Nos países que não têm luta sindical, as lideranças burguesas começam a perder consistência. Esse é o processo: a burguesia, não tendo mais o que oferecer, o que faz? Serve-se do soldado, isto é, faz como na antiguidade, quando o imperador não tinha mais prestígio, colocava um soldado no trono e resolvia o problema, só que o soldado era um fiel dele. A burguesia partiu para essa operação, começou a colocar gente de esquerda: voltou o Perón, na Argentina, em 1972, é todo esse processo.

Allende foi a mesma coisa?

Não. Allende era só um feitor. Allende foi morto.

No Chile tem a particularidade de que não houve um processo de retomada da industrialização.

Foi eleitoral, o PS Chileno foi um partido comunista radical. Foi, hoje em dia é outra coisa. Mas foi, durante muito tempo, um partido comunista sem ser totalmente stalinizado. Tem características muito particulares no Chile, um país muito conservador. Na França, o Partido Socialista virou comunista e a minoria socialista é que mandava no partido. No Chile, todo mundo que era socialista, virou comunista, sem deixar de se chamar socialista. Só que com isso ficou menos stalinista. É um fenômeno único, só aconteceu no Chile, por causa do caráter da burguesia chilena, que é ultraconservadora em tudo o que vocês queiram imaginar – tem tradição de conservantismo, de catolicismo. Além de outras coisas, particularidades da história, um presidente que se suicida, todas aquelas convulsões, a Guerra do Pacífico de 1879,[12] e assim por diante. Todas essas influências fizeram do Chile um país todo particular.

A pergunta tem uma linha mestra: em um determinado período histórico, os países se levantam e depois todos levam a pancada, quase ao mesmo tempo, com determinadas diferenças.

Qual pancada?

---

12   Na Guerra do Pacífico, entre 1879 e 1883, o Chile enfrentou as forças conjuntas da Bolívia e do Peru. Vitorioso, anexou áreas ricas em recursos naturais dos países derrotados. O Peru perdeu a província de Tarapacá e a Bolívia teve de ceder a província de Antofagasta, ficando sem saída soberana para o mar, o que é um ponto de tensão na América do Sul até os dias atuais.

As ditaduras.

Teve um momento das ditaduras, que foi a partir dos anos 1960.

Será que estamos falando de um processo, na América Latina, de adaptação de determinadas lideranças populares à preservação dos respectivos Estados burgueses nesse momento histórico?

Em primeiro lugar, não podemos confundir alhos com bugalhos, como se diz em Portugal. São coisas diferentes, são processos históricos muito particulares. Em segundo lugar, evidente que somos contra as ditaduras, mas o principal é saber o que aconteceu e definir o grau de profundidade social desses processos. Dado o grau de profundidade social de cada processo, eles não poderiam ir muito além, é preciso entender isso. Denunciar essas lideranças populares é bobagem. Nós não temos esse direito, pois fomos participantes desse processo. Fomos cúmplices, e de repente o cúmplice se arrepende e denuncia aquele que não se arrependeu. Melhor então ficar sossegado, ficar quieto pelo menos.

Isso não é um aprendizado?

Faz parte do aprendizado, mas nós fomos cúmplices do Lula, até o último segundo. E finalmente, quando ele se abraçou com os governadores, nós não quisemos ir junto. Só. Foi a única coisa que não fizemos, todo o resto nós apoiamos. Fomos cúmplices até o último minuto. Mesmo com a carta aos banqueiros – que ele diz *Carta ao Povo Brasileiro* – ninguém estrilou. Depois foram estrilar quando Lula foi abraçar os governadores. Um cúmplice não tem direito de chamar o outro cúmplice de traidor. Não sei como funciona nas consciências humanas, mas o meu entender é esse.

Cúmplices, você diz, no nível das lideranças?

Não, estou falando das organizações políticas. As massas são vítimas nessa história, elas não estão denunciando nada, estão tentando salvar a pele, o que é o mais importante para elas no momento.

Na nossa formulação clássica, dizíamos que devemos "combater as ilusões no terreno das ilusões", como método para permitir que as massas enxerguem a natureza de uma direção política oportunista ou contrarrevolucionária. Mas se a fórmula é válida, a quem caberia definir quais ilusões devem ser combatidas e como combatê-las?

Mas aí se trata das massas. O terreno das ilusões é o terreno das massas. Essa questão não se coloca para nós, porque no terreno das massas ainda não sabemos como será o processo. Não podemos definir de antemão.

É, mas esse seu comentário é absolutamente contraditório com nosso aprendizado anterior. Nos anos 1980, reconhecíamos que Lula conduziu o movimento de massas para erguer um obstáculo entre o Estado brasileiro e o próprio movimento. Ele elegeu um anteparo. Sabíamos, claramente, desse processo histórico que as massas precisavam enfrentar. Avaliávamos que deveriam tirar suas próprias conclusões a respeito dessa direção, antes de serem abraçadas pela verdadeira direção revolucionária. E nós chamávamos isso de combate às ilusões democráticas.

Fórmula ruim e viciada. As massas não aprendem nada seguindo ilusões, aprendem lutando. Elas se movem dentro de um processo que não é racional, é instintivo. E pegam as direções porque são as direções que unificam, não esqueçamos isso. Por que elas pegam um líder burguês, de repente? Porque sabem que um radical de esquerda não fará a unidade. Simplesmente não acontece a unidade de todo mundo. O líder burguês, que todo mundo conhece, se manifesta como sendo favorável à aspiração que as massas estão apresentando e a unidade se faz. Não é casual, não é burrice, é esperteza se você quiser. E não é ilusão. E todo mundo sabe que o burguês é um burguês, que um demagogo é um demagogo, mas num certo momento do processo histórico tem alguém que unifica todo mundo enquanto um outro não consegue. É como aconteceu no movimento operário alemão: vamos fazer a unificação dos socialistas com o Programa de Gotha, que é ruim, mas estaremos todos juntos contra a burguesia. É assim que funciona, não tem outro jeito de funcionar. Então, não é que as massas têm que fazer aprendizado de suas lideranças. Não: elas escolheram espertamente aquela liderança para se unificar e, é claro, vão fazer essa experiência. Quando essa liderança trair, nós, ou outros que não vão trair, devemos estar preparados para apresentar algum apoio, para sustentar o movimento quando for largado por aqueles que o lideraram e passaram a traí-lo.

Então é um processo consciente?

Não consciente, é racional, ele faz sentido.

Mas ser racional não significa ser consciente?

É uma esperteza instintiva. É uma astúcia.

Podemos considerar que, com a participação do PT, há uma alteração significativa na gestão do Estado, comparativamente a outros momentos da história do Brasil?

A ascensão de um partido representativo dos trabalhadores sempre traz uma alteração, porque expressa uma alteração na relação de forças, num certo sentido. Digo, num sentido mais geral de relação entre as massas trabalhadoras e a burguesia. E, claro, tem o componente da liderança que não assume os compromissos. Ela trai, no primeiro minuto, a causa que teoricamente deveria defender, naquele abraço com os governadores. Ali dá para dizer que traiu, porque Lula tinha afirmado que não se veria aquilo, e ele fez o contrário do que disse, traiu a própria palavra. Mas o fato de a liderança ter aderido à burguesia não muda o fundamental, porque o próprio Lula vai fazer as coisas que pode fazer. E é como ele se comportou: atacou os funcionários públicos, mas não atacou ao mesmo tempo os trabalhadores em geral. Fez certo jogo, ao lançar os funcionários públicos como privilegiados contra os trabalhadores CLT. Só que depois começaram a destruir a CLT também, por meio da terceirização, mas isso é outra história.

Então, no que diz respeito à pergunta, há uma alteração significativa, na medida em que Lula achou que podia fazer uma gestão de partido dos trabalhadores, e não há alteração, na medida em que ele era continuidade do governo FHC. Mas não dá para dizer que ele foi uma continuação sem falhas do governo FHC. Ele fez a indexação dos salários, o salário-mínimo teve aumentos relativamente razoáveis, acima da inflação, por exemplo.

Você diferencia o primeiro do segundo mandato de Lula?

No essencial não, mas nos detalhes sim. A política econômica de Lula foi mais nociva no segundo mandato, mais favorável ao grande capital. Mas, em termos de gestão econômica, ele fez uma política que os economistas chamam de demagógica, porque sobrecarregou o Estado com subsídios ao capital. E agora Dilma está com problemas para se desfazer desses subsídios. Não pode suportar, tanto assim que teve que parar a tendência de baixa da taxa de juros, a Selic, que é absurda, para manter alto o fluxo de capital no Brasil. Só que quando a situação mundial vacila, todo mundo corre para os Estados Unidos.

Você acha errado a baixa da taxa de juros?

Não. Existia uma tendência à baixa e foi suspensa porque atraiu um fluxo de capital que não funcionou mais quando a crise começou a se aguçar no centro capitalista.

Mas, especificamente, Lula deixou a taxa de juros em torno de 8% ou 9%.

Acontece que ele teve a obrigação de baixar para fazer a economia brasileira funcionar melhor. A taxa de juros brasileira é absurda, só que ele foi obrigado a aumentar o subsídio aos setores que o Brasil precisa que não sejam sufocados, a agricultura, por exemplo. A indústria pode obter dinheiro no exterior, a agricultura não pode, depende do Banco do Brasil. Então, quanto maior a taxa de juros, maior o subsídio dado à agricultura. E os caras são agressivos, acham que têm direito ao subsídio, tanto assim que param estradas com tratores. Isso pesa na gestão econômica, significa que o Brasil se torna mais vulnerável, tem que queimar reservas. Se acabar o fluxo de capital no Brasil, ele está perdido, pois num instante as reservas vão embora.

Na verdade, Lula unificou os vários programas sociais do governo FHC.

Olha, isso é uma fração ínfima do orçamento nacional, do ponto de vista econômico. No sentido social, sim, tem um peso muito grande, mas em termos econômicos é uma fração ínfima. Não tem muita importância.

Nem mesmo para o mercado interno?

Não. Nem mesmo no mercado interno. Não há um desenvolvimento econômico decorrente disso. Claro, vão comprar um pouquinho mais, mas compra de pobre, muito miserável.

Talvez tenha tido mais impacto o aumento do salário-mínimo.

Sim, isso sim. Isso deu uma conquista particular à economia brasileira que não é da política do pensamento único. O FHC não faria, o [José] Serra não faria, mas isso faz parte do fato de ele ser Lula. Ele tem que manter certo laço de continuidade com sua história. Isso faz uma diferença. Nem incluo como política de PT e de Lula essas concessões de Bolsa-Família, pois unificou o que já existia e, além do mais, era uma criação do FMI. O FMI fez uma reunião com os assessores econômicos e com Lula para propor o Bolsa-Família e suas diretrizes. Isso nem é característica do governo dos trabalhadores, entre aspas. Foi sugerido no México, na Índia.

Esses países que estão sendo citados e que adotaram políticas desse tipo são os emergentes hoje.

Mas são emergentes por outra razão.

Por que seriam então?

Emergentes porque entraram no circuito financeiro.

Os mercados de consumo interno não são determinantes?

Não, não, isso não muda muito o mercado de consumo interno. O que muda o mercado de consumo interno é o mercado dos assalariados, formais e informais, e os serviços.

No Brasil, os economistas, os do PT em particular, dizem que houve a introdução de 30 milhões de pessoas no mercado de consumo brasileiro.

Sim, mas não é o consumo decisivo. Consumo decisivo é dos trabalhadores, cujos salários foram indexados.

Você está dizendo: não vamos confundir a propaganda oficial com o pacto real do processo econômico.

A propaganda oficial mente descaradamente, de maneira assombrosa. Bom, tem uma estatística que diz que o governo Lula foi cheio de sucesso porque tínhamos entre 47 milhões e 49 milhões de pessoas que ganhavam o salário--mínimo ou mais, e hoje temos 70 milhões. E dá para viver com o salário-mínimo? Numa população de 180 milhões de pessoas, 70 milhões economicamente ativos é pouco, pois tal população deve ser muitíssimo maior. Por exemplo, os aposentados, na maior parte, trabalham. E depois a classe média aumentou. Mas que classe média? A classe média foi rebaixada, estão classificando de classe média quem tem um automóvel. Antigamente, a classe média tinha casa própria e ia trabalhar, voltava para casa e descansava. Hoje em dia, a classe média está noite adentro trabalhando para conseguir manter o nível de vida. Hoje em dia, tem horário de pico em São Paulo às 11 horas da noite. Tem um monte de professor ensinando no período noturno, um monte de gente fazendo faculdade também no período noturno e que trabalha de dia.

Então, que classe média é essa? E a maior parte não tem casa própria. Mora de aluguel. O que o programa Minha Casa, Minha Vida está dando é uma vergonha, aquela casa tinha que ser proibida de morar dentro, pois é uma caixinha de fósforo. É indecente obrigar pessoas a morar naquela casinha. Outro exemplo, um setor da classe média considerado mais bem de vida, o dos médicos: um médico trabalha 15, 16 horas por dia para manter o nível de vida. Meu pai era médico. Ele tinha o consultório, clinicava e depois descansava, como todos faziam. Uma parte dos médicos era formada pelos funcionários de hospital, que tinham horário de trabalho e ganhavam um bom salário, porque ninguém tinha coragem de oferecer um salário baixo para um médico. Hoje em dia, médico não é mais funcionário de hospital, é funcionário de plano de saúde, virou proletário, tem que trabalhar feito louco. Ele tem que pegar um hospital aqui, uma clínica ali, e tem que correr feito desesperado para fechar o mês, se quiser ter um carro e dinheiro para comprar um apartamento, que é o mínimo que eles esperam.

O Brasil teve um salto do PIB de 1 trilhão para 2 trilhões de dólares. Dobrou praticamente num espaço de 5 ou 6 anos.

Isso é uma informação negativa. Isso é ruim para o Brasil, seria melhor que ele crescesse mais lentamente. O crescimento rápido é altamente destrutivo, considerando o atual tipo de organização da economia. Esse salto está multiplicando a pobreza, na realidade. Na Amazônia tem aquela tremenda destruição. Nós estamos exportando coisas que a gente ganha grátis, recursos naturais. Então o PIB está crescendo assim porque a China nos puxa. Isso tem que ser denunciado como má gestão econômica. Nós não precisamos crescer nesse ritmo. Sabe por quê? Para os trabalhadores ganharem uma migalha, a economia tem que crescer, no mínimo, a 7% ao ano. Antigamente, não tinha 7% para ninguém, era 5% no máximo. Porque o pessoal precisava desenvolver o mercado interno, tinha demandas que eram satisfeitas. Quer empobrecer a população? Não precisa fazer nada, só exportar mais. E o PIB vai crescer e a população empobrecer. Por que a população vai empobrecer? Porque terá menos mercado interno para comprar, e o que fica será mais caro ou mais difícil de conseguir. Há uma relação entre a exportação e o consumo interno. Para os mais pobres ficarem com uma migalha, precisa o total de crescimento de 7% no mínimo. Essa é a conta que os economistas fazem. Eles dizem que dobrou o PIB, mas acho que isso está errado. É destrutivo para o Brasil e prejudica a população. Nós não precisamos exportar tanto para a China. E agora vamos destruir a Amazônia para exportar minérios para a China. A usina de Belo Monte é para gerar energia para as minas e é apresentada como trunfo. O PIB não é o índice que carrega consigo só o lado positivo; o lado negativo é cada vez mais forte. Uma parte do PIB fica retida em divisas, quer dizer, para enriquecer os estadunidenses. Vem da China e enriquece os estadunidenses, não pode ser distribuído no Brasil. Então, por isso que tem que ser 7%.

Lula registrou em cartório todas as conquistas sociais e econômicas de seu governo. E uma delas é celebrar o extraordinário crescimento do PIB brasileiro.

Os economistas dizem isso.

Mas há muitas semelhanças entre essa abordagem e a abordagem do período do milagre econômico. O PIB do Brasil também cresceu muito naquele período.

Hoje em dia é extremamente negativo, principalmente o crescimento rápido, ele é predatório.

O governo reconhece e por isso diminuiu o crescimento?

Não, não é voluntário, é que o PIB está sendo vitimado pelo arrefecimento da demanda externa. O governo quer que o país cresça o máximo, na teoria é o crescimento máximo, no mínimo 7% para distribuir alguma coisa para os trabalhadores. E todos celebram isso. Os economistas da escola neoclássica tradicional são os que comandam as universidades, mas alguns são dissidentes – nem tanto marxistas, mas que têm algum fundo ecológico no seu pensamento, contra a destruição da Amazônia – e denunciam essa barbaridade do crescimento regressivo do Brasil. O projeto brasileiro, desde o tempo do Vargas, foi pensado para o Brasil ter um parque industrial e começar a exportar cada vez mais produtos industriais e menos produtos primários. Agora, o Brasil está exportando cada vez menos produtos industriais e mais primários, está voltando à época colonial. Aí se celebra o PIB, mas é assim que está aumentando o PIB, com esse processo regressivo.

É possível traçar alguma analogia entre a gestão social-democrata dos Estados europeus e a petista?

Sim e não. De certa maneira imitamos um pouco a gestão deles. Ou se combate o capital ou se entra nesse tipo de gestão. Não existe terceiro caminho, a terceira via de Tony Blair é vazia. Se o PT resolveu não se orientar contra o capital, automaticamente está no mesmo caminho da social-democracia. Quanto à gestão, não há dúvida. Mas o PT é outra coisa, o PT faz a sua gestão com menos autoridade. Inclusive, quando o PT escolhe os funcionários públicos para atacar, é porque não tem muita origem em funcionário público, tem origem com os funcionários CLT, razão pela qual ele fez a indexação para estes e não para os funcionários públicos. Mas o PT não está na situação da social-democracia, porque nunca foi aceito como parceiro social pela burguesia. A social-democracia e os partidos comunistas europeus entraram num tipo de arranjo que foi a parceria social com a burguesia. E estavam em uma relação de forças favorável, impuseram um Estado de bem-estar social e passaram a gerir o Estado capitalista de bem-estar. Em termos de teoria, encontraram respaldo na escola regulacionista, que pretende que os economistas são capazes de regular a economia de tal maneira que podem administrar as contradições do sistema, manter um nível de vida alto para os trabalhadores e ao mesmo tempo fazer a economia crescer.

Uma teoria falsa, pois se verificou estrondosamente que é impossível manter a taxa de lucro, apesar de até mesmo os marxistas não aceitarem a teoria da tendência decrescente da taxa de lucro de Marx. Os marxistas. Participei de vários congressos de economistas marxistas que diziam que não há uma tendência à queda da taxa de lucro, há uma lei de movimento. Só que ela se verificou estrondosamente no fim dos anos 1970. A taxa de lucro não poderia ser mantida sem sacrificar o Estado de bem-estar. Só que os economistas não estudam história. Então, a social-democracia era gestora do Estado burguês em parceria com a burguesia, supondo que a teoria da escola regulacionista fosse válida. Viu-se que não era válida, só que a social-democracia não teria outra saída a não ser romper o acordo com a burguesia. Mas aquela social-democracia não tinha mais condição de fazer isso, pelo tipo de construção que tinha dado origem aos gigantescos aparelhos dirigentes da classe trabalhadora. Começou a escorregar por uma vertente segundo a qual se colocava a esperança de que, durante certo tempo, se deveria atravessar um período de dificuldades e depois se recuperariam as perdas. Que, aliás, foi de novo essa tremenda guerra, quase guerra social na França, quando aumentaram a idade da aposentadoria. O defensor da mudança, da reforma, dizia que estava pedindo só mais um sacrifício. Ele estava tirando da boca dos social-democratas aquilo que eles diziam aos trabalhadores até há pouco. Era muito esperto o cara. Ele não dizia que era correto fazer isso, mas que precisava só mais um sacrifício. Então, começaram a derivar por essa vertente: vamos condescender, porque o Estado do bem-estar ninguém queria largar. E era o capitalismo que tinha dado o Estado de bem-estar.

A Rússia estava desmoronando no final dos anos 1970 e todo mundo estava procurando uma tábua de salvação. E o PT não era parceiro. O PT fez uma gestão, de certa maneira, sem ter nada a conservar. O PT fez sem tentar salvar nada, mas danando uma parte dos trabalhadores que, no caso, eram os funcionários públicos. A social-democracia fez tentando salvar um Estado de bem-estar, por causa do lugar que ocupava, de parceiro da burguesia na gestão econômica. Se tiver que passar algum sacrifício para não detonar com o Estado de bem-estar, vamos passar por esse sacrifício, o raciocínio era lógico. Temporário. Só que o temporário tem prazo. Hoje em dia, as pessoas estão começando a perceber que o temporário é eterno, que elas vão ser empurradas para o nível do trabalhador chinês se não fizerem alguma coisa para parar com essa tendência. Agora que estão começando a acordar e a Europa está em turbulência, justamente no momento em que a burguesia está quebrando, por causa da Europa dos 25. Todas essas coisas estão se acumulando e a Europa está começando a ferver um pouco.

Esse foi o processo da social-democracia. O processo de Lula foi outro. Ele simplesmente entregou para a burguesia, sem ficar com nada na mão. Mal ou bem, a social-democracia ficou com alguma coisa na mão, porque o Estado de bem-estar está lá até hoje. Estão tirando direitos de uma parte dos trabalhadores, mas os que tinham ainda os mantêm. Por exemplo, os mineiros ingleses de 1985, que ficaram desempregados, os que estão vivos, estão ganhando salário até hoje, estão com meia idade, estão super bem de vida, sentados na porta da casa, tomando chá, recebendo o salário que ganhavam como mineiros, que era bom, não era uma miséria.

Então o PT pode ser utilizado num momento posterior, quando houver uma retomada das mobilizações, pois está no imaginário popular como um representante a quem podemos recorrer. O PTB ruiu na ditadura, em 1964, e não foi retomado.

O PTB não ruiu. Ele saiu do cenário histórico, mas não ruiu. Brizola não quis ser líder dos trabalhadores. Ele quase se elegeu presidente da República, mas não quis ser líder dos trabalhadores. Ele não apoiou a mobilização dos trabalhadores, o PT, os movimentos sociais. Ao voltar ao Brasil, distanciou-se dos movimentos sociais. Voltou social-democrata europeu, não era o Brizola da legalidade, e todo mundo percebeu isso. Tanto assim que o PDT rachou e uma parte se desiludiu com Vargas. Quando Brizola se elegeu governador, em função de fraquezas da burguesia e de recordações do Rio de Janeiro, que tinha saudades do tempo em que era a capital, ele deixou voluntariamente o lugar que poderia ter ocupado quando voltou. E o PT ocupou esse lugar.

E por que Lula não aderiu ao PTB, se ele vinha da estrutura sindical?

Mas por que ele ia fazer isso? Ele não ia construir o partido dos outros. Uma coisa é ter um partido gigantesco, criado por um líder incontestável, outra coisa é inventar um líder incontestável que não apareceu. O PTB era o PTB da Ivete, dos militares. Imagina se Lula ia aderir à Ivete Vargas, seria loucura desvairada, suicídio.

Então esse PTB não estava no imaginário popular, não estava na cabeça de ninguém, era um morto-vivo.

Não, não estava. Mas imaginário é um termo incorreto, era um lugar político do PTB. E esse lugar político era incontestável. Quem poderia ocupar? Evidente que não era Ivete Vargas, que era mandarete [moço ou moça de recados, termo usado em Portugal] dos militares. Isso todo mundo sabia. Era o Brizola, mas ele não quis ocupar o espaço, fazer o quê? Brizola não apoiou a luta dos trabalhadores em nenhuma greve. O Lula apoiou. E o PT era o partido que apoiava o movimento dos trabalhadores. E o pessoal, entre o Lula e o Brizola, ficava com Lula. Brizola ganhou a corrida eleitoral no Rio, mas corrida eleitoral não representa os trabalhadores, é a classe média, um monte de confusão, burguesia sem liderança, é votar no "menos pior", coisas assim. Brizola poderia disputar com Lula, só que Lula não ia abrir um espaço e dizer: "Olha, Brizola, você é um líder, eu vou te conceder". Ele não seria imbecil a esse ponto. Lula liderou os trabalhadores, coisa que Brizola não fez, deliberadamente. Brizola se suicidou politicamente, ao apoiar Collor. Foi o único que teve coragem de apoiar Collor, nem Maluf o apoiou. Foi uma coerência contínua, ele não se colocou ao lado dos trabalhadores em nenhum momento. A grande proposta dele era o Ciep [Centro Integrado de Educação Pública]. A grande proposta dele era para a classe média.

Então você quer dizer que o PT, quando surge, ocupa um lugar que antes tinha sido do PTB?

Não. Estou dizendo outra coisa. O PTB tem um lugar no concerto dos partidos, de representação da burguesia brasileira enquanto condutor dos trabalhadores na qualidade de partido burguês. Um partido dos trabalhadores criado por Vargas, aceito pelos trabalhadores como seu representante, só que não é um partido criado por eles. Foi criado pela burguesia no governo Vargas. Esse é o lugar que a burguesia aceita para um partido representativo dos trabalhadores. Um partido que está no quadro da representação política burguesa, mas é aceitável para os trabalhadores.

Porque o PCB fez essa legitimação.

No tempo de Vargas, o PCB fez essa legitimação.

Hoje não.

Não. Isso significa, simplesmente, uma dificuldade a mais para a burguesia. Primeiro, contamos a história, depois a história vai mudando e os acidentes vão acontecendo. A burguesia daquela época contou com o PCB, e agora também, só que com quem? Com o PPS de Roberto Freire. Mas esse é o lugar que a burguesia designa para o PT hoje. Não vai rejeitar o PT como partido no concerto dos partidos burgueses que governam o Brasil. Esse lugar está garantido para o PT e, hoje em dia, tem a cara da Dilma, que inclusive representa uma herança do PDT de Brizola, que não quis ocupar o lugar que o velho PTB ocupou. Agora, o PT tem esse lugar reservado pela burguesia, só que ele é um partido criado pelos trabalhadores, diferentemente do PTB.

Na medida em que o PT sair do poder, vai ter que ser um partido de oposição. Só que poderá ser um simples partido de oposição burguês? Não. Ele vai entrar em crise, pois a parte autêntica que existe, que decorre da luta autêntica do PT, que deu origem ao PT, vai aparecer, vai subir à tona e o partido vai entrar em crise. Não tem como deixar de aparecer isso.

Em resumo, o PT, na oposição, terá duas opções: como partido burguês, ocupando o lugar do PTB, ou como partido representativo incompleto – pois o

PT é um partido incompletamente construído, incompleto dos trabalhadores, mas de qualquer maneira representativo autêntico dos trabalhadores. As duas formas vão aparecer, e não é uma questão de imaginário, é uma questão de que, na hora que se mexer, essa gente vai ser a liderança.

Essa crise já está aparecendo.

Ainda não desta forma, porque o PT é governo. O PT é governo e tem condições de travar a CUT.

Como explicar a popularidade do Lula, mesmo com o Estado nocivo às massas?

Essa é simples de responder. Nocivo é uma interpretação nossa. As massas percebem diferentemente, não fazem uma qualificação do conjunto do governo Lula. Elas prestam atenção em seus interesses, se são prejudicadas ou beneficiadas. E tem uma parte significativa que não foi muito beneficiada, mas percebeu que não foi muito prejudicada. Quando dizemos que o governo Lula é nocivo às massas, temos por trás a análise de que ele está aplicando a política do capital financeiro rigorosamente. Mas, nesse sentido, é totalmente tão nocivo quanto FHC e, de certa forma, mais nocivo, por ter mais poder para impor retrocessos. Como fez com a questão da seguridade social, e outras coisas que FHC lutou anos a fio para aprovar e não conseguiu. Lula conseguiu. Então, temos por trás essa análise do conjunto. Mas cada um dos diversos segmentos da população tem uma apreciação particular, em função dos interesses que veem prejudicados ou beneficiados. Os trabalhadores CLT não se veem muito prejudicados por Lula, na medida em que seus salários foram, mais ou menos, conservados. Não falemos da clientela, do Bolsa-Família e de certa classe média que ganhou subsídios para manter suas atividades. Tem milhares de tipos de subsídios que geraram empregos. Claro, a classe média não percebe que trabalha mais do que antes para manter seu nível de vida. Está gastando mais horas de trabalho para ganhar o mesmo. E no fim, trabalhando ainda mais, consegue melhorar a vida. Só que isso é perder, não é ganhar, mas as pessoas não fazem esse cálculo. Elas conseguem comprar um apartamento, acham que melhoraram de vida e ponto final. E melhoraram de vida por quê? Porque o Lula facilitou o financiamento. Para não falar de uma coisa altamente nociva aos trabalhadores, que é o crédito consignado, que deveria ser estatal, não poderia ser privado. Se fosse privado, significaria um tributo gigantesco pago pelos trabalhadores aos bancos, que tirariam diretamente de seus salários. É altamente nocivo, mas todo mundo está deslumbrado com isso. Eles acham ótimo se endividar e ficar pendurados.

Antes a classe média não pagava escola, plano de saúde e um custo altíssimo pelos serviços de telefonia, luz e água. Isso tudo tirou renda da classe média, que hoje até acha que ganha bem, mas boa parte ou quase toda a renda dela está comprometida com coisas que antes ela recebia, com boa qualidade, do Estado.

E como eles resolvem isso? Trabalhando mais. Eles estão perdendo e estão dizendo que a classe média está crescendo, está melhorando, só que as pessoas não fazem toda essa conta. O crédito consignado é um crime, e o pessoal acha bom.

O programa social-democrático, o programa democrático popular, lançado em 1986, já estava superado em seu lançamento?

O PT deveria ter retomado a bandeira do nacionalismo, que a burguesia abandonou. E poderia continuar explicando o programa democrático popular: ou se sujeita à burguesia e ao latifúndio, ou compra uma briga. Neste caso, não pode ser eleitoreiro. O PT criou uma contradição ao adotar o caminho eleitoreiro: percebeu que tinha que mudar o linguajar. O PT foi um partido combativo. Não gosto de dizer que traiu, acho que não deve ser um cacoete nosso, pois fomos corresponsáveis pelo eleitoralismo do PT. Não temos o direito de acusar. Achamos que Lula presidente, Lula lá, era o óbvio. E se achamos que era o óbvio, porque o Lula não acharia? Do que temos que acusá-lo? Eu proponho desencanar desse negócio de traição.

Claro que ficamos decepcionados, achávamos que o Lula não ia se abraçar com os governadores daquela maneira descarada que fez, escandalizou as almas simples, e isso deu aquele ar de traição da política do Lula, mas seja como for, temos que admitir que fomos corresponsáveis. Mas temos que dizer que o PT foi o partido que menos comprou briga com a burguesia. O Itamar Franco comprou muito mais briga do que o PT. O Itamar mandou a Polícia Militar de Minas Gerais defender Furnas contra a privatização desejada pelo presidente Fernando Henrique.[13] Se tivesse um governador do PT ali, esquece, não ia acontecer isso. Razão pela qual Itamar se tornou o espantalho da burguesia brasileira, dali para a frente. Ele nunca mais conseguiu se eleger para nada, quando saiu do governo de Minas. Falar mal do Itamar virou moda na grande política brasileira. Ele tinha algumas esquisitices, mas teve gente muito pior do que ele, com esquisitices muito piores, por exemplo, Collor, que foi defendido até o último fôlego. Só quando o escândalo foi muito grande e o povo estava na rua que Maluf decidiu dizer "eu sou pelo *impeachment*".

Respondendo ao pé da letra a pergunta, o programa social-democrata, programa democrático popular, já estava superado no momento do lançamento. Mas o fato de proclamá-lo tinha implicações que não foram assumidas pelo PT. Por exemplo, comprar algumas brigas. Só que não houve ninguém que discernisse a falta de compra dessas brigas, nem nós naquele momento. Ficamos sem o direito de acusar ninguém de nada.

A *Carta ao Povo Brasileiro* já não era um limite, um obstáculo ao programa democrático popular?

O que os banqueiros fizeram? Chamaram o Lula, porque sabiam que era ele que dava a primeira e a última palavra. O que podíamos fazer? Desautorizar o Lula. Dizer assim: "Lula reuniu um pequeno grupo de sindicalistas amigos dele, movidos pela ambição de colocá-lo na Presidência, e não pela ambição de defender o programa democrático popular. Então nós, enquanto membros da direção do PT eleita em congresso, desautorizamos esta Carta aos Brasileiros". Poderíamos ter dito isso. Talvez houvesse o racha que não ocorreu quando a

---

13 Em março de 2001, o então governador de Minas Gerais, Itamar Franco (PMDB), desafiou o presidente Fernando Henrique, ao dizer que não permitiria a privatização de Furnas Centrais Elétricas, cuja principal represa fica no estado. Itamar afirmou, na ocasião, que mobilizaria a PM mineira para impedir a privatização. Em 1999, ele ordenara a realização de manobras da PM na região de Furnas e chegara a cogitar a modificação dos cursos d'água como forma de atrapalhar qualquer projeto de venda da empresa.

Heloísa Helena se meteu a berrar lá no Senado. Havia um instrumento para fazer isso, mas ninguém mexeu nada. E Lula foi aceito como líder supremo. Então disseram que ele deu um golpe. Como um golpe? Ele mandou a tropa? Os caras poderiam ter ido à imprensa e falado. Lula não mandou a tropa prender a direção nacional do PT.

Mas ele não lançou esse manifesto à nação depois de voltar dos Estados Unidos?

Sim, ele fez conluio com os banqueiros. Que era a condição para ter sinal verde e continuar com sua candidatura. Se não assinasse esta carta, ele não estaria dando as garantias de que precisavam para aceitá-lo como legítimo.

Foi um golpe político, e a direção do PT não teve força nenhuma da base do partido para reagir.

Acho que eles deveriam ter reagido. Como não reagiram, são corresponsáveis.

Mas não é a luta palaciana, no caso. É a direção, é a base. A base foi traída. Há uma contradição aí.

Mas nós também.

Nós também traímos?

É, nós não fizemos nada. Nós aceitamos aquele tipo de liderança irresponsável. Um partido decente não tem nenhum monarca que mande por direito divino. Só tem direções coletivas. Ou monarcas – até pode chamar de monarca se quiser –, mas são monarcas que precisam do aval de um congresso, de uma conferência, de reuniões coletivas, para mudar a posição estabelecida em congresso. Como ninguém levantou esse problema e achou aceitável que Lula se comportasse como direção carismática, todo mundo é responsável, inclusive os que tinham poder de fazer alguma coisa e não fizeram. É claro que a base não, só que vamos dizer para a base que ela foi traída pelo Lula e por nós, para sermos sérios. Valeria a pena fazer um carnaval em torno disso quando a massa não está nem aí?

A base do PT ainda não se deu conta da situação?

Claro que se houver um racha no PT, será obrigatório falarmos daquilo. Mas a frio? A frio complica. Concretamente: na medida em que o programa da burguesia nacional foi assumido pelo PT em termos de programa democrático popular, para ser tomado a sério teria que ter comprado a briga. Isso é um fato concreto. Se o programa democrático popular tinha uma orientação eleitoreira, é porque se colocou assim. Mas, em princípio, com o mesmo nome, ele poderia ter se colocado de outro jeito. O que faria a burguesia nacional? À semelhança do que fez a burguesia estadunidense, defenderia a indústria nacional contra a ocupação do espaço do mercado interno pela indústria estrangeira. Mas o PT, por razões que não vamos voltar a discutir agora, optou pelo eleitoralismo. Isso educou todo um movimento político brasileiro, no sentido de transformar o programa democrático popular num programa cuja prática única é o eleitoralismo. É a ação no interior das instituições políticas vigentes. Só que isso significa simplesmente que o programa democrático popular está valendo tanto quanto o programa socialista dos partidos social-democratas europeus, ou os programas comunistas dos partidos sucessores dos partidos comunistas europeus, ou aqui o partido do Roberto Freire. Significa que esse programa se esvaziou do seu conteúdo. É um processo histórico. Aconteceu. O que vamos dizer a respeito disso? Que se esvaziou, que o programa democrático popular, considerando que se enquadrou no interior das instituições, da luta institucional, na realidade é a prática do capital financeiro na gestão do Estado brasileiro. E temos que lutar contra isso, e o nosso alvo é o capital financeiro. A luta dentro das instituições resume-se à gestão do Estado brasileiro.

A tarefa que nos damos não é a de erguer um programa socialista melhor que os do passado, quer contra os modelos socialistas superados, defendidos por alguns segmentos tradicionalistas de esquerda, quer um programa democrático popular do PT. Nós não vamos contrapor nenhum programa a isso. Nós achamos que, no processo, algum programa será criado e nós vamos ajudar a criar, mas não nos damos como missão, agora, levantar uma bandeira programática contra o programa democrático popular do PT. Achamos que um programa assim pode ser criado e nós vamos ser parte desse processo.

Mas não nos reunimos para elaborar um programa socialista. Não é a meta do nosso trabalho coletivo de reuniões periódicas, no momento, oferecer esse programa socialista às massas, em alternativa ao democrático popular. Vamos atuar junto às massas e tentar impulsionar o sentido anticapitalista desse movimento. No bojo do movimento anticapitalista, sem dúvida, vão surgir bandeiras que, evidentemente, vão apontar para a superação do capitalismo, para alguma sociedade mais avançada, que vamos procurar diferenciar daquele socialismo falso do passado, vamos procurar clarificar. E esperamos que essa tarefa se coloque como necessária no processo. Nós não achamos que temos o direito de decretar como sendo urgente, porque não é vista como urgente para a grande maioria da população brasileira.

A QUESTÃO DA TERRA, O MST E A NECESSIDADE DE AS CIDADES SE MOVEREM

Caio Prado Júnior, refletindo sobre o campo no livro *A Revolução Brasileira*, descarta a reforma agrária. Diz que o campo vai se tornar capitalista e o que a gente tem de lutar é por uma luta sindical no campo. Demorou, mas acabou acontecendo com a implantação do agronegócio. Hoje, o campo está tomado por soja, é o sucesso brasileiro. E o MST, o que vai reivindicar? A reforma agrária em áreas de fronteira com a floresta? O que vai ser feito?

A primeira coisa é distinguir a reforma agrária do livre acesso à terra. Nos Estados Unidos não se fez reforma agrária, mas se deu livre acesso à terra. Acho que é isso que precisamos, é isso que o Stédile fala. Acho que temos de apoiar o Stédile. A reforma agrária, há muitos anos, é um tema recorrente. Como sou um cara antigo, no tempo do João Goulart eu já lia uma multidão de autores que escreviam sobre reforma agrária. E naquela época eu já estava começando a fazer política. Na minha adolescência não fiz política, só quando entrei na universidade. Na realidade, fui tocado pela Guerra da Argélia,[1]

---

1   A Guerra da Argélia foi iniciada pela Frente de Libertação Nacional (FLN) em outubro de 1954 e encerrada com a declaração de independência do país, em 5 de julho de 1962. O domínio francês – que começou em 1830 – sempre gerou insatisfação na Argélia e, a partir de 1947, o governo francês introduziu concessões, como a liberdade de religião e a permissão do ensino do idioma árabe. Mesmo assim, o movimento pela independência ganhou força e se organizou como grupo armado, comandado por Ahmed Ben Bella, que foi depois o primeiro chefe de governo da Argélia independente. Apesar da repressão e da mobilização

que me converteu ao marxismo. Tomei partido pelos argelinos, apesar de a França ser minha mãe espiritual. Fui tocado pela Guerra da Argélia e me apaixonei pela causa. E aí virei esquerda. A essa altura eu já estava entrando na universidade, então tinha um monte de livros sobre reforma agrária que todo mundo escrevia, aquela campanha de Jango e dos janguistas, do PCB. Era um projeto econômico e de desenvolvimento. O termo reforma agrária mistura um pouquinho a ideia de desenvolvimento econômico da nação e de acesso à terra. Todos os autores diziam: "Não pode dar terra e abandonar, tem que dar crédito, semente...". Aliás, dizem isso até hoje. Mas eu não quero saber se vai dar crédito ou semente, e sim se a terra é dos brasileiros. É a primeira coisa! A terra é dos brasileiros! Tem que dar um limite para a apropriação da terra brasileira. Não quero saber se, depois, os que tiverem 5 hectares vão ter sementes ou não. Quero saber, em primeiro lugar, se pode ou não ter 2 milhões de hectares. Não pode! Mesmo que seja produtivo! Porque ele é produtivo o resto está condenado a ficar olhando a produção dele? Eu também quero produzir, dá licença? Por que o rei do milho precisa ter 19 fazendas? Quero uma daquelas fazendas para mim. Por que tenho de comprar milho dele? Por que ele tem 19? Porque ele não pode juntar, não dá lucro se ele junta as 19. Mas, ele não precisa ser dono das 19, ele pode ser dono de uma e ser rico igual. Ou menos rico. O Stédile me conforta, porque ele fala nisso. Ele diz: "Eu quero uma reforma como a dos Estados Unidos", que não era reforma agrária. "Todo mundo tem direito à terra de onde nós expulsamos os índios". E tudo bem, eles faziam aquela corrida ridícula de carroça, de cavalo, para botar as estacas na terrinha deles, mas eram 160 acres – 60 hectares. Era a área a que eles tinham direito. 160 acres e deu. Isso é o fundamental. E nesse ponto, o Stédile está coberto de razão, tem que ser apoiado e tem que ser traduzido da maneira correta. E acho que tem que ser contra a desmedida da apropriação da terra. O PT fixou 500 hectares. Acho muito, mas vamos reivindicar aquilo

---

de mais de 500 mil soldados franceses, a rebelião se manteve. Em 1961, a França iniciou as negociações com a FLN, depois de libertar seus líderes das prisões. Como resultado das conversações, realizou um plebiscito em 1º de julho de 1962. Votaram pela independência 6 milhões de argelinos e apenas 16 mil foram contra. Em seguida, os políticos argelinos assumiram o poder a maioria dos europeus deixou o país.

que o PT levantou: 500 hectares, no máximo, para cada um. Vamos reivindicar o possível nas condições dadas. Mas livre acesso à terra significa limitação da apropriação da terra pelos grandes.

Agora, a reivindicação da terra pelos sem-terra, e pelos que lutam sob o título "reforma agrária", que é um título um pouco confuso, é válida – não questiono ninguém. Aceito tudo. Por quê? Porque eles são o movimento, não eu. Não vou ser professor de um movimento vivo, e eles são o movimento vivo. Eles têm que ser respeitados porque, mal ou bem, estão lutando. Quem está lutando merece respeito e ponto final. Se eles evoluírem, vou tentar influir. E se evoluírem para melhor, é porque acharam que aquilo é melhor. E aí sim, vou poder dizer que acertei. Mas enquanto eles não acharem que aquilo que eu estou dizendo é melhor, não vou poder dizer que acertei. São eles que governam meu pensamento. Agora, como eu tenho esse conhecimento, explico quais foram as origens do negócio. A origem foi essa, essa é a legitimidade histórica do movimento.

O movimento de reforma agrária – que não questiono – reivindicava e ainda reivindica terras improdutivas. Só que as terras agora estão ficando cada vez mais produtivas, por causa do agronegócio. As terras ficam escassas porque todo mundo quer entrar no agronegócio, querem transformar o pampa em silvicultura. Realmente, há uma dificuldade maior para os sem-terra. Mas se estão continuando a luta, com a palavra de ordem que tiverem, acho que tem que aceitar, o movimento tem que ser apoiado. Eles vão depender, para ter uma aceitação nacional maior, de uma rebeldia nas cidades. Sem ela, os sem-terra ficam isolados.

Esse distanciamento talvez pudesse ser encurtado, pois as populações urbanas entendem a hiperconcentração da propriedade nas mãos de poucos. Quando você fala na retomada da bandeira do livre acesso, e concretiza essa bandeira – o limite de 500 hectares –, esse é um tema que, desenvolvido junto à população urbana, poderia ser uma contrapartida à imagem hoje negativa do MST.

Só o seguinte: não dou importância a isso.

Por que não assegurar um entendimento, uma conexão entre a luta que eles travam no campo e a que se trava nas cidades? Há uma conexão.

Sim, a maior parte do abastecimento de produtos alimentícios vem da pequena propriedade.

Setenta por cento.

É um argumento muito bom, é científico, vem de dados levantados pelos geógrafos.

Você não atribui tanta importância à maneira como as populações urbanas, de forma geral, veem o MST. Mas não é um tema importante fazer com que setores que vivem no campo e nas cidades dialoguem entre si?

A cidade precisa se mover. Se a cidade não se mover, estamos encalacrados. E a cidade não se está movendo. Agora, é válido tentar estabelecer essa comunicação, levantar argumentos como, por exemplo, o de que quem abastece o mercado interno é a agricultura familiar, ou o da conexão entre a luta que se trava no campo com a que se trava na cidade e tentar convencer pelo menos aqueles poucos que se movem, para que eles sejam propagandistas da validade do MST. Mas isso não vai ser a salvação do MST. Por quê? Qual é o problema do MST? O MST é muito dependente da ajuda do Estado brasileiro, que tem poder de chantagem forte. Isso modera o movimento, porque tem que manter toda aquela estrutura, todas as pessoas que dependem dela, o direito de estar onde estão, de receber uma verba. Acho fantástico que eles defendam o socialismo; acho muito legal aquela mística deles, a fé que têm num futuro onde o homem será diferente, isso faz a alma deles. Isso é importante. Não é uma coisa assentada numa realidade vibrante, numa realidade que é a do Brasil, mas, de qualquer maneira, é algo importante. Agora, do que eles precisam? Eles precisam que a cidade entre em movimento.

OSI E LIBERDADE E LUTA

Até que ponto a OSI não considerou a profundidade e a amplitude da influência da Igreja Católica na construção do PT, que víamos como uma alternativa ao stalinismo?

Essa pergunta precisa ser explicada. Em primeiro lugar, não sei se isso se apresenta como uma crítica à nossa falta de compreensão do papel da Igreja ou que víamos o PT como uma alternativa ao stalinismo. Achei um pouco forte isso.

Com a invasão do Afeganistão pela URSS, em 1979, dizíamos que a máscara stalinista estava caindo por terra completamente. O Estado chauvinista soviético estava procurando sua verdadeira face. No Brasil, o processo de formação de comunidades eclesiais de base, que atraía militantes independentes, sindicalistas etc. para formar o PT, constituiu um movimento positivo no sentido da ruptura com o stalinismo. Dizíamos que as CEBs representavam um processo de tensão dentro da Igreja, com a Teologia da Libertação. Mas nós nunca fomos às últimas consequências nessa crítica. Tampouco levamos em consideração o papel contrarrevolucionário da Igreja neste processo. No afã de criticar o stalinismo e de estimular aquele movimento de ruptura com o stalinismo, deixamos de lado esta discussão sobre a Igreja ou não a fizemos de forma aprofundada.

Vou começar falando da percepção segundo a qual as CEBs eram uma evolução positiva da Igreja em relação ao processo que se desenvolvia em sua própria base. Na base, porque a cúpula é inamovível. A Igreja dos países periféricos, da América Latina mais precisamente, foi muito influenciada pela Revolução Cubana e pelo movimento de luta armada que derivou dela. Houve um conflito do movimento, principalmente bolivarista, com o stalinismo. O caso de Carlos Marighella foi isso. Che Guevara, na Revolução Cubana, expressava uma reação interna ao stalinismo em Cuba. Depois de seu discurso de Argel,[1] de crítica à burocracia soviética, ele teve uma reunião a portas fechadas com a direção do partido e ali tomou a decisão de ir embora de Cuba e criar uma nova frente na Bolívia. Foi uma loucura. Aquele projeto não tinha nenhuma condição de ir para qualquer lugar. A África[2] tinha sido uma aventura duvidosa, mas a Bolívia foi loucura total. Ninguém revelou o que foi discutido nessa reunião fechada do partido, mas realmente o discurso de Argel não foi aceito, e ele foi para a Bolívia. Sua influência foi muito forte. Até fora do movimento comunista, com os hippies e outros grupos. E é um herói, principalmente. A Igreja ficou muito sensibilizada com isso. Houve o caso célebre de Camilo Torres,[3] e outros, ligados ao castrismo e que tinham

---

1   Nos anos seguintes à Revolução Cubana, Che Guevara tornou-se cada vez mais incomodado com a política adotada pela União Soviética em relação aos países subdesenvolvidos e o que passou a considerar sua falta de compromisso com a luta contra o imperialismo. Em fevereiro de 1965, ele expôs suas críticas, sem citar a URSS, em discurso no Seminário Econômico de Solidariedade Afro-Asiática, realizado em Argel. Nele, disse que os países socialistas tinham que acabar com sua "cumplicidade tácita com os exploradores do Ocidente". O discurso deixou o governo cubano em posição complicada com a URSS, dada sua dependência econômica, política e militar, aguçada pelo embargo estadunidense de 1962.

2   Em abril de 1965, Che Guevara, acompanhado de 100 militantes cubanos, chegou a Dar Es-Salaam, na Tanzânia, para se integrar aos rebeldes de Laurent Kabila na luta pela independência do Congo (atual República Democrática do Congo). A missão se converteu num verdadeiro desastre, pois os cubanos se depararam com um grupo rebelde armado sem direção política coerente e, nas palavras de Guevara, "parasitário", pois roubava e atacava os camponeses. Os cubanos chegaram a participar de algumas ações e sofreram pesadas baixas. Isso e a crescente disputa entre os vários líderes da guerrilha congolesa acabou por levá-los a considerar a missão um fracasso e decidir abandoná-la. Em novembro, eles se refugiaram na embaixada cubana na Tanzânia, de onde regressaram a Cuba. No ano seguinte, Guevara iria para a Bolívia.

3   Camilo Torres (1929-1966) foi um padre católico colombiano que se destacou como um dos precursores da Teologia da Libertação. Perseguido por sua atividade política, acabou aderindo ao movimento guerrilheiro Exército de Libertação Nacional em 1965. Morreu menos de um ano depois, num enfrentamento com forças de segurança colombianas.

uma ideologia de proteção do stalinismo, que era mais ou menos a atitude de Guevara. Guevara nunca criticou o stalinismo publicamente e se danou por causa disso, pois acabou sendo delatado pelo PC boliviano quando resolveu começar a guerrilha no país. Fez um escarcéu na Bolívia, foram dois ou três dirigentes do PC boliviano com ele para a serra. Mas, quando ele realmente resolveu começar a guerrilha, os caras se mandaram. Disseram que tinham coisas importantes para fazer em La Paz.

Foi um período em que a Igreja convivia com o stalinismo de uma maneira pacífica, tinha muito cristão maoísta. Tinha a corrente maoísta dentro da Igreja, por causa da veneração ao camponês. Então a Igreja, de repente, começou a se organizar de outro jeito, nas CEBs, sem a adesão de nenhuma corrente de origem stalinista. A partir daí, tentou organizar o movimento popular de um jeito mais aberto. Mas, evidentemente, Igreja é Igreja, e o conteúdo sempre tem um fundo reacionário, principalmente o messianismo: certa ideia de abnegação, de dedicação aos pobres, aos oprimidos, ao povo. Eles têm aquela atitude do sal da terra, que é a essência do cristianismo. De serem eles o sal da terra. Eu sei que tinha uma corrente na Igreja – porque eu convivi com seminaristas enquanto preso político – que dizia que padre tinha que trabalhar, que ter o direito de casar, pegar um emprego na fábrica, não tinha que viver do dízimo dos fiéis. Eles queriam isso e reivindicavam claramente o direito ao matrimônio, que os protestantes têm. E mais, eles eram mais radicais, que o padre tinha que trabalhar e ser como os outros e, além disso, tinha que ser padre. Para a Igreja Católica isso era muito revolucionário. Mas por que precisava ser padre para fazer tudo isso? A rigor, não faz muito sentido. Para ser padre, você precisa fazer um curso universitário de 12 anos. Que não são 12 anos de curso, são 12 anos de enquadramento. Então, tinha tudo isso aí nas CEBs, o que era melhor do que o stalinismo e era positivo com relação àquela adesão ao maoismo. Era a isso que nos referíamos. Mas, confiar na Igreja, achar que a Igreja poderia dar em alguma coisa que prestasse, acho que ninguém chegou a se iludir a esse respeito. Basicamente é isso, quanto à questão da Igreja. Agora, realmente não tínhamos uma análise bem articulada. Falávamos com frases soltas.

Papel reacionário da Igreja e tal...

Porque na verdade estava havendo um processo social, que atingia a base da Igreja. Não sei de nenhuma análise, nem na França, nem no Brasil, nem em lugar nenhum sobre os impactos desse processo. A Igreja, naquele momento, estava passando por uma crise. Na América Latina, estava sendo tomada pelo processo social desencadeado pela Revolução Cubana e pelo bolivarismo. E não fizemos nenhuma análise sobre isso.

Temos, então, que voltar ao tema da tática do entrismo, que estava no DNA da OSI. Temos que discutir como nós encarávamos o PT.

Quando Trotsky colocou a questão do entrismo, ele avaliava que a Europa estava na iminência da revolução. Isso não é um método marxista de organizar os trabalhadores, mas ele dizia para entrar na organização do Pivert.[4] Por quê? Porque a guerra era iminente e isso significava abrir caminho para a revolução. Pivert não era pouca coisa: representava uma organização de massas que tinha rachado pela esquerda com a SFIO. Então, Trotsky dizia: nós temos que ser pivertistas agora, de imediato. Fazia sentido, era a organização do Pivert e era uma organização de massas. Pivert rachou com o PS, não é pouca coisa. É aqui que os partidos são meio de fantasia, mas na Europa, com todas as tradições na França, Pivert rachou e levou uma fatia embora, e Trotsky disse: temos que entrar.

São situações precisas. Vamos supor que Trotsky tinha razão – acho que não, porque a previsão de que a revolução estaria acoplada à guerra não era real. Ele achava que se repetiria o que aconteceu em 1914: estourou a guerra e estourou a revolução. Mas não é bem assim, tinha que fazer uma análise, não

---

4 Marceu Pivert (1895-1958) foi professor e jornalista francês. Nos anos 1920 aderiu à Seção Francesa da Internacional Operária – SFIO (que em 1969 se tornaria o Partido Socialista Francês), dirigida por Leon Blum. Com sérias críticas à política de conciliação de classes desenvolvida pelo PCF e por Blum, presidente do governo de frente popular desde 1936, Pivert deixou a SFIO em 1938 e fundou o Partido Socialista Operário e Camponês (PSOP). Durante a 2ª Guerra Mundial, o governo Pétain declarou o PSOP ilegal e Pivert se exilou no México, onde trabalhou com Victor Serge, manteve a crítica ao stalinismo e dirigiu filmes de conteúdo político. De volta à França, refiliou-se à SFIO, mas ficou isolado por conta de posições antagônicas às da direção, incluindo sua defesa do fim da ocupação colonial da Argélia. De acordo com alguns seguidores, Pivert pensava em unir-se ao Partido Socialista Autônomo, mas morreu antes.

era automático. Para mim o erro do Trotsky foi não ter entendido que a URSS não servia para mais nada. Então, a revolução ia ser outra revolução ou não ia ser. Ele não tinha ideia do que estava se passando. Ele se iludia muito, mas naquele momento o impacto do racha de Pivert foi muito forte e ele pensou no entrismo, e quis dirigir a Oposição de Esquerda como uma força coesa. Aliás, quando um partido faz entrismo, ele se torna autoritário automaticamente. Um partido que faz entrismo não pode ser democrático, pois tem que se demarcar e acaba a democracia interna. Pode ser democrático, fez entrismo, acabou, são os chefes que mandam. Faz parte da natureza do entrismo.

No Brasil, cabia o entrismo no partido do Lula? Tenho minhas dúvidas. Por que não cabia, no meu entender? Não era necessário termos uma organização de impacto nas multidões, mas sim uma que organizasse o movimento operário contra o capital. É disso que o povo precisava. Essa era a tarefa não realizada pelo proletariado brasileiro. Lula estava fazendo isso? É o que teríamos que decidir. O Pivert era o PS rachado, que já era organização anticapitalista dos trabalhadores. Não precisava questionar o Pivert. Lula precisava se perguntar se estava ou não estava nessa tarefa. Essa discussão foi feita? Não, não se fez. O que estava fazendo o Lula? Lula estava organizando as massas, mas realmente estava construindo a organização dos trabalhadores brasileiros? Estava começando, podíamos ter esperança e tivemos. Podíamos nos acoplar a ele de certa maneira, trabalhar, colaborar, mas nos resguardando. Mas a Libelu, nem discutir, éramos apenas nós. No movimento sindical podíamos entrar na facção lulista. Fora do sindicato não. A OSI, como era uma organização minúscula, poderia até pensar em se organizar dentro do PT, mas acho que não deveria, de qualquer maneira, entrar inteira. Isso para mim é firme. No movimento sindical, talvez sim. Agora, e no resto? No resto, teríamos que pensar caso por caso. Agora se dissolver... O problema era se dissolver.

Esta formulação não excluiria a necessidade de termos tido, como OSI e como PT, uma atuação mais incisiva e diferenciada das demais forças políticas que estavam na direção desse movimento?

A OSI era uma organização trotskista que não estava preparada para fazer a revolução. Era um aparelho estéril, sem capacidade de reagir e de se ligar ao movimento de massas, vamos deixar isso claro. Tanto a OSI como a 4ª Internacional inteira, o Comitê pela Reconstrução da 4ª Internacional do Lambert, eram aparelhos que estavam separados das correntes principais do movimento de massas. Estavam separados porque tinham uma premissa errada: a de que a União Soviética era governada por uma burocracia deformada, degenerada – usava-se vários adjetivos –, mas que o desenvolvimento histórico tenderia, de certa maneira, a desembocar numa revolução política. Consideravam que haviam sido alcançados os objetivos sociais da Revolução de Outubro, o que não era verdade. A economia soviética não era uma economia que se possa chamar de socialista. Tudo bem, não era capitalismo de Estado, mas era uma economia mais atrasada que a capitalista, autoritária, dirigida, pouco funcional e que submetia os camponeses a uma pressão próxima da servidão, o sistema dos *kolkhozes*.[5] O que não se fez em Cuba, por exemplo, mas se fez na URSS.

O processo todo conduziu ao esmagamento do proletariado, que se tornou uma massa apolítica. Não se discutia política nas fábricas e nos sindicatos. Outra coisa é que tinha um sistema de conivência com os gerentes nomeados pelo Estado, que era um sistema que exigia pouco esforço, se trabalhava pouco e se ganhava o suficiente para sobreviver. Então havia uma acomodação muito grande, só que como a economia não funcionava, o conjunto do sistema econômico começou a apresentar rachaduras e as mercadorias passaram a escassear. Os preços administrados, supostamente remuneravam a produção, mas na realidade a produção decaía e teve um aumento da população. Povoaram a Sibéria de uma maneira imprudente, estavam mantendo gastos extraordinários para sustentar aquele pessoal na Sibéria, fazendo uma agricultura muito pouco produtiva e a economia não funcionava mais. Os trabalhadores não estavam revoltados com nada, eles não eram superexplorados, mas era um sistema que

---

5   *Kolkhoz* (coletivo ou unidade de produção) era um tipo de propriedade rural coletiva instituída na União Soviética, na qual os camponeses formavam uma cooperativa de produção agrícola. Os meios de produção (terra, equipamentos, sementes etc.) eram fornecidos pelo Estado, ao qual era destinada uma parte fixa da produção. Os *kolkhozes* constituíram a base do sistema de coletivização da agricultura na URSS, implantado com base no Código Agrário de 1922. O processo de privatização das cooperativas foi iniciado durante a *perestroika* (programa de reformas econômicas e sociais lançado por Mikhail Gorbachev em 1985) e completado em 1992, quando foi extinta a URSS.

economicamente não funcionava. Não era um sistema superior ao capitalismo, simplesmente isso.

Um sistema superior ao capitalismo não é inventado em gabinetes, precisa haver um processo histórico sob o comando das massas. Um processo histórico sem repressão é absolutamente necessário. Não somos democráticos por lirismo libertário. Não achamos que um país que tem eleição é superior ao país que não tem eleição, o partido único é inferior, o problema não é esse para os marxistas. O problema é que a criação de um novo modo de produção não é uma coisa de pouca envergadura, não é uma tarefa de um grupo de peritos. Tem que haver um amplo espaço de atividade livre dos produtores livremente associados para que esse modo de produção ganhe corpo e vida. A burocracia tem projeto, plano, diretrizes. As diretrizes da burocracia são diretrizes da burocracia. Ela não tem capacidade de criar um novo modo de produção. Tem capacidade de ordenar o que já existe, organizar um sistema em que a saúde funcione bem, isso é tarefa de burocrata. Mas funcione bem como? Relações de produção submetidas a um sistema autoritário significam que não funcionarão bem.

A economia não pode ser autoritária. Se fizermos a comparação do feudalismo com o capitalismo, por exemplo – acho importante ventilar esse assunto –, o capitalismo é mais livre do que o feudalismo. O feudalismo implicava relações de força que mantinham os servos no trabalho servil. O capitalismo não implica relações de força, implica uma relação salarial que é aceita. Claro, não é aceita livremente, porque faz uma coação da necessidade de sobreviver. As pessoas precisam sobreviver, procurar emprego, se submeter, mas não são levadas com uma corda amarrada no pescoço para o trabalho. Elas não são impedidas de sair do local do trabalho. É um sistema que, em relação ao sistema feudal, é menos coercitivo. Não deixa de ser, indiretamente, porque a necessidade de sobrevivência obriga o trabalhador a pedir emprego, mas é menos. Supõe-se que um sistema econômico superior ao capitalismo seja menos ainda, para que a capacidade criativa das massas se desenvolva. Nosso problema não é escolher que tipo de democracia é mais bonita, nosso problema é abrir caminhos para o socialismo, é disso que se trata. Os trabalhadores que vão levar suas mercadorias aos armazéns imaginados por Marx não podem ficar trabalhando nas fábricas porque existe uma autoridade que os obriga a isso. Tem que ser uma coisa superior ao capitalismo, portanto mais livre. A revolução faz escassear as mercadorias, mas as massas encontrarão os caminhos para se organizar de uma maneira livre que permita retornar à produção em quantidade suficiente. Como uma sociedade superior ao capitalismo não precisa acumular lucros, então não precisa que a parte não apropriada pelos trabalhadores cresça. Não precisa de uma taxa de lucro crescente, como no capitalismo, ou uma taxa de lucro mínima. Isso facilita a organização do processo produtivo, mas é absolutamente necessário que seja livre.

Os trotskistas acharam que tudo seria resolvido – Trotsky, no caso – com um plano econômico. Os sovietes e os planos quinquenais, isso seria o socialismo. Não é bem assim. Isso é coabitável com um sistema autoritário e não por acaso Trotsky não reivindicou liberdade para as massas, reivindicou liberdade interna ao Partido Bolchevique, não liberdade na Rússia. Ele não conseguiu entender o processo que se deu na Rússia e os partidos trotskistas falavam de uma realidade inexistente, estavam desligados das massas. Eles nunca foram partidos de massa, nunca tiveram uma acolhida ampla, nunca conseguiram competir. O PC e o PS estavam em uma realidade simples, a defesa das conquistas materiais dos trabalhadores, e os trabalhadores se agarravam a isso. Os trotskistas anunciavam a aventura romântica de uma revolução política. Os partidos trotskistas desenvolviam uma militância que impedia o seu crescimento no proletariado, uma militância muito exigente. Militávamos 24 horas por dia. Não se pode exigir isso do proletariado. E isso exigia estatutos autoritários, burocráticos. Mas o problema é a concepção de partido dos trabalhadores. Um partido dos trabalhadores não pode viver de fantasias, tem que viver do movimento real, e os partidos trotskistas não viviam do movimento real, eles viviam de um projeto. E o entrismo era uma maneira de remediar isso, essa é a razão pela qual eu disse que estava no DNA dos movimentos trotskistas. A única maneira de entrar em contato com as massas era fazer entrismo nos outros partidos.

A OSI era uma seita sem saída. Não cabe dizer que a OSI poderia ter uma atuação mais incisiva, pois precisaria mudar a linha política, questionar as premissas de Trotsky, e não tinha como. Não é uma questão de sair criticando o burocratismo e os dirigentes. O burocratismo é necessário quando uma instituição está desligada das massas, o burocratismo se torna uma necessidade absoluta, não se pode funcionar sem ele. Como funcionará, se está desligado das massas? Desligado não tem como. Quando está ligado às massas, elas próprias organizam o processo.

A burguesia aprendeu com as experiências europeias e latino-americanas e organizou o festim da transição. Conduziu o processo para gerar a ilusão de que as diretas poderiam ser vitoriosas no Congresso, "separou" Tancredo de Maluf e nos ofereceu a alternativa "menos pior". Nesse período, ainda que buscando "espaço a qualquer custo no PT", não há evidências de traição da OSI, que seguia combatendo por diretas e contra o colégio eleitoral. Combate inócuo, mas longe da deserção que significou, tempos depois, apoiar as iniciativas eleitorais do PT e a conversão do partido em ala esquerda da burguesia. No mesmo tópico, se considerarmos os movimentos que destituíram as ditaduras do Cone Sul e as burocracias do Leste Europeu, concomitantemente e em divergência com a derrota dos mineiros na Inglaterra, fica em aberto se a correlação de forças era ou não favorável aos trabalhadores e se não seria justificável uma postura mais decidida pelas diretas?

Não. Eu não acho que houve traição, a OSI simplesmente não soube responder, não tinha capacidade para dar uma resposta. O movimento de massas foi enquadrado e a OSI nem percebeu. O enquadramento consistiu nas Diretas-Já, que deixava aberta a via para o colégio eleitoral. Na medida em que a ditadura não precisava terminar, tinha que entrar em cena a transição. Diretas-Já quer dizer o quê? Eleições diretas já. Fica a ditadura, fica tudo e tem diretas e tem colégio eleitoral. E aí? Alguém se insurgiu contra o colégio eleitoral? Só o PT. Mas o PT estava nas Diretas-Já. A OSI, nesse ponto, foi um destroço arrastado pela correnteza. Ela não tinha capacidade de modificar o rumo das coisas. Poderia, se tivesse outra perspectiva histórica, se tivesse superado as limitações do trotskismo e tivesse capacidade de fazer uma análise do processo histórico brasileiro.

Uma organização juvenil não controlada a ferro e fogo pela OSI e seus ditames entristas teria tido condições de realizar algo além do que se fez? Ou será que, se as direções sentissem que não se poderia ir

além da transição lenta e gradual, poderiam ter freado o impulso do movimento de massas?

Era obrigação da OSI deixar o máximo de autonomia para a Libelu. Obrigação. A parte final da questão coloca uma previsão que simplesmente não existiu. Diz: "Será que se as direções sentissem que não se poderia ir além da transição lenta e gradual...". Ninguém achou isso, nem no PT, nem fora do PT, nem na OSI. Todo mundo achava que se podia derrubar a ditadura. Tinha um otimismo. Não teve uma análise dizendo que a transição lenta e gradual era inexorável. Então essa parte final da pergunta está descartada. O que cabe levantar é a questão do controle, a "organização juvenil controlada a ferro e fogo pela OSI". Uma organização da juventude é, por definição, uma organização que tem que ter um alto grau de autonomia. Por não ser o partido, ela tem o caráter de uma organização preparatória para a militância plena no partido. Então é gente que tem o entusiasmo próprio da juventude, tem uma capacidade de mobilização, disposição de correr riscos, de se apaixonar pelas coisas, mas não tem ainda a ciência, o controle, a sensatez, a paciência do militante experimentado. Está fazendo, a rigor, via a militância na juventude, um aprendizado da luta política. Tinha juventude na social-democracia, e casualmente, a Juventude da Social-Democracia Alemã, no fim do século 19, começo do século 20, sempre esteve mais certa do que a direção adulta. Karl Liebknecht, no tempo em que ele era da Juventude, foi contra o militarismo alemão, contra a expansão imperialista, o que não acontecia na organização majoritária, porque Engels não achava isso. Essa primeira experiência de juventude já mostrava a necessidade de autonomia. Naquela época, não se expulsava ninguém, o Bernstein não foi expulso. Deixavam a juventude tomar suas resoluções, suas proclamações, sem a direção interferir. Claro, havia um certo lirismo, um certo romantismo muito típico dos jovens alemães daquela época, a época dos *wandervogel*, aqueles jovens que saíam em bandos percorrendo a Alemanha para conhecer o povo alemão, não com as pretensões dos esseristas[6] russos

---

6   Vito Letizia se refere aos militantes do Partido Socialista Revolucionário (PSR), que se autointitulava representante dos camponeses e dos valores supostamente autênticos da cultura russa. O PSR tinha grande apoio de massas durante a Revolução Russa e colocou-se contra os bolcheviques na guerra civil.

que queriam ir ao povo, eles queriam conhecer a Alemanha, conhecer todos os recantos do país, criar uma cultura autêntica do que é o povo alemão, em vez de ficar lendo livros. Eles saíam aos bandos, eles se chamavam *wandervogel*, que em alemão significa pássaros migratórios. Era uma época de romantismo na juventude, então a juventude, por definição, quando foi fundada na Social--Democracia Alemã, deveria ter isso. Era obrigatório que tivesse isso.

Na organização bolchevique isso desapareceu por causa do autoritarismo que se desenvolveu a partir da Revolução Russa. A juventude comunista, na realidade, era pau para toda obra. Eles foram colocados para executar as piores tarefas que o proletariado se recusava a executar. Por exemplo, a juventude comunista foi mandada para escavar os canais do Deserto de Karakum [no Turcomenistão], para fazer cultura de irrigação, no período de férias. Não era brincadeira, era picareta e pá, não tinha retroescavadeira. Era um trabalho pesado. A juventude também foi mandada para cavar o canal do Lago de Onega ao Mar Branco, para fazer a ligação entre o Ártico e o Mar Negro. Claro que a juventude tinha verbas limitadas, recebia um subsídio de alimentação e tinha roupa, eram internos, em suma, era uma tropa. Uma tropa aquartelada. E, portanto, dirigida ferreamente pelo Partido Bolchevique. Mas o Partido Bolchevique não abdicou da teoria, nunca falou que a juventude deveria ser controlada ferreamente. Sempre manteve, pelo menos teoricamente, embora na prática não o fizesse, a autonomia da juventude. E nos PCs da Europa Central a juventude sempre teve mais liberdade; claro que o PC sempre impunha a linha política, o que de certa maneira não implicava necessariamente autoritarismo, porque um jovem que entrava numa organização de juventude tendia a acompanhar, ele não entrava para brigar, ele aderia por ser simpático ao partido. Em geral, era um guri disciplinado que estava a fim de dar a vida pelo socialismo.

Mas em maio de 1968 os jovens debandaram. Isso dá uma ideia do que foi o movimento. A juventude comunista sumiu, desapareceu, caiu fora. Uma parte foi recolhida pela OCI lambertista e a maior parte foi recolhida pela LCR de Mandel. Só em momentos assim, de embate na luta de classes, acontecem fenômenos semelhantes. Maio de 1968 foi um evento muito forte na França. Não dava para a juventude comunista ficar parada, olhando o enfrentamento dos jovens com a polícia no Quartier Latin e acatando o PCF, que dizia que não era para ir. Não tinha como, eles foram embora. Aliás, foram embora acertadamente. Foram terminar nas organizações trotskistas, não foi um grande progresso, mas de qualquer maneira saíram do PCF. E também foram para outras organizações que pareciam atender aos seus anseios, incluindo alguns grupos maoistas. Era um maoismo totalmente degenerado, que compactuava com grupos que tramavam atentados. Na Alemanha, deu no grupo terrorista Baader Meinhof.[7] Na França, em grupos que queriam jogar bombas na Espanha para ajudar o movimento basco, e teve uma grande figura política, Jean-Paul Sartre, que aderiu ao grupo maoista. Mas não tiveram nenhuma importância política, uma minoria ínfima. O maoismo francês era de um tipo que só existia na França, o maoismo de Sartre, que ficou cantando a Revolução Cultural[8] depois que ela já estava morta – havia terminado em 1967.

A juventude é isso. Não há como empolgar uma juventude controlada a ferro e fogo. Devia ter o máximo de autonomia possível. E até que demos uma grande latitude de ação para a Libelu. Não houve nenhuma queixa de

---

7   A Fração do Exército Vermelho (*Rote Armee Fraktion* ou RAF), também conhecida como Grupo Baader-Meinhof, foi uma organização alemã de extrema-esquerda fundada em 1970 por Andreas Baader, Gudrun Ensslin, Ulrike Meinhof e Horst Mahler. Definia-se como um movimento de guerrilha urbana comunista e anti-imperialista contra o Estado fascista. A mídia alemã usava os termos Grupo Baader-Meinhof ou Bando Baader-Meinhof (pelos quais a RAF ficou conhecida e temida) para evitar dar-lhe legitimidade como organização política, tratando-a como um grupo criminoso comum. A RAF teve três direções sucessivas. A primeira de Baader e os demais fundadores, quase todos mortos ou presos já na segunda metade dos anos 1970; a segunda, que operou a partir da prisão dos principais líderes e até o fim da década, formada por ex-integrantes de grupos de militância estudantil que se juntaram aos remanescentes da RAF original; e a terceira, que operou nos anos 1980 e 1990. Em 28 de abril de 1998, uma carta de oito páginas foi enviada à agência de notícias Reuters, assinada com o logotipo da RAF, comunicando o fim das atividades do grupo, depois de 28 anos de existência.

8   A Grande Revolução Cultural Proletária (ou Revolução Cultural) foi uma campanha político-ideológica lançada em 1966 pelo líder do Partido Comunista Chinês, Mao Tsé-tung, com o objetivo de liquidar seus opositores, que ganharam força em decorrência do fracasso do plano econômico Grande Salto Adiante (1958-1960), cujos efeitos acarretaram a morte de milhões de pessoas devido à fome generalizada. A campanha foi marcada pela violência da Guarda Vermelha, grupos de jovens e adolescentes oriundos dos mais diversos setores que, organizados nos comitês revolucionários, atacavam os suspeitos de deslealdade política ao regime e a Mao. Os alvos principais eram membros do partido mais alinhados com o Ocidente ou com a União Soviética, funcionários burocratas, e, sobretudo, intelectuais. O ensino superior foi praticamente desativado no país.

autoritarismo durante um longo tempo. Desde o tempo em que ela foi fundada, no fim de 1976 ou começo de 1977, até os anos 1980, quando foi dissolvida, não teve muita queixa. Depois houve a intervenção do Luis Favre,[9] que detonou com a Libelu. Mas isso aconteceu já na liquidação da OSI, era outra época do entrismo no PT, era a fusão com o PT e não podia mais existir a Libelu. Até então, a Libelu fora mais ou menos deixada livre. Claro, os dirigentes da OSI davam as diretrizes, mas como a Libelu não era centralizada, não eram diretrizes que amarravam, eram coisas mais ou menos aceitas sem maiores restrições. Em suma, todo mundo queria impulsionar o movimento estudantil.

A própria OSI não estava interessada em travar nada. A OSI intervinha mais nos sindicatos, onde também deveria ter tido a obrigação de dar liberdade, mas ficava querendo controlar as intervenções dos professores no sindicato de professores, a intervenção dos bancários no sindicato dos bancários. Ficava um cara na porta do sindicato para socorrer e mandar as últimas ordens do birô político[10] quando a categoria estava mobilizada. Então controlavam. Eu era contra, dizia: "deixa os professores decidirem se eles vão continuar ou parar a greve". Como é que vou descer do BP e dizer que tem que votar contra a greve? Eu não estava no movimento. Não era professor, eu era permanente no comitê central. Como é que vou dizer para os bancários o que eles têm que fazer? Tudo bem, até estou acompanhando pelos jornais a mobilização dos bancários,

---

9   Luis Favre (1949-) é o pseudônimo de Felipe Belisario Wermus, ex-ativista político argentino, mais conhecido por ter sido casado, entre 2003 e 2009, com Marta Suplicy, ex-prefeita de São Paulo. Filho de operários peronistas, Favre foi expulso da escola secundarista aos 17 anos, por ter liderado uma greve, quando militava no grupo trotskista Política Obrera (fundado por seu irmão Jorge Altamira). Na iminência de ser condenado a mais de um ano de prisão por atividades políticas, mudou-se para Paris, onde passou a trabalhar na gráfica do Corqui. Subiu na hierarquia da organização, sendo eleito para sua direção e tornando-se responsável por grupos latino-americanos e supervisor da seção brasileira, a OSI.

10   O comitê central (CC) era a instância máxima de decisão no período entre dois congressos da OSI. Cabia ao congresso a tarefa de eleger, entre seus delegados, os membros do CC. Estes, por sua vez, escolhiam um grupo executivo, chamado de birô político (BP), que era responsável pela orientação política da organização no dia a dia. Permanente era a designação dada aos funcionários pagos pela OSI para realizar suas tarefas militantes. A organização se mantinha financeiramente com as contribuições voluntárias de seus militantes, as cotizações.

mas isso basta? Estão enfrentando os pelegos, eles devem saber o que fazer. Os sindicalistas são trotskistas, deixe que tomem suas decisões. Posso até achar que seria bom continuar a greve, mas se dizem que não há condições, vou acatar. Não, tem que levar a diretriz.

Agora, no movimento estudantil ninguém estava muito aflito pelo que fosse decidido nas assembleias. A latitude de decisão, de tomadas de decisão, liberdade de atuação, era algo meio que não decidido formalmente. Supunha-se que os libelus deviam estar submetidos à OSI, mas era uma suposição formal, não havia nenhuma pressão para que seguissem à risca uma linha política precisa. Ficou meio solta. E isso beneficiou enormemente a Liberdade e Luta, porque, justamente, era a única organização de juventude que se soltou, que teve criatividade por causa da situação de fato. Imagina a juventude do PCB, era um horror. A juventude do PC do B, a máfia. Na Libelu, o pessoal se sentia soberano. Todo mundo sabia que éramos trotskistas, mas ninguém sentia a pressão política. Esse simples fato fez com que, sem querer, a Libelu funcionasse como a juventude da Social-Democracia Alemã do fim do século 19. Com toda a criatividade, a verve, ninguém refreava nada. E isso foi muito benéfico. De repente, do dia para a noite, a Libelu se tornou famosa. Por quê? Porque se projetou, porque era uma coisa autêntica, a única coisa autêntica que tinha no movimento estudantil de São Paulo. O resto, todo mundo sabia que era falso e o PT nem existia.

A questão adota uma formulação equivocada: "Não controlada a ferro e fogo pela OSI e seus ditames entristas". Não. Nós não mandamos entrar em lugar nenhum. Nós dissolvemos, isso é outra coisa. Favre foi enviado de Paris para dissolver a Libelu. Mas não teve esse negócio de "ditames entristas". Houve uma decisão de que, se íamos entrar no PT, não cabia mais manter uma Libelu ligada ao trotskismo. Cabia impor à Libelu que entrasse no PT, o que significava liquidar com a Libelu. Foi essa a tarefa que deram para o Luis Favre. Imagina se os libelus iam entrar no PT. Na melhor das hipóteses, poderiam até ser convidados a se considerar juventude do PT, mas a Libelu...

Já tinham criado uma identidade forte para simplesmente...

É, a Libelu fazer uma declaração dizendo que era favorável à construção do PT, por exemplo. Poderia fazer isso, seria válido naquele momento. Ponto, acabou, e continua Libelu. Não: a ordem era entrar no PT. Uma demência assim, uma coisa gratuita. E não dá nem para culpar Trotsky. Mas, em todo caso, enquanto a Libelu existiu, funcionou corretamente.

A pergunta diz assim: "...Teria tido condições de realizar algo além do que se fez?" Claro que sim! Com aquele grau de liberdade, que provou que desenvolvia uma criatividade que ninguém tinha, que nos fazia ocupar um lugar que ninguém ocupava, que projetou a Libelu como uma organização de juventude que despertava simpatia do público em geral e dos estudantes das universidades, das faculdades de São Paulo, isso tudo já estava provado. A rapidez, a Libelu foi uma coisa fantástica. Ninguém achava que estava falando com um burocrata trotskista quando falava com um libelu. Era livre, era solta. O que prova a justeza da teoria da social-democracia do tempo de Engels, de que o grau de autonomia deve ser o maior possível. Mesmo no tempo de Engels ficou provado historicamente, porque a juventude estava mais certa do que a direção da Social-Democracia Alemã a respeito de questões fundamentais como o militarismo e a política imperialista alemã. Claro que a Libelu tinha chances de continuar sendo uma organização com um lugar significativo no movimento popular, estudantil, na opinião pública, na simpatia do público e assim por diante. O Caetano Veloso se dizia simpático à Libelu. E o Caetano Veloso não é um cara assim que tem vocação militante, pelo contrário. Então, claro que sim, a Libelu teria um futuro. Paradoxalmente, os trotskistas não tinham, mas ela tinha.

A Libelu poderia ter um papel mobilizador, de uma organização mobilizadora, com uma orientação realmente eficaz, assim como a juventude social-democrata, que era uma organização que tinha espontaneamente posições generosas e corretas. Generosas em relação aos povos do mundo, pois era anti-imperialista, o que a direção madura da Social-Democracia Alemã não era, não tinha mais aquela generosidade da juventude. A Libelu mostrou que também tinha, então ela poderia ficar acompanhando o PT e inevitavelmente faria isso se tivéssemos submetido a Libelu a fazer uma declaração de que ela era favorável à construção PT e ponto final. E que ela continuasse com as suas atividades no grau de autonomia que tinha tido até então e desenvolvendo a luta por uma sociedade melhor.

E nas tensões sociais a juventude reage de uma maneira muito mais autêntica do que a direção da organização. A experiência da Social-Democracia Alemã foi marcante pela generosidade com que condenaram a ofensiva imperialista na África e no Oriente, só poderia vir da juventude; seus integrantes tinham uma grande admiração pelos dirigentes da social-democracia, mas isso não os inibia de se manifestar, quando se sentiam chocados; não se sentiam coagidos a ficar quietos, isso que é importante. A criatividade deles aparece quando se torna necessária, não tem que se preocupar, tem que confiar na juventude.

A juventude é para ficar fora do molde do partido. Senão para que se cria a juventude? Quando se fundou a Libelu é porque queríamos uma organização dos jovens, então autônoma. Agora, se achamos que os jovens devem fazer as mesmas coisas que os velhos, então que entrem na organização e ponto final. E o cara que se forma já não tem condições de ficar circulando entre os jovens, já terá um emprego, já está em outra, no sindicato, cai fora da juventude. Ocorre ao natural pelos compromissos que os jovens vão assumindo com as responsabilidades da vida madura. Entram na organização e vão ser militantes normais. Faz parte da vida de todo mundo. E quem não quer militar continua dizendo que é Libelu e mais ou menos acompanha as iniciativas da Libelu.

Depois da liquidação, sobrou uma franja de apoiadores, dos ex-Libelus, que não estavam mais todos os dias militando. Arrumaram emprego, mas não quiseram entrar na organização. E os mais decididos, que entraram na organização, viraram militantes normais. O que aconteceu foi uma coisa inaudita, sem precedentes na história dos partidos, nem trotskistas nem stalinistas. E o Luis Favre foi lá fazer isso. Detonaram com a Libelu assim. Gratuitamente, sem necessidade. Eu acho que a Libelu poderia ter continuado, mesmo com a OSI acoplada ao PT. Imagina se tivesse uma vasta juventude organizada no Brasil e Lula fizesse as trapaceadas que fez. Ia ter pelo menos uma gritaria forte organizada no movimento. Lula ia tremer nas bases. Houve o episódio da Heloísa Helena, que fez discurso, chorou e tal, mas e daí? O PT não rachou, esse que é o problema. Quatro deputados saindo, uma coisa restrita ao Parlamento.

Acho que cabia propor à Libelu que se pronunciasse pela construção do PT, ponto final. E ficaria uma juventude simpática ao PT. Simpática ao PT, não a juventude do PT. Outra coisa é que o PT não queria organizar a juventude e nós queríamos entrar no PT. O Luis Favre e o comitê central disseram que tinha que dissolver a Libelu. Não me lembro de ter participado dessa decisão.

Então tinha dois extremos possíveis: um era não fazer a campanha da legalização do PT, que seria o esquerdismo total, e o outro era aderir de uma vez, que foi o que aconteceu?

Tínhamos que aderir. Acho que nos construímos e construímos o PT, foi um negócio muito bom, só que deveríamos ter dito um mínimo de coisas para que a tendência eleitoral que estava na cabeça de Lula não se fortificasse. Tínhamos que ter criado uma tendência pela não disputa de cargos executivos. E devíamos ter dito: "Olha Lula, somos PT até morrer, só que a disputa de cargo executivo vai nos amarrar as mãos, vamos ter que administrar o Estado burguês e vamos nos corromper".

Ninguém disse isso naquela época?

Ninguém. Mas a social-democracia tinha dito, Lenin tinha dito, o santo Lenin tinha dito. Marx tinha dito. Por exemplo, teve uma celeuma quando um deputado da Social-Democracia Alemã se elegeu em um município de um cantão rural, onde ele era muito popular, foi aclamado como chefe do Conselho Municipal, que era uma coisa bem modesta. Ele foi expulso, foi um escândalo. Imagine disputar a prefeitura das grandes cidades proletárias. Se alguém fosse ousar, os proletários não deixariam. Simplesmente teria uma celeuma. Os proletários pegariam o cara a tapa: "Vai se candidatar por outro partido, pelo nosso não". Os proletários não deixariam. Independentemente do que se decidisse. Mas, para Trotsky, o caminho para chegar às massas passava pelo entrismo num aparelho. Nós nos dávamos ao luxo de ser uma organização impossível, porque o nosso contato com as massas era através de um aparelho de massas.

Mas poderíamos ter dito tudo isso sem necessariamente romper com o PT. E mesmo assim nós não dissemos.

Por isso aponto a mediação da OCI. Nós, espontaneamente, seríamos reservados em relação ao PT. Espontaneamente. Só que consultávamos a OCI, e esta nos ligou ao PT. A OCI chegou a criar um Partido dos Trabalhadores na França.

Não seria possível manter o vínculo com o PT e também levantar a bandeira de não eleição aos cargos executivos?

Era obrigatório fazer isso.

E por que nós não fizemos?

Não fizemos porque não tínhamos esta perspectiva.

Por quê?

Não tínhamos esta perspectiva porque a OCI era a nossa organização mãe, que nos orientava, e ela não nos orientava neste sentido.

Mas nós chegamos a colocar para a OCI alguma coisa assim?

Não, porque a OCI era o exemplo e o próprio Lambert cogitou em se lançar candidato na França. Só que, como éramos uma organização um pouco mais séria, dizíamos que deveríamos ter um verdadeiro partido para fazer isso. E um partido implica uma ramificação, implica uma presença nacional e todas essas coisas. Nós não criticávamos o princípio. E, na realidade, era para criticar o princípio. Nós deveríamos disputar só cargos legislativos.

Na Libelu apareceu esta discussão. Não desta forma elaborada, mas apareceu a repulsa a apoiar um candidato ao governo do Estado em 1982.

Sim, apareceu.

Então, não estava elaborado assim, mas...

Mas deveria ter havido uma posição radical contra, uma posição firme: não pode, não tem cabimento, isso vai destruir o PT. Tinha que dizer claramente.

CONTRADIÇÕES QUE MOVEM A HISTÓRIA **315**

Não íamos brigar com quem pensava o contrário. Mas a nossa opinião tinha que ser formulada de maneira clara e bem firme. E trazer a documentação da social-democracia de Lenin, de Marx, de Engels, de todo mundo. Dizer que quem é marxista é isso e quem não é marxista é outra história. E nem Trotsky defendeu candidaturas a cargos executivos, até por pudor. Tinha um princípio e este princípio deveria ser defendido. Simples. Foi este o problema. E a gente se dava ao luxo de ser uma organização impossível, quer dizer, uma militância absolutamente demente, com cotizações caras. Era pesado ser militante. Como se constroi uma organização de massas desse jeito? Tem que deixar frouxo. Tudo bem, até pode estabelecer uma quantia de contribuição, mas é uma quantia mínima, por exemplo, 1% do salário-mínimo, alguma coisa assim, isso não poderia ser um obstáculo. E a tal de tabela progressiva de cotização tinha que aumentar, no máximo, para 5% do salário-mínimo.

E quem atrasasse três meses tinha que ser excluído.

Não. Mas não tinha direito de comparecer em reuniões deliberativas. Seria colocado no limbo e iam discutir com ele. Porque a exclusão era por alguma falta mais pesada. Os militantes tinham que fazer uma reunião por semana, mas deveriam ser reuniões curtas, e deveríamos permitir reuniões de 15 em 15 dias. A participação nas reuniões tinha que ser uma coisa natural, o militante deveria se reunir com pessoas com quem tivesse alguma coisa em comum, e não se criar uma divisão para refletir as necessidades de intervenção no PT. Professor tinha que se reunir com professor.

Mas não queríamos construir uma organização de massas.

Não, mas éramos uma organização rigidamente organizada. Por que era rigidamente organizada? Porque tinha que estar acoplada a outra. Então se não fosse rigidamente organizada, não se acoplaria e se fundiria. Por isso, obrigatoriamente, tinha que ter uma organização rígida, ligeiramente heroica, que mantivesse uma linha divisória virtual entre a organização de massa e ela própria, que era a organização bolchevique. Era uma necessidade, não é uma coisa assim que o cara faz por maldade, porque ele é um burocrata nato. Não, se ele quiser funcionar assim, tem que ser assim.

É lógico, é coerente.

E para se diferenciar. Mas decidimos nos acoplar ao PT e nós nos fundimos. Passamos a ser uma corrente do PT, como havia correntes no interior do movimento trotskista. Eram coisas que faziam parte da base dos princípios fundantes – na linguagem da Marilena Chauí – das organizações trotskistas. Não tinha como abrir mão disso. Existia a dúvida sobre se mantínhamos uma parte da organização fora ou se entrava todo mundo no PT. Isso ficou até o fim. Montaram uma conspiração e resolveram botar para quebrar em uma reunião onde esteve presente o Lambert, e impuseram, em maioria contra o Lambert, que seria a fusão.

Lambert foi contra?

É.

A OSI considerava fundamental a unificação da base metalúrgica do ABC e de São Paulo. Esta unificação era impedida pelo Joaquinzão. Portanto a OSI colocou como tarefa a derrota dele nas eleições de 1984. Abriu-se esta possibilidade, mas a OSI a sabotou. Como você analisa o papel da OSI neste processo?

Na realidade não sei. Minha resposta é mais uma clarificação da atividade, de algumas medidas tomadas pela OSI que revelavam uma certa incoerência. A OSI estava dividida entre aplicar uma linha política que não tinha futuro, mas que, de qualquer maneira, levávamos a sério, e ao mesmo tempo tentávamos desenvolver uma atividade de uma organização importante. Nunca tivemos a ilusão de ser uma organização de massas, pretendíamos nos acoplar a uma organização de massas, mas nunca ser uma. Tínhamos como objetivo ter implantação na maioria dos Estados brasileiros e cooptar 10 mil militantes. Encarávamos com seriedade a tarefa de criar este tipo de organização, que era errada, mas de qualquer maneira era nosso objetivo. E, por outro lado, estávamos envolvidos com alguns interesses imediatos de construção do aparelho.

CONTRADIÇÕES QUE MOVEM A HISTÓRIA   **317**

Não me lembro dos detalhes dessas manobras que a OSI fazia porque não participava de todas. O que sei, o que lembro, é que percebemos que podíamos criar em São Paulo uma base forte nossa, mas que não poderia existir se o Lula controlasse São Paulo também. Então, na verdade, ali interferiram alguns projetos de aparelho, de colocar gente nossa no sindicato, fazer uma aventura nossa. Porque topamos com vários militantes que iam votar no Joaquinzão, com os quais tínhamos estabelecido laços, e resolvemos fazer uma aventura com eles. Mas não foi uma decisão da qual eu tenha participado e tempos depois fiquei surpreso quando se falou do boicote. Foi uma manobra no sentido de construir um aparelho nosso em São Paulo. E, aparentemente, para construir este aparelho tínhamos que nos apoiar em alguns quadros do Joaquinzão que estavam a fim de fazer uma aliança conosco naquele momento. Foi a impressão que tive. É um episódio da nossa história e este não foi teleguiado pela OCI, que apostava em Lula.

Na eleição sindical, perdemos por 3 mil votos. E nossos militantes não participaram da campanha. Fiquei sem entender absolutamente nada, porque tínhamos 2 militantes em uma chapa de 11, havia uma chance concreta de ganharmos e não colocamos um militante na campanha.

Mas isso não foi ventilado para o partido. Isso foi uma decisão de cúpula.

O PT não queria trotskista na chapa.

A nossa organização, que não tinha origem stalinista, sofria certo boicote. Eles queriam bloquear o nosso caminho sempre. Eles aceitavam ex-guerrilheiros etc. e tal. Mas nós que éramos antistalinistas éramos *persona non grata* para eles.

Resultado: não dá para afirmar que se a OSI tivesse mobilizado nossos militantes, nós teríamos derrotado o Joaquinzão. Mas dá para afirmar que perdemos apenas por 3 mil votos e que a organização não colocou nenhum militante na campanha fora os que militavam no próprio setor metalúrgico. Na época, classifiquei isso como traição. Porque se a própria organização dizia que a junção das bases sindicais de São Paulo e do ABC possibilitaria a criação da central sindical mais poderosa da

América Latina, do ponto de vista da força que agregava, imagino o que teria significado, no processo de aceleração da queda da ditadura. E a organização se omitiu completamente.

É, foi manobra de aparelho. Em 1984, eu já estava bem calado, praticamente não me pronunciava sobre nada. Alguns militantes acusavam a direção de adotar decisões burocráticas. O que nós precisamos descobrir é por que tinha que ser um processo burocrático. Naquele momento eu não sabia responder. Já tinha tido a experiência dessa discussão na França. Por que tem esta necessidade de ser burocrático? E é gozado que eles diziam a mesma coisa que disse Lenin: "Temporariamente, temos que ser assim". Cheguei na França e fiz um relatório do que estava acontecendo na OSI, era o intermediário de tudo naquele momento. E eu disse: "Uma organização tem que ter uma estrutura orgânica natural. As pessoas têm que se reunir porque trabalham juntas, porque têm atividades juntas ou, se não têm o mesmo emprego, pelo menos moram próximas. Ou o critério é geográfico ou é de trabalho, tem prioridade o trabalho. Quem está no mesmo trabalho, está no mesmo tipo de atividade, tem militância no mesmo sindicato, tem que estar reunido numa célula comum. E, em segundo lugar, o secretário de célula tem que ser escolhido pela célula". E eles me disseram: "É, mas por um certo tempo temos que ser assim. A direção tem que designar quem compõe as células e quem é o secretário". Por um tempo. Foi o que Lenin disse: que por aproximadamente 15 anos teríamos que suportar uma organização burocrática na Rússia. Ele morreu antes e Stalin deu o destino certo para a organização burocrática. Não existe "por um tempo", porque todo tempo tem consequências no futuro. Mas por que é "necessário"? Tem que dar uma explicação sobre por que é necessário. Não adianta apenas dizer que sou contra a burocracia, então sou libertário, e daí? Alguma coisa está errada nesse troço. Não é só o fato de as pessoas se tornarem burocratas, mas é o processo que criou a necessidade de ser burocrático. É uma linha política absolutamente impraticável, na medida em que o objetivo é se acoplar a uma organização de massas. Nós temos que ser burocráticos para tanto. Se uma organização quer se acoplar a outra e não é burocrática, vai terminar se fundindo, desaparecendo.

CONTRADIÇÕES QUE MOVEM A HISTÓRIA   319

Trotsky dizia que com o resultado da guerra, as massas iriam se levantar e produzir a revolução política na Europa do Leste. Nos anos 1980 teve a crise do socialismo, a queda do muro de Berlim etc. Será que nós reproduzimos nos anos 1980 a mesma perspectiva que Trotsky levantou na Conferência de Alarme?[11]

A tendência natural era de repetir Trotsky, as mesmas atitudes, as mesmas reações. Então, esperávamos que, com a insurreição do povo de Paris, que expulsou os alemães violentamente em julho de 1944, se criassem os sovietes. E nos admiramos tanto quando os sovietes não foram criados. Mas era o que pensava Trotsky: que assim como a 1ª Guerra Mundial tinha desembocado numa revolução, a 2ª Guerra ia desembocar em muitas revoluções. Até desembocou numa situação extremamente favorável à classe operária, que estava toda mobilizada e até armada. Mas isso não era revolução, porque reconstituíram os aparelhos do movimento operário anteriores ao começo da guerra e, de qualquer maneira, não houve uma desilusão. O momento não era de desilusões, porque era muito bonito o pós-guerra em termos de movimento de massas: vigoroso, criativo, forte e que não deixava os aparelhos fazerem o que lhes desse na telha. A 4ª República foi bastante avançada em relação à 3ª.[12]

---

11 A 4ª Internacional realizou seu congresso de fundação em 3 de setembro de 1938, na periferia de Paris, com delegados representando 5.500 militantes trotskistas e suas organizações (a seção brasileira foi representada por Mário Pedrosa). Durante o processo de aprovação de seu programa houve um voto discrepante quanto à questão da defesa ou não da União Soviética em caso de guerra e ataque por parte da Alemanha nazista. A posição contrária, sustentada por Yvan Craipeau, foi chamada de antidefensista. Em março de 1940, estimulada por Trotsky, a 4ª Internacional decidiu realizar um encontro, denominado Conferência de Alarme, para discutir a posição da fração antidefensista. Essa conferência deu prazo de um mês para que os antidefensistas retificassem sua posição e aprovou um manifesto em que reafirmava a natureza imperialista da guerra e a necessidade de apoiar a URSS no caso de agressão nazista, necessária para converter o conflito numa guerra de classe contra o capital. Trotsky foi assassinado em agosto de 1940.

12 A 1ª República foi proclamada em 21 de setembro de 1792, como resultado da Revolução Francesa e da abolição da monarquia. O 18 Brumário (9 de novembro de 1799) de Napoleão Bonaparte extinguiu a República e deu origem ao 1º Império, seguido pela Restauração após a derrota de Napoleão. A 2ª República foi instituída pela Revolução de 1848 e durou até dezembro de 1851, quando o então presidente Luís Napoleão Bonaparte dissolveu a Assembleia Nacional e fundou, no ano seguinte, o 2º Império, encerrado em 2 de setembro

Em 1945, ocorreram as novas eleições para o Parlamento inglês e Winston Churchill, que tinha sido o grande líder da guerra contra o nazismo, simplesmente foi varrido do cenário político. Colocaram os trabalhistas no poder, que proclamaram o socialismo e estatizaram tudo, foi muito forte. Então, o momento não era de desânimo, mas a nossa previsão não aconteceu. Isso deveria ter nos alertado.

Em uma conversa pessoal – isso não apareceu em nenhum texto –, Stéphane Just me disse que achava que nós nos iludíamos. Conversa assim, de bistrô, tomando café. Naquelas reuniões longas que fazíamos, aquelas assembleias reunindo gente do interior da França, ao meio-dia saíamos para almoçar, íamos para o bistrô tomar café, e ficávamos batendo papo. Era muito instrutivo. Just só discutia política. Não tinha essa de ficar conversando sobre moda, música, programa de televisão. Quem se sentava na mesa com ele sabia qual era o assunto: política. Ele lembrava coisas do passado, aprendíamos um montão de coisas conversando. Mas, tempos depois, me ocorreu pensar um pouco e perceber que tínhamos que ter feito um balanço sério. Confiamos cegamente na visão de Trotsky e aconteceu o contrário do que ele previra. Alguém tinha que explicar. O que saiu do pós-guerra? O stalinismo se fortaleceu, virou uma potência política europeia. Os trotskistas se dividiram, uma parte se acoplou aos PCs, nós elegemos a *Force Ouvrière*. Nós tínhamos uma análise correta do stalinismo: uma organização contrarrevolucionária que produzia uma ciência contrarrevolucionária, que formou com os Estados Unidos uma nova Santa Aliança, repetição da Santa Aliança contrarrevolucionária de 1815, derrubada pela Revolução de 1848. Então se criou uma nova Santa Aliança contrarrevolucionária que impedia o desenvolvimento da revolução no mundo. Mas dizíamos que as massas estavam abrindo seus caminhos contra os aparelhos e que

---

de 1870, com sua derrota para as tropas de Otto Von Bismarck, na Batalha de Sedan. A 3ª República foi declarada durante a Guerra Franco-Prussiana, em 1870, e encerrada em 1940, sob ocupação nazista. Com o fim da guerra, a França ficou sob a tutela de um governo provisório até janeiro de 1947, quando entrou em vigor a 4ª República, encerrada em 1958, durante um período conturbado pelas revoltas no Magreb (Tunísia, Marrocos e Argélia) e pela derrota no conflito indochinês. A 5ª República foi aprovada por um referendo popular em 22 de setembro de 1958.

isso tinha um dinamismo muito forte. Isso nos fez considerar a revolução como iminente. Você se lembra da revolução iminente?

Lembro.

Atenção, revolução iminente no Ocidente. Então, nesse ponto nós nos separamos de Trotsky, porque percebemos um detalhe: nós achávamos que a revolução era iminente, mas nós não achávamos a mesma coisa da União Soviética, da Rússia em particular. E Trotsky dizia que lá estava a maior força revolucionária do planeta, força viva, ele dizia assim, as duas forças vivas. Mas em Paris, eles diziam: Trotsky se esqueceu de dizer que era apenas uma força viva, a dos trabalhadores, porque a burocracia estava morta. Eu respondia: vocês estão escrevendo em cima do texto do Trotsky, mas tudo bem, acredito em vocês. Eu acreditava mesmo, os caras eram bons, tinha gente de peso: tinha o Chesnais, que não é brincadeira, tinha o Broué, que é um historiador de peso, produziu uma vasta obra teórica, tinha o Jean-Jacques Marie, especialista em União Soviética, tinha o Gérard Bloch, que é um especialista em pensamento marxista, estudioso, um pesquisador que não tinha igual naquela época. Estavam todos na OCI, não estavam no grupo mandelista.

Tinha que acreditar mesmo.

Claro, eu não podia deixar de levar a sério gente desse quilate. E eu era um cara em processo de formação, ainda incipiente, porque não tinha uma formação originalmente marxista. Só me tornei militante político, comecei a ler e estudar Marx na universidade. Antes, estudava história, filosofia, os filósofos orientais, filosofia indiana, eu lia essas coisas. Não que eu fosse místico, mas achava que devia saber tudo, me interessava por tudo. Então, bem tardiamente, comecei a me formar e, de repente, despenco na França e encontro gente desse porte. Claro que tenho que beber pela mão deles. Então, as coisas evoluíram. A minha impressão era que a União Soviética funcionava como um cemitério, que a revolução estava morta. Mas não era a posição do Lambert, que achava que nas fábricas existia um movimento real de trabalhadores antiburocracia. O Jean-Jacques Marie, que era o especialista, não contestava. Mas continuei achando que ali era o cemitério da revolução, que não estava funcionando mais nada.

Agora, eu estava convicto de que a revolução era iminente no Ocidente. Tanto que explodiu o Maio de 1968, quer dizer a coisa estava explodindo de todos os jeitos que se possa imaginar, foi uma coisa portentosa e que acabou com a direita francesa. A direita francesa pontificou de 1962, fim da guerra na Argélia, a 1968. O mundo estava mudando e cada vez mais com maior radicalismo. Só que isso começou a declinar na segunda metade dos anos 1970. E no final dessa década vieram Margaret Thatcher, Ronald Reagan, toda aquela coisa. E qual era a nossa expectativa? Continuávamos acreditando que a revolução era iminente no Ocidente, mas já era diferente em relação a Trotsky, não era exatamente a mesma coisa. Não tínhamos mais a menor ideia do que estava acontecendo na União Soviética. Achávamos que a oposição, com a qual Jean-Jacques Marie estava em contato, podia se desenvolver. Essa esperança na oposição decorria da análise de Trotsky, mas era uma coisa muito magra, não era aquilo que dizia Trotsky, pois era gente que não tinha diálogo com o povo russo. Quem tinha diálogo com o povo polonês era o Lech Walesa, não era o Edmund Baluka, que seria um representante da corrente visualizada por Trotsky. Mas Baluka, que influência tinha? Se realmente fosse aquilo que dizia Trotsky, Baluka deveria ser um cara de prestígio, líder de, pelo menos, uma corrente minoritária em relação a Lech Walesa, e não era. Ele tinha algum prestígio no estaleiro onde trabalhava, era um líder sindical como outros, mas fora do sindicato não representava nada.

E Walesa andava com a imagem da Virgem de Czestochowa na lapela e era ele quem tinha o prestígio nacional, e quem realmente encostou a burocracia russa na parede. Aí deram o golpe de dezembro,[13] mas no fim o Solidariedade acabou se impondo. Foi sob a égide da Igreja Católica, e dava para perceber que não estava acontecendo o que Trotsky dissera. Mas Lambert achava que não e demos com os burros n'água, e precisamos continuar sendo um aparelho burocrático. Não repetimos exatamente, respondendo à pergunta, não repetimos exatamente, nós pioramos Trotsky um pouquinho.

---

13 Em 13 de dezembro de 1981, o general Wojciech Jaruzelski (1923-2014), primeiro-ministro da Polônia, decretou estado de emergência, suspendeu todas as garantias constitucionais e colocou o Solidariedade na ilegalidade, com a prisão de seus dirigentes, incluindo Lech Walesa.

PERSPECTIVAS

Mesmo em situações desfavoráveis, é possível que a crise de dominação da burguesia seja de tal ordem que algum elo frágil ceda. A revolução árabe, em curso, não encontra ventos favoráveis no cenário internacional e isso não a impede de avançar na luta por liberdades.

A questão mistura coisas diferentes. A revolução árabe, na realidade, tem peculiaridades tão específicas que "ventos favoráveis internacionais" não vêm ao caso.[1] Os ventos favoráveis do proletariado ocidental são outro tipo de vento. O processo árabe é muito particular. Não é um processo proletário, por exemplo. No Ocidente, os ventos favoráveis seriam o quê? Seriam o desenvolvimento das mobilizações que têm acontecido na França, na Espanha. Mas isso seria o desenvolvimento das lutas pela defesa das conquistas sociais do Estado de bem-estar. Isso não existe nos países árabes. Lá é outra coisa. E é bobagem a avaliação de que é uma luta pela democracia, pelas liberdades. É luta contra os ditadores, mas a coisa não tem esse conteúdo de luta por liberdade, isso é falso. Não tem esse conteúdo, infelizmente. O conteúdo verdadeiro é a revolta contra a opressão, no caso a opressão imperialista, que aparece como ditadura dos lacaios do imperialismo em cada país. Aparece como ditadura, mas na realidade é opressão do imperialismo,

---

1   Vito Letizia discute as peculiaridades dos processos de mobilização nos países árabes em seu artigo *A Terceira Oportunidade Imperial Americana* (interludium.com. br/2011/10/17/a-terceira-oportunidade-imperial-americana/).

porque aqueles ditadores não estão a serviço de um capitalismo árabe, ou mesmo do capitalismo internacional. Eles estão a serviço de uma opressão imperialista. Superficialmente, o conteúdo do movimento é libertário, mas libertário contra quem? O ditador egípcio Hosni Mubarak, que é um representante dos Estados Unidos, era contra o Estado palestino e acatava a política estadunidense em relação à Faixa de Gaza. Diferente de um Anastasio Somoza, derrubado pelos sandinistas. O Somoza era um fazendeiro que tinha metade da Nicarágua como sua propriedade e o povo tinha que trabalhar para ele, ponto final.

Até que ponto se pode afirmar que ainda estamos no regime de 1964, só que o poder agora é diretamente exercido pelo braço civil da burguesia, com a ajuda do PT?

Não acho que se deva equiparar o regime de 1964 ao regime atual. O regime de 1964 foi uma ditadura militar. Uma ditadura militar tem o caráter de exceção, mesmo do ponto de vista burguês. Há certa suspensão dos direitos civis e é institucionalizada a repressão arbitrária. E num sistema representativo normal o arbítrio não está institucionalizado. Não quero dizer que não haja uma repressão muito pior do que era na ditadura, incomensuravelmente pior e exercida principalmente contra as pessoas de baixa renda, não só os favelados, contra as pessoas de baixa renda em geral, de bairros pobres. Existe um sistema de abusos exercido sobre a sociedade civil, por parte das instituições públicas, que atinge toda a população, inclusive a classe média, que acha normal porque não é presa, não sofre violência física. Hoje em dia o governo se dá ao luxo de não cumprir a lei, de cobrar tributos que caducaram, de exercer uma prepotência sistemática e de reprimir o que não lhe convém. Só que tudo dentro de um esquema em que há certo consenso. A classe média do Rio de Janeiro acha perfeitamente normal aquela matança nos morros cariocas. Há um consenso. A sociedade brasileira está podre, está desfeita e esgarçada enquanto sociedade civil. Jovens de classe média usando camiseta com a sigla do Bope:[2] é muito pior do que a ditadura militar. Muito pior, só que não é institucionalizado, é exercido dentro de certo consenso.

---

2   Bope: Batalhão de Operações Policiais Especiais, tropa da elite da Polícia Militar do Rio de Janeiro.

Eu discordo da tese do Paulo Arantes de que a solidariedade que se realiza na sociedade é uma contradição com a repressão policial. Não, ela está acoplada à repressão policial. Toda essa solidariedade – hoje em dia todo mundo acha que tem que ter trabalho solidário – está acoplada à finança e à repressão. A finança quer eliminar o trabalho remunerado para cuidar das mazelas sociais. Antes tinha trabalho remunerado para resolver problemas sociais, agora querem eliminar tudo, querem deixar tudo por conta do trabalho solidário, inclusive com o apoio das esferas governamentais. Isso não é uma contradição. Isso vai parar, porque a classe média vai perder a gordura que adquiriu durante o período precedente. O Brasil ainda não foi vitimado por uma crise séria. O braço militar, a forma militar da ditadura, perdeu presença por ter se tornado desnecessário. O que existe é um sistema supostamente representativo do povo, integrado por políticos profissionais, que representam na realidade a si mesmos. Existe uma profissão de político e existe todo um sistema de corrupção dos políticos e da política, e todo um sistema de doutrinação do público de que tudo se resolve com a honestidade dos políticos e com a repressão.

Fazendo uma comparação: qualquer TV aberta aqui do Brasil apresenta em sua grade, diariamente, duas ou três notícias sobre a repressão ao tráfico, ao comércio de drogas, não falha; nunca vi na TV 5-Monde notícias sobre isso. Dá a impressão de que na França não tem consumo de drogas e não tem repressão policial às drogas, mas tem. É proibido o comércio de drogas na França. Mas não tem noticiário a respeito, não se considera relevante, pois é uma tarefa da polícia. A não ser que tenha um tiroteio na rua. Não estão interessados em doutrinar os franceses.

O Brasil se desfigurou. O Brasil era uma terra de grandes contrastes sociais, mas de acomodações também, por meio da corrupção. A corrupção servia como sistema de acomodação. Tinha repressão aos favelados, mas tinha a corrupção policial que criava o convívio. A polícia era corrupta, então ela não reprimia o jogo do bicho, que no começo era a grande renda dos favelados. Fechava o olho, só que cobrava taxa, evidente. Aquele negócio não funcionava sem pagar taxa para a polícia. E estava acomodado, o Brasil era um país cordial, as pessoas tinham aquele tipo de relação que era de brasileiro mesmo, todo mundo é acolhedor, é amigável, é o Brasil cordial. Tem razão o Sérgio Buarque de Holanda quando fala no Brasil cordial, é uma característica do Brasil. O Brasil deixou de ser um país cordial porque abandonou toda a independência. Sob pressão dos Estados Unidos, a polícia foi forçada a combinar corrupção – porque não deixa de ser corrupta – com uma extrema violência. Pode ser corrupta, mas não em conivência com os favelados que comerciam drogas. Agora, se o policial apreende violentamente um estoque de drogas e comercia, fica por isso mesmo, mas a violência contra os favelados é obrigatória. E isso é comandado de fora.

Não reconheço mais este país. Os massacres que se dão aqui não se dão em outras partes do mundo. O Brasil não era isso. O que há é uma destruição do tecido social em função de uma perda total da soberania. Os partidos políticos burgueses, hoje em dia, se equalizaram, estão todos no mesmo barco. A finança comanda. Todos estão submetidos ao sistema imposto pelo império estadunidense, todos. O PT era o que mais resistia, e o PT criou a guarda nacional, que era uma exigência dos Estados Unidos. A única coisa que o PT não fez foi substituir o Exército pela guarda nacional, manteve o Exército. Mas o Exército reprime o favelado hoje, que é o que faz no Rio de Janeiro.

O Fisco está assaltando o povo. Em qualquer lugar que vamos, querem saber o nosso CPF. Antigamente, ninguém pedia o CPF. Precisei ficar velho para ter que andar com o CPF no bolso, porque até os meus 50, 60 anos, o CPF não tinha importância. Era uma coisa que se exigia só em certas circunstâncias, muito raras. Todo mundo é conivente com o abuso do Estado de extorquir quantidades cada vez maiores de dinheiro do público. Aquele painel em São Paulo, do impostômetro, é uma palhaçada, porque ninguém resiste, ninguém protesta, só põem o impostômetro lá. Tinha que criar uma resistência: nós não pagamos imposto, não queremos mais saber o CPF de ninguém, quem não estiver pagando imposto pode comprar a crédito igual. Por que tenho que estar em dia com o Fisco para fazer o crédito numa loja? É que o lojista é conivente, só que ele se deleita lendo o impostômetro. A CPMF [Contribuição Provisória sobre Movimentação Financeira] era considerada uma escravização do público. O sujeito paga porque existe. Não pode. Que uma pessoa pague imposto porque ganhou dinheiro – supostamente, se ele ganhou dinheiro, deve alguma coisa à ordem pública, que permitiu que os negócios se fizessem normalmente, porque sem ordem pública os negócios não acontecem –, então, de certa maneira, seria uma taxa para os guardiães da ordem pública, que permitiram que os contratos fossem respeitados e, portanto, que as pessoas que ganham dinheiro pudessem prosseguir suas atividades. À medida que as pessoas têm uma receita, pagam sobre a receita ao Estado. Mas não é assim que funciona. A pessoa paga quando gasta, depois paga a receita. E paga enquanto pessoa, não enquanto contratante. É o que se chama captação. A CPMF foi um imposto a pretexto de dar mais recursos para a saúde pública e se achou que não era nada de anormal. Significa, em primeiro lugar, que o homem é uma ovelha que está sendo tosada porque tem lã, e, em segundo lugar, que não tem mais privacidade, não se tem mais respeito à privacidade do cidadão. As contas do cidadão são simplesmente devassadas. O governo sabe tudo o que está nas contas bancárias das pessoas, saca diretamente das contas, tira diretamente da fonte. Todo mundo acha normal.

Existe uma dissolução da sociedade civil, uma renúncia a qualquer vestígio de soberania pela burguesia, uma licença à violência extrema e uma guerra civil instaurada. Isso aqui está virando uma colônia horrível, está sendo retrogradada. No tempo dos militares, havia um certo brio pela soberania nacional, embora, evidentemente, dentro de certos limites, que afinal de contas o país continuou sendo submisso aos Estados Unidos, mas procurava manter as aparências de um Estado soberano. Hoje em dia, isso simplesmente não existe mais. Porém, ditadura é ditadura. É sempre melhor ter um regime representativo institucionalizado, sem dúvida. Institucionalizar o arbítrio é pior do que o arbítrio não institucionalizado, mas isso em termos de situação legal, em termos de funcionamento formal do sistema representativo, que está funcionando. Pode-se processar a União, mas não se pode fugir, escapar de uma repressão violentíssima, de práticas de guerra civil. A PM de São Paulo mata 80 pessoas e ninguém presta contas porque as vítimas são pessoas pobres da periferia. Não está institucionalizado. No tempo da ditadura estava institucionalizada a violência dirigida contra quem incomodava, os grupos de luta armada, os que assaltavam bancos, era bem focalizada. Agora é contra a população pobre. Com o sistema representativo institucionalizado, pelo menos as formalidades têm que ser respeitadas, o que coloca em primeiro plano o que importa, ou seja, a relação social de forças, que está muito desfavorável aos trabalhadores. Os grevistas do metrô foram tratados como sabotadores, foram presos. E tem alguém levantando a bandeira do direito de greve? Não. São coisas assim que estão acontecendo. A situação está muito pior, mas não é uma ditadura. Não se pode dizer isso.

Como deveria ser a participação de uma organização independente dos trabalhadores em qualquer instância do Estado capitalista burguês?

Fico encafifado com organização independente dos trabalhadores. O que é a organização independente dos trabalhadores? Primeiro, uma organização. Se nós formarmos um agrupamento político com uma intervenção regular, vou chamar aqui de seita decente – que é um apelido que eu inventei –, nós não teríamos nesse caso o direito de desempenhar nenhum papel. Nós estamos nos construindo e estamos estabelecendo laços com o movimento de massas. Esse movimento de massas, na medida em que se deslocar no sentido de se contrapor à dominação do capital, é que terá um papel no Parlamento ou em algum outro tipo de instituição que não seja executiva. É preciso esclarecer isso, porque não é qualquer coisa ser uma organização independente. Nós somos uma organização independente, e daí? Nós não podemos nos colocar problemas que não são da nossa alçada. Enquanto for a burguesia a detentora do poder nós temos que limitar a nossa participação ao Legislativo. E temos que lutar para aumentar ao máximo o nosso espaço no Poder Legislativo burguês.

E você acha que, no caso do falso Poder Legislativo que temos aqui, que é um balcão de negócios, em que os membros não estão preocupados com a população, mesmo assim faz sentido, vale a pena?

Estou partindo da hipótese de que temos um movimento de massas organizado capaz de ter impacto no processo político brasileiro. Não estou pensando na seita decente, que convém nem designar candidatos para as campanhas eleitorais. Agora, se temos uma organização que tem um impacto no cenário político, nós temos até o dever de lançar um candidato dos nossos. Nesse caso, a situação já não é mais de um Congresso puramente decorativo, que é o que temos agora. Teremos, então, a possibilidade de criar uma força política séria no Parlamento, uma organização que tenha um impacto real no processo político. E já não seremos nós, estaremos dissolvidos num movimento social maior. Que é o nosso projeto: nos dissolver quando surgir um movimento que realmente expresse o movimento real dos trabalhadores. Não seremos a seita acima de tudo, mas vamos nos fundir, que é o que Marx propõe. E aí sim, com uma representação política séria, nós teremos força suficiente para encurralar esse Parlamento fictício ou deixá-lo envergonhado e desmoralizado.

Se um movimento social e imprevisível decidir eleger um candidato, qual deveria ser a posição de uma seita decente?

Se existe uma organização de massas e a aspiração dela é lançar candidatos, nós não vamos nos contrapor. Vamos dizer que se o candidato for eleito, ficará submetido ao partido, caso contrário será expulso. Temos que lutar para que esse preceito, essa regra seja estabelecida, como foi na social-democracia. O deputado que resolve agir por conta própria, como se fosse representante dos eleitores dele, dono do seu mandato como de uma propriedade, uma continuação do curral eleitoral da burguesia, não tem lugar no partido.

Isso pressupondo que o movimento lançará candidatos e não nós.

Não somos desesperados por ter candidatos. Mas se a direção resolve lançar, vamos nos jogar contra? Não tem cabimento. O que temos que fazer, se a direção desse movimento, que é um movimento real dos trabalhadores organizados, expressa realmente uma vontade de crescer, de ganhar o poder, de se aproximar do poder, nós não vamos nos contrapor a isso. Nós vamos dizer sim, só que os nossos candidatos, em primeiro lugar, só devem postular o Poder Legislativo, nós não vamos lançar candidatos a cargos executivos. E, em segundo lugar, o partido definirá a linha política que eles vão defender no Parlamento, e eles terão de cumprir as diretrizes do partido. Vão votar naquilo que o partido decidir que eles votem. Nós vamos decidir que eles não votem o orçamento. O Partido Social-Democrata Alemão não votava o orçamento. August Bebel, que era da ala moderada – não dá para dizer direitista –, dizia: "Eu sou visto como moderado aqui neste partido, mas tem uma coisa que eu nunca vou fazer, votar o orçamento da burguesia".

Sendo moderado.

Sendo moderado.

E se esse partido disser que o candidato deve votar o orçamento, como ficamos?

Nós vamos formar uma corrente contrária a isso. Nós não vamos romper. Não vamos criar uma seita antiorçamento, mas vamos explicar que o orçamento é para administrar o Estado burguês e que não vamos assumir corresponsabilidade pela administração do Estado burguês. Se conseguirmos aprovar a norma de que o partido não participa de cargos executivos, automaticamente a questão do orçamento está implícita: não participamos da decisão do Estado burguês, logo não vamos assumir a responsabilidade pelo orçamento. Inclusive, isso evitará que os nossos deputados sejam corrompidos. Porque na hora que vota o orçamento é que a negociata começa, é um mercado persa. Ali tudo se negocia, há uma troca de favores, um apoia o projeto do outro, pois o voto é secreto. Qualquer petista pode votar em qualquer projeto do PP. Se não tem votação de orçamento, o nosso partido já fica fora disso e está pelo menos salvaguardado.

Vamos dizer essas coisas nessa organização. Agora, se não conseguirmos aprovar a nossa proposta, vamos formar uma corrente, pois não podemos ficar fora do grande movimento de organização dos trabalhadores, equivocado ou não. Temos que estar lá. Se diagnosticarmos que aquilo é representativo do processo de organização independente dos trabalhadores que estão contra o capital, só que de maneira equivocada, temos que permanecer lá. Não é em torno de princípios programáticos que rompemos, vamos romper no dia em que, realmente, fizerem uma cachorrada com os trabalhadores. Tem muita gente que não entende os princípios marxistas, acha que são como princípios teóricos que não espelham a realidade, quando de fato são práticas necessárias. Se necessário, formaremos uma corrente contrária, dentro do movimento real, uma corrente publicamente aberta, declarada, nada secreto.

Se a experiência com o PT não se completou e se o lulismo é um dado atual da sociedade brasileira, como uma seita decente deveria lidar com esse fato para não reproduzir os erros anteriores?

Nós não temos condições de repetir os erros anteriores. Nós possivelmente vamos cometer outros erros. Mas é verdade que Lula é um dado da realidade. E é o Lula – como consequência de erros anteriores, nossos e de outros – que ocupa o lugar do partido dos trabalhadores, e quando os trabalhadores quiserem se organizar, eles estarão lá, o Lula, o PT e a CUT. Como lidamos com isso? Nós temos que lidar com eles sem comprar uma briga frontal. Não podemos simplesmente atacar, mas temos que levantar o que precisa ser levantado. Temos questões fundamentais que precisamos elencar, que serão nossa marca registrada, e precisamos denunciar não especificamente o PT, ou a CUT, ou o Lula, mas o Estado brasileiro, e vista a carapuça quem quiser vestir. Sem fazer confusão entre as três coisas. Porque no Estado o PT está cumprindo um papel que não é o dele, no movimento social está cumprindo um papel de pelego, um papel dúbio, e no movimento sindical, está fazendo um acoplamento do sindicato a esse governo. Temos que denunciar isso, sem animosidade, mas apresentando fatos de maneira muito séria, muito cuidadosa. E isso será aceito. Por quê? Porque os trabalhadores que se sentem lesados começam a abrir a boca para falar, até sindicato que não é muito de se mobilizar, quando reúne uma assembleia levanta uma tremenda sequência de reclamações contra o governo Lula, e eles amam o PT. Não precisa se incomodar muito em dizer que o sindicato não deve estar acoplado ao governo Lula, que deve ter uma política independente e que o PT tem uma política que não é de enfrentamento do capital. E quanto ao Estado, é necessário levantar a questão da guerra civil, que não é só o PT, são todos os governos estaduais, o do Rio de Janeiro em particular. A repressão também está forte em São Paulo.

Mas o PT está no poder. É o Estado.

Mas temos que separar, porque o poder é uma coalizão. O poder nos Estados não é só PT e a política de guerra civil é uma política de conjunto do Estado brasileiro.

Quando tem o Exército no morro, o que isso representa?

O Estado brasileiro. Aliás, está escrito EB, Exército Brasileiro. Mas tem que separar o poder do Estado do partido. Temos que exigir do partido que enfrente o capital, pois os banqueiros estão sugando nosso sangue e o PT está ajudando os banqueiros a fazerem isso. Qual é a função do PT enquanto Partido dos Trabalhadores? P ponto, T ponto. Defender os interesses dos trabalhadores, e ele não está fazendo isso. Temos que cobrar que ele faça isso, que está na sigla P ponto, T ponto. O PT está implicado nessa guerra civil, mas ela é mais do que o PT. Tem que fazer essa distinção, senão ninguém vai entender.

E no âmbito sindical?

A CUT não pode estar acoplada ao governo. A CUT tem que ter uma política independente de defesa dos interesses materiais dos trabalhadores, das conquistas que eles tiveram no passado e do poder aquisitivo dos salários. Ninguém sabe a diferença entre Estado e governo. Mas podemos explicar o que cabe cobrar de cada um, do Estado, que ele não declare guerra civil contra a população pobre, seja quem for. E atualmente é o PT, mas não é só o PT. Agora, o PT é o Partido dos Trabalhadores, portanto, teria a obrigação de defender os interesses dos trabalhadores minimamente contra os interesses do capital. Sim, tem o Bolsa-Família, mas não é de interesse dos trabalhadores, é o socorro que é obrigação de qualquer instituição pública, porque se tiver um flagelado por alguma enchente é obrigatório dar cesta básica, estão fazendo o mínimo. Mas o que eles estão fazendo com os trabalhadores que não estão em estado de flagelo material?

Nem esses que estão em estado de flagelo vão ficar a vida inteira no programa.

Mas o que o PT está fazendo com os que estão sendo explorados, despidos de seus direitos e rebaixados em seus salários? Tem que cobrar isso do PT, mesmo porque o PT sempre prometeu fazer o contrário do que está fazendo. O PT dizer descaradamente que é continuação do governo Fernando Henrique – do governo, não do Estado – já é uma aberração.

Mas a argumentação do PT no campo salarial é que o governo assegurou ganhos reais no salário-mínimo.

De fato.

Distribuiu renda.

De fato.

E teve uma ascensão de classe, porque uma parte da classe D virou classe C, que consome.

Não. Isso não. Isso é fajuto. É que a classe B foi rebaixada. Como aumentou o número de consumidores de automóvel, então o número de membros da classe B subiu? Não. O pessoal está trabalhando feito louco, muito mais do que 8 horas por dia, para ter um automóvel e ter um lugar muito ruim para morar, fazendo um tremendo trajeto de automóvel para ir para o trabalho. Não melhorou nada, tem que argumentar contra isso. E a distribuição de renda está ocorrendo por meio de um crescimento econômico que está destruindo o Brasil, que está destruindo o parque industrial, que está exportando natureza virgem. E tem livros escritos sobre isso. Na realidade, Lula se comportou como pelego, o que ele podia garantir, ele garantiu, mas negociou muito duro com os trabalhadores, que não exigiam absurdos.

O que houve foi uma indexação de salário, ou seja, pode se dar o índice da inflação. Qualquer coisa além desse índice não, e ao mesmo tempo ele tirou conquistas, por exemplo, quem tinha o ganho real sobre 30 horas, passou a trabalhar 40 horas para ganhar o mesmo que ele ganhava com 30, mudou as normas da aposentadoria, aumentou a contribuição para a seguridade social.

Até que ponto o governo Lula não criou certo compromisso rebaixado com a população pobre, que envolve Bolsa-Família e crédito farto?

Crédito farto não é do Lula. Não dá para botar nas costas do Lula o crédito farto.

Mas tem uma facilidade de acesso ao crédito.

Sim, mas essa é a política mundial do capital financeiro, de expandir o mercado de consumo mundial por meio da expansão do crédito. Lula simplesmente deixou correr.

Esse compromisso rebaixado com os pobres não seria o que garante o PT no poder?

Tem a indexação, que não é o estado de paz dos trabalhadores, porque volta e meia está arremetendo contra suas conquistas. O aumento da contribuição da seguridade social é o rebaixamento vivo do salário. E é a política do FMI, que impõe: o importante não é dar ajuda aos governos dos países que têm problemas com grandes populações em estado de vulnerabilidade, mas ajudar diretamente, ou seja, criar um esquema de distribuição de dinheiro que chegue diretamente na mão da população, e não nas mãos dos administradores regionais, que desenvolveriam políticas de emprego, de frentes de trabalho. O PT fez isso. Era a recomendação do FMI. Nós temos que dizer isso para as pessoas que levantam esse argumento. Isso é o FMI. Será que o PSDB vai romper com uma política do FMI? Duvido. Não vai querer criar um cataclismo social. Portanto, temos que dizer, primeiramente, que isso não é um compromisso só do Lula, mas é uma recomendação do FMI.

Agora, uma outra questão, em quem vamos votar? Não sei. Mas não dá para crucificar quem vota no PT. Por quê? Pelo simples fato sociológico, porque, se reconhecemos que o PT está ocupando o lugar do partido dos trabalhadores, é impossível evitar que quem se reivindica do movimento dos trabalhadores não esteja inclinado, pelo menos em parte, a votar nele. Os trabalhadores, quando se lançarem o sentido da organização independente, vão encontrar o PT atravessado no caminho. O PT esfacelado, o PT que for, mas vão encontrá-lo. Porque ninguém construiu nada no lugar, até hoje, e ele está lá. É um demérito. Os restos do navio naufragado, mas o caminho passará em cima desses restos. Posso dizer: está errado, tem que votar nulo. Votar nulo tem um sentido político. Fui a favor de votar nulo, mas condenar quem votou no PT é mais complicado, porque exige uma compreensão que vai além do instinto. O instinto é o movimento no sentido da espontaneidade, quando a pessoa se identifica com a manifestação independente dos trabalhadores e encontra o PT no caminho, uma sombra do PT, mas, de qualquer forma, é a imagem do PT no caminho. Instintivamente, vota no PT.

Existe uma série de outras coisas que têm servido como argumento para justificar Lula e sua popularidade. Por exemplo, o amplo acesso à universidade, com o ProUni, a criação de um monte de faculdades. Mas são

faculdades de qualidade horrível. Além do que, o anseio é de que os filhos estudem para ter um bom emprego. Mas eles saem da faculdade e não arrumam emprego. Ter amplo acesso à escola, ainda que seja sem qualidade, isso é conquista?

Isso aí é mais complicado. Digo o seguinte: o negócio do Bolsa-Família e o escambau, isso daí é recomendação do FMI, sabemos que o Lula cumpria diretrizes para atenuar as tensões sociais do Brasil, então temos que fazer a crítica. No caso do programa Minha Casa Minha Vida, existe a questão da especulação imobiliária e das construtoras, via financiamento, o crédito dado às construtoras para que construíssem essas casas absurdas. Temos, no mínimo, que dizer que não é obrigatório que as casas sejam feitas desse jeito. O Estado podia perfeitamente fazer como na Venezuela: construção de casas para o povo sem teto e sem condições de construir uma casa. Não precisava usar o sistema que favorece as construtoras. O caso do ProUni é mais grave ainda, porque é transformar o ensino universitário numa indústria que não está oferecendo serviços reais de desenvolvimento dos conhecimentos em nível universitário. Por que não ampliar a rede de universidades públicas? Porque precisavam financiar os alunos. Uma universidade pública já é um financiamento do aluno, basta não cobrar a mensalidade, já está financiado. Agora, em vez de não cobrar, dar o dinheiro que o aluno não pagaria na universidade pública para uma empresa privada? E é mais complicado porque os beneficiários do ProUni são seus defensores. A escola pública tem piorado, mas a discussão é mais longa, tem que ver com o rebaixamento do nível de vida, o aumento das favelas e a deterioração da sociedade.

Não tem escola mesmo.

Volta e meia aparecem pesquisas dizendo que os alunos estão saindo da escola pública não alfabetizados. Então, é mais complicado, porque tem outros fatores. Na realidade, há um rebaixamento da renda do pessoal da periferia e, portanto, há um aumento da violência. O comércio de drogas, na realidade, é uma possibilidade de encontrar um meio de vida para gente que não tem possibilidade de conseguir emprego. No ensino público, o problema é que o magistério é organizado de maneira autoritária e se retirou a autoridade dos professores na sala de aula. Colocaram a autoridade do aluno contra a do professor. O Estado encobre isso.

E os professores não querem dar aula num lugar desses.

Eles não querem dar aula porque lhes negam autoridade na sala de aula.

Exatamente, eles sofrem violência.

E a base disso está na aprovação 100%, aprovação obrigatória, aprovação automática.[3] Se o professor não é capaz de cobrar do aluno um mínimo de conhecimento, e o aluno sabe que vai passar de ano automaticamente, o professor passa a ser uma figura incolor na sala de aula. O professor está atrapalhando o aluno, que vai passar de qualquer jeito, está incomodando, querendo ensinar coisas para ele. O aluno não vai precisar dessas coisas para passar. A autoridade do professor está combalida. Mas tinha que retirar a autoridade do diretor e devolver aos professores, e impedir os pais de darem palpite na sala de aula. Porque os pais querem que os filhos mandem.

E você é a favor ou contra as cotas?

Sou contra.

Nenhuma cota?

Nenhuma cota.

Nem social?

O que é cota social?

---

3   A Prefeitura de São Paulo, na gestão Luiza Erundina (1989-1993), foi pioneira na implementação da política educacional de progressão continuada, sob direção de Paulo Freire e, posteriormente, de Mário Sérgio Cortella. O governador Mário Covas (1995-2001) instituiu o programa no âmbito do Estado logo depois de eleito e outras cidades e Estados o adotaram posteriormente. Em 2014, as Prefeituras de São Paulo e do Rio de Janeiro e o governo de São Paulo implantaram projetos de reestruturação curricular e uma das principais mudanças é na progressão continuada, que não se baseará mais na aprovação automática do aluno ao fim do ano letivo. Essa mudança deve se estender à maioria das cidades e Estados que adotavam o sistema.

Garantir um número de vagas nas universidades para egressos de escolas públicas.

Sou contra. O cara tem que conquistar a vaga pelo conhecimento, ponto final. São os princípios da Revolução Francesa.

Sou a favor das cotas sociais. Porque o aluno é pobre e é lógico que o exame que se chama vestibular funcione como um funil.

É perverso resolver um problema que eles não querem resolver. Em vez de resolver o problema da escola pública – que antigamente era quem fornecia os primeiros lugares na universidade –, fazemos o atalho que eles querem. Fazer cota para poucos. Todo cidadão é igual. Não se pode fazer uma distinção pelo fato de ser pobre. Antigamente, a população pobre tinha menos direitos. Eles devem ter os mesmos direitos. Agora, nós não podemos aceitar que o pobre seja pobre por causa de uma política perversa que o obriga a ser pobre. Que, pelo fato de ser pobre e não poder pagar uma escola cara, ele saia da escola pública sem ser alfabetizado. Vamos conviver eternamente com esse escândalo, aceitando as cotas. Eu sou contra.

Cota racial nem pensar.

Nem pensar, porque em primeiro lugar, a pessoa é um ser humano, é um cidadão, a cor da pele não tem a menor importância, essa é a atitude correta. E parar de patrulhar a mentalidade das pessoas, quem gosta de negro gosta, quem não gosta, tem que respeitar o negro, só isso. Agora tem o patrulhamento das cabeças. A "consciência negra" menor que a consciência humana, feriado, reduziram os negros a uma fração de humanidade e acham que estão progredindo. Qual é a cor da consciência da humanidade? Somos a humanidade inteira, nós somos a humanidade universal, esse é o nosso projeto. Agora tem uma parte que tem que ter consciência negra e tenho que comemorar isso? Na realidade isso vem dos Estados Unidos, que é um país deformado, que tem um aleijume de nascença. Cederam os direitos civis para os negros de maneira doentia e aqui, como é uma colônia acapachada ao chão, se imita tudo – cotas, consciência negra –, e há trabalho escravo ainda hoje. Somos guiados por um aleijume de cultura, o que é o trágico da história.

Em que medida as atuais lideranças da América Latina têm as mesmas características de profundidade rasa de Lula? Existe na América Latina alguma liderança política que tenha uma trajetória com um nível de profundidade e enraizamento em movimentos populares distinta da de Lula?

A qualidade rasa não depende da personalidade do líder. Todos são rasos, mas enquanto pessoas. O que se deve levar em conta é que tem alguns processos que não são rasos, como o que está acontecendo na Bolívia e os que de certa maneira estão acontecendo, apesar de não ter presidente nem raso nem fundo, no Peru e no Equador. Tem um movimento profundo, que é lento, que é o de ascensão do substrato índio da população. Na Bolívia, no Peru e no Equador, principalmente. A Venezuela tem um substrato índio também, mas sua história é um pouco diferente, pois não fez parte do Império Inca e tem características muito particulares. É o país mais confuso da América Latina, o mais influenciado pelos Estados Unidos e tem a burguesia mais estadunidense. Eles são chamados de gringos pelos colombianos, que são seus vizinhos.

Tem a ver com o petróleo?

Tem a ver com o petróleo e com a formação da burguesia venezuelana. No Paraguai é um pouco diferente, todo mundo fala o guarani no Paraguai, absolutamente todo mundo.

Que é o mesmo guarani que se falava aqui?

Não, aqui nunca se falou guarani, quem trouxe o guarani para cá foram os bandeirantes paulistas, porque eliminaram os tupis e depois foram buscar índios para escravizar nas missões jesuíticas no Paraguai. Há comunidades indígenas em São Paulo. No aniversário de 400 anos da cidade, foram entrevistar os setores da população, foram procurar os índios e o entrevistador disse: "Vocês são remanescentes dos tupis?" Responderam: "A gente não é tupi, a gente é guarani". Eles todos vieram do Paraguai. Os tupis não existem há muito tempo.

Então tupis-guaranis não existem?

São guaranis do Paraguai, trazidos para cá naquelas expedições de caça aos índios nas missões jesuíticas. Os guaranis eram escravizados pelos jesuítas e os tupis não eram. Os tupis foram exterminados e os guaranis, eles trouxeram para cá para serem seus escravos. D. Pedro I, que era contra a escravidão negra e índia, libertou os guaranis em 1824. Tentou libertar os negros, em 1830, e foi demitido. O melhor presidente, imperador e chefe de Estado que já tivemos foi d. Pedro I. Foi quem mais se ligou ao povo de maneira autêntica.

Então, tem os processos profundos que acontecem nesses países. De certa maneira no Paraguai pela metade, não é tão profundo assim, é diferente. E no Brasil é tudo raso, porque o PT é um partido incompleto, a organização dos trabalhadores contra o capital não se realizou. Mesmo a organização sindical, que é a organização elementar contra o capital. É uma versão mais elementar, pois de um lado tem que se organizar contra o capital e do outro lado tem que negociar no quadro do sistema do capital. Mas o sindicato não tem escapatória, tem que disputar o valor criado. O trabalho cria valor, e esse valor criado é disputado entre o patrão e o trabalhador. Então não tem conciliação, é o antagonismo total. Você fica com quanto? Eu fico com quanto? Se você fica com mais, eu fico com menos, não tem conciliação. Coisas que com o partido não acontecem. O partido faz mil negociações, sobre mil coisas. Já o sindicato tem que se sujeitar ao quadro do capital, tem que fazer com que o patrão aceite o quadro e, ainda por cima, tem que se comportar direito, senão o patrão não se senta à mesa, como aconteceu em vários momentos históricos, e como aconteceu no Walmart dos Estados Unidos, que invadiu o Brasil e não aceita sindicalizados. Eles têm 800 mil funcionários e não tem um sindicalizado nos Estados Unidos. E tem um sistema de verificação interno: caso se descubra que alguém se sindicalizou, vai para a rua no mesmo dia. Eles discutem o aumento ali com o gerente, conforme a região, pronto, acabou. Esse pessoal do Walmart, lá nos Estados Unidos, está infringindo um direito democrático, o das pessoas se sindicalizarem. No mínimo é uma contravenção, mas não são multados. No tempo do Vargas, eram reprimidas as empresas que não permitissem que o trabalhador se sindicalizasse. Eram obrigadas a manter o trabalhador no emprego. Se o trabalhador fosse denunciar que tinha sido demitido porque era sindicalizado, a Justiça obrigava a empresa a readmitir. Isso vem de Vargas e não tiveram coragem de tirar. Nos Estados Unidos não tem isso.

O aparelho de Estado burguês, por natureza, é autônomo. Se levarmos a teoria ao pé da letra, teremos que admitir que um certo gene bonapartista acompanha o Estado, a existência do Estado. O Estado é autônomo em relação às classes sociais, precisa apenas manter as relações de dominação. E para mantê-las não pode ser representativo apenas de uma classe social. Não pode refletir o interesse de uma classe social só, pois representa o equilíbrio desigual. Então, o bonapartismo está no gene do Estado da sociedade de classes. É evidente que o Estado não pode ser oriundo de um movimento dos explorados. Isso significaria a quebra do equilíbrio que o Estado veio justamente para manter. Então é a revolução que acontece periodicamente em todas as sociedades de classes. É a revolução, a inversão, a classe inferior passa para cima e se torna a nova classe dominante. As revoluções camponesas do passado: o camponês tomava o poder e criava uma nova classe dominante. E os que eram opressores passavam a ser dominados e esse ciclo se repete. E, mais, toda sociedade de classes funciona assim. A revolução é a manifestação da característica bonapartista do Estado. Essa característica de estar acima das classes, em situação de crise, se manifesta como um poder autoritário sobre a própria classe dominante. Luís Bonaparte tinha poder para pegar a burguesia de madrugada em casa e colocar na cadeia. O poder normal não teria, mas Luís Bonaparte tinha uma clientela semiproletária, como Marx conta, que lhe permitia ter um pé na classe dominada e, com esse pé na classe dominada, pegar pelos cabelos a classe dominante e jogar na masmorra. Ele tinha poder para fazer isso. Então, aquele elemento básico de autonomia em relação às classes sociais numa situação de crise em que a burguesia é incapaz de exercer o seu poder, o aparelho de Estado cresce a um nível de poder autoritário sobre a própria classe dominante. É evidente que o poder de natureza burguesa, de natureza estatal originária, busca manter a dominação que não representa os trabalhadores. Preliminarmente, está descartado que o Lula seja um Bonaparte em teoria política.

Até que ponto a capacidade de lutar no interior das favelas poderia servir de referência para um movimento mais geral?

Não dá para usar as favelas como referência porque é um grupo social muito heterogêneo. Já foi um grupo relativamente homogêneo, no momento de seu nascimento, tal qual o MST foi no seu período histórico de formação, mas hoje em dia já é bastante heterogêneo, tanto assim que tem a necessidade de se fazer expressar por várias correntes. E os favelados, além de precisarem se expressar por várias correntes políticas, também se expressam por correntes não políticas. Qual é o movimento favelado? Movimento favelado autêntico é o que dá tiro na polícia, esse é o único autêntico.

Mas esse não é o movimento favelado. São os traficantes.

Não, não. Vamos deixar claro isso aí. O comércio de drogas é mundial, absolutamente gigantesco. É lucrativo porque o governo dos Estados Unidos resolveu extinguir esse mercado, o que é uma tarefa impossível, o mercado não pode ser extinto por ordem administrativa. O consumo de drogas atravessa todas as classes sociais, dos mais ricos aos mais pobres. É indestrutível. Se fosse um fragmento social que tem um mercado específico, poderia ser eliminado. Mas quando é o mundo inteiro e atravessa todas as classes sociais, é loucura pretender extingui-lo. É como a Lei Seca dos anos 1920, nos Estados Unidos. Não tem como. Não vai acabar. Se for proibido, vai se disseminar de uma forma ilegal. Não existe traficante, existe gente em uma situação de miséria e de segregação social que vê nisso uma saída para ter uma fonte de renda grande.

Para mim, uma das questões fundamentais na repressão ao consumo de drogas é o poder da polícia. Podemos achar que é ruim, ou como quiser, o consumo de drogas, mas precisa da polícia para reprimir? Prefiro que tenha todo um sistema de educação, de vigilância nas escolas, toda uma série de providências para evitar que as crianças caiam nas drogas. Libera para vender nas farmácias, que não precisa de polícia. [Sigmund] Freud era viciado em cocaína e foi o gênio que foi. [Arthur] Rimbaud, o maior poeta francês do século 19, era viciado em ópio e foi o gênio que foi, o maior gênio do século 19 em matéria de literatura.[4] Deixa

---

4   Entre meados do século 19 e a primeira década do século 20 drogas hoje consideradas ilícitas eram usadas livremente com objetivos recreativos e terapêuticos. O vinho de cocaína Mariani

acontecer. Mas, se estou preocupado, se eu sou contra o uso de drogas, qual é a polícia de que vamos precisar para impedir que o narcotráfico aconteça? Prefiro, francamente, que essa polícia não exista. Vamos reunir a sociedade e ver o que faremos, principalmente em relação à gurizada, que vamos querer salvar em primeiro lugar. Quanto aos velhos, deixa cheirarem cocaína o quanto quiserem. O homem de 30 anos quer usar droga, tem direito a isso. A sociedade tem que se reunir e ver os meios, mas a polícia não.

Você disse que o movimento favelado autêntico é o que dá tiro na polícia, contudo quem tem as armas dentro da favela é a parte que está ligada ao tráfico.

Sim, e o que você quer que se faça? O ideal é que se dê arma para todo mundo. Na verdade, é um Estado contra o outro. Tem um Estado que proíbe, resolveu extinguir um mercado, e tem um embrião de Estado, que recusa isso. Por quê? Porque é uma fonte de renda, assim como os impostos são uma fonte de renda do outro Estado.

Sim, mas então é esse favelado que tem a arma.

Só que o favelado que não tem a arma sempre apoiou os traficantes. Por quê? Porque os traficantes eram menos nocivos do que a polícia, é o que eles diziam: "Quando matavam um guri daqui da favela, descíamos o morro e íamos protestar. O que diziam de nós? Que estávamos lá a mando do traficante e atiravam em nós. Então, paramos de descer". Com os palestinos é a mesma coisa. Quem se lembra dos palestinos que atiravam pedras no Exército de Israel? Os

---

a partir de 1865, a heroína da Bayer a partir de 1875 e os drops de cocaína a partir de 1885 eram produtos amplamente comercializados. Sigmund Freud (1854-1939) passou a experimentar e prescrever cocaína a alguns pacientes em 1884. Seu artigo *Sobre a Coca* fala de seus possíveis usos terapêuticos. Ele parou de prescrevê-la em 1899, decepcionado com os aspectos negativos, como a dependência. O primeiro país a proibir o uso de cocaína foram os Estados Unidos, em 1914. Em seu livro póstumo *Cocaine Papers* (*Freud e a Cocaína*, org. Robert Bick, com notas de Anna Freud, Editora Espaço e Tempo, 1989), Freud expõe suas relações e experiências com a droga. Arthur Rimbaud (1854-1891) em seu poema *Orgias Parisienses* ou *Paris se Repovoa*, de 1871, manifesta apoio à Comuna de Paris derrotada e em *Vogais*, de 1873, faz alusão direta ao consumo de haxixe. Em 2007, a editora Topbooks publicou *Poesia Completa – Rimbaud*.

soldados pegavam aquela gurizada e quebravam a mão com martelo. Então as mães proibiram os pirralhos de atirar pedras nos soldados e eles começaram a jogar bomba. Quem é que é culpado? Os pirralhos que jogam bombas?

Agora é o seguinte, em todo o mundo existe tráfico, o mercado é mundial. No Brasil, tem o Exército exterminando o pobre, na Argentina não tem. Na França, será que não tem tráfico? Existe, mas o Exército francês não está exterminando o pobre por causa de tráfico, mantém a repressão dentro de certos limites. Aqui não há limites, sabe por quê? Porque o FBI manda na polícia brasileira. E aquela gentil corrupção que a polícia brasileira tinha, de fechar o morro e fazer um acordo com o comércio de drogas, que vinha até gente rica comprar, o FBI mandou parar. Não existe polícia que funcione para defender a população. Nós não temos mais polícia, quem quiser segurança precisa contratar uma empresa privada. Tem polícia para defender os interesses do Bush em massacrar pobres do Rio Grande do Sul, do Rio de Janeiro e de São Paulo. Para isso serve a PM, e a Brigada Militar do Rio Grande do Sul. E eles têm gente aqui, tem limite para gastar, se for para exterminar operário.

A favela é muito heterogênea, por isso não é uma referência. E a resistência que antes era de todo mundo, agora ficou nas mãos dos traficantes, porque, evidentemente, com uma repressão desse tipo, precisa de um exército profissional para enfrentar, como na Idade Média. Quando chegaram os vikings, aí tinha que ser o exército profissional, não era brincadeira. Ou quando vieram os hunos, por terra. Carlos Magno dispensou o povão, que era o exército da cristandade do Ocidente, e criou o exército profissional, com armadura, mas quem é que podia pagar uma armadura? Uma minoria, por isso virou nobreza. E agora é assim, quem pode pagar uma metralhadora? Um cara forte, os que realmente vivem do tráfico e não os que estão lá morando e que vivem de salário, que são trabalhadores.

Tem que entender a favela como um espaço de pessoas que não têm os mesmos direitos sociais dos demais cidadãos. E isso ocorre desde a criação das primeiras favelas.[5] Essas pessoas foram expulsas da vida civil pela violência, por

---

5   A primeira favela surgiu no Morro da Providência, no Rio de Janeiro, em 1864. Sua origem está associada ao programa Voluntários da Pátria, criado por d. Pedro II, que oferecia liberdade aos escravos que aceitassem lutar na guerra do Paraguai. Ao retornarem, esses soldados se depararam com a seguinte situação: eram ex-escravos, alforriados, mas sem trabalho e

determinação de Osvaldo Cruz, que teve que convocar o Exército, a polícia, para tirá-los do espaço urbano. Vocês leram O Cortiço, de Aloísio Azevedo? Tem que ler. Brigaram com a polícia. Tinha que ter ordem judicial para entrar nas casas e a polícia achava que, porque era pobre, podia entrar. Quais eram as armas deles? A navalha e a capoeira. "Joga fora essa navalha, que te atrapalha" – dizia o samba de Noel Rosa. Tinha que expulsar os moradores, mas eles se revoltaram e foi preciso chamar o Exército; e aí sim se criou a república do morro. E o jogo do bicho, aquela benevolência do jogo do bicho, que era semi-ilegal. O que era o jogo do bicho? Todo mundo jogava e o bicheiro sustentava o carnaval, o que eu acho ótimo. Não vejo o porquê do poder público se meter no carnaval. Tem que deixar o povo fazer o carnaval. Aquela aberração ultraluxuosa do carnaval do Rio de Janeiro está desvirtuada. No tempo do bicheiro era muito mais autêntico, era o povo mesmo que fazia o carnaval e o orgulho do Rio. Agora, não sei mais. É o orgulho dos que desfilam de fora, com verba pública e uma tremenda repressão em cima do morro, para dar segurança aos turistas. O que acontece com os turistas? Pergunte aos garis: tem uma poeira de cocaína que desce para baixo das arquibancadas. Os caras estão matando favelado lá em cima, mas a poeira de cocaína continua. A troco de quê estamos fazendo isso? Olha, é urgente: nós temos que denunciar isso, é um crime hediondo do Estado brasileiro, porque nós estamos a mando de um governo estrangeiro, estamos fazendo o que uma republiqueta de bananeira não está.

---

moradia. Ocuparam, então, o sopé do Morro da Providência, onde improvisaram suas casas. Em 1898, os soldados que voltaram da Guerra dos Canudos ocuparam a parte alta do morro e trouxeram da Bahia o nome favela – uma referência ao morro de onde o Exército da República atacava o arraial de Antônio Conselheiro, que se chamava assim por causa da abundância da planta favela. As favelas se espalharam já nessa época, como resultado de reformas urbanas, que demoliram cortiços por toda a cidade, deslocando a população menos favorecida. Na prática, uma política de segregação que favoreceu a especulação imobiliária, conforme áreas nobres eram esvaziadas. Para as autoridades, os cortiços, a moradia popular típica, eram lugares insalubres e perigosos, que concentravam pessoas indesejáveis, como malandros, vagabundos, prostitutas. Por isso se tornaram, junto com as favelas, alvo de políticas higienistas e autoritárias como as dirigidas pelo médico sanitarista Osvaldo Cruz (1872-1917), diretor-geral da Saúde Pública. Suas campanhas de erradicação da febre amarela e da varíola incluíram invasão de moradias para destruir focos de mosquitos e a vacinação obrigatória, que provocou uma rebelião popular entre os dias 10 e 16 de novembro de 1904. A Revolta da Vacina deixou cerca de 30 mortos e mais de 100 feridos, antes de ser debelada.

México e Colômbia também.

Não, México é outra coisa. Colômbia sim, é capacho, um capacho muito tradicional. O México é outra coisa. O México estava nascendo em 1910 e a Colômbia tem a violência desde 1953, mas a história da Colômbia é à parte. Não vamos discutir isso. O Brasil era um país de povo cordial e de repente um criminoso como um George Bush resolve mandar na nossa polícia e mudar as relações sociais no Brasil, assim, numa boa. Sem contar nada para ninguém. Todo mundo pensa estar elegendo as pessoas que sempre elegia, e essas pessoas estão fazendo coisas para as quais o povo brasileiro nunca esteve preparado. Eu estou indignado quanto a isso. Tem que dizer que isso aí é uma lei seca piorada. Os ricos continuam consumindo cocaína, os pobres pagam o crack. Freud consumia cocaína, e Freud foi Freud. Rimbaud consumia ópio, e ele foi o maior poeta do Ocidente. O Brasil era um país ótimo, um país ordeiro. Por que, de repente, a gente tem que criar uma verdadeira guerra civil, porque Bush disse que ninguém pode mais permitir o consumo de drogas? E, depois, quem é você, meu? Você é Deus? Eu tenho mais de 21 anos, eu tenho direito de me suicidar consumindo entorpecente. Você vai me tirar esse direito? Você vai me tirar o direito de ser alcoólatra? Você vai me dizer o que é bom para a minha saúde e eu sou obrigado a comer frango, sei lá, carne branca, como é que é esse negócio? É você que vai me dizer? Sabe, é um negócio tão absurdo que não cabe na cabeça de uma pessoa de bom senso. E passa como óbvio. Todo mundo quer comer carne branca, ser vegetariano. Façam o que quiserem. Mas, agora, fazer uma guerra civil para isso, exterminar uma parte da população que nunca teve direitos, assim, legitimamente, com o apoio de todos os meios pensantes da classe média, faça-me o favor. Não dá, é uma coisa insuportável. Eu chego a dar graças a Deus, porque tenho um prazo relativamente limitado de vida, para poder não ver isso, porque para mim é insuportável, eu vou dizer para vocês. É insuportável e dói muito. Porque eu vi um Brasil muito melhor, eu tenho a idade para ter visto isso. Eu tinha orgulho deste país, eu me sentia bem, queria ser brasileiro e hoje não consigo suportar. Não consigo parar e ver a televisão, é horrível, é o tráfico. Todo dia tem notícia de apreensão de drogas, eu acho que estão inventado esse troço, pois eu não acredito que polícia seja tão eficiente assim. Todo dia tem notícia sobre drogas, apreensão de drogas, ou assassinato de um suposto traficante.

Eu vi televisão, durante anos, na França, havia uma ou outra notícia por semestre de um tiroteio. Aqui é todo dia. Eu digo: vocês não percebem que estão lavando o cérebro de vocês, vocês acreditam nessa proeza toda da polícia contra o tráfico? Não tem mais polícia, tem repressão ao tráfico e ponto final. Tem que pedir segurança, todo mundo vive em casas gradeadas. Na Porto Alegre que conheci, os bancos tinham portas normais e tinha assaltante. Mas os bancos tinham portas normais. Hoje, para entrar no banco, é uma ginástica de tirar a roupa, a bolsa. As pessoas se respeitavam. Para mim ficou insuportável, então eu sinto assim, que não dá para não falar. O corpo social que vive nas favelas desde seu nascedouro é heterogêneo.

A malandragem, como você a descreveu, acabou. Mas me pareceu que, para você, a vanguarda seria os traficantes que têm armas. É isso mesmo?

Eu quero dizer que, na verdade, há uma parte da favela que resiste. Mas existia antes a cordialidade do povo brasileiro, existia um conluio com a polícia, existia um modo de viver. Hoje em dia, o traficante é uma imagem ultradeformada da favela que resistia no tempo de Aloísio Azevedo.

Não sei se você chegou a ler o livro do Zuenir Ventura, *Cidade Partida*, em que ele fala do Rio das favelas e da questão do tráfico. Ele diz que, na verdade, quem está na favela é o pequeno traficante. Os que mandam mesmo estão no asfalto.

Para mim, isso daí é um detalhe.

Na verdade o que ele diz é o seguinte: se tivessem a intenção real de combater o tráfico, o alvo não seria a favela.

Mas estou me referindo à favela. O traficante que atira é uma representação ultradeformada daquilo que foi, historicamente, a favela que resiste. Hoje entrou em cena uma potência estrangeira. Então, a coisa mudou de forma. Eu não gosto de usar o termo "traficante", pois o atacadista do comércio de drogas nem está na favela. Mas a favela continua sendo um espaço onde as pessoas não têm os direitos civis plenos. E os que dão tiro são uma representação ultra-deformada daqueles que sabiam que não tinham direitos, mas que impunham respeito. Como? Com uma navalha. Empunhando a navalha e enfrentando a polícia. Era a característica bonita deles, eu acho. O livro de Aloísio Azevedo não é repulsivo, aquela favela era simpática. O malandro que tinha o baralho no bolso e a navalha no outro bolso do paletó branco, de linho, com o qual ele circulava pelas favelas, era simpático. Era o artista, o compositor. O poder do Estado conseguiu quebrar isso, mas o poder do Estado sob o comando do estrangeiro. Então, a sua objeção é válida.

Como atrair a militância que existe ao redor de agrupamentos políticos, como o PT, para uma perspectiva anticapitalista?

Não temos que atrair ninguém. Temos que nos deixar atrair por aquilo que funciona. Não estamos nos dando o direito de inventar. Quando usamos o termo atrair, que é um verbo na voz ativa – se fosse usar uma terminologia gramatical latina: é um verbo ativo –, significa que nós estamos tomando uma iniciativa que pretende atrair terceiros. Mas, na realidade, adotamos uma atitude militante com relação aos movimentos sociais e nos propomos a atuar nesses movimentos, a favor das lutas desses movimentos. Nós não temos que ter essa preocupação de atrair. Esses movimentos poderão atrair petistas, como vão nos atrair, e vamos nos colar neles. Esses movimentos poderão ser muito vagamente anticapitalistas, mas perceberemos que são vistos como perigosos quando o aparelho de Estado ou a burguesia jogar contra eles. Nesse caso, é melhor sempre apoiá-los. Temos que ser generosos nessa nossa atuação, não devemos passar por um crivo minucioso, saber até que ponto eles reconhecem que o capital é nocivo, não. Vamos ser generosos se eles estão se mobilizando de maneira consequente e encontram um antagonismo forte do aparelho de Estado e do capital. Em princípio, vamos fazer isso sem examinar muito as ideias que passam na cabeça dessas pessoas, que podem ser muito usadas e muito enganadas. Não vamos examinar isso num primeiro momento nem querer convencê-las de que estão erradas. Vamos ser educados na discussão com elas.

Na negatividade ao processo eleitoral, que implica uma discussão prévia, não é assim tão simples passar da recomendação de voto positivo para a de voto nulo. O voto nulo é negativo, tem que convencer que o sistema eleitoral está todo bichado para a pessoa votar nulo, senão ela vai querer votar porque tem aquela história, já que vai até a urna eleitoral, tem que aproveitar o voto. Até mesmo quem não tem um candidato ou acha que é tudo ladrão igual fica meio incomodado em votar nulo, porque não chegou ao nível de compreensão de achar que todo o processo eleitoral está bichado. De repente o eleitor acha que tem um candidato que é menos pior, ou um que quer fazer gozação com o processo todo, mas aqui também não o está negando, e vota no Tiririca, vota no rinoceronte Cacareco.

Mas o Cacareco é nulo.

É nulo para a Justiça Eleitoral, mas votou no Cacareco, ele está fazendo uma gozação. Muita gente fez uma gozação, não é que acredita que o Tiririca vai defender os interesses da classe operária, dos pobres. O Tiririca, pelo menos, fala a verdade.

Durante um período, o PT teve uma militância viva, foi o período de colher as adesões para se tornar um partido etc. Depois, a militância ficou meio perdida. Mas, de certa forma, será que essas pessoas ainda adeririam a uma luta anticapitalista?

O problema que se coloca é: a quem eles adeririam? Não surgiu nenhum movimento anticapitalista na sociedade, o que, aliás, seria um teste para nós. Se os petistas vissem um movimento social que não aceita a política do PT e se mobiliza contra essa política, significa que são petistas nos quais podemos confiar e com os quais podemos estabelecer um diálogo. Mas será um movimento que fará com que eles se identifiquem e fiquem atraídos pelos interesses do povo. Não significa que vamos fazer zum, zum, zum no ouvido dos petistas e vamos mudar a cabeça deles, porque a mudança que podemos fazer, enquanto um grupo pequeno, é muito superficial. Nós não somos o parâmetro para dizer se a velha militância do PT está melhorando ou piorando. Mas se tem um movimento social acontecendo e uma parte dos petistas, dos velhos petistas, rejeita esse movimento, significa que estão perdidos mesmo, estão vendo uma coisa acontecer e se recusam a agir. Agora, se eles aderem, são pessoas que têm um sentimento ainda vivo de solidariedade para com os trabalhadores. São pessoas com as quais vale a pena perder um tempinho conversando. Mas sempre colocando como referência o movimento e não o pressuposto de que "eu tenho uma ideia genial". Aí a pessoa acorda, de repente ela pode acordar e ficar minha amiga, até militante, de repente.

Uma campanha pelo voto nulo seria a resposta adequada ao momento atual?

Isso não pode ser respondido de maneira imediatista. Ou é respondido eleição por eleição, ou em termos gerais. O voto nulo exige uma discussão que ainda não foi feita: por que não votar no PT? Tem toda a discussão que nós fizemos, que não poderíamos criar uma barreira entre nós e os petistas. Porque, como não ocupamos o lugar que o PT está ocupando, nós não podemos simplesmente decretar que os petistas são contrarrevolucionários porque se recusaram a abandonar o PT. Os petistas de bom senso, apesar de não concordarem com a política do Lula, estão no PT. Vamos criar uma barreira entre nós e eles? Precisamos nos posicionar bem claramente contra o voto obrigatório. Isso é um insulto ao povo brasileiro. Acho que não se pode admitir que o povo seja considerado menor de idade, que não saiba como se comportar no caso de uma eleição.

Para que servem hoje as eleições? Eleger com o voto obrigatório e ter ao final 50 milhões, 60 milhões de votos dá legitimidade para quem está governando. Uma falsa legitimidade, mas que em termos da falsa democracia que temos, é o que renova o funcionamento da máquina de governo. Se não denunciamos essas coisas, só tomamos posição a partir de um lado.

A população não tem o direito de decidir se é válido ou não participar do projeto eleitoral. Isso é um fato elementar. Outra questão é a discussão sobre o lugar do jogo eleitoral na mudança política. Quando o voto não é obrigatório, as pessoas sabem que têm o direito de não votar, mas não é por isso que não vai ter jogo político. Uma minoria vai votar e o jogo político continuará. Mas, pelo menos, tem o direito elementar de ser respeitado como cidadão adulto e poder escolher se vai ou não participar.

Agora, tem uma segunda camada nessa discussão. O jogo continua porque tem gente que se dispõe a votar, e isso dá a legitimidade cabível naquelas circunstâncias ao poder de Estado. Em países que funcionam bem, como os Estados Unidos ou os europeus, o fato de votar um terço ou votar um quinto não tem muita importância. Num país como o Brasil, na hora de criticar o governo poderia se levantar o argumento de que ele realmente foi eleito por algo como 20% dos brasileiros e, portanto, 80% têm dúvidas. É um argumento que teríamos na mão e não temos porque o voto é obrigatório. Depois tem uma terceira camada: o sistema eleitoral burguês está a serviço da manutenção do capitalismo. Tem toda a discussão de Marx sobre o sistema parlamentar que, na verdade, é uma ditadura da burguesia.

Não é obrigatório levantar todas essas camadas de discussão ao mesmo tempo, aliás é melhor não fazer isso, para não gerar uma tremenda confusão na cabeça das pessoas. Tem que ver o que se pode falar e o que falar.

Por que você disse que os Estados Unidos funcionam?

Funcionam economicamente. Têm distribuição de oportunidades, não têm latifúndio.

O sistema eleitoral funciona?

Não, o sistema eleitoral não. O sistema eleitoral é uma farsa. Mas o país é triunfante, dominante do mundo. Eles têm orgulho de que sua moeda seja a moeda do mundo, como os ingleses têm da libra. Mas não têm orgulho de seu sistema eleitoral, que todos sabem ser uma palhaçada, o que faz uma parte significativa não votar.

Na atual situação política do Brasil, em que perdura a ausência de organização independente e autônoma dos trabalhadores, como organizar aqueles que se sentem dispostos a travar um combate contra o capital de forma a influenciar e se tornar uma alternativa para o movimento de massas?

A pergunta coloca um fato consumado. Agora, evidentemente, temos um papel um pouco diferente, um pouco mais avançado. Claro que vai ter certo número de pessoas já orientadas contra o capital, como vimos com o movimento Occupy que nasceu nos Estados Unidos. Mas temos que precisar o sentido, fazer uma qualificação mais precisa do abuso do capital, da simbiose entre o Estado e o capital, da ingerência na vida democrática da sociedade. Na realidade, está tudo comandado por imperativos econômicos. Por exemplo, por que cortam benefícios sociais? Não dizem que está errado, mas que a economia não suporta. Então precisa explicar que a economia que não suporta é a economia que sustenta os abusos. Tem que dizer que é abuso. Agora na Inglaterra, por exemplo, votaram uma lei que diferencia bancos de investimentos de comerciais. Por quê? Porque não sabem se vão, até o fim dos tempos, continuar tendo poder para salvar os bancos de investimento, leia-se bancos de especulação. Isso não se aplica ao banco comercial, porque este é necessário e faz o comércio funcionar.

Como lidar com a tradição política de esquerda no Brasil, que identifica marxismo com o leninismo, sobretudo no âmbito organizativo?

Toda tradição tem uma manifestação atual. Quer dizer, no comportamento das pessoas, nos consensos estabelecidos, nos preconceitos. São tradições que se fixam em algumas coisas que são atuais. Se não existir nenhuma manifestação atual, significa que a tradição está morta. Então, a manifestação que se tinha dessa tradição da esquerda, de se referir à organização comunista – no Brasil e no resto da América em geral, exceto no Chile, onde foi maior a referência ao socialismo –, essa tradição se manifestava por meio do agrupamento em torno de correntes que reivindicavam o leninismo. Admitiam que os PCs estivessem decadentes, que tinham perdido a sua combatividade etc., e que seria necessário organizar partidos mais combativos, mas as referências continuavam sendo as mesmas: recriar um partido autêntico dos trabalhadores segundo o modelito dos PCs.

Nos países da América Central surgiram organizações do tipo da Frente Sandinista, fora isso era o socialismo ou o comunismo. Verificamos hoje que este negócio faleceu, ou está em vias de estertores agônicos. A reação popular, quando tenta se organizar, manifesta-se como multidão, rejeitando com precaução, com certa prevenção, as organizações partidárias tradicionais. A rejeição não vem só do fato de terem finalmente se convencido de alguma coisa, mas de terem visto as repetidas iniciativas dos partidos socialistas que chegam ao poder e aplicam a mesma política dos governos de partidos tradicionais da burguesia que os precederam. Isso depois de ver três, quatro, cinco, seis vezes esses cenários se repetirem. Aliás, se um socialista faz a mesma coisa, o derrubam e elegem um conservador, e o conservador aperta mais ainda, elegem um socialista de novo, o socialista continua sacaneando. Depois de certo tempo, o povo diz: "Não queremos mais estes partidos que se dizem leninistas, marxistas". Claro, Marx entra de vítima nessa história. Isso se manifesta assim. Isso é algo com que nos deparamos. Não precisamos ficar elucubrando: "Será que e não sei o quê".

Embora o Brasil não tenha uma experiência longa de mobilizações populares, continuamos em um retrocesso. Vimos naquela mobilização da USP que os partidos foram rejeitados.[6] Eu não estou dando uma posição aqui de "eu acho". Estou constatando isso. Em uma situação dessas não é o momento, não é oportuno dizermos que a solução para o que estão querendo é o marxismo. O que não quer dizer que não vamos nos reivindicar do marxismo, que deixemos de ser marxistas. É tão simples quanto isso. Não precisamos ficar buscando pelo em ovo. E não temos que nos apresentar com um grande cartaz de "os marxistas chegam com a solução". Mas mostrar que quem está fazendo isso é o capital, explicar a relação econômica, não falar das teorias marxistas. Falar do processo econômico que está esmagando os trabalhadores e os estudantes e está fazendo com que determinada reitoria pratique aquela política, que os patrões tenham aquela política. Dar o sentido do processo, apresentar questões concretas. O processo está se revoltando contra o quê? Contra uma opressão crescente que vem dos interesses do capital, do Estado burguês. Tem que fazer isso. O que não quer dizer que vamos deixar de ser marxistas. E vem a pergunta que se arrasta por trás. Mas será que não temos mais que falar de marxismo? Que temos que condenar os partidos tradicionais, que vamos virar os que condenam os partidos tradicionais? Isso seria uma tarefa ingrata, boba, nunca devemos nos meter em uma empreitada dessas.

Na minha opinião, as formas de organização criadas pelos partidos social-democratas e comunistas podem estar superadas. Mas não é obrigatório que todos concordem. Minha opinião é que é uma questão em aberto. Não sei se uma forma organizativa nova não será, até certo ponto, bastante semelhante aos velhos partidos, só que com toda uma série de inovações que reflitam uma experiência amarga com certas tradições que provaram que não fizeram bem. Mas por que temos

---

6   A entrevista com Vito Letizia foi feita durante o ano de 2012. É anterior, portanto, às jornadas de junho de 2013, quando a questão da rejeição aos partidos tradicionais também esteve presente.

que nos definir? Vamos deixar em aberto esta questão. Não sei que formas de organização as massas vão criar, porque não existe outra saída a não ser as massas criarem outras formas. Basta que 1 milhão de pessoas esteja na rua para que alguma forma de organização se constitua. Quando os estudantes chineses ocuparam a totalidade daquele gigantesco espaço da Praça Tiananmen,[7] bastou para que surgisse uma forma organizativa daquele movimento. Surgiu um movimento e surgiu também a oposição, um grupinho anarcoide, que não foi oprimido, não teve stalinismo naquela praça. Claro, a massa se organiza, mas este grupinho anarcoide também era um partidinho. Agora, não precisamos nos preocupar em escrever de antemão a história desse processo. Deixa esse processo aparecer e, evidentemente, vamos nos posicionar da maneira mais conveniente e guiados, pelo menos em um primeiro momento, pelo bom senso. Não dá para recorrer a Marx para tudo. Na hora do tumulto o bom senso é tão importante quanto Marx. E, acima de tudo, não dá para ficar denegrindo o socialismo e o comunismo. Deixa. Se a massa já desencanou, fica sossegado você também.

Atualmente, qual seria a caracterização política do PT?

O PT ocupa um lugar de representação dos interesses dos trabalhadores brasileiros. Infelizmente, ocupa. É como o peronismo na Argentina, que, embora nunca tenha sido um partido de trabalhadores, fez grandes concessões aos trabalhadores, maiores que as que Vargas fez. Não houve, depois do peronismo, nenhum governo que apresentasse para os trabalhadores argentinos uma capacidade de representação dos seus interesses superior à do peronismo. O PT está ocupando este lugar de representação dos trabalhadores. É uma representação falsa, pois na realidade ele faz a política do capital financeiro. Mas não é suficiente dizer que é falsa. É preciso que o processo histórico desnude, ponha a nu essa política, a partir do momento em que a população entrar em choque com o capital. A população vai identificar como inimigo quem se posicionar a favor do capital. Antes disso, o PT está ocupando este lugar. *Mala suerte*, vamos ter que

---

7   Vito Letizia se refere à onda de protestos iniciada em abril de 1989, na Praça da Paz Celestial (Tiananmen), que resultou no massacre de pelo menos 2 mil manifestantes pelo Exército chinês, em 4 de junho.

aguentar! Nós não fomos capazes de tirá-lo dessa posição. Nem o PSOL, nem os grupos políticos que reivindicam o socialismo autêntico.

Nós estamos nesta situação. Não temos que basear nossa atividade de divulgação do debate político com a sociedade enfatizando a condenação do PT, a traição do PT, a sordidez do PT, a corrupção do PT. Acho que isso não nos tira do quadro da politicagem e precisamos sair do quadro da politicagem. Temos que apresentar os fundamentos. "Olha o responsável por isso é o grande capital. Infelizmente o governo Lula não está levando o combate contra o capital ao debate". Ponto. Mas nós vamos levar. Como fazem os sindicatos quando convocam uma greve. Às vezes, é um sindicato da CUT, controlado pelo PT. Um berreiro contra o PT. Por exemplo, em Porto Alegre, em 2011, a direção do sindicato dos metroviários era contra a greve, mas não teve coragem de se opor aos metroviários, que entraram em assembleia já com a verve desencadeada. Aí, um daqueles pelegos começou a berrar contra o PT e foi aplaudido, claro, eles fazem assim. Quando eles veem que o mar não está para peixe, ficam em cima do barco e tentam navegar. O pelego falou, falou e continuou a greve. Pronto. Ficou de bem com todo mundo. Então, quando o movimento se choca com o PT, até pelego está disposto a falar contra.

Mas isso não quer dizer que o PT deixou de ocupar o lugar que ele está ocupando. Não é por um encantamento imediato que todo mundo vai aderir a um partido. No momento em que houver um movimento de maior envergadura, e o choque for maior, vai aparecer quem é quem. Aí, a gente poderá começar a fazer essa discussão. Se o PT não for eleito na próxima eleição, se ficar na oposição, será obrigado a falar alguma coisa contra um eventual governo de direita. E aí, como é que fica? Vai rachar o PT. Existe esta hipótese. E vamos escolher o bom caminho. Teremos que nos orientar da melhor maneira possível e conseguir, sem dúvida, impulsionar um movimento mais avançado, que vai se orientar contra o capital.

O que significa ser de esquerda hoje? E o que é uma ação política?

Não são a rigor duas perguntas, porque ser de esquerda não significa nada. É tão vasto o leque de posições que são atribuídas aos que se denominam de esquerda que não faz sentido, hoje em dia, continuar se intitulando de esquerda.

Quer dizer, pode até fazer algum sentido, mas não esclarece que política estamos seguindo. Há partidos de esquerda com políticas nitidamente reacionárias – por exemplo, o PPS do Roberto Freire é caracterizado como de esquerda. E o PC do B, não é de esquerda? A esquerda está no governo. E qual é o problema da esquerda estar no governo? Em várias ocasiões históricas, houve divergência entre os revolucionários sobre se os social-democratas deviam ou não deviam ocupar o cargo de primeiro-ministro. A social-democracia francesa rachou por causa dessa questão. Uma vasta corrente continua se chamando de esquerda e acha que pode ter um primeiro-ministro sendo de esquerda, sendo revolucionário. Então, o que é ser de esquerda? É uma definição muito vaga.

Há algumas coisas que nos orientam nesta questão. A esquerda, desde a Revolução Francesa, sempre representou as camadas mais baixas da população. Estou dizendo baixas de uma forma bem genérica. Ela sempre se arvorou em termos sociais de representação dos interesses das camadas mais baixas da população. A expressão esquerda começou a ser amplamente utilizada na primeira assembleia republicana de 1848 na França. Mas antes, na Revolução Francesa, tinha os montanheses, a planície e o pântano. Os montanheses viraram a esquerda em 1848. Mas o que eram os montanheses e depois a esquerda? Eram os que representavam o povo mais pobre. Depois, o termo esquerda passou a identificar o movimento social-democrata e o pensamento marxista, principalmente o nascido no movimento operário. Norberto Bobbio escreveu um livro sobre isso,[8] no qual diz que a esquerda também está ligada à defesa dos direitos humanos e coisas assim, que está mais pela república do que pela monarquia. Mas tudo bem, o essencial é a caracterização social, que lugar a esquerda ocupa no leque das representações dos interesses sociais em conflito. O importante é que haja conflito, se está todo mundo de acordo, as classes sociais deixam de ter contorno. Sem conflito, ser de esquerda ou de direita fica algo meio frouxo. Pode até não ficar vago, mas fica frouxo. Mas quando há um movimento fica nítido. E neste momento quem é de esquerda representa as camadas mais baixas. No caso do proletariado organizado, representa os que estão organizados enquanto camada baixa. Este é o conteúdo fundamental. Depois, o termo foi

---

8   Vito Letizia se refere ao livro de Bobbio *Direita e Esquerda: Razões e Significados de uma Distinção Política* (Editora Unesp, 2012).

desviado para ser a favor do socialismo, da Rússia soviética, do direito das minorias, de uma série de coisas. Tem várias etiquetas parasitárias que foram se colando à esquerda. E alguns se definiram como sendo de esquerda em função destas etiquetas. Mas o fundamental é isso.

Denis Collin diz que a democracia tem um princípio sem o qual não pode ser chamada de democracia: tem que favorecer os setores mais pobres da população. Ele dá um sentido geral, com a classe operária organizada ou não. Sempre vai ter aquele critério da democracia desde o tempo dos gregos antigos. Clístenes[9] defendeu o povão mesmo, que queria terra e o direito à sua religião, pois tendo a religião e o direito de oferecer um sacrifício, o povo tinha direito à terra. Clístenes foi o representante do povo. E a democracia existiu por sua causa. Antes dele, todo mundo era a favor do povo, mas ninguém o representava. Com Clístenes apareceu quem o representasse. E aí ocorreu a entrada da multidão ateniense no cenário da vida política. Pela primeira vez, os mais pobres passaram a ser os que mandavam na assembleia dos cidadãos. Isso definiu a democracia. Os mais pobres têm que estar reconhecidos como força. Mas é evidente que a esquerda representa isso: a vontade do povo. Um partido ligado à vontade do povo, aos interesses dos mais oprimidos e explorados. Outras definições são filosóficas. Mas, digamos assim, a vida política é ação. Quem só discute política não existe enquanto ser político. O homem é um homem político na cidade grega porque ele decide a política da cidade. A ação define a existência. Ele não é um animal político, como dizem, enquanto não pode participar das decisões da cidade, do governo da cidade.

---

9   O direito dos pequenos agricultores à exploração da terra foi assegurado por Pisístrato, que conquistou o poder em 561 a.C. Morto em 527 a.C., Pisístrato foi sucedido por seus filhos Hípias e Hiparco; com a morte de Hiparco, em 514 a.C., Hípias tornou-se um tirano impopular, sendo deposto em 510 a.C.. Abriu-se a disputa entre os partidários da oligarquia, liderados por Iságoras, e da democracia, liderados por Clístenes (565 a.C.-492 a.C.), que venceu e promoveu as mudanças que determinariam a grandeza futura de Atenas. Considerado um dos pais da democracia, Clístenes introduziu o princípio da isonomia, pelo qual todos os cidadãos atenienses tinham os mesmos direitos e podiam participar do governo da cidade, independentemente de sua renda ou do clã a que pertencessem.

ANEXO
Favelas brasileiras, um universo heterogêneo e contraditório

A primeira coisa a fazer para não se perder no universo das favelas é definir as diversas contradições que as trouxeram à existência e as põem em movimento, pois se trata de um universo bastante heterogêneo. Em geral, pelo menos no Brasil, há nelas três grupos sociais, nem todos se movendo em sentidos compatíveis com a convivência harmoniosa.

O primeiro grupo é o dos trabalhadores pouco qualificados ou precários, que é movido pela contradição capital versus trabalho, sem por isso ser contra o capital – embora possa mover-se contra ele se os trabalhadores não-favelados se mobilizarem em grande escala. A favela de hoje, diferentemente dos bairros miseráveis europeus do tempo de Marx, é desfavorável à organização dos trabalhadores como classe, não só pela heterogeneidade social do lugar, mas também pela degradação social da periferia capitalista, que empurra seus ocupantes (em geral ilegais) para baixo da situação de pobreza, para um lugar social inferior ao dos operários comuns.

De qualquer modo, essa é a única parte da população favelada que faz parte do exército industrial ativo, tendo, consequentemente, tudo a perder com a inferioridade civil da favela brasileira. As estrofes "não queremos mais ser mão de obra barata" expressam o sentimento dessa gente. Infelizmente para eles, o capital classifica mão de obra barata como otimização gestionária. A dignidade humana não é item contábil. Já em 1874, nos bons tempos do capitalismo liberal progressista, Léon Walras dizia que na fábrica todo assalariado é vendedor

358 DIÁLOGOS COM VITO LETIZIA

de suas capacidades como proprietário de seu corpo, mesmo que seja juridicamente escravo fora dela.

O segundo grupo é o dos desempregados do exército industrial de reserva. Marx os classifica como reserva flutuante (desempregados temporários), latente (no tempo dele consistindo em trabalhadores agrícolas e artesãos vitimados pelo investimento capitalista no campo e pela decadência das corporações de ofício) e estagnante (trabalhadores tornados excedentes pela evolução técnica fabril). Hoje a reserva latente é constituída também por empregados de tempo parcial e a reserva estagnante continua sendo o descarte humano criado pela evolução fabril capitalista, só que hoje é uma evolução regressiva, que barateia os produtos baixando a qualidade ou substituindo-os por similares inúteis ou nocivos. Nos termos de Marx, estes trabalhadores são superpopulação relativa, ou seja, força de trabalho excedente utilizável para pressionar o nível salarial conquistado pela força de trabalho ativa. Por sua condição intermediária entre força de trabalho e humanidade descartada, este grupo social é em parte movido pela contradição capital versus trabalho (principalmente a reserva flutuante) e em parte pela contradição Estado burguês versus cidadão trabalhador (principalmente as reservas latente e estagnante), sem ter a mínima noção desta última contradição, o que faz dele uma vítima absoluta do Estado burguês. Por isso a maioria ou busca emprego acachapada sob o capital ou busca ajuda no estrato social de cima, o que a põe acachapada sob o Estado burguês, que é o promotor de sua degradação social. Os mais inteligentes, principalmente dos dois últimos segmentos deste grupo, são atraídos para o negócio das drogas ilegais, o que os faz se mover em sentido contrário ao da maioria de seu grupo social.

O terceiro grupo social é o dos que resistem à entrada no mercado de trabalho. No Brasil não é pouca gente, sempre originada de agressões dos poderosos ou de revoltas fracassadas. Na Bahia, a longa repressão ao candomblé deu origem aos vadios capoeiristas, que depois entraram para o folclore urbano nacional. Em São Paulo, muitos caipiras expulsos da terra pelo café preferiram pescar jundiá e muçum no rio Anhangabaú (anos 1860) a procurar emprego. E no Rio de Janeiro houve a massa de todas as origens, expulsa da área promovida a "cidade maravilhosa", que inventou a favela. Todos eles são uma resposta do ignorado povo brasileiro à monopolização da terra pelos donos da colônia, que

CONTRADIÇÕES QUE MOVEM A HISTÓRIA   **359**

continuaram se apropriando dela abusivamente após a independência. Por isso a primeira indústria têxtil brasileira (anos 1830) só conseguiu recrutar mulheres e crianças. O visconde de Mauá teve que comprar escravos para sua siderúrgica nos anos 1850, o que indispôs os fazendeiros contra a indústria, por causa do fim do tráfico negreiro. Por suas raízes históricas, este grupo social não é superpopulação relativa, embora esteja a crescer com a ajuda do regime de acumulação financeirizada do capital.

E é evidentemente movido pela contradição Estado burguês versus cidadão brasileiro, tendo perfeita noção do inimigo que o oprime. Mas não se opõe ao capital, porque está a serviço de um gigantesco mercado ilegal, que atravessa todas as camadas sociais. Entretanto, resistir ao criminoso bloco político que exerce o poder de Estado no Brasil de hoje não é pouco. E é isso que lhe dá um direito de representação do povo brasileiro, o qual até hoje tem sido impedido de vir à luz.

São esses os grupos sociais que historicamente fizeram o corpo e a alma da favela brasileira, com o acréscimo do inevitável quitandeiro de favela, sucessor do comerciante de cortiço pintado por Aloísio Azevedo.

Mais recentemente, ela vem sendo infestada por missionários católicos e por agentes de empresas de serviços espirituais conhecidas sob o título geral de igrejas pentecostais. Os missionários ganham aderentes entre os jovens porque investem dinheiro para promover o "hip hop" de conciliação social; os agentes ganham os mais velhos porque têm por missão extorquir dinheiro dos pobres. O mais importante, porém, é o pressuposto que motiva as instituições religiosas e as empresas de serviços espirituais, que é a percepção das favelas como territórios exteriores à cidade plenamente legal. Ele indica, portanto, uma fissura social. Trata-se de uma fratura traumática gerada pela violência do Estado burguês contra os que esboçam resistência à opressão extrema.

Infelizmente, esse fato básico da formação histórica do Brasil tem sido, em geral, reduzido a uma novidade política, que seria a incriminação da pobreza. A realidade é o inverso disso. Os pobres são tradicionalmente muito amados pelos ricos das sociedades criadas por religiões universais, como as chamou Arnold Toynbee,[1] tais como a cristã e a maometana. Mas os mesmos ricos caridosos

---

1   Vito Letizia se refere ao historiador britânico Arnold Joseph Toynbee (1889-1975). Nos 12 volumes de *A Study of History*, Toynbee analisa o desenvolvimento e o fim de 26 civilizações.

(hoje também abastados e remediados da classe média) não hesitam em apoiar massacres sem limite quando os pobres esboçam resistência aos abusos do poder de Estado, como no passado a quebra das liberdades (compradas ou conquistadas) dos burgos ou das aldeias camponesas; ou hoje a quebra da autoadministração tradicionalmente tolerada nos morros do Rio de Janeiro.

O aparecimento de missões religiosas e de agentes de empresas de serviços espirituais na favela brasileira não faz mais do que introduzir nela maus elementos e enfraquecer sua alma; mas não a destrói. A aniquilação da favela resistente só pode ser executada pela repressão desmesurada do Estado burguês. É isso que vem acontecendo ultimamente.

***

Do outro lado das contradições que movem a favela estão o capital e o Estado burguês. A relação direta com o capital, entretanto, se restringe aos favelados empregados. E a mão de obra barata da favela vem do retrocesso geral do movimento operário e da concorrência com os demandantes de emprego de fora. Em função disso, a contradição com o capital ou é pouco visível para os favelados ou fica totalmente oculta pelo anseio por um emprego dos que buscam uma via de escape da situação que os oprime.

Já a contradição com o Estado burguês é totalmente visível e está sempre presente, mostrando inúmeras faces, desde o benévolo policial corrupto que fecha um olho à contravenção até a tropa de assassinos que entra na favela atirando. Só o Estado burguês tem o poder de empurrar os pobres para um porão social, o que vem ocorrendo desde muito antes do aparecimento da rebeldia contra o poder de Estado. O fundamento disso é o modo de nascer de toda favela propriamente dita, que é a ilegalidade ou legalidade precária dos terrenos ocupados. Mas a raiz desse modo de nascer da favela não vem de uma tendência inata à vida ilegal; vem da apropriação abusiva do solo rural e urbano pelos poderosos. E o Estado burguês, fundado na expropriação do povo brasileiro, baseia-se nessa ilegalidade ou semilegalidade das ocupações para colocar os favelados automaticamente na situação de população socialmente inferior, sujeita a vigilância especial. O posterior aumento da concentração da riqueza e do exército industrial de reserva, combinado com a consequente expansão das atividades ilegais na luta pela sobrevivência, fez o resto.

Sobre esta contradição é preciso ter claro que o rebaixamento social dos favelados é uma necessidade do Estado brasileiro, decorrente da preservação de sua raiz histórica colonial, cujas relações sociais básicas ele preserva desde seu nascimento. O Estado brasileiro foi construído pela classe dominante colonial a serviço do empreendimento mercantil português contra o povo brasileiro, que permaneceu sem acesso à plena propriedade da terra. Enquanto foi possível viver da agricultura e da pesca de subsistência, o conflito com o povo, derrotado nas insurreições sob o Império e sob a República Velha permaneceu pouco visível. Depois, a expansão das fazendas exportadoras de produtos tropicais foi acabando com isso. O povo do campo teve que se tornar peão (ou agregado) de fazendeiro sem acesso ao aparelho judiciário ou se tornar nômade sem terra. E quando migrava para as cidades ia povoar cortiços ou ocupar irregularmente terrenos baldios não apropriáveis legalmente por ele, o que serviu de pretexto para colocá-lo na situação de baixo povo a vigiar e a domar.

Não é casual que as primeiras favelas resistentes tenham nascido de situações de opressão extrema ou de ataques do poder de Estado. No caso da Bahia, a perseguição obsessiva do poder provincial a toda manifestação de cultura africana após a Revolta dos Malês (1835) fez o candomblé esconder-se e muitos afro-brasileiros saírem do mercado de serviços urbanos. No caso do Rio houve a fuga em massa para os morros ante o ataque do Exército no centro da cidade. É a continuação das relações de poder coloniais após a independência, que tornou inevitável a divisão do solo urbano em áreas de ocupação legal e de ocupação tolerada, assim como, no campo, a divisão entre fazendeiros e posseiros expulsáveis.

Apesar disso, as características particulares da colonização portuguesa mantiveram a sociedade brasileira relativamente aberta, uma vez garantida a segurança da propriedade dos expropriadores. Um favelado fora da favela é tratado segundo o traje que enverga, diferentemente de um índio dos países andinos e do México, que é tratado como servo em qualquer lugar e circunstância. A resistência dos favelados limitou-se durante muito tempo à recusa do trabalho (até para distanciar-se das marcas da escravidão) e à contravenção branda (jogos de azar e jogo do bicho, por exemplo), desse modo convivendo por mais de um século em relações escusas com a cordial polícia brasileira (para usar um termo de Sérgio Buarque de Holanda).

Com o fim da República Velha, a tensão entre o Estado burguês e os favelados baixou um pouco mais. O candomblé foi tolerado e depois legalizado no tempo de Getúlio Vargas e o capoeirista entrou para a literatura brasileira, juntamente com a baiana cantada por Ary Barroso. No Rio, as escolas de samba misturaram negros e brancos pobres. E Wilson Batista chegou a cantar o malandro com "orgulho de ser vadio" (veementemente contestado por Noel Rosa). Hoje, porém, a sempre corrupta polícia brasileira é comandada pelos Estados Unidos e tem cotas de assassinatos a preencher.

Essa virada radical, começada sob o governo Fernando Henrique Cardoso, foi inteiramente assumida por Luiz Inácio Lula da Silva. Este, pressionado pelo governo dos Estados Unidos que, além de sua tradicional obsessão por vigiar a vida particular dos cidadãos (impondo a Lei Seca nos anos 1920, por exemplo), passou a se preocupar com um possível uso do comércio ilegal de drogas neurotrópicas pela resistência islâmica agredida por ele, independentemente do grau de nocividade das drogas proibidas. George W. Bush propôs a Lula a criação de uma guarda nacional treinada para a guerra civil urbana e Lula submeteu-se, o que lhe valeu apoio do governo americano e da burguesia brasileira no episódio do "mensalão" e um segundo mandato presidencial. Lula só não aceitou que a Guarda Nacional substituísse o Exército. Mas aplicou integralmente a nova política de guerra civil no Rio e em São Paulo (financiada pelos Estados Unidos). Sob Lula houve mais de 3 mil mortos por ano em ações policiais nos morros cariocas. No Iraque e no Afeganistão os números foram menores. Em São Paulo o processo foi menos complicado porque durante muito tempo a cidade teve poucos favelados e, até não muitos anos atrás, não havia favelados resistentes à opressão do Estado burguês. Nem por isso a brutalidade policial foi menor em São Paulo. Só os tiroteios foram menos intensos.

Agora dizem que o Rio voltou a ser um "lugar seguro", graças ao Exército (novamente!), à Guarda Nacional e à tropa do capitão Nascimento.[2] E dizem

---

2   Capitão Nascimento é o nome do personagem principal do filme *Tropa de Elite*, do diretor José Padilha. No filme, Nascimento comanda uma equipe do Batalhão de Operações Policiais Especiais (Bope).

que as criancinhas dos morros vão à escola protegidas por uma força policial "pacificadora" assessorada por "ONGs" humanitárias (bem nutridas com dinheiro público). Supondo que digam a verdade, os morros ficam na situação de zonas de guerra ocupadas por tropas militares ou por milícias semilegais; e o Rio fica com os assaltantes de sempre espalhados pela cidade. Eles esperam resolver esse problema com a ocupação do Rio pelo Exército durante as próximas Olimpíadas e a Copa Mundial de Futebol de 2014. Fora desses eventos, os cariocas vão ter que se arranjar pagando segurança privada, porque as forças de polícia estatais estarão sempre ocupadas com a repressão ao comércio de drogas ilegais. Evidentemente, o mercado de drogas ilegais não diminuirá por causa disso e continuará sendo abastecido, mas no Brasil a fissura social antes expressa por favelados rebeldes estará transformada em fratura exposta por áreas urbanas de população pobre sem direitos civis efetivos.

* * *

Por causa das diversas contradições que movem os grupos e segmentos sociais coabitantes na favela, esta tem uma atitude ambígua em relação à burguesia, aos políticos profissionais e ao Estado burguês, o que é natural de sua heterogeneidade. E a fuga às dificuldades decorrentes disso leva à idealização de uma favela homogênea de trabalhadores mal pagos e ao tratamento dos vadios e contraventores como se fossem intrusos. Porém os favelados não perderam direitos civis por culpa dos contraventores. É o contrário. Os favelados é que foram empurrados à contravenção por expropriação deliberada de seus direitos civis. No extremo oposto, uma das tendências da favela mistura capitalistas ("sanguessugas") e "ricos", todos a serem enfrentados pelos pobres, o que indica a visão especular da sociedade de cima como um estrato exterior à favela. Isso é melhor que alimentar ilusões, mas nem por isso é mais eficaz para acabar com o status de inferioridade social dos favelados.

Tais disparidades geram reivindicações que formam um conjunto incoerente. Os favelados tentam um pouco de tudo: movimentos religiosos, apoio a políticos profissionais e a candidatos ao governo estadual e à Presidência da República, assim como a corrupção de policiais, sem abrir mão do uso de armas para intimidar os agentes da repressão. Cada grupo social da favela aposta mais numa das saídas e deixa os outros fazerem o que acharem melhor. O atual movimento cultural é, sem dúvida, mais uma tentativa de organização que procura chamar a atenção da sociedade de cima, sem atrair a repressão. Porém todas as saídas desembocam no Estado burguês, quer sob a forma de resistência e negociação, quer sob a forma de movimentos reivindicatórios voltados à promoção social dos favelados. E o pior de tudo é que isso funciona a meias. Acontece que o Estado burguês também é ambíguo nessa história. Por um lado, o Estado pretende passar por benfeitor dos pobres, inclusive os favelados, por outro, não pretende mexer na estratificação social herdada da colônia; e menos ainda pretende encontrar um *modus vivendi* estável com a favela resistente a essa injustiça.

Evidentemente, se a resistência armada pudesse vencer as forças repressivas do Estado burguês todos os favelados se aglutinariam em torno dela. Sendo isso impossível (a não ser com o apoio de uma insurreição externa), a favela permanece incoerente em suas buscas de saída.

Por outro lado, a guerra civil não é uma operação de grande risco político para o governo Lula. Os trabalhadores de fora das favelas, controlados por organizações sindicais semiestatizadas e desorganizados pela atuação de variados aparelhos burocráticos no movimento sindical, não conseguem sequer lutar contra a diminuição de seus direitos trabalhistas e o cerceamento quase total de seu direito de greve, quanto mais intervir na guerra social do Estado contra os favelados.

Enquanto isso, a maioria da classe média, imbecilizada pela propaganda maciça da mídia embrutecedora que controla todos os espaços de comunicação comercial no Brasil, apoia sem reservas o massacre de favelados, porque foi convencida de que sua segurança pessoal e a de seus filhos dependem do extermínio dos "traficantes". Há comércio de drogas ilegais em toda a América Latina, mas só três países deflagraram uma guerra civil por isso: México, Colômbia e Brasil. Sendo que até do ponto de vista da segurança do Estado burguês o Brasil é o que tem menos razões para deflagrar uma guerra civil em suas grandes cidades por causa desse comércio. A verdadeira razão, totalmente inválida, que está por trás disso é a pressão dos Estados Unidos. E as balas perdidas continuam a matar porque ninguém diz que essa política ultrarrepressiva acachapada sob o governo americano é inaceitável.

Esse é o quadro das relações políticas em que se movem as favelas brasileiras. E suas contradições são aguçadas pela guerra civil em curso, planejada pelo Estado burguês para aniquilar a favela resistente. É um emaranhado político que permanecerá insolúvel enquanto não houver uma mudança na relação de forças entre o Estado opressor e o povo oprimido, o que exige uma mobilização geral que vá muito além da favela, que abranja a sociedade inteira.

* * *

A respeito da atividade cultural iniciada nas favelas paulistas, cabe preliminarmente deixar claro que deve ser apoiada incondicionalmente, ou seja, independentemente do conteúdo da mensagem social veiculada por ela. Por outro lado, o apoio incondicional não exime os marxistas de apontar o fato de que as aspirações expressas por esse conteúdo são limitadas, em primeiro lugar, pelo próprio lugar social da favela e, em segundo lugar, pela pressão do Estado burguês, ampliado pelo obscurantismo político que grassa entre os intelectuais brasileiros e pela mídia comercial.

Quanto à limitação própria da favela, é preciso lembrar que a poesia, assim como toda arte, embora seja uma necessidade básica de toda sociedade dilacerada por conflitos, é normalmente própria do polo dominante da sociedade, cabendo ao polo dominado a preservação do folclore e a vida animalesca.

E quanto à limitação vinda da pressão do Estado, é preciso ter presente que ela, quando exercida em grau extremo, impede que a arte se manifeste como arte da favela resistente e, consequentemente, da favela como um todo.

No passado, algumas favelas brasileiras, por causa de sua exterioridade parcial em relação à sociedade legal e do abrandamento da pressão do Estado durante certo período histórico, permitiram que se desenvolvesse nelas um folclore urbano que ascendeu ao status de arte popular nacional. Ora, a exterioridade relativa da favela vem de sua resistência ao Estado burguês, não de sua pobreza, e o desenvolvimento de seu folclore urbano veio de uma licença provisória de serem seus resistentes artistas tratados como gente. A tolerância da resistência dos favelados, abrandada pelo processo histórico, acarretou a ascensão social dos homens de arte da favela. Nada disso está presente nas favelas brasileiras do século 21. Consequentemente, a atual atividade artística dos favelados expressa antes de tudo uma aspiração ao fim da guerra civil sem tomar partido nela. Isso não lhe tira importância como forma de manifestação de arte e de luta social dos favelados. Porém, não há como não admitir que diminui sua representatividade social.

O movimento cultural das favelas de São Paulo parece ser uma reação ao ataque do Estado burguês desencadeado no início do século atual. O ataque em São Paulo, onde não existe uma longa tradição de predomínio de grupos resistentes nas favelas, foi preventivo. E foi favorecido justamente pelas frágeis raízes históricas da resistência, cujo comando veio dos presídios, e não das próprias favelas, como no Rio. Isso permitiu à Polícia Militar paulista dispensar a ajuda da Guarda Nacional e do Exército e adotar despreocupadamente a tática do terror. Não é casual que o movimento cultural das favelas paulistas esteja desvinculado da resistência e pretenda ser neutro em meio ao tiroteio. Mas tal neutralidade é também sua grande fraqueza, porque se funda numa favela fictícia, supostamente nascida da pobreza e da incultura, que nega a favela real, nascida da injustiça social e da proteção da injustiça pelo Estado burguês. Esse falso fundamento se revela no tratamento do tema principal dos poemas paulistas, que é a morte por "balas perdidas". Os poemas não dizem de onde vêm quase todos os tiros falsamente perdidos (o favelado resistente atira orientado para a polícia, e não para a favela), que são de importância básica na tática do terror. Sendo que o apoio de intelectuais, que favorece a expansão do movimento cultural, ao mesmo tempo reforça a tendência dos poetas à neutralidade.

Essa grande fraqueza do movimento cultural dos favelados, revelada também na contraposição "ao uso de armas por traficantes e policiais", como se ambos fossem igualmente exteriores à favela, é o ponto crucial em toda e qualquer discussão proveitosa com eles. Seria uma verdadeira virada revolucionária se pelo menos parte dos envolvidos no movimento tomasse partido contra a agressão desmesurada do Estado burguês. É absolutamente indispensável tentar convencê-los (discutindo com muita tolerância e cuidado) de que não se pode ser neutro nessa guerra civil.

CONTRADIÇÕES QUE MOVEM A HISTÓRIA   367

Para começar, não existe "traficante", como querem impingir o governo americano e a rede Globo, sua principal agência de propaganda no Brasil. O que existe é um mercado mundial de drogas neurotrópicas. Um mercado pode ser desestimulado por tributação e regulado ou restringido por legislação, mas não pode ser simplesmente extinto por decreto. Até os economistas vulgares sabem disso. E a conservadoríssima revista *The Economist*, por mera seriedade profissional, afirma isso, que os americanos deveriam ter aprendido com sua tentativa de impor a Lei Seca (se fossem capazes de aprender alguma coisa). Por parte do governo do Brasil (assim como da Colômbia e do México), porém, a pretensão de extinguir esse mercado por decreto seria uma insensatez se não fosse um crime, porque inculpa exclusivamente uma população já injustiçada e discriminada.

Portanto, a indispensável tomada de partido na guerra de extermínio aos favelados resistentes não exige posicionamento a favor ou contra a venda e o consumo de certas drogas. Exige apenas senso comum e humanidade. Neste caso, humanidade no sentido de fraternidade entre homens de fora e de dentro das favelas contra a atual política repressiva criminosa do poder de Estado.

Em suma, alguém precisa criar coragem para dizer, em prosa e em versos, a começar pelos que estão fora da favela, que o comércio de drogas neurotrópicas não é um fato que diga respeito exclusivamente à sociedade brasileira e a suas favelas ou possa ser extinto pelo governo do Brasil, e que a pretensão de extingui-lo já é absurda em si; quanto mais a pretensão de extingui-lo por meio de uma guerra civil contra pessoas já roubadas de parte de seus direitos civis.

* * *

Não é preciso que o movimento dos favelados seja orientado contra o capital. Sempre que uma parte da população se encontrar abaixo do nível social dos trabalhadores comuns, ela não se moverá contra o capital enquanto os trabalhadores comuns não se mobilizarem em massa. Porque, enquanto isso não acontecer, será movida por sua contradição com o Estado burguês. E enquanto isso durar, não há o que fazer se não deixar correr as reivindicações dirigidas ao poder de Estado. Em geral as reivindicações dos favelados brasileiros que não dizem respeito à guerra civil também não dizem respeito à exploração do capital. Em geral são dirigidas ao governo e aos políticos profissionais; e o governo é capaz de atender a algumas, até para tentar dividir o povo das favelas. Razão pela qual é melhor não se imiscuir nesse diálogo distorcido nem insistir em organizar os favelados contra o capital. É muito mais importante manter a favela unida contra o Estado opressor, ainda mais em situação de guerra civil, o que não implica necessariamente se opor às reivindicações dirigidas ao Estado burguês. Porém, na guerra civil é absolutamente necessário tomar partido. Pois criar uma corrente de opinião, dentro e fora das favelas, contra a política criminosa do governo seria uma vitória incomensurável para toda a sociedade brasileira.

VITO LETIZIA
6 de junho de 2011

Esta obra foi impressa em
Santa Catarina pela Nova Letra
Gráfica & Editora na primavera
de 2014. No texto foi utilizada
a fonte Crimson Text em corpo
11,3 e entrelinha de 16 pontos.